ORTADOĞU MUTFAK KÜLTÜRLERİ

Türkiye
Ekonomik ve Toplumsal Tarih Vakfı Yayınıdır

Valikonağı Cad. Samsun Apt. No. 57 Kat 2 34365 Nişantaşı-İstanbul
Tel: 0 212 233 21 61 / Faks: 0 212 234 32 90
www.tarihvakfi.org.tr / yayin@tarihvakfi.org.tr

Özgün Adı
Culinary Cultures of the Middle East

Yayıma Hazırlayan
Ayşen Anadol

Kapak Fotoğrafı için Ahmet Ağaoğlu'na teşekkür ederiz

Kitap Tasarımı
Haluk Tunçay

Baskı
Step Ajans
(0212) 482 13 41

Birinci Basım: İstanbul, Eylül 2000
İkinci Basım: İstanbul, Ağustos 2003

ISBN 975-333-116-9

ORTADOĞU MUTFAK KÜLTÜRLERİ

EDİTÖRLER
SAMI ZUBAIDA ve RICHARD TAPPER

Çeviri
Ülkün Tansel

TARİH VAKFI YURT YAYINLARI 104

YAYIMCININ NOTU

Kitabın editörleri "Transliterasyon Üzerine" başlıklı notlarında Ortadoğu ile ilgili konularda tutarlı bir transliterasyonu başarmanın güçlüklerini anlatıyor, değişik uluslardan ve akademik alanlardan gelen yazarların yine çok çeşitli kaynakları kullanarak yazdıkları metinlerde bu işin daha da karmaşık hale geldiğini belirtiyorlardı. İngilizce orijinal metinde *International Journal of Middle East Studies*'in sistemini bazı değişikliklerle uygulamışlardı. Bu sistem Türkiye'de kullanılan transliterasyona çok yabancıydı, bu yüzden Türkçe basımda mümkün olduğunca Osmanlıca yazıma uygun bir sistem kullanmaya çalıştık. Ancak Arapça ve Farsça'nın çok çeşitli kullanımları bizi zorladı, bu yüzden de zaman zaman kelimeleri orijinal metinde olduğu gibi bıraktık.

ÖNSÖZ

Bu kitap, Nisan 1992'de Yakın ve Orta Doğu Araştırmaları Merkezi, Doğu ve Afrika Araştırmaları Okulu'nun düzenlediği bir konferansı temel alıyor. Bölümlerin çoğu konferansta sunulan bildirilerin gözden geçirilmiş halleridir, ama "Giriş", Fragner'ın "Kafkaslardan Dünyanın Damına" makalesi ve Zubaida'nın "Ortadoğu Mutfak Kültüründe Pirinç" makalesi yenidir, Charles Perry'nin makalesi de konferansta sunduğu bildirinin yerine yazılmıştır.

Konferansa sağladıkları fonlar için Nuffield Vakfi Mütevelli Heyeti'ne ve SOAS Araştırma ve Yayın Komitesi'ne şükran borçluyuz. Ayrıca Merkez'den Pauline Rose'a konferansı canla başla çalışarak düzenlediği için teşekkür etmek istiyoruz. Merkez'in Yayın Editörü Diana Gur ve Simonetta Calderini'nin yardımıyla metni yayına hazırladık. Abdelhai Houri'nin makalesinin çevirisine George Joffé yardım etti. Ayrıca konferansa bütün katılanlara, bildirileri maalesef bu kitapta yayınlanmayanlara, paneldeki tartışmacılara, makalelerin çeşitli taslaklarını okuyup eleştiren arkadaşlarımıza ve konferansın yeme içme düzenlemelerini sağlayan Londra'daki bazı Ortadoğu lokantalarına da teşekkür ediyoruz.

MAKALE YAZARLARI

Tony Allan School of Oriental and African Studies'de coğrafya profesörü. Ortadoğu bölgesinin yenilenebilir kaynakları konusunda araştırmaları, yayınları var. Özellikle su kaynakları, bitki örtüsü ve toprak konusuna eğiliyor. Bu kaynakların çevrebilim ve iktisat bağlamında öne çıkan özelliklerine ilgi duyuyor. Ayrıca yakından ilgilendiği konular arasında, yenilenebilir doğal kaynakları izleme-gözleme ve yönetme çalışmalarının, siyaset, uluslararası ilişkiler ve hukuk alanına yansıyan yönleri var. Ortadoğu'ya ilişkin birçok yayını var; yakınlarda, Ortadoğu'nun Suları ve Nil Nehri'nin Suyu konulu derlemeleri yayıma hazırladı. Hükümetlere ve uluslararası kurumlara uzaktan algılama teknikleri ve su siyaseti konularında danışmanlık yapmaktadır.

Françoise Aubaile-Sallenave, Paris Musée National d'Histoire Naturelle'in Etnobiyoloji Laboratuvarı'na bağlı olarak kültürel antropoloji dalında araştırma yapmakta. Müze'de bir dönem bilimsel danışmanlık yaptı ve Bitkilerin Güzel Kokuları sergisinin katalogunu yayıma hazırladı. Doktorasını Paris, Sorbonne'dan aldı. Fas'ta alan araştırması yaptı. Antropoloji ve Müslüman kültürünün etno-bilimi üstüne bazı makaleler yayımladı. *Sucre et sel* konulu bir derlemeyi yayıma hazırladı.

Christian Bromberger Aix-en-Provence, University of Provence'da etnoloji öğretiyor; aynı zamanda Laboratoire d'ethnologie mediterranée et comparative'i yönetiyor. Bir yandan da Sciences sociales du monde iranien contemporain araştırma takımı üyeliğini sürdürüyor. Ana ilgi alanı, değişik izlekleri ele alarak ortak kimlikleri araştırmaktır. İran, Gîlan'da yaptığı alan araştırmasını konu alan çok sayıda makale ile iki kitap yazdı. Bu kitaplardan en yenisi *Habitat, Architecture and the Rural Society in the Gilan Plain* (Bonn, Ferd Dümmlers Verlag, 1989) adını taşıyor. Kuzeybatı Akdeniz'in kimi kentlerinde yaşanan futbol tutkusu üstüne yazdığı bir kitabı tamamlamak üzere.

Holly Chase Portekiz ve Hindistan arasındaki bölgeye yayılmış ülkelerin sanatları ve mutfakları üstüne yazılar yazıyor, konuşmalar yapıyor. İslam dokumaları ve etnoğrafyası konularında uzman olan Holly Chase uzun süre Türkiye'de yaşadı. Yakın zamanlarda, el sanatlarını korumaya ve geliştirmeye dönük kâr amacı gütmeyen uluslararası kurumların danışmanlığını üstlendi. Bu amaçla Macaristan, Bahreyn ve Uganda'ya gitti. *Turkish Tapestry, A Traveler's Portrait of Turkey* (Bosphorus Books, 1993) adlı kitabın yazarı. ABD'de, Groton Long Point, Connecticut'da oturuyor.

Abdelhai Diori, Rabat V. Muhammed Üniversitesi, Institut de la Recherche Scientifique'de görevli. Paris'te felsefe ve toplumbilim okudu; Roland Barthes ile birlikte "La Trans au Maroc" adlı tez çalışmasını yaptı. 1989'dan bu yana IURS'de "Le Symbolique" konusunda, çokdisiplinli bir bilimsel araştırma yürütüyor. Araştırma yapmakta olduğu alan geleneksel tıp: Ruh sağlığı, bitki ilaçları, besinler, kült ve törenler. Fas'ta ve uluslararası alanda çıkan dergilerde birçok Arapça, Fransızca makale yayımladı. Yayımlanmış iki kitabı var: *Les puissances du symbole* (Horizons Mediterranéens, Kazablanka) ile *Ananke: rencontre autour de la mort* (Les Editions du CNRS, Paris).

Bert Fragner, Almanya Bamberg Üniversitesi'nde İran Araştırmaları dalı profesörü. 1959-1965 ile 1969-1970 arasında Viyana Üniversitesi'nde okuduğu sırada İran araştırmaları dalında doktora çalışması yaptı; Türkiyat ve İslam araştırmaları alanında çalıştı. 1964-1965 yıllarında Tahran, 1977'de ise Freiburg üniversitesinde öğrenim gördü. Almanya'da (Freiburg ve Özgür Berlin üniversitelerinde), Avusturya'da (Viyana üniversitesinde, İsviçre'de (Bern üniversitesinde), İran'da (Tahran üniversitesinde) ders verdi. Araştırdığı konular: Modern dönem öncesi İran ve Orta Asya'nın toplumsal ve ekonomik tarihi; İran'da yönetim ve kurumlar tarihi; İranlı diplomatlar; Sovyet Tacikistan'ı ve Orta Asya'nın erken dönem tarihi; tarih biliminde antropolojiyle bağlantılı konular (örneğin gündelik kültürün yemek ve ona benzer diğer yönlerine tarih penceresinden bakış).

Sabri Hafez, School of Oriental and African Studies'de Modern Arapça profesörü. Mısır'da toplumbilim ve tiyatro eğitimi aldı. Arap edebiyatı alanında yaptığı "The Rise and Development of the Egyptian Short Story" konulu tez çalışmasıyla doktorasını aldı. Arapça ve İngilizce birçok yayını vardır. Arap romanı, kısa öyküsü ve tiyatro sanatı üstüne birkaç kitap ve çok sayıda makale yayımladı. İngilizce yayımladığı en yeni kitapları: *The Genesis of Narrative Discourse: A Study in the Sociology of Modern Arabic Literature* (Al-Saqi Books,1993) ile 1994 yılında BFI yayımları arasında çıkacak olan *Arabic Cinema*'dır.

Peter Heine Berlin'deki Moderner Orient Forchungszentrum'un yöneticiliğini yapıyor. Almanya, Münster ve Bağdat'ta Doğu dilleri, antropoloji ve felsefe eğitimi gördü. Ana araştırma alanı Ortadoğu'nun kültür tarihi ve kültürel değişimdir. Yayınları arasında *Weinstudien, Untersuchungen zu Anbau, Produksion und Konsum des Weins im arabisch und islamischen Mittelalter* (Wiesbaden, 1982) ile *Kulinarische Studien. Unterschungen zur Kochkunst im arabisch und islamischen Mittelalter* (Wiesbaden, 1988) var.

Ianthe Maclagan, 1982-83 yılında Yemen Arap Cumhuriyeti'nde yaptığı yirmi aylık bir alan çalışmasına dayandırdığı doktorasını yakınlarda tamamladı. Mahvit ilinde dağlık alandaki küçük bir kasabada yaşadığı dönemde, kadınların yaşamlarını, katlandıkları kısıtlamaları, özgürlük alanlarını gözledi; erkek nüfus göçünün etkilerini ve iktisadi değişimi inceledi. Şimdilerde hayır kurumu Youthaid'de araştırmacı olarak çalışıyor.

Manuela Marin Madrid'de Consejo Superior de Investigaciones Cientificas kuruluşunun Arap Araştırmaları bölümünde araştırmacı olarak çalışıyor. El-Kanflara adlı derginin editörlüğünü yapıyor. Şimdilerde araştırmalarının ağırlık noktasını Endülüs'ün toplumsal ve kültürel tarihi ve Müslüman toplumlarda yemek oluşturuyor. En son kitabı *Individio y sociedad en al Andalus* (Madrid, 1992) adını taşıyor.

Charles Perry gazeteci; Los Angeles'te yaşıyor. Princeton'da (1959-61 yıllarında), California, Berkeley'de (1961-62 ve 1963-64 yıllarında) Yakındoğu dilleri okudu. 1962-63 yılında Lübnan, Şemlan'da Ortadoğu Arap Araştırmaları Merkezi'nde bulundu. *Rolling Stone* dergisinin sekiz yıl süreyle editörlüğünü yaptıktan sonra, on iki yıl boyunca yemek konusunda bağımsız olarak yazılar yazdı. 1990'dan bu yana *Los Angeles Times*'ın yazı kadrosunda. *Petits Propos Culinaires*'de çeşitli makaleleri yayımlandı; Oxford'daki sempozyuma yedi bildiriyle katıldı.

Claudia Roden Mısır doğumlu. Yemek konusunda yazılar yazıyor. Birkaç yemek kitabı yayımladı ve gazeteci olarak dünyanın dörtbir yanını dolaştı. Ortadoğu mutfağı konusunda ders verdi. *A New Book of Middle Eastern Food* adlı yeni kitabı, ilk kez 1968 yılında yayımladığının genişletilmiş basımıdır. Mediterranean Cooking konulu BBC televizyon dizisinin yapımında çalışmış ve bu çalışmadan bir kitap ortaya çıkarmıştır.

İÇİNDEKİLER

GİRİŞ

RICHARD TAPPER ve SAMI ZUBAIDA

Günümüz Ortadoğu'sunda mutfak kültürlerini tarih ve coğrafyadan kaynaklanan bir dizi parametre biçimlendiriyor. Bölge, bir yanıyla Akdeniz'e komşu ve o havzada üretilmiş maddi uygarlıkta pay sahibi. Öte yanda yüzünü Orta Asya yaylasına dönmüş ve doğusundan gelen göçlere ev sahipliği yapmış, çok sayıda hanedana kucak açmış. Ortadoğu en başından beri, peşpeşe gelen yerleşik ve tarıma dayalı uygarlıkların mirasçısı olmuş; bir yandan da göçebe, çoban topluluklar ve kültürlerin derin etkisinde kalmış. 20. yüzyılda, dünya pazarlarında yaşanan küresel boyutlu süreçler ile taşımacılık ve haberleşmede yaşanan devrimler, bu çeşitlilik içeren mirasın üstüne eklendi ve onu dönüşüme uğrattı. Bu çeşitlilik ve sürekli değişimde ayırdına varabileceğimiz tutarlı örüntüler var mı acaba?

Bu kitabın, coğrafyacılar, tarihçiler, etnoğrafyacılar, toplumbilimcilerce yazılmış olan bölümlerinin yarattığı toplam etkiye bakılırsa, soruya yanıtın olumlu olduğu anlaşılıyor: Hem tarihte, hem de günümüzde tutarlı örüntüler var. Bu tutarlılıkta, tarihsel sürekliliği olan İslamiyet, kadîm Yakındoğu uygarlıkları ya da "Akdeniz"in kültürel özünün payı çok değil; bu tutarlılık daha çok, art arda gelen hanedan ve seçkinlerin kurduğu siyasal ve kültürel hegemonyaların birbirini izlemesi ve birbirine eklemlenmesinin ürünü.

Giriş bölümünde, yemek ve yemek pişirmenin kültürel ve toplumsal yönlerini konu edinen ve sürekli gelişmekte olan araştırma alanına kısaca göz atılıyor ve kitaba girmiş yazılarda ortaya konan izleklerin bu alanla bağlantıları ortaya konuyor. Önceleri tarih bilimi ve toplum bilimlerinin derkenarına itilmiş olan bu araştırma alanının kaderi artık tersine dönüyor; artan sayıda araştırma ve yayının ortaya çıkmasına olanak sağlayan konferanslar ve sempozyumlar bu alana duyulan ciddi ilginin göstergesi. Özellikle Alan Davidson ile Theodore Zeldin'in öncülüğünü yaptığı, her yıl yinelenen Oxford Yemek ve Yemek Pişirme Sempozyumu, bu yöndeki çabalara bir örnek oluşturdu, ivme kazandırdı ve bir tartışma alanı açtı.

Yeme içmenin tarihi konusunda çeşitli kitaplar var. Bunların kimi konuya genel yaklaşıyor, kimiyse ya yemeğe konan belirli malzemelerden ya da bölgelerden yola çıkıyor. Burada, Annales Ekolü'nce (adını *Annales: économies, sociétés, civilisations* adlı dergiden alır), ya da o okulun yaklaşımıyla yazılmış tarih yapıtlarını ayırıyoruz; çünkü Annales Ekolü, zamanda kültürleri ve uygarlıkları araştırırken tarih, coğrafya ve toplumbilim/insanbilimin tümünü birleştiren bir model oluşturuyor. Bu ekole bağlı doğrudan yemekle ilişkili belli başlı birkaç çalışma arasında Louis Stouff'un *Revitaillement et alimentation en Provence aux XIVe et XVe siècles* adlı çalışması en ünlü olanıdır. Oysa, toplum tarihi alanında yapılmış çalışmaların çoğunda yemek, perhiz, şölen ve törenler üstüne bol malzeme vardır. Bunlar arasında Fernand Braudel'in 16. yüzyılda Akdeniz'i anlatan oylumlu çalışması ve *The Structures of Everyday Life* adlı yapıtının özellikle yemek ve içkiyi anlatan bölümleri ile E. le Roy Ladurie'nin *The Peasants of the Languedoc* çalışması dikkate değer. Daha yakın zamanlarda ise, ailenin ve cinselliğin tarihi üstüne çalışmalarıyla öne çıkan Jean-Louis Flandrin, yemek tarihine heyecan verici katkılar yapmıştır. *Chronique de platine* (1992) adlı kitabına "Yeme içme sanatı tarihi üzerine" alt başlığını vermiş olması, yeme içme sanatının inceliklerinde tarih boyunca oluşan değişiklikleri araştırmaya olan yoğun ilgisini gösteriyor. Eugene Weber'in *Peasants into Frenchmen* adlı yapıtı Fransız köylüsünün 19. yüzyılın ikinci yarısında ne yeyip içtiği üstüne birçok önemli bilgi içermektedir.

Braudel kitabının, "Maişet" ile "Yiyecek ve içecek" adlı bölümlerinde dünyadaki gelişme örüntülerini, özellikle 1400-1800 arasını, kaba çizgileriyle gözden geçiriyor. Şunun altını çiziyor: "Bundan böyle (neolitik/tarım devriminin ardından), tarih insanlar arasında iki karşıt tür kaydediyor: Et yiyen azınlık ile ekmek, yulaf çorbası, kökler ve pişmiş yumrularla beslenen çoğunluk" (1981, s. 106). Dünyanın geri kalan bölümüyle karşılaştırıldığında Avrupa, 18. yüzyıla gelinceye değin et savurganlığı içindeydi. Buna karşılık, diyor Braudel, 16. yüzyıla gelinceye değin, incelmiş yeme içme kültürleri geliştirmedi. Bu alanda Çin ve Yakındoğu daha öndeydi. Oysa, uygarlığın yükseldiği bütün bölgelerde yemek ve yemek pişirme üstüne anlatılanlar ağırlıklı olarak "et yiyen azınlık"ın çevresinde dönüyordu. Bunun gerçekten de böyle olduğunu söz Ortadoğu'ya geldiğinde göreceğiz.

İnsanbilim dalında, yenebilen-yenmeyen hayvan ve bitkilerin sınıflandırılması, yiyecek yasaklamanın gerekçesi ve mahiyeti, hayvan ve bitkilerin kurban edilmesi, alış veriş ve birarada yaşamada yiyeceğin toplumsal işlevi gibi konular sürüp gelen tartışmaların odak noktasında yer almaktadır. Bu izlekler üstüne yazılmış çok sayıda yapıt arasında Claude Lévi-Strauss (1964, 1966) ile Mary Douglas (1966) gibi yazarların önemli katkıları sayılabilir. Lévi-Strauss'un çalışmalarının çoğunun adları *The Raw and the Cooked, From Honey to Ashes, The Origin of Table Manners'* daki gibi yeme içmeye ilişkin sözcükler içerir. Böyleyken, bu araştırmalarda yeme içmeye ilişkin pek az şey bulunduğu ileri sürülmüştür; daha çok, söylenceler ve kültürel kategoriler içindeki "yapılar"ı yakalamak, bunların kültürün diğer alanlarına olan benzeşimlerini çıkarmak ve sonuçta insan aklının yapısını açıklamakla ilgili olduğu savlanmıştır. Yine de, Lévi-Strauss'un yapısalcı yaklaşımının yemek kültürleri üstüne yapılmış sağlam ve uyarıcı çözümlemelere esin kaynağı olduğu yadsınamaz; Diouri'nin elinizdeki kitaptaki makalesi buna örnektir. Lévi Strauss'un yapısalcılığı ile Roland Barthes'in (örneğin 1961) semiolojisinden etkilenen Douglas (1975) ve Marshall Sahlins gibiler, öğünlerin yapısı, sofra âdâbı ve yeme içmenin etnik ayrılıkları belirlemede ayraç olma görevi gibi, bu kitabın birkaç bölümünde de ele alınan konulara eğilmişlerdir.[1]

Yeme içmenin toplumbilim içindeki yeri konusunda, 1970'lerde Pierre Bourdieu'nun (1977 ve 1984) yaptığı başlıca katkılar dışında iki kitap öne çıkıyor: Bunlardan biri Stephen Mennell'in *All Manners of Food* (1985) adlı kitabı, diğeri Jack Goody'nin *Cooking, Cuisine and Class* (1982) adlı kitabıdır. Her ikisi de, ayrı yollardan da olsa, geniş tarihsel ve karşılaştırmalı amaçlara sahip. Goody'nin karşılaştırmada yararlandığı terimler araştırmalarımız bakımından özellikle ilgiye değer. Kara Afrika'nın hiç farklılaşmamış yemek pişirme kültürlerini, Çin, Hindistan, Yakındoğu ve Avrupa'nın sınıfsal farklılaşmaya uğramış tarihsel uygarlıklarıyla karşılaştırıyor. Sınırlı miktarda ve yerel malzemeyle yemek yapılan Afrika'da varsıl ve yoksul arasında pek az kültür ayrılığı vardı. Varsıllar, olsa olsa, aynı yiyecekten biraz daha fazla yiyebiliyordu. (Braudel'in nitelendirmesi, ortaçağ Avrupa'sını da bu sınıfa mı sokar acaba?) Sıradan halkın günlük tek tip besininden farklı olarak üst sınıfların belirli "yüksek pişirme" biçimleri, (daha ileri tarım ve ticarete dayalı olarak) çeşitli malzemenin bulunduğu ve yemeğe estetik açıdan yaklaşan, görece varsıl ve çeşitli yemekleri denemeyi sevenlerin büyükçe bir sınıf oluşturduğu koşullarda gelişti. Yazı sayesinde yemek tarifleri ve mönüler kaydedildi, kuşaktan kuşağa

1 Bu kitaba katkıda bulunanlar, beslenmenin toplumsal temeli konusuna yakınlarda yeniden duyulan ilgi üzerinde durmadılar. Audrey Richards bu konudaki eski (1932,1939), klasikleşmiş çalışmalarında, toplumsal ve iktisadi kalkınmaya insanbilimi bağlamında eğilmektedir. Bkz. Thompson (1939) ile Fiddes (1992).

geçti ve zamanla birikerek inceldi. Ortaçağın Müslüman toplumlarında yemek kültürlerinin gelişmesi tam da böylesi koşullar altında oldu.

ORTADOĞU'DA YEMEKLERİN TARİHİ ÜSTÜNE MALZEME

Ortadoğu'da yemeğin tarihine eğilen çalışmalarda öncelikle yazılı malzeme üzerinde durulmuştur: Yemek tarifi kitapları ile saray sakinleri, kâtipler ve âlimlerce ve onlar için kaleme alınmış tıbbi risaleler bunlardandır. Ayrıca, yemek üstüne bölümler içeren edebiyat yapıtları, deneme, öykü ve şiir kitapları var. Maxime Rodinson bu araştırmaların öncüsüdür ve alanın üstadıdır. "Recherches sur les documents arabes relatifs à la cuisine" (1949) adlı yapıtında bu literatürü incelemiştir. Abbasiler döneminden kalma, *Kitabü't-Tabh* adını taşıyan iki yazmadan birini Muhammed b. Hasan el-Bağdadî (ö. 1239; 1934), ikincisini İbn Seyyar el-Verrâk (10. yüzyıl; 1987) yazmıştır. Daha sonra yazılan (ve birkaç değişik sureti bulunan) *Kitabü'l-Vusla ile'l-Habîb* adlı yapıtın yazarı belli değil; ama, 13. yüzyılda Suriye'de yaşamış bir Eyyubi soylusunca yazılma olasılığı var. İşte ortaçağda, Müslüman dünyasının doğusunda, yemek pişirme üstüne yazılmış başyapıtlardan günümüze kalmış bu üç kitap var. Bu yapıtlarda, yitmiş bir dizi başka kaynağa gönderme yapılmaktadır. Rodinson bu yitmiş kaynaklar üzerinde durarak ayrıntılı dökümlerini çıkardı. Bu yapıtlardaki yemek tariflerine elince, içlerine konan baharat, tat veren otlar, güzel kokulu, şifalı otların sayısı çok olduğu için genelde çok karmaşıktır.

Yukarıda saydığımız yapıtlardan başka, Mağrip ve İspanya kaynaklı, ortaçağdan kalma birkaç yazma ile hekimlik üstüne bazı incelemeler öteden beri bilimsel araştırmaların konusu olagelmiştir: Aralarından Charles Perry, Peter Heine, Manuela Marin ve David Waines'in araştırmaları anılmaya değer. Yakınlarda yazdıkları kitaplarda Heine (1988) ile Waines (1989) ortaçağ döneminden kalma Arap mutfak sanatına ilişkin ne varsa sistemli biçimde gözden geçirdiler ve bazı yemek tarifleri derlediler. Bu yemek tariflerinin modern mutfak için uyarlamalarını da içeren çalışmasında Waines başlıca *Kitabü't-Tabh* adlı iki kitaptan yararlandı. Elinizdeki kitaba yaptığı katkıda Marin de, aynı yapıtlardan yararlanarak yemeklerin nasıl tat dışında kalan duyuları da uyaracak biçimde hazırlanıp sunulduğunu inceliyor: Daha çok da, yapay renklendirme yoluyla görme duyusunun, güzel kokular yoluyla koklama duyusunun uyarılması üzerinde duruyor.

Bu yapıtlar yanında, içinde yemek betimlemeleri geçen *makamât* ve *egani* diye anılan (çoğu kez kendi içinde uyaklı anlatı ve nükteli öyküler) edebi yapıtlar açıkça saray soyluları ve diğer okuryazar, varsıl katmanlar okusun diye yazılmıştı. Bunlarda, alıntılar, göndermeler ve koşuk biçeminde yemek tarifleri bolca bulunmaktadır. Bu alanda yazılmış bütün yapıtlar gibi çoğu erkek elinden çıkmadır; birkaç istisnada, yemek pişirme alanında sivrilmiş saraylı bir hanım ya da halayık adının geçtiği oluyor. Avrupa'da yazılmış tarih yapıtlarındakinin tersine, köylülerin ve alt sınıfların yemeklerinden, pazar yerlerinden ve sokaklardan çok az söz ediliyor. Makalelerde ve öykülerde, bu konularda az da olsa birşeyler bulunabilir: Basri el-Câhiz (775-868), *Kitabü'l-Bühelâ* (Cimriler Kitabı) adlı eserindeki, cimriler üstüne anlattığı nükteli öykülerde yeme içme yanında toplumsal yaşama ilişkin zengin ayrıntılar veriyor. *Binbir Gece Masalları*'nda da yeme ve içmeye göndermeler var. Bütün bunlar hâlâ yeme içme açısından ayrıntılı olarak incelenmeyi beklemekte.

Ortadoğu tarihinde erken modern ve modern dönemlerin yemekleri üstüne yapılmış benzer bir çalışma kümesi yok. Rodinson yaptığı tarama çalışmasının birkaç sayfasını, 19. yüzyıl ile 20. yüzyılın başlarında Türkiye, Mısır ve Suriye'de basılan yemek kitaplarına ayırıyor. Bunlardan bazıları, Avrupa kültürünün etkilerine karşı, kendi yemek kültürlerinin tanımını yapıp onu savunarak tepki göstermeleri nedeniyle olduğu kadar, Avrupa yemekleri ve onlardan yapılan uyarlamaları içermeleri nedeniyle de özellikle ilgi çekici. Sonraki kitaplarda ise sağlık ve temizlik kuralları açıları ağırlık kazanıyor.

Sabri Hafez, "göstergebilimin (semioloji) mutfağa uygulanması" adıyla yazdığı bölümde başka bir yaklaşımı benimsiyor. O bölümde, modern Arap edebiyatı türlerini incelerken, yemek ve yeme içme alışkanlıkları üzerinde durmuyor (etnoğrafyacının işi bu); bunun yerine, yemeğin hazırlanışını, tüketilmesini betimlerken, ya da yemeği değişmece (mecaz) anlamıyla kullandıkları zaman yazarların iç içe geçmiş toplumsal ve kültürel anlamları iletmede yemekten nasıl yararlandıklarını çözümlüyor.

İran ve Osmanlı topraklarını anlatan tarih ve gezi kitaplarında yemek ve yemek göreneği üstüne bol bilgi var; ama bunlar yemek açısından sistemli biçimde incelenmiş değil. Özellikle de 17. yüzyılda yaşamış Osmanlı gezgini Evliya Çelebi'nin *Seyahatname*'sinden (Dankoff 1990) söz etmek gerekir (Zubaida'nın bu kitaptaki pirinç konusunda hazırladığı bölüme de bkz.). Mısır'ın 19. yüzyıl başlarındaki etnoğrafyasını inceleyen olağanüstü bir yapıt var: Edward Lane'nin *Account of the Manners and Customs of the Modern Egyptians* adlı kitabı, yeme içme, sofra âdâbı, şölenler ve oruç gibi toplum yaşamının bütün yönlerine ilişkin bol ayrıntı içeriyor. Sarayların, elçiliklerin, din kurumlarının ve pazar yerlerinin tarihçilerce araştırılması, yemek ve yemek göreneği üstüne bilgileri de ortaya çıkarıyor. Bu yönde yapılmış özellikle ilginç çalışmalardan biri Suraiya Faroqhi'nin *Towns and Townsmen of Ottoman Anatolia* [*Osmanlı'da Kentler ve Kentliler*] adlı mükemmel yapıtıdır; 17. yüzyılda toplumsal ve ekonomik yaşam üstüne çözümleme ve bilgiler içeren bu kitapta yiyecek piyasaları ve alım satımı ile İstanbul kasaplarının garip örgütlenme biçimi ve et ticareti konularına ilişkin malzeme vardır. Türkçe yazanlar arasında öne çıkan Günay ve Turgut Kut gibi tarihçiler bu alanlara epeyce ilgi duymaktalar.

İran, Afganistan ve Orta Asya üstüne araştırmalar yapan tarihçilerden Bert Fragner'in, Safevilerde ve Kacarlarda yemek kitapları (1984) konulu yeni ufuklar açan makalesi yemeğe değinen yönüyle benzeri az bulunur bir çalışma; bu kitaba katkıda bulunduğu bölümlerle ise bilgi alanımızı genişletmeye çok yardımcı oluyor. Pierre Centlivres'in yakın zamanlarda yaptığı etnoğrafya araştırmaları (1972, 1985); Richard Tapper ve Nancy Tapper'in Kuzey Afganistan üstüne yaptıkları araştırma; Christian Bromberger'in Kuzey İran üstüne araştırması (bu kitaptaki bölüme bkz.) hep kırsal bölgelerde yemek göreneği konusuna eğiliyor, sınıflandırma sistemleri (özellikle sıcak-soğuk yemekler boyutuyla) ile değerlendirme söylemine ağırlık veriyor. Farhad Khosrokhavar (1989), yazdığı ilginç makalede İran'ın modern, kentsel kesimlerinde görülen köklü anlayış değişikliklerini, yeme alışkanlıklarına yansıyan yanlarıyla çözümlüyor. İthal edilen alışılmamış meyve ve diğer yiyeceklerin tüketimindeki artışa dikkati çekiyor; bu artışın yabancı korkusu çeken İslam Cumhuriyeti'nde bile sürdüğünü belirtiyor. Tırmanan fiyatlara karşın et, evde pişirilen yemeklerin çoğunda ana malzeme olarak aranır olmuş, geleneksel, sebze ağırlıklı çorba ve güveçler, yerel peynir çeşitleri ve diğer ürünler bir yana itilmiştir. Khosrokhavar'ın Tahran'da ayak üstü yemek konusu üstüne görüşleri, Holly Chase'in bu kitapta yer alan, modern İstanbul'u betimlemesiyle bütünleşiyor; ama Chase "McDonald's gibi kuruluşların varlığının, unutulup yitme tehlikesiyle karşı karşıya kalmış eski tür yemeklerin zamanla yeniden canlanmasına katkıda bulunabileceğini" saptarken, Khosrokhavar, baktığında yalnızca mutfağın yok oluşunu ve Üçüncü Dünya ülkelerinde sıkça görüldüğü gibi uluslar aşırı, tüketime dayalı modernite düşleri aracılığıyla günlük gerçeklerden kaçma arzusunu gördüğünü söylüyor.

SÜREKLİLİK, GEÇİŞME VE DÖNÜŞÜM

Tony Allen Ortadoğu'yu, doğal kaynaklar, tarım uygulamaları ve yiyecek üretimi, tüketim izlekleri ve epeyce yaygın su sorunu bakımından ele alıyor. Ortadoğu'daki hükümetlerin ulusal önceliklerinde köklü değişiklikler yapmalarının ve önemli boyutta yiyecek dışalımı gereğini görmelerinin zorunlu olduğunu savlıyor: Bugüne dek yöneldikleri ve gerçekleşmesi olanaksız olan yiyecekte kendi kendine yetme ve düzensiz su gelirlerini tarıma ayırma önceliklerinin kökten değiştirilmesini öneriyor. Tony Allen'in belirttiği gibi bölge halkının çoğu, mutfağına dışardan girmiş malzeme ve yemekleri çoktan benimsemiş bulunuyor. Kitabın diğer bölümleri de bu yönde kanıtlar içeriyor.

Bu kitaptaki makalelerin çoğu yeme içmeyi günümüzün modern ortamlarında ele alıyor. Diouri, Bromberger, Maclagan ve Yamani'nin yazdığı bölümler konuya etnoğrafya merceğinden bakıyor: Özgül, kapalı çevrelerde, toplumsal ilişkilerin yeme içmeye nasıl yansıdığını ve yeme içme yoluyla nasıl dışa vurulduğunu irdeliyor. Yamani, Chase, Heine ve Zubaida, yazdıkları bölümlerde, üretim, ticaret, göçler, turizm ve iletişimde küresel boyutlu süreçlerin işleyişinin bir parçası olan yemek ve yemek kültürlerinin hareketi ve geçişmesi izlekleri üzerinde ortaklaşa duruyorlar.

Geçişmeler doğal olarak modernleşmeye özgü bir olgu değil. Başka bir ölçekte baktığımızda geçişmeler, bölgenin tarihi boyunca yemek kültürlerinin oluşumu ve dönüşümlerinin temel nedeni oluyor. Aubaile-Sallenave, Fragner, Perry ve Roden'in katkılarında öne çıkan izlek, tarih boyunca geçişmeler ve uyarlamalar. Yemek kültürlerinin (malzemeler, yemek çeşitleri, öğünler ve mutfakların) sürekliliği ve dönüşümleri konusunda bu makalelerden ne öğreniyoruz? Geçişme sürecini ve geçişmenin yönünü belirleyen etmenler nelerdir? Günümüzde yenen ve içilen şeyler geçmişten hangi izleri taşımakta?

Ne gariptir ki, geçmişinden çarpıcı biçimde kopuk bir modern (ya da post-modern) dünyada yaşayan bizleri olduğumuz yere mıhlayan yine de tarihin kendisi sanki. Kişiliğimizin, kültürümüzün, ulusallığımızın köklerini ve özlerini uzak geçmişte arayıp durmaktayız. Bu eğilimin en açıkça göze çarptığı yer, kafalarda daha dün oluşturulmuş bir ulus için uzun ve kesintisiz bir tarih inşa etmeye yönelik ulusçu ideolojik projedir. Bu köklerin araştırılması çabası yalnızca uluscu ideologlara özgü de değil. Çoğu kozmopolit kültür gözlemcisi de, kökenden yola çıkan açıklamaların ve bir halkın ya da bölgenin tarihinde kültürel süreklilik olduğu varsayımlarının çekiciliğine kapılmış görünüyor. Yemek konusunda yazanlar da bunun dışında kalabilmiş değil.

Akdeniz ve Ortadoğu yemekleri üstüne yazanların ustası Claudia Roden, *A Book of Middle Eastern Food* adlı ünlü kitabının ikinci basımına yazdığı uzun girişte, Ortadoğu yemeklerinin arkaplanını genellikle tarih açısından veriyor. Bölgeye özgü yeme içme kültürlerinin, değişik halklar ve hanedanların katkılarıyla nasıl oluştuğunun büyüleyici öyküsünü anlatıyor. Bu anlattıklarından edinilen toplam izlenim, üstüste eklenip çoğalarak gelen bir sürekliliğin varlığıdır. Bir yerde şunu belirtiyor:

El-Bağdadî'nin verdiği bazı güveç tanımları, bugün İran'da bilinen *horeş* ya da

> Fas'ta bilinen *ta'cîn* adlı yemeğin yapılışının tıpatıp aynıdır; ve *Vusla*'da betimlenen yemeklerin çoğunu bugün evimde hâlâ yapıyoruz. Yöntemlere gelince, ince kıyma, yoğurarak top ya da parmak biçimi verme, dibekte döğme, et suyunda uzun süre ağır ateşte kaynatma, baklava biçiminde kesme, şuruba yatırma gibi işler için gerekli bütün el hünerleri bugünkülerle aynı (1986, s. 39).

Burada söylenenler aşağı yukarı doğru. Geçmiş denince köklerimizin aklımıza gelmesi, bizi daha baştan benzerlik ve süreklilği vurgulama eğilimine götürüyor.

Oysa yemek tariflerini dikkatle incelersek, yine de can alıcı ayrılıklar bulabiliriz. Modern yemek pişirme neredeyse hiç değişmeden, sonuçta yemeğin salçasını oluşturacak sıvıları eklemeden önce etin, soğan, domates ve baharatla yağda kavrulmasıyla başlıyor. Kimi ortaçağ yemek tariflerinde de benzer bir yol izleniyor (tek can alıcı fark, şimdilerde neredeyse olmazsa olmaz domatesin bulunmayışı); çoğu ortaçağ tariflerindeyse et, sebze ve baharatla birlikte, suyunu çekinceye dek haşlanıyor, terbiye edilip tekrar baharat konuyor. Yemek tariflerinden bir ikisinde et, önce suyunu çekene dek haşlandıktan sonra *tennûr* [tandır] adı verilen toprak fırında askıda pişiriliyor. Kimi ortaçağ yemek tariflerinde et önce haşlanıyor, sonra yağda kızartılıyor ve en son güveçte pişiriliyor. Günümüzde bu usuller (Hint yemek tariflerinde daha çok olsa bile) artık binde bir görülüyor.

En büyük fark katılan baharatta ve terbiyededir. Ortaçağ mutfağı (çağdaşı Avrupa'da da olduğu gibi) bol bol baharat kullanıyordu: Hem de çoğunlukla, biber, zencefil, safran, tarçın, havlıcan, kimyon, kişniş otu ve sakız gibi baharatın tümünü (ama sarımsak yok) aynı yemeğe katmacasına. Bir de hepsinin üstüne, o dönemin en ayırıcı özelliği olan tatlandırıcı *murri* ekleniyordu. *Murri* Romalıların *garum* dediklerine eşdeğer gibi görünen, çürümeye bırakılmış tahıl ya da ekmekten yapılma, salça türü bir tatlandırıcıydı (bkz. Perry 1988). Sık görülen bir özellik de bal ya da *dibs* (hurma şurubu) ile sirke kullanılarak tatlandırmada tatlı ve ekşinin bir arada kullanılmasıydı. Bu da ortaçağ Avrupası'yla ortak yanlardan biriydi, ama modern Ortadoğu'da görülmüyor. Ekşilik katmak için sıkça kullanılanlar sirke, koruk suyu, sumaktı; pek ender olarak da limon ve misket limonu... Günümüz mutfağında ne yana dönsek karşımıza çıkan limon o zamanlar yoktu. Yakın geçmişe ve günümüze gelince, Ortadoğu mutfağında baharat kullanımı çok sınırlıdır; hatta, tuz ve biber yanında çoğu kez esirgenerek kullanılan *baharat* ya da *re'sü'l-hanut* adlı güzel kokulu karışımlardan ibarettir. Osmanlı mirasına sahip çıkan İstanbul mutfağı, daha güneye inildiğinde tatlandırıcıların gereğinden çok konmasının kaba sabalık ve incelmemişlik belirtisi olduğunu ima ederek, bunları kısıtlı kullanmakla övünüyor.

Roden'in altını çizdiği benzerliklerden kimileri bölgeye özgü olmayıp bütün karmaşık pişirme yöntemlerine özgü ortak yanlardır: Bunlar arasında döğme, ince ince kıyma, top top yapma ya da başka güzel biçimler verme, şerbete yatırma sayılabilir. Bunlara bir de, özellikle şölenlerde, hayvan gövdelerinin (yakın zamanların malzemesi olan pirinçle değil de) et, fındık fıstık, meyve ve yabancı ülkelerden gelme diğer malzemelerle doldurulması eklenebilir. Bu yöntemlerin çoğu, Avrupa'nın çok eski geçmişinde ve Çin'de görülmektedir. Eski çağlarda ve ortaçağda soylu aileler ve onların şölenlerdeki konuklarına sunulmak üzere pişirilen karmaşık, el tutan yemekler, modern zamanlarda görülmeyen ortak özellikler taşımış olmalı.

Fragner ("Kafkaslardan" bölümünde) yemeklerin ve yemek yapma yöntemlerinin Doğu'dan İran'a geçişme yollarının izini sürüyor ve siyasetin ana belirleyici etmen olduğunu savlıyor:

> Yiyeceklerin bir yerden diğerine aktarılması ve benimsenmesinde gözlenen yoğunluk ve özellikler bir yandan da, çokça ve büyük ölçüde siyasal yapılanmalara bağlıdır. Beslenme ve yemek pişirmede geçerli yaygın biçem ve gelenekleri siyasetin etkilediği açıkça görülmektedir. Belirli mutfak göreneklerinin geçişmesi bir tarihçi için, belirli bir bölgede toplum katları arasında siyasi gücün dağılımının göstergesi bile olabilir.

Tarih—Roden'in yaptığı başlangıçtan tutun da, Braudel ve diğerlerinin yaptığı büyük ölçekli araştırmalara dek bütün bilgi birikimi— siyasete egemen seçkinlerin, buyrukları altındaki halklarda ve komşularında gördükleri malzeme ve yemek çeşitlerini nasıl özgürce benimsediklerinin ve güçsüz, bağımlı sınıfların ortaya çıkan bu mutfakları nasıl taklit ettiğinin sayısız örnekleriyle doludur.

Ulusçu bir proje biçimindeki siyaset, modern mutfakların da başlıca biçimlendiricisidir. Bu kitaba katkıda bulunduğu bölümde Peter Heine Arap dünyasında yakın zamanda yayımlanmış yemek kitaplarını gözden geçiriyor ve Kuveytlilerin, Suudilerin ve Iraklıların kimi zaman üstü örtülü, kimi zaman açıkça ortaya attıkları ulusal mutfak savına dikkat çekiyor. Zubaida makalesinde "Yemek ulusçuluğu"nu ele almakta. Bütün ulusçuluk akımları gibi ulusçuluğun mutfaktaki bu yansıması da tarihle deriden ilişkilidir: Ulusal kültürün yüzyıllar boyunca kesintiye uğramadan sürdüğü gösterilmelidir. Ayrıca, bugün herkesçe paylaşılan sıradan şeyleri ilk bulanın kendisi olduğunu savlamak gibi bir eğilim de taşımaktadır. Bu tür bir sava örnek olarak Perry (bu kitapta) baklavanın kökeni üstüne çıkan anlaşmazlığı ele alıyor; böyle çok katlı ekmek ve hamur işlerinin Bizans buluşu olduğunu ileri süren görüşe kuşku düşürüyor ve ilk olarak Orta Asyalı Türkler arasında çıktığını inandırıcı biçimde ortaya koyuyor.

İran ve Orta Asya mutfaklarını betimleyen modern yemek kitaplarını gözden geçirirken Fragner ("Toplumsal Gerçeklik" bölümünde) bunlardaki kurgusal niteliklere dikkati çekiyor: Bir yerde iyice idealize edilen etnoğrafya öğeleri olarak, bir başka yerde geçmişe özlem duyan bir kültürel ifade olarak görülüyorlar. Demek oluyor ki, bu kitaplar bize mutfaktaki gerçek durumdan çok, "toplumun gönlünden geçirdiklerini, simge olmuş değerleri, düş ve beklentileri"ni anlatıyor. İran yemek kitaplarının kurgusal niteliğinin yeni bir olgu olmadığını ve parçası oldukları edebiyat geleneğine bağlanabileceğini de ileri sürüyor.

Modern yemek kitaplarının çoğunun başında, dolaylı yoldan tarihe gönderme yapan, en eskilik ve ilk sahiplik savlarını ortaya atan bir giriş bölümü bulunuyor. İran yemekleri üstüne yazılmış kitaplarda, bütün Ortadoğu yemeklerine sahip çıkılarak bunların kökeninin İran olduğu ileri sürülüyor ve bu sav günümüzde kullanılan yemek konusundaki söz dağarcığına ve fazla varsayımsal bir etimolojiye dayandırılıyor. Dahası, İran mutfak geleneğinin izleri Sasanilere ve daha eski bir başlangıca, 7. yüzyılda Hüsrev'in verdiği şölenlere dek sürülmekte. 7. yüzyılın tarihte birçok ilkler için tanıdık bir başlangıç noktası olduğunu biliyoruz. İran kültürünün Ortadoğu'daki uygarlıkların beslendiği önemli bir kaynak olduğuna kuşku yok. Ama bütün kültürler gibi, o da geçişmelere ve değişime uğramıştır. Kimi şeyler yaşamayı sürdürüyor, kimi sözcükler anlam değiştiriyor, birçok şey değişime uğruyor ve *murri* gibi kimi şeyler de en küçük bir iz bırakmaksızın yitip gidiyor. El-Câhiz'in 9. yüzyılda yazdığı, daha önce sözü edilen *Cimriler Kitabı,* yemeğe ilişkin, artık yok olmuş Farsça isimler içeriyor. Her yerde karşımıza çıkan *kûfte* dahil, modern yemek isim dağarının çoğunu orada göremiyoruz. Günümüzde bölgede bilinen yemek sözcükleri dağarı, daha sonraki Osmanlı döneminde gelişmiş ve yaygınlaşmış olmalıdır.

Seçip ayırabildiğimiz Ortadoğu yemek kültürü izlekleri varlıklarını tarih içinde sürekliliğe borçlu değildir. Tarih toplumların, hanedanların, nüfusun, geçişmelerin, yeniliklerin hareketleri ve dönüşümlerinden oluşur. Bu sürekli değişimde kültürler de, geçmişleriyle bağlarını ne denli yitirmemiş olurlarsa olsunlar, dönüşüme uğramaktadır. Kültür, tarih açısından bakıldığında, örgüsü ve örüntüleri değişime uğrasa da tanınabilen, içiçe geçmiş izleklerin varyasyonları ve devinimleri olarak görünmekte. Bu görüşü doğrulayan en iyi örnek Françoise Aubaile-Sallenave'nin *kişk* üstüne yazdığı bölüm belki de. *Kişk* (ve aynı kökten gelen hısım sözcükler) denince akla Ortadoğu'da yüzyıllardır bilinen bir dizi yemek gelir. Bu yemeklerin ortak özelliği ekşimeye bırakılmış süt türevi, mayalanmış arpa, ya da karmaşık bir karışım içermesidir. Sözcüğün kökeni ve anlamını ayrıntılı biçimde çözümlemesiyle ve değişik hazırlama yöntemlerine ilişkin çağdaş ve tarihsel kanıtları incelemesi sonucu, Aubaile-Sallenave *kişk*'in karmaşık tarihi ve benzer adlarla bilinen çeşitleri arasındaki bağlantıları açığa kavuşturabilmiştir.

Bölgede bugün yenen şeylerin çoğunun kökeni yakın zamanlara dayanır. Yeni Dünya'dan gelen domates, patates, mısır, biber, fasulye gibi yiyecekler sanki çağdaş Ortadoğu mutfağının öğeleriymiş gibi sayılıyor; oysa, bunların tarihi gitse gitse 18. yüzyıla dek gidebilir. Çoğu 19. yüzyıldan beri kullanılmaktadır. İran mutfağının övünç kaynağı pirincin geçmişi daha eskiyse de, asla antik döneme kadar gitmez (Zubaida, Fragner ve Bromberger'in yazdığı bölümlere bakınız). Çok eskiden beri bilinmesine karşın, pirinç en soylu masalarda yer bulmanın kıvancına eriştiği Safeviler dönemine gelinceye dek pek kullanılmamıştır. Safevilerden önce, kullanım alanı yalnızca tarımının yapıldığı bölgelerle sınırlıydı. Bu bölgelerde, ya süt ile birlikte lapa, muhallebi yapımında, ya da öğütüldükten sonra ucuz ekmek yapımında kullanılıyordu. Varsılların masalarına gelecek olursa, muhallebi olarak boy gösteriyordu.

Vereceğimiz iki örnek, yemeklerin zaman ve uzam içinde geçirdiği dönüşümü ve sıradan sözcüklerin içeriğindeki değişmeyi örnekleyecektir. *Sikbac* Abbasi yazarlarınca İranlı Sasanilere mal edilen bir yemektir.[2] Bu metinlerde, yağlı etten yapılma bir tür güveç olduğu söylenmektedir; sirke ve hurma şurubu ile tatlandırılırmış. Daha önce gördüğümüz gibi Ortadoğu ve Avrupa'da, ortaçağda yemeklere tatlı ve ekşi birlikte katılırdı. Yakın zamanlarda bölgede bilinmez oluyor; ama bu kez İspanya'da *escabeche* adıyla su yüzüne çıkıyor: Orada, sirkede dinlendirildikten sonra yağda kızartılıp soğuk yenen bir balık yemeğinin adı oluyor. Oradan Güney Amerika'ya sıçrıyor. Güney Amerika'da aynı isim, dilimlenerek misket limonu suyu ve kırmızı biber içinde dinlendirilmiş, çiğ yenen bir balık yemeğine veriliyor. Abbasilerin kullandığı yemek adından kalan tek öğe ete ekşi tat katılması.

Öte yandan *korma* ya da *korme* sözünün bugünkü Hint ya da İran mutfağında neyi çağrıştırdığını bir düşünün (Zubaida 1989). Sözcük Türkçe'deki "kavurma"dan geliyor. Gerçekten de, bugün Türkiye'de bir anlamı yağda kavrulmuş et parçaları demek (en yaygın olarak Îd-i Adhâ günü [Kurban Bayramı], koyun kesildiği zaman yapılıyor). Türkiye ve Su-

---

2 Waines (1989) bir tarif veriyor.

riye'de türetilmiş bir başka anlamı da, kendi yağı içinde tuz ve baharatla saklanan ettir. Batı İran'da da bu anlamıyla bilinir. Oysa bugünkü İran'da *sebz-i korme* dendi miydi, güveçte içine bol bol kıyılmış yeşillikle birlikte kurutulmuş misket limonları da bütün bütün katılmış tereyağlı et akla gelir. Kuzey Hindistan'da yoğurt ya da kaymakla yenen güveçte et yemeğidir. Bütün bu isimlerde ortak olan tek yan, etin yağda pişirildiği ağır bir yemek oluşudur. *Sikbac* ve *korme* örneklerinin her ikisinde de sözcükler zaman ve uzam içinde geçişmeye uğramıştır. Sözcüklerin içerdiği nesneler değişmiş; yalnız ekşilik ve ağır lezzet ortak öğeler olarak kalmıştır.

En büyük dönüşümler modernleşmede yaşananlardır. Modernleşmenin bir bölümü ise, göstermeye çalıştığımız gibi, bir tarih saplantısı içindedir. Bu derlemede yer alan bölümlerin çoğu, günümüzde kökenler ve geleneklerin araştırılması ve bu geleneklerin "keşfi" ve inşası izleğinden yola çıkmaktadır. Geleneğin peşinde koşmak, "post-modern koşulun" bir parçası mıdır?

YEME İÇME VE TOPLUM DÜZENİ

Birey, varlığını sürdürmenin vazgeçilmez öğesi olan yemeği istese tek başına hazırlayıp tek başına tüketebilir. Oysa, evrensel bir uygulama olarak insanlar topluca yemeyi tercih ederler; yemek hazırlamanın (girdilerin üretilmesi ya da elde edilmesinden yemeğin pişirilmesine dek) gerektirdiği işler, evrensel olarak belirli kategorilerdeki insanlara, genelde erlik ve dişilik ayrımına göre yüklenmiştir. Bu uzmanlaşma ve paylaşma çok geniş bir dizi toplumsal ilişki ve farklılığı beraberinde getirir.

Daha önce belirttiğimiz gibi, bu kitabın birkaç bölümünde, özellikle Zubaida'nın yazdığı bölümde, belirgin ulusal mutfaklar yaratma yoluyla modern bir sınır çizimi eğilimi çözümleniyor. Bunun modeli, toplumsal ve kültürel ayrımları değişik yeme içme görenekleriyle ilişkilendirmektir; çok eski bir yöntemdir bu. Varsıl ile yoksulun, farklı etnik kümelerin, kent ile kır sakinlerinin (krş. Centlivres-Demont 1985), kadın ile erkeğin, yetişkin ile çocuğun aynı şeyleri yemediğini hep biliriz. Yemek, insanların toplum içindeki konumunun bir göstergesidir. "Ne yiyorsak oyuz" deyişine şaşmamak gerek. Ne yiyorsak o olduğumuzdan dolayıdır ki, konumu belirleyen ayrımların arkasında çoğu kez, aynı zamanda özü, kişiliği ve kişi değerini belirleyen ayrımlar saklıdır: Yemek alışkanlıklarına odaklanan etnik ve ulusalcı klişeler işte buradan çıkmıştır (krş. Bromberger'in bölümü).

Iante Maclagan'ın (Yemen kırsalı üstüne) ve Mai Yamani'nin (Mekke'nin varsıl seçkinleri üstüne) yazdığı bölümlerde ilgi çekici ayrıntılar var: Yemeğe katılanların kanbağı ve hısımlığına, kadın erkek oluşuna, saygınlık derecesine göre, yemeğin hazırlanışı ve ikram edilişinde, yemeğe konan girdilerde nasıl ayrım gözetildiğini gösteriyor. Aynı biçimde, ister iki kişi olsun, ister bir şölende olsun ortak tüketim —aynı sofrayı paylaşma— de kültürel ve toplumsal anlamlar taşır. Bu anlamların kimi paylaşma eyleminin içinde, kimi biçiminde ve göreneğinde, kimiyse paylaşılan yemeğin niteliğinde ve düzeninde yatar.

Topluca yenen yemekler denince, bunlar evde her gün yenen yemeklerden tutun, konuklara, çağrılılara yapılan ikrama, doğum-ölüm ve diğer anma-kutlama yemeklerine, dinsel günlerde yenenlere dek uzanır. Bu yemeklerin tümü, katılanlar arasında dayanışmayı sergiler; gelecekte karşılıklı destek içinde bulunma sözü verildiğini anıştıran bir ahlaki tavırdır. Birlikte yemek yiyenler, özellikle dinsel günlerde bir araya gelmekle, ortak kimliklerini ve eşitliklerini vurgulamış olurlar. Müslümanlar açısından bakıldığında, yemeğin paylaşımı, Ramazan'da, aile içinde yenen iftar yemeğinden başlayıp (bkz. Diouri'nin yazdığı Fas'ta Ramazan yemekleri; Yamani'nin yazdığı Mekke'de Ramazan yemekleri ile Hafez'in yazdığı Arap edebiyatında yemeğin imlediği simgeler konulu bölümler), konukların çağrıldığı kurban yemeklerine, şölenlere, ya da camiler, türbeler, imaretler gibi dinsel kurumlarda dağıtılan yemeklere dek uzanır.[3]

Toplu yemekler aynı zamanda—ister aile içi yemekler olsun ister şölenler— çoğunlukla erk sahibi birinin sayesinde yendiği, ya da erk sahibi birince düzenlenip paraca desteklendiği için, erkek ile kadın, yaşlı ile genç, güçlü ile güçsüz arasındaki erk ilişkilerini olduğu kadar, toplumdaki sınıflar ve etnik topluluklar arasında geçerli erk ilişkilerini de güçlendirmeye yarayabilir. Kimi şölenler (örneğin düğünlerde), önder olmak için başa güreşen kişinin erkine ya da konumuna sahip çıkması için bir olanaktır; (er ya da dişi) onun ikram ettiği yemeği yiyenler dolaylı da olsa bu savı kabullenmiş olurlar. İkramda bulunan daima kendini bir sınava sokmakta, bir meydan okuma sergilemektedir. Çoğunlukla kendini konuklarının alçakgönüllü hizmetkârı gibi gösterse ve onları onurlandırmak için elinden geleni yapsa da, kendisi konuklarının huzuru ve yemeğini kabullenmeleriyle onurlanmaktadır. Birinin yemeğini geri çevirmek açıkça onur kırıcı, küçül-

3 Bkz. Sefarad Yahudilerinde toplu yemek ve diğer dinsel olaylar konusunu ele alan Roden'in yazdığı bölüm. Roden ile mutfakta ulusçuluk konusunda yazan Zubaida dışında bu kitapta yer alan incelemelerde daha çok Ortadoğu'nun Müslüman kültürleri ele alınmaktadır. Hıristiyanlarda yeme içme üstüne pek az özgül bilgi var; Zerdüştiler ve diğer azınlıklar üstüneyse hiç yok. Belli başlı din kültürlerinin birbirinden yeme içmeye dayalı ayraçlarla—en çok da domuz eti, kan ve alkol karşısındaki tavır ve yaklaşımlarıyla—farklılaştığı unutulmamalı (Bkz. Tapper'in yazdığı bölüm).

tücü bir davranış olarak görülebilir; hatta bazen erke başkaldırmanın ya da bir hak anlaşmazlığını başlatmanın bir yolu olabilir (Tapper ve Tapper 1986, s. 69).

Konukseverlik göreneği—yabancının karnını doyurma, çağrılı konukları eğleme ve ikram edileni kabul etme—hem kültürel, hem de dinsel bir zorunluluktur (bkz. Pitt-Rivers 1977): Yamani, eskiden Mekkelilerde konuğun neredeyse ev sahibinin elinden yemek yediğini anlatıyor. Bütün Ortadoğu'da, yemek ikram etmek (birinin karnını doyurmak) ve yemek kabul etmek (karnı doyurulmak) üstün konum ve onuru anıştıran karmaşık anlamlar taşır; bu anlamlar, sunulan yiyecek içecek ile diğer benzer nesnelerin (ve sunulan hizmetin) çeşitliliği ve bolluğuna bakarak daha da karmaşıklaşır; örneğin, ikram edilen yiyeceğin pişirilmiş ya da çiğ oluşu gibi... Batı Kanada'da görülen ve bütün antropoloji öğrencilerinin bildiği, savurganca ikramda bulunma ve sonra ikram edilenleri yok etme geleneği ile Ortadoğulu konukseverliği arasında koşutluk var: Ortadoğu'da çokça görülen bu tüketim gösterişinin gerekçesi günlük tüketimle değil, gündelik yaşamda insan ilişkileriyle açıklanabilir.

Onur ve boy ölçüşme gibi insan ilişkisi izlekleri, konuk ağırlamada sergilenen tavıra ve kullanılan dile yaygın biçimde yansır; genellikle konuk odasında oturma düzeninin ayrıntılarında, yemeğin dağıtılmasında izlenen sırada, konuklar ve ev sahibinden beklenen davranışlarda görülür; bunlar, yerli ve yabancı gezginler ile etnoğrafların çeşitli anlatılarında, yerel görgü kuralları kitaplarında betimlenmiştir.

Konuk ağırlamada ve şölenlerde ev sahibinin göze aldığı sonuca ilişkin belirsizlik ve tehlike yetmezmiş gibi, bir de her bölgede ev sahibinden belirli yemeklerin ikramını bekleme eğilimi vardır ve bu yemekler törenselleşmiş yöntemlerle pişirilip sunulmalıdır. Bunlardan dolayı ev sahibi ve aşçıların çektiği kaygı ve yaşadığı gerilim (lezzeti tam düşürebilecekler mi, mutfaktaki çabaları konuklarca hakkıyla değerlendirilecek mi?), ya olayın taşıdığı siyasi ve ritüel "tehlike"yi ve belirsizliği yansıtacaktır ya da yön sapmasıyla anlam değiştirecektir (krş. Douglas 1966).

Aynı sofra çevresinde toplanma, "uygun" yemek konusunda aynı anlayış ve değerlendirmelerin paylaşıldığının göstergesidir. Ama, ayrı gelenekleri olan konukları ağırladığımızda, bekleriz ki (hatta meydan okuruz), yemeğimizi beğensinler, alkışlasınlar. Her kültür ve toplum kendi yeme içme gelenekleriyle övünürken başkalarınınki hakkında tepeden bakan ve çelişen duygular içindedir (örneğin Maclagan'ın sözünü ettiği Yemen kırsalında yenen *beledî* yemekleri ile Yamani'nin sözünü ettiği Mekke mutfağının yeniden keşfi olayına bakınız). Başka etnik ve dinsel topluluklar hakkındaki klişeler yeme içme göreneklerine sıkça atıf yaparlar (Bromberger'in Kuzey İran'da, Zubaida'nın Irak'ta saptadığı gibi). Buna karşılık, "etnik" yemekler yiyenler, kozmopolit bir yaklaşım benimseyebilir; ama, nasıl yerli mutfak uluslararası turistlere sunulduğunda tanınmaz hale geliyorsa, "etnik" lokantalarda sunulan yemekler de çoğu kez, baştan aşağı yerel tüketicilerin ağız tadına uyarlanmıştır (Zubaida).

YEMEK DİLİ

Yemekleri değerlendirmede kullanılan karmaşık dil, bu kitapta yer alan bölümlerin çoğunda kendini gösteriyor. Dil birkaç düzeyde işe yarıyor. Birincisi ve hemen akla geleni, lezzete ilişkin güzel duyunun anlatımında... Lezzet estetiği, hem açıkça özneldir, hem de tıpkı giyim ve diğer kültürel olgularda görüldüğü gibi modaya göre değişebilir. İkinci düzey, özellikle şölenlerde ya da konuk ağırlamada, yemek yemenin görgü kurallarıyla ilgilidir: Yemek yemenin yolu yordamı, hızı, yemek sırasında konuşma ve neşelenmenin hoş görülüp görülmediği gibi (Yamani ile Maclagan bu konuda ayrıntılı açıklamalar yapıyor)... Birçok dinsel risaleler, özellikle yakın zamanlarda İran'da egemen olan Şii ulularının risaleleri, yemek yemenin yolu yordamını ve ilişkili bütün eylemleri en ince ayrıntılarına dek belirler. Üçüncü düzey, mecazdır; örneğin, bireylerin ve topluluklarin kişilikleri, yeme içme dünyasındaki sınıflandırmalardan esinlenerek tanımlanmaktadır (bkz. Bromberger, Marin ve Hafez'in yazdığı bölümler). Toplumların çoğunda, şenlik benzeri gelenekleşmiş toplum olayları yenilen yemeğin çevresinde döndüğü için olay yenip içilen anılarak betimlenebiliyor: Tıpkı Afgan oymaklarında düğünlerde kaç kazan pilav pişirildiğine göre değer biçildiği gibi (N. Tapper 1991, s. 172 vd)... Karşıt uçta ise "ekmek" sözcüğünün genel anlamda "yemek" yerine sıkça kullanıldığı görülmekte.

Richard Tapper ve Nancy Tapper'in önerdiğine göre, yeme içmeye ilişkin değerlendirmeler, din, siyaset, hekimlik, büyü gibi bazı farklı söylem alanlarına ayrılarak çözümlenebilir. Tapper'lar bu çözümleme yöntemini özgül olarak Kuzey Afganistan'da yaşayan Durrani aşiretinin bağlamına uyguladılar; ama Ortadoğu'ya özgü bağlamlarda daha da geniş uygulama alanı bulabilir: "Çözümleme yapılacak irdeleme alanlarının hepsi birbirinden apayrıdır: Her irdeleme alanı belirli bir toplumsal bağlama göndermede bulunuyor; insanların yeme içmeyi çok ayrı biçimlerde değerlendirdikleri ve kullandıkları belirli bir toplumsal bağlama göndermede bulunuyor: Dinsel inanç ve eylemler bağlamında, siyasal ve iktisadi rekabet bağlamında, kişi sağlığı ve beslenmesi bağlamında, ve gizli güçlerin neden olduğu talihsizliklerle başa çıkma bağlamında irdeliyor" (1986, s. 62-3).

Dinsel görüşler, arınmışlık ve kirlenme üstüne ilkeler içeriyor; kimi maddeleri yasaklarken (İslam'da domuz eti, kan ve alkol gibi), kimilerini de Tanrı'dan armağan olarak (ekmek), ya da Peygamber'in sevdikleri (hurma: bkz. Diouri) olarak kutsuyor ve kurban adanmasını, özellikle et sunulmasını, buyuruyor. Siyasal görüşler içinde konukseverlik yarışmasına konu olan belirli yiyecekler (çoğunlukla daha pahalı olan yiyecekler—ekmek bunun dışındadır), daha lezzetli, daha saygınlık ve onur getirici olarak ayrılıyor ve bu yiyecekler kadınlar yerine seçkinler ve erkekler için saklanıyor. Dinsel çağrışımlar da içerebilecek hekimlik kapsamında ele alındığında, yiyeceklerin besleyici ve sağaltıcı değerleri öne çıkıyor. Büyü alanında ise, diğer alanlardan birinde, özellikle din alanında değersiz sayılmış ya da yasaklanmış yiyecek maddeleri sağaltıcı ya da kötülüğe neden olabilen değerler kazanıyorlar: Örneğin kan. Bu alanlar "içeriğin ne olduğuna göre, insanların birinden diğerine atlayabilecekleri almaşık ölçüt dizgeleri oluşturuyor." Bu, bir anlamdan diğerine geçmeler, geniş kapsamlı ve her anlama çekilebilen—"iyilik" ya da "erk" gibi—belirli değer ölçütlerini kullanarak ve kan gibi kimi başat simgelerle ve kanla bağlantılı kurban kesme gibi törensel olaylarla ilişki kurarak sağlanıyor.

YEMEK VE DİĞER KÜLTÜR SİSTEMLERİ

16 Yeme içme dilini çözümlerken karşılaşılan bir başka anlam (semantik) sorunu da şudur: Bizim belirlediğimiz, "yiyecekler", "içme eylemi", "yemek eylemi" gibi ana başlıklar Ortadoğu'da geçerli yerel koşullar ve anlayışları ne ölçüde açıklıyor? Ortadoğu'da geçerli koşullar ve anlayışlar acaba "içme eylemine" "yeme eyleminin" içinde nereye dek yer veriyor ya da bunları "tütün içme" gibi diğer eylemlerle nereye dek ilişkilendiriyor? Ortadoğu'da var olan farklı kültürler bağlamında bakıldığında değişik dillerde, yeme ile içki arasında kurulmuş sıradan, alışılagelmiş bağıntılar nelerdir? Bu sorulara verilecek yanıtlardan öğreneceklerimiz olabilir mi?

Richard Tapper, Ortadoğu'da "içki" ve "içki içme" konulu incelemesinde bunları yanıtlamaya çalışıyor. Ortadoğu'ya şu sırada egemen düşünce ikliminin konuya yabancı olanlar arasında serpilmesine izin verdiği görüş, şarap ve alkolün genelde yasak olduğu ve bu yönüyle o bölgenin kültürlerinin bir özelliğini oluşturmadığı yolundadır. Hiçbir düşünce gerçeğin bunca uzağından geçemez. İçki kentsel kesimlerde, incelmiş, okumuş ve varsıl çevrelerde her zaman göze batacak ölçüde öne çıkmıştır. İçki çevresinde bütün bir kültür ve töre yaratılmıştır. İçkiyi kutsayan bol bol klasik şiir ve edebi yapıt bulunuyor. Dinsel bakımdan onaylanmamış olması yalnızca çekiciliğini artırdı. Hekimlik konusundaki çalışmalarda da şarabın sağaltıcı nitelikleri üstünde duruluyor ve çoğunda şarabın ölçülü içilmesi öneriliyor. Peter Heine, başka çalışmalarında bu konuyu ortaçağ bağlamında (1982) uzun uzadıya ele almış bulunuyor. Tapper, bu kitaba yazdığı bölümde içecek (yalnızca alkollü içkiler değil) izleği ile günümüzdeki törenselliği ve simgesel anlamları üzerinde duruyor.

İçecek türlerine kitabın diğer bölümlerinde de değiniliyor, içecek değişik bağlamlarda ele alınıyor: Chase, modern İstanbul'da boza ve sahlep tüketimini, Aubaile-Sallenave *kişk*'in sıvı türlerini, Maclagan (Tapper'in yaptığı gibi) çay ve kahvenin toplumsal işlevini anlatıyor. Hafez, Necib Mahfuz'un yapıtlarında alkollü içkiler (ve meze tüketimini) birlikte yiyip içme, söyleşme, şiir, oyalanma ve yasak cinsellik bağlamlarında ele alıyor.

Birkaç bölümde ele alınan, yemek ile cinselliğin (bir de daha önce değindiğimiz, toplum içindeki cinsiyet rolleri, ama bu ayrı bir konu) birçok bakımdan birbiriyle bağlantılı oluşu da insanbilim ve ruhbilim açısından sıradan sayılabilecek bir görüş: Bir yanıyla bunlar (üretme ve üreme yoluyla hayatta kalma) temel bir dürtü, öbür yanıyla haz almanın temel kaynağı. Temel dürtülerin doyurulmasından öte, birlikte yemek yeme ile evlilik bağlarına ilişkin ayrıntılı bir törenin odağında da yemek ile cinsellik var. Yeme içme ile cinsellik toplumun ve devletin az çok sıkı denetimi altındadır. Betimleme ve benzetme yaparken aralarında bir bağıntı kurulması neredeyse evrensel bir olgudur, oysa gündelik konuşma ile yaşantıya bakıldığında aradaki bağıntı daha az belirgindir. Uygulamada yeme içme kamusal alana, cinsellik ise özel alana girer.

Öte yandan içki, özellikle alkollü içki, cinsellikle daha açıktan ilişkilendirilir. Özellikle yasak olma bağlamında yapılan bu ilişkilendirme yalnızca Ortadoğu'ya özgü değil. Alkol ve diğer keyif verme (örneğin öz denetimin kalkması) olasılığı bulunan nesnelere —uyuşturuculara (kahve? tütün?), müziğe, dans etmeye— İslamiyetin bakışı muğlaktır ve bu konular Müslüman Ortadoğu'da, başka yerlerde de görüldüğü gibi, devletin denetimi altındadır.[4]

Yapısalcı bir çözümleme yapıyor olsaydık, birbiriyle bağlantılı bir dizi sistemden söz ediyor olacaktık. Yemek söz konusu olunca, bir yemeğe konanların, bir öğünde yenen yemeklerin, bir mutfağı oluşturan öğünler ve yemeklerin yapısal dizgeler oluşturduğu görülecekti. Nitelikler, tatlar, kokular ve dokular arasındaki ilişkiler bu dizgeleri birbirine bağlayan öğelerdir. Bu öğelerden kimilerinin yemek sistemlerini başka sistemlere bağladıkları görülüyor—içkilerde, cinselliği düzenleyen kurallarda, büyü ve hekim-

4 Ortadoğu'da görülen yeme içme alışkanlıklarının komşu bölgelere, daha ötelere, Avrupa, Orta Asya ve Hindistan'a doğru geçişme sürecini, müzik geleneği, biçemler, çalgılar, uğurlu sayıların geçişmesiyle karşılaştırmaya değer, örneğin Stokes'un çalışmasıyla (1992).

likte, müzik ve benzerinde olduğu gibi. Bu dizgelerin de, birinin diğerine dönüşmesiyle ortaya çıkmış yapılar olarak çözümlemeleri yapılabilir. Kimi maddeler—en eski ve bilinen örneklerden kan, ersuyu, süt, büyülü bitkiler—hep karşımıza çıkacağı için, çözümleme yaparken bunlardan "etken" (*operator*) olarak yararlanılabilir; bunlar aracılığıyla insanlar gündelik yaşantılarına karışan bu farklı kültür dizgelerini anlamlandırabilirler.

Diouri ve Tapper'ın yazdığı bölümlerde, yapılacak çözümlemenin biçimine ilişkin öneriler bulunuyor. Formel yapısal bir çözümlemeyi de benimsesek, kültürel biçimlerde karmakarışık bir yapısızlıktan yola çıkan son moda post-modern çözümlemeyi de benimsesek, yeme içme, cinsellik, müzik ve dans gibi çeşitli alanların özellikle düğün şölenleri bağlamında Ortadoğu'da çok yakından ilişkili olduğu yadsınamaz.[5] İşte bölgeyi karşılaştırmalı olarak incelemek isteyeceklere bir başka konu: Düğünlerin içeriğinde, paylaşılan, kat kat, iç içe geçmiş simgeler ve anlamların yanı sıra, yeme içme, müzik ve dans gibi çok yaşamsal ayrıntılar var. Bu ayrıntılar, değişik dinsel gruplar, etnik gruplar, sınıflar, toplumsal cinsiyetler ve yerel topluluklar arasındaki ayrımları belirler. Denebilir ki, düğünler Ortadoğu'da kültür yaşamının yalnızca en renkli olaylarından olmakla kalmayıp her yerin toplumsal dokusuna giren en önemli öğelerin çok karmaşık ve üstü kapalı biçimde kültürel olarak ifade edildiği açık alanlardır. Yeme içme, bu karmaşık ve üstü kapalı imlemeyi açan önemli bir anahtar görevi yapmaktadır.

Bu kitap, her iki yaklaşımı ve içeriği de kapsayan zengin çeşnili bir sunuş olarak, okuyanların hem bilgilenmeye hem de uyarılmaya olan açlığını doyurmakla kalmayıp bu büyüleyici alanda daha çok araştırma yapılmasını özendirecektir.

---

5 Belki kutsal yerlerde her yıl yapılan şenlikleri de katmalıyız. Bu şenlikler, genellikle düğünlerle aynı terim — *'urs* — altında geçiyor.

BİRİNCİ BÖLÜM

ORTADOĞU'DA YİYECEK ÜRETİMİ

TONY ALLAN

Göçebe olsun yerleşik olsun Ortadoğu'da yaşayan halklar, bitkilerin yetiştirilmesi ve hayvanların evcilleştirilmesi tarihinde önemli bir rol oynamışlardır. Bu uygulamaların ve türler arası ilişkilerin geliştirilmesi, siyasallaşmış ekonomilerin evriminde ilk uygarlıkların iktisadi temellerinin atıldığı çok önemli evrelerdi.

Yüzde doksanı çöl olan bölge öteden beri sert iklim koşullarıyla bilinir; ama bölgenin su, toprak ve bitki örtüsü gibi doğal kaynaklarının nüfusunu beslemeye yetip yetmeyeceği sorusu 20. yüzyılın sonlarına gelene değin hiç akıllara düşmemişti. Tarihsel çizgide, 20. yüzyılın başından bu yana özellikle son kırk yılda nüfusun hızla artışı, Ortadoğu'nun dünyanın yiyecek ithal eden bölgelerinden biri olmasının başlıca nedenidir. Öteki neden, özellikle 1960'lar ve 1970'lerden sonra yiyecek tüketim biçimleri değişime uğrayan petrol ihracatçısı ülkelerin varlığıdır. Kimi Ortadoğu ülkeleri hâlâ dışarıya yiyecek ihraç ediyorlar. Kışın yetişen sebzeler, patates ve meyve yanında, özellikle ederi yüksek bahçe ürünlerini hem bölge dışı pazarlara, hem de petrol zengini Körfez ülkelerine gönderiyorlar. Fakat, Mısır ve Ürdün gibi ülkelerde su açığının hızla büyümesi sonucu tarımdaki seçenekler ciddi anlamda azalıyor. Türkiye dışında bölgenin bütün ülkeleri geçmişte tarıma ayırabildikleri su düzeyini sürdürme yeteneklerinin azaldığının farkına varıyorlar.

ORTADOĞU'NUN DOĞAL KAYNAKLARI

Ortadoğu'da yiyecek üretimi genellikle sert doğal ortamlarda gerçekleştirilir. Ortadoğu'nun yüzde doksanı çöldür; kalan yüzde ona yağan yağmurlarsa yetersiz ve düzensizdir. Yılda 500 milimetrenin üstünde yağış düşen yerler, Arapların elindeki Ortadoğu'nun yüzde birini geçmez. Görece iyi sulanabilen Türkiye ile İran'ın düzenli yağmur düşen bölgelerinde arazi yüksek ve engebeli olduğu için, sulanabilir geniş tarım alanlarına olanak vermez. Bölgede tarih boyunca tarım bakımından önemli olmuş iki nehir sistemi var: Nil ile Dicle-Fırat. Bir başkası da Ürdün nehri. Kültürel önemi büyük olan bu nehre 20. yüzyılın sonlarına gelinceye dek, tarım amaçlı olarak gem vurulamadı. Nil'i besleyen kaynaklar Etiyopya ve Doğu Afrika'dadır; Dicle-Fırat'ın suyunun çoğu Türkiye'ye düşen yağmurlardan, birazı da Dicle'nin İran'dan çıkan kollarını besleyen yağmurlardan gelir.

Ortadoğu'nun yenilenebilir sularının önemli bir özelliği de mevsim yağmurları biçiminde oluşudur. Bölgenin kuzeyindeki başlıca yerleşim merkezleri, her yıl, Ekim ile Nisan ayları arasında Akdeniz enlemleri üzerinden doğuya geçen Atlantik hava sistemlerinin getirdiği kış yağmurlarından nasiplerini alır. Akdeniz enlemlerinde kışın ısı yüksek olmadığı için, düşen biraz yağmur da etkili olmaktadır. Bundan dolayı, mevsim içinde 300 milimetre üzerinde yağmur alan bölgelerde verimli üretim yapılabilir. Arpa, buğday gibi tahıllar ek sulamaya gerek kalmadan ekilip biçilebilir; zeytin, badem gibi ağaçlar da canlarını kurtarır. Bunların dışındaki meyve ağaçları—Lübnan ve Suriye'nin ve tabii ki Türkiye'nin iyi sulanan yaylalarını saymazsak—kışın sulanmak ister.

Almaşık doğal kaynakları ya da gelişmiş sanayi kesimi bulunmayan kurak ülkelerde bel bağlanabilir su kaynaklarının varlığı, geçimini tarımdan sağlayanlar için yaşamsal önem taşır. Bölgenin belli başlı nehir sistemlerinin taşıdığı yüzey suları tarih boyunca tarım bakımından önemli olmuş, olmayı da sürdürmekte. Yazık ki, bu su kaynakları bol değil. Geçmişte nehir boylarındaki ovalarda yerleşmeyi seçen insanları beslemeye yetiyor da artıyordu; ama, 20. yüzyılın başından bu yana nüfusun artmasından dolayı, bölgedeki bütün Arap ülkeleri ve İsrail, ya yeni yeni başlayan ya da çok korkulu duruma gelmiş su açıklarıyla karşı karşıyalar. Yalnızca Türkiye'nin, bir de şimdilik Sudan'ın su fazlası var.

Yeraltı suları bölge tarımı bakımından her zaman önemli bir kaynak olageldi ve Ortadoğu tarihi boyunca, su çekme sistemlerinin yardımıyla yeraltı sularından akıllıca yararlanıldı; Körfez ve İran'da *kanât* [suyolu, künk] adı verilen gelişmiş geleneksel sistemlerle su uzaklara taşındı (Bonnie ve diğ. 1989). Modern teknolojiyle çok daha derinde ve uzaktaki yeraltı suyu kaynaklarına ulaşılabildi. Hem Libya'da (Allan 1989b), hem de Arap yarımadasında, uygulamanın iktisat ve çevrebilimi bakımından tutarlılığına bakmaksızın, fosil yeraltı sularından tarım ürünü yetiştirmede yararlanıldı.

Bölge ekonomisinin önemli bir bölümünün temelini oluşturan doğal kaynaklardan biri de bitki örtüsüdür. Altı bin yıl önce tarımın başlamasından önceki binyıllarda, 500 milimetrenin üzerinde yağış alan alanlar (bugün olduğu gibi) ormanlarla kaplıydı. Yılda 200 ile 500 milimetre arasında yağmur alan alanlarda bitki açısından zengin mevsimlik otlaklar yetişiyordu. Duyarsız Romalıların çevreyi yoğun biçimde sömürdüğü klasik çağda ormanların neredeyse tamamının ortadan kaldırılmasıyla Ortadoğu'nun kuzeyi, özellikle Türkiye kelleşti. Bölgede otlakların zarar görmesi daha yakın zamanların olayıdır ve hâlâ sürmektedir. Bölgenin bütün ülkelerinde besi hayvanı sayısının geçen yirmi yıl boyunca durmadan ve bitki örtüsü kaynağının kaldırma gücünün ötesinde artışı, topraklarda ciddi yıpranmaya yol açtı (Thalen 1979; Yotopoulos 1983; Jaubert 1983; Gurdon 1985; Allan 1988; Murray 1990).

TARIM GELENEKLERİ: SULU TARIM VE BESİ HAYVANCILIĞI

Ortadoğu'da tarım ve hayvanların evcilleştirilmesi çok eskilere dayanan bir gelenektir. Bölge halkları, hem uygar toplumların gelişmesini kamçılayacak, hem de onları binyıllar boyu ayakta tutacak kaynak yönetim sistemleri buldular. Altı bin yıl önce başlıca nehir havzalarında tarım ekonomileri yaratılmasıyla insanlar hem güvenliğe kavuştu, hem de üretim fazlası elde etti; bu üretim fazlası önce ülke içinde daha sonra bölge çapında siyasal erke dönüştürülebilecekti. Ayakta kalma ve sonuçta bölge çapında nüfuz kurma iki sisteme dayanmaktaydı: nehir boylarındaki ovalarda sulu tarım yoluyla yiyecek üretim sistemleri; az ve genellikle düzensiz yağış alan bölgelerde besi hayvancılığı.

Az yağmur alan düşük verimli alanlar, nehir boyunca uzanan ovalardaki yoğun toprak ve su yönetiminden çok başka bir sistem gerektiriyordu: Düşük yoğunluklu bir kaynak yönetim sistemi olan besi hayvancılığı geliştirildi. Bu sistemde, sürü sahiplerinden oluşan topluluklar doğal yem peşinde hayvanlarını bir yerden ötekine güderlerken olanaklar nispetinde yem bitkileri de yetiştiriyorlardı. Göçerlik ve yaylacılık sistemleri bölgedeki nüfusun önemli bir bölümünün geçinmesine yetiyordu. Bölge tarihinin büyük bölümünde nüfusun dörtte bire yakını göçebeydi. Bu toplulukların dayanağı olan türdeki arazinin az olması, hayvanlarını güvenilir otlaklara zaman zaman yayabilmelerini ve oralardan saman kaldırma hakkına sahip olmalarını gerektiriyordu; ya da hiç olmazsa, yağmurun kıt olduğu mevsimlerde hayvanlarını yayabilecekleri otlaklar için anlaşmaya varmaları gerekiyordu. Yerleşik ve göçebe topluluklar arasında ortakyaşama dayanan bu ilişki istikrarlı olduğu zamanlar ve uzun süren kuraklıkların neden olduğu kıtlıklardan, ya da kurak bölgelerden gelen göç baskısından etkilenmediği zamanlar, kaynakların kullanımında ve ticarette çıkarların karşılıklılığına dayalı, uyumlu uzun dönemler oluyordu.

ORTADOĞU'DA BESİN ÜRÜNLERİ ÜRETİMİ

Ortadoğu'da yetişen geleneksel ana besin maddelerinin belirleyicisi çevre koşulları olmuştur, bir de iklimin dayattığı zorlukları aşmada bölge halkının teknolojiden yararlanma yeteneği... Yaz boyu süren sıcaklar, yılda bir ürün veren tropikal tarla ürünlerinin, ancak yeterli su bulunması ya da bölgeye su getirilebilmesi koşuluyla yetiştirilebileceği anlamına gelir. Pirinç ve darı gibi ana tropikal tahıllar yanında, daha serin ama rutubetli kış aylarında iyi yetişen temel besinlerden arpa ve buğday ekilebilir. Bir yerüstü ya da yeraltı kaynağından su getirmek koşuluyla, yağmur düşmeyen topraklarda da buğday, arpa ekilebilir. Yağmurla beslenen topraktan kaldırılan ürünle sulama yapılan topraktan kaldırılan ürün miktarı çok değişkendir. Yağmurla beslenen toprağın verimi, filizlenme mevsiminde yağan yağmura bağlı olarak hektar başına 1.5 tonla 200 kilo arasında değişir; 200 kiloya düştüğü zaman, ürünü kaldırmadan sapıyla tanesiyle hayvanlara yedirmek tercih edilir. Sulanan topraktan kaldırılan buğday ve arpa hektar başına beş tonu bulursa da, su yönetiminin kötü olduğu yerlerde bu verime ulaşılmaz. Türkiye'nin kuzeyi ile İran dışında kalan yerlerde, pirinç ve mısır daima sulanmak ister. Dünyanın bazı en iyi, özellikle görünümüyle ünlü pirinç türleri İran'ın Hazar denizi bölgesinden gelir.

Her türden en iyi sebzeler, bölgenin üçte ikilik güney bölümünde her mevsim devamlı yetiştirilir. Aynı bölgede, sebze ve et yemeklerine katılan çeşni verici bitkiler de yetiştirilir. Sebzelerin yıl boyu bulunabilmesi Ortadoğu'da gündelik yaşamın bir özelliğidir. Bu süreklilik, ısının çok yükselmesi ya da çok düşmesi nedeniyle ürün alınamayan diğer enlemlerde görülmez; bu enlemlerde yıl birbirinden bütünüyle ayrı iki tarım rejimine bölünmüştür. Türkiye'nin batı ve kuzeyinde, Kuzey İran'da ve yer yer Afganistan'daki iklim düzeni o denli mevsimliktir ki, sebzeler yalnızca yağmurlu mevsimde yetiştirilir. Olağan düzen, kışın tahıl, yazın da meyve sebze yetiştirilmesidir. Mevsimlere bağlılık, tarla ürünlerini olduğu kadar daha önce üstünde durduğumuz temel tahılları da etkilemektedir. Ortadoğu'da tarımın sunduğu en güzel armağan karpuzdur. Tarih boyunca, yaz sıcaklarında hem yemeklerde, hem yemek aralarında eşsiz ve değerli bir serinletici olmuştur karpuz. Karpuzun suyunun, serin ve diriltici olması bir yana, bazı değişik türlerinin özel tatları da karpuzdan anlayanlar için sevinç kaynağıydı. Karpuzlarının nitelik ve çeşitliliğiyle en ünlenmiş ülke

İran'dır; ama karpuz bölgedeki bütün ülkelerin kültüründe önemli pay sahibidir ve uluslararası pazarda ticareti yaygındır.

Ağaçlardan alınan ürünlere gelince, bunlar tam anlamıyla mevsimliktir. Özellikle hoş olan narenciye mevsimi kış aylarının sonlarına doğru gelir; ama bölge dışından getirilen türlerle ve akıllıca aşılamayla taze portakal Aralık başından Nisana dek bulunabilir.

Hurmalar yaz sonuna sonuna doğru olgunlaşıp toplanır ve o sıcak mevsimde, serinlik veren, taze, lezzetli bir meyve olarak çok sevilerek tüketilir; şeker içeriğinin hurmayı saklanabilir, dayanıklı bir tatlı durumuna getirmesiyle yıl içinde daha sonra da tüketilebilir. Hurma bölgenin tamamında en çok yetiştirilen yiyeceklerden biridir; çünkü hurma ağacı, nehir boylarındaki sulanan güvenli ovalarda olduğu kadar, kök sistemi diğer bitkilerin erişemediği derinliklerdeki suya erişebildiği için, Sahra'da ve Arap yarımadasının en sert çöl koşullarında yetişir. Hurmanın coğrafyasına bakınca, tarih boyunca bölgede en yaygın olarak yetiştirilen meyve ağaçlarından biri olduğunu görüyoruz. Bundan dolayı hurma Ortadoğu kültürünün tam göbeğinde yer alıyor. Her ne kadar Türkiye, İran ve Afganistan'ın daha iyi sulanan ve daha serin iklimli toprakları hurma yetiştirmeye elverişli değilse de ve hurma bu bölgelerin kültürlerinde önemsiz bir yer tutmaktaysa da, diğer bölgelerde hem yerleşik ve hem de göçebe halkın yaşamlarının ayrılmaz bir parçasıdır. En batıda Fas'ta ne denli ünlüyse, doğuda Belucistan'da da o denli ünlüdür. Göçebelerin hep en başta gelen besini olduğu gibi, zaman zaman karşılaştıkları kuraklığı aşmanın da güvencesi olmuştur. Hurma ağacının meyvesi, yerleşik halkların göçebelerinki kadar tehlikede olmayan yemeklerini zenginleştirmiştir ve hâlâ da zenginleştirmektedir. Hurma çeşitlerinin her birine ayrı ayrı değer verilmesi bölge kültüründe yalnız bu meyveye özgüdür. İddia edildiğine göre Basra'da 350 değişik türü yetişiyormuş ki, bu da Irak ve Körfez halkının yaşamında ve yemek kültüründe hurmanın taşıdığı önemin bir göstergesidir.

Bölge insanının geçim kavgasında ve kültüründe önemli yer tutan başka mevsimlik meyve veren ağaçlar da var: Zeytin, Güney Akdeniz kıyılarında yıllık yağışın 300 milimetreyi geçtiği her yerde yetişen, geleneği çok eskilere dayanan bir ağaçtır. Doğu Akdeniz, Suriye ve Türkiye'de birbirine benzer, don olayı görülmeyen, yağışlı bölgelerde çokça yetiştirilir. Zeytinyağının, Ortadoğulu ailelerin evlerinde pişirilen yemeklerin gelişmesine katkısı ne denli vurgulansa azdır. Bütün diğer yemek yağlarına değer biçerken, üstün bir yağ olan zeytinyağı ile karşılaştırma yapılır. Zeytinin kendisi ise, lezzetli ve kolayca saklanabilen bir kahvaltılıktır.

Badem, zeytin ile birlikte anılır ve çoğu kez aynı topraklarda yetiştirilir. Hem zeytin, hem de badem zayıf ve engebeli topraklarda yetişebilir;

güç koşullarda büyüyor olmanın gerilimi meyvelerinin tadını olumsuz etkilemez. Her ikisi de yazın meyve verir. Meyve ya da ağacın zarar görmemesi için dikkatli toplandığı zaman, bu süreç emek yoğun bir iştir. Zeytin ve badem, Kuzey Afrika'da sömürgecilik döneminden beri çok geniş arazilerde yer alan çiftliklerde yetiştirilmekteydi; ürünün toplanması ve dağıtımında güçlüklerle karşılaşılan 1960'lar sonrasında, uluslararası pazarların yüksek nitelikli meyveye ödemeye hazır olduğu bedel farkı arttıkça bu önemli ağaçların değeri ve önemi arttı. Uluslararası pazarda zeytin, badem gibi yüksek nitelikli meyveler ya da yüksek nitelikli zeytinyağı için oluşan talep yüzünden, son yirmi yılda bu ürünlerin fiyatı, petrol zengini ülkeleri dışta tutarsak, ortalama Ortadoğulu ailenin satın alma gücünü aşıyor.

Bir başka mevsimlik ürün olan asma, Ortadoğu'nun tarım tarihi boyunca hep yetiştirilegelmiştir. Zeytin ve badem gibi asma da toprağın zayıf, yağışın düşük olduğu bölgelerde olabiliyor. Meyvesi üzümün, bölge halkının tüketimi içinde hep önemli bir yeri olagelmiş ve kimi bölgeler bağlarıyla ünlenmiştir. Örneğin Şam çevresindeki bağların üzümleri ünlüdür. Müslüman bölgelerinde ve ülkelerinde şarap yapımının geçmişten bugüne sürekli kabul gördüğü söylenemez. Komşu Akdeniz ülkelerinde olduğu gibi, sulama yapılmıyorsa üzümün de şarabın da lezzeti güzelleşmekte.

En iyi zeytin ve üzüm türlerinin yetiştirilmesinde güç yaşam koşullarının önemli bir etmen olduğu söylenmiştir. En beğenilen bazı hurma türleri uzak, yaşamın zor olduğu vahalarda yetiştiriliyor. Diğer meyvelerden özellikle şamfıstığı, az ve düzensiz yağış alan, mevsimlik otlar ve hayvanların yediği çalılardan başka bir şey bitmeyen alanlarda doğal olarak yetişiyor. Şamfıstığının en önemli kaynağı İran; ama Türkiye ile Afganistan'ın kuzeybatısında da bolca ürün toplanıyor. Bu nefis lezzetli fıstığın pazarı, yetiştiği toprakların dışına taşalı çok olmuş ve talep İran'daki fıstık yetişen alanların verimini kat kat aşmıştır. Talep, bölgedeki bütün kentli nüfustan ve özellikle de son otuz yıldır petrol zengini ülkelerden geliyor; fakat, aynı zamanda güçlü ve artan bir uluslararası talep var; bu talep, dünya pazarında şamfıstığı fiyatının dehşet verici yükselişiyle durmuş ancak. Ortadoğu'dan gelen bu ince lezzet için talep öylesine güçlü olmuş ki, ABD'nin güneybatı eyaletlerindeki benzer ortamlarda dikimi yapılmış.

ORTADOĞU'DA HAYVANCILIK

Yaygınlığı ve sofradaki yeri bakımından geçmişte hurma ve zeytinle rekabet edebilen tek yiyecek et ürünleriydi. 20. yüzyılın başından beri bölgede, tahıl gibi çok yer tutan besin ürünlerinin ticaretinde teknolojik ve iktisadi kapasitenin artmasıyla, yararlanılan yiyeceklerin oylumu da, çeşitliliği de artmış bulunuyor; ama hayvan ürünleri, bölgedeki toplumların tümünde, açıktan değilse bile alttan alta, talep sıralamasının en başında gelen yerini bırakmıyor.

Et konusunda genelleme yapmak, sebze türü ürünlerin bazılarında olduğu denli kolay değil. Hayvanlar yalnızca içinde bulundukları değişik doğal çevreler, tarım ortamlarıyla birbirlerinden ayrılmıyorlar, aynı zamanda bölgede yaşayan toplumların kültürlerinde farklı yerler tutuyorlar. Örneğin deve ve keçi çölde susuz ve yemsiz kalmaya koyundan daha kolay dayanabiliyor. Koşullar o denli kurak olmadığı zaman, hem yerleşik, hem de göçebe toplumlar koyun ile keçiyi birlikte yetiştiriyor. Bölgede yetiştirilen hayvanların en dayanıksızı sığır; onların yeri de, su ve yemin daha güvencede olduğu çiftlikler oluyor. Oysa sığırların, doğal ya da ekip biçerek kaldırılmış yemi et ürünlerine dönüştürmenin yanı sıra çöl devesininki gibi bir dizi işlevi de var.

Et ürünlerinin üretim ve tüketim biçimi bölgeden bölgeye açık farklar gösteriyor ve hızlı evrim geçiriyor. Hayvancılık, düşük yoğunluklu doğal kaynak yönetimi ve kullanımında en uç noktadır. Bir kaynak kullanımı uygulaması olarak en az yoğun olandır ve de az (yılda 200 milimetreden az) yağış alan topraklarda yetişen cılız ot ve çalılardan yararlanmanın en uygun yoludur. Büyük ve küçük baş hayvan sürüleri mevsime ve kuraklık dönemlerine göre yer değiştirirler; baş sayısının, alanın taşıma sığasını aşmaması ve başka toplulukların, ek sulamayla ya da otlakları çitle çevirmekle yerleşik tarıma geçerek otlama alanlarını daraltmamaları koşuluyla, çevrenin taşıyabildiği sürdürülebilir geleneksel sistemler bu verimsiz topraklardaki seyrek bitki örtüsünden yararlanmanın en iyi yoludur.

Göçebe hayvancılık Ortadoğu'da derinlemesine yer etmiş bir kültürdür, ama bölgeyi bekleyen iktisadi ve toplumsal değişmeler karşısında dayanabilecek gibi görünmüyor. Göçebe hayvancılık son kırk yılda önemli ölçüde azaldı. 20. yüzyılın ortalarında kimi Kuzey Afrika ve Arap yarımadası ülkelerinde göçebe nüfusun oranı yüzde 30'a yakındı; 1990'a gelindiğinde bu oran yüzde 5'in altına düşmüştü. Bu arada, geçen otuz yıl boyunca bütün Ortadoğu ülkelerinin et ürünleri üretimi durmadan arttı. Bu artışın arkasındaki itici gücün birazı toplam yiyecek talebindeki artıştan gelse bile, çoğu 1960'ların ortalarından bu yana petrol zengini ülkelerin satınalma gücündeki artıştan geliyor (Allan 1989a; Murray 1990). Üretimde artış, yerleşim alanlarındaki ve sulanabilir en iyi topraklardaki besi hayvanı sayısının sürdürülemez düzeylere çıkarılmasıyla gerçekleştirildi. Yem açığı ithalat yoluyla kapatıldı. Yem ithalatı bölgenin, özellikle petrol zengini ülkelerin yiyecek ithalatı içinde çok önemli bir kalem oldu (Khaldi 1984, s. 53).

Marjinal alanlarda yapılan geleneksel hayvancılık, yerleşik topluluklardaki hayvancılığın yanı sıra sürdürülen bir uygulamaydı. Hem yerleşik, hem de göçebe topluluklar hayvancılık yapıyordu: Yerleşik topluluklar, yem ekimi yaptıkları alanlara bitişik iyi otlaklarda düzenli fakat az yoğunluklu hayvancılık yapıyorlardı; göçebe topluluklar ise buralara kuraklık zamanlarında zorda kalınca giriyorlardı. Besi hayvanı sayısındaki artış, en az verimli, az yağış alan bölgelerden, yeraltı suyuna ulaşılabilen ya da nehir boylarında yoğun olarak sulanabilen tarım alanlarına dek tüm alanlarda daha yoğun üretim yapılmasıyla gerçekleştirilmiştir. Bu sürdürülemez uygulamaların ekolojik sonuçları ya niteliğini yitirmiş topraklar olarak karşımıza çıkıyor (Thalen 1979; Allan 1989a; Murray 1990) ya da onarılmaz biçimde zarar görmüş yeraltı suyu kaynakları olarak (Allan 1981 ve 1989b); bir de, buradan sağlanan et ürünleri çok daha ucuza dışardan getirtilebilecekken kıt su kaynaklarının yem üretimine gereksiz bağlanmasının iktisadi etkileri olarak...

Et ürünlerine olan talebin ardındaki nedenlerden biri, bölgenin tümünde görülen nüfus artışı olsa da, asıl neden Ortadoğu'nun kentsel merkezlerinde görülen iki gelişmedir: Petrol zengini ülkelerdeki hızlı kentleşme yerli nüfusun yiyecek tüketim biçimlerini değiştirdi. Buna bir de her türden iktisadi ve kurumsal gelişmeye katkıda bulunmak için yurtdışından gelen birçok insanın benimsediği beslenmeyle ilgili yüksek beklentiler eklendi; et ürünleri tüketimi de bu beklentilerdendi.

Mısır gibi petrolden zenginleşmemiş ülkelerde et ve diğer et ürünlerine talep 1960'lardan başlayarak durmadan arttı. Mısır, nüfusunun yüzde 80'i nehir boylarındaki ovalardaki ve nehir deltalarındaki köylerde yaşayan kırsal bir ekonomi iken, hayvancılık çiftçilikle geçinen ailelerin geçimlerinin ayrılmaz bir parçasıydı. Hayvanlar yük çekmek için olduğu kadar süt ve süt ürünleri üretimi için de gerekliydi. Bu bakımlardan hayvancılık Mısır iktisadının tamamlayıcısıydı; inek ya da manda bireysel çiftlik ekonomisi içinde saygı görüyor, hanehalkı arasında da ayrıcalıklı bir yere oturtuluyordu. Ama önemli olan, et dışındaki hayvan ürünleriydi; arada bir yenen bir tavuk dışında, etin kırsal kesimin beslenmesinde yeri yoktu; kent ve kasabalarda ise yalnızca varsıllar düzenli olarak et tüketmekteydi.

Et talebi bölgenin her yanında hızla yükseldi. Özellikle 1970'lerden bu yana Mısır'da, bölgenin bu en büyük nüfuslu ülkesinin mutfak kültüründeki değişim, derin ve geri dönüşü olmayan ekolojik sonuçlar ve çarpık iktisadi etkiler doğurdu. Bugünkü durumda et ürünlerine olan talep düzeyi, Mısır'ın ve bölgenin diğer ülkelerinin kendi yenilenebilir doğal kaynaklarınca karşılanamaz durumda. Bu durumun dışında kalan yalnız Türkiye var.

Ortadoğu'da, hayvansal protein sağlamada, son otuz yılda görülen en önemli devrim et ve yumurtası için beslenen kümes hayvanı sayısında görülen olağanüstü artıştır belki de: Bölgenin bütün ülkelerinde, özellikle petrol zengini ülkelerde artışlar kaydedildi. Bu ülkeler, kümes hayvanlarını beslemek için gereken bütün yemi dışarıdan satın almak zorunda kaldılar. Mısır gibi ana besinleri üretebilen ülkelerin bile, dışarıdan satın aldıkları tahılın bir bölümü hayvan yemi amaçlıydı. Kümes hayvanları, diğer çiftlik hayvanlarına göre, tükettiğini boşa gidermeden ete dönüştürmede daha yüksek verim sağlıyor. Ama, etin bulunup bulunmadığından çok niteliğine, tadına tuzuna önem verenler, sanayi ölçekli tavuk eti üretiminden pek mennun kalmadılar.

Son olarak, hayvancılık sektörünün yönetimini özellikle güçleştiren bir özellik belirtilmeli. Yerli üretilen et, özellikle de koyun eti çok makbuldür. Piyasada, ithal edilen etin fiyatının iki katından daha fazla para ediyor. Tüketicinin, yerli koyun eti için ödemeye hazır olduğu bedel o denli yüksektir ki, hızla büyüyen bu iç pazara yasal ya da yasal olmayan yollardan erişebilen hiçbir çiftçi, koyun yetiştirmekten kendini alamayacaktır. Bu talebin doğurduğu baskı, talebi denetim altına alabilecek bir piyasa kısıtlaması ya da herhangi bir zorlayıcı önlemden daha büyüktür. Yerli et fiyatları kısa sürede yükselmiş ve hükümetler hayvan sayısını belirlemeye kalkışmışlardır. Her iki durumda da hayvan sayısında bir azalma olmamıştır. Çiftçiler ve tüketiciler, hayvan sayısında artışın getirdiği ekolojik ve iktisadi sonuçların hâlâ ayırdında olmadığı için, bu sürecin neden olduğu zarar ziyan çoğalıyor.

MODERN YİYECEK ÜRETİMİ VE SU AÇIĞI

Bölgedeki bütün ülkelerin su yönetimi planları, tarımı etkileyecek ölçüde açık bir su kıtlığının bulunmadığı dönemlerde yapılmıştı; ya da, Mısır'da olduğu gibi, su kıtlığı yaşanacağı önceden kestirilmiş, fakat yakın gelecekte yeterli su sağlayacak Yüksek Baraj gibi yapılara gereken yatırımların yapıldığına inanılmıştı. Ulusal su bütçelerinde tarım kesimine öncelik tanınması, her yerde aksi düşünülemez başlangıç noktası olarak alınıyordu. Bölgedeki su yönetim planlarını belirleyen bir ikinci etmen, yiyecek bakımından kendi kendine yetmenin temel bir ulusal strateji olduğuydu. Türkiye dışında Ortadoğu ülkelerinin yiyecek bakımından kendi kendilerine yetmelerinin ekolojik ve iktisadi bakımdan gerçekleştirilemez olması, bu kendi kendine yetme çabalarını tehlikeli bir siyasi tercih durumuna getirmektedir. Bölgedeki tarım siyasetinin temelinde bu tercihin yatması şu anlama gelir: Bugünün önderleri ve devlet görevlilerini izleyecek kuşak geriye dönüp 20. yüzyıla baktığında, bölgenin zaten çok cılız kaynak varlığına düzeltilmesi olanaksız zarar verildiğini görecektir.

Çöllerden oluşan Ortadoğu, toprakta buharlaşma hızı ve bitkilerde su kaybı hızı yüksek olan bir bölgedir. Eğer su Nasır/Nubia gölü gibi açık havzalarda tutulursa, yılda üç metre derinliğinde su buharlaşma yüzünden yitirilmektedir. Asvan barajında tutulan sudan bu yolla yılda ortalama on kilometre küp suyun yok olduğu varsayılmaktadır; baraj gölünde su yüksekliğinin görülmemiş bir düzeye eriştiği 1970'lerin sonlarında, yıllık su kaybı 13 kilometre küp dolaylarına çıktı. İkincisi, bütün yıl boyunca ürün alınan yerlerde iyi verim alabilmek için, sulanan hektar başına yıl boyunca ulusal su bütçesinden iki metre derinlikte su ayırmak gerekecektir. Bu su kullanım hızı, diğer gereksinimlerle karşılaştırıldığında o denli yüksektir ki, tarımın ayakta tutulması ya da geliştirilmesi öngörülen bütün bölge ülkelerinde tarım kesimi ulusal su bütçesinin en az yüzde 80'ini, kimi zaman yüzde 90'dan çoğunu almaktadır.

Tarım kesiminin gereksinimlerinin ulusal su bütçesinde bu denli başat olması nedeniyle, suyun boşa giderilmesini önlemeye çalışacak hükümetlerin ilk eğilecekleri alan tarım kesimi olmalıdır. İlk önce, sudan en yüksek verimi alabilmek için yürürlükte olan ekim düzeni ve su yönetimi uygulamaları gözden geçirilmelidir. Sudan sağlanan verimin artırılmasında teknolojiye önemli görev düşüyor; ama daha önemli olan, suyun, sudan sağlanan iktisadi yararın en yüksek olduğu tarım ürünlerine ayrılmasıdır; başka bir deyişle, bölgedeki çiftçilere görece daha çok kâr getiren ürünlere suyun ayrılmasıdır. Sektör düzeyinde su getiri ilkesi, suyun tarım kesiminden kentlere ve sanayide kullanım alanlarına kaydırılmasını gerektiriyor; fakat bu, siyasal açıdan benimsenmesi zor bir karar. Bölgede yalnızca İsrail bu siyaseti kaçınılamayacak bir seçenek olarak belirlemiş durumda.

Bölgedeki ulusal ekonomileri oluşturan çeşitli sektörler açısından suyun değerine daha dengeli bakılırsa görülecektir ki, her ne kadar tarım ulusal ekonomilerden birçoğunun önemli bir öğesi ise de, daima ulusal gayrisafi yurtiçi hasılanın (GYH) azalan bir bölümünü oluşturmakta ve çalışan nüfusun daha az bir bölümüne iş sağlamaktadır. Örneğin Ürdün'de, 1990'a gelindiğinde sanayi kesiminde çalışanların oranı yüzde 30'u aşmışken, tarımın GYH'ya katkısı yirmi yıl öncesinin yüzde 30'una karşılık, yaklaşık yüzde 7 dolayındadır. Sektörler arasında bir denge tutturmaktan sorumlu olanları bekleyen sınav, siyasal anlamda elektrik yüklüdür. Tarımla uğraşanlar, halkın kafasında yarattığı (fakat yanlış yönlendirilmiş) iktisadi zorunluluklardan ve bölgedeki kırsal nüfusun geçmişten gelen tarım geleneğinden destek alarak, siyasal alanda güçlü bir baskıyı seferber etme olanağına sahiptir ve böyle de yapmaktadırlar. Tarımın geçmişten beri oynamakta olduğu geleneksel role dayalı savların duygu yüklü gücü azımsanamaz ve bölgedeki günümüz hükümetlerinin uygulamalarında da azımsanmadığı kesindir. Aynı zamanda da profesyonel gruplar, özellikle de sulama sistemlerinin bakım ve geliştirilmesinden sorumlu mühendisler, çiftçilerin ortaya attıkları duygusal savlara derinden katılmaktadırlar.

Yiyecek üretiminin ulusal tarih ve kültürün ayrılmaz bir parçası olduğu savının geçerliliği, Mısır gibi ülkelerde kolayca kanıtlanabilir; ama İsrail'de bile, devletin yaratılmasından önce gelen erken göçmenlerin görece yakın zamana rastlayan yerleşme deneyiminin bir sonucu olarak, yiyecek üretimi ulusal ruh içinde abartılı bir önem kazandı. Tarımda su kullanımını yoğunlaştırarak ve yüksek değerli ürünlere kayarak su kullanımı politikalarını tedricen de olsa verimliliği artırma ihtiyacına uyarlayan İsrail'in yönetici seçkinleri, tarıma ağırlık veren savla tehlikeli biçimde özdeşleşmiş durumda (Weinbaum 1982, s. 3). İsrail tarımının taşıdığı önemin iktisadi olmaktan çok duygusal ve simgesel olduğunun ulusça kabulü 1991 başlarında su teknokratlarının önerilerinin kamuoyunda açıkça dikkate alınması sonucu oldu ve İsrail tarıma ayırdığı su miktarını yüzde 50 oranında azaltacağını duyurdu. Böylece İsrail'in kıt olan suyunu ihraç edemeyeceği kabul edilmiş oluyordu; çünkü, sulu tarımla yetişen narenciye ve avokado gibi tarım ürünlerinin ihracı demek su ihraç etmek demekti.

ORTADOĞU'NUN BESİN AÇISINDAN GELECEĞİNDEKİ KAÇINILMAZ SEÇENEKLER

Ortadoğu'nun su kaynakları bölgenin artan nüfusunun gereksinimlerini karşılamaya yetmediği için bölgedeki mutfaklar, bundan böyle kendilerini diğer ülkelerde üretilen yiyeceklere daha çok alıştırmak zorunda kalacaklar. Bu yiyeceklerin getirtileceği çoğu ılıman iklimli ülkelerde su bedava, ya da bedavaya yakın olduğu için besin ürünlerinin girdisi olarak suyun dışarı satılması sağduyulu bir yaklaşımdır. Ortadoğu halkları bu duruma uyum sağlamada epeyce yol aldılar; çevre kaynaklarını gereksinimlere göre yönlendirirken, beslenmede kendi kendine yetmeyi bir seçenek olmaktan çıkardılar. Yiyecek açığının açlık ve ileri düzeyde yokluk olarak ortaya çıktığı dünyanın diğer bölgeleriyle karşılaştırılırsa (Weinbaum 1982, s. 3), Ortadoğu hükümetleri ve halkları bölge dışından gıda satın almaya yetecek kadar kaynağın akışını sağlayacak bazı iktisadi ve siyasal ayarlamalar yapabildiler.

Sen'in yoksul ülkelerde gıdanın elde edilebilmesi hakkındaki önemli çözümlemesine göre, böyle ülkelerin hükümetleri ve uluslararası destekleyicileri, "beslenme hakkı" anlamında kullanılan "elde etme sorunu"nu, temel gereksinimlerin sağlanması için, uluslararası yardımların da katkısıyla, olağan kaynakların yönetimi olarak ele almışlardır. Başka bir deyişle, kentlerdeki ve köylerdeki yoksulların temel besinleri elde etmeye "hakkı" olduğuna dair Birleşmiş Milletler'in ve diğer uluslararası kurulların politikaları dolaylı yoldan da olsa, kabul edilmiş oluyor (Sen 1981 ve 1985). Ortadoğu'daki tüketicilerin yaptığı başka önemli düzenlemeler de var; Örneğin, ithal yiyeceğe dayalı bir beslenme düzenine geçtiler. İthal yiyecekler arasında buğday unu gibi temel besin maddelerinden üretilen ürünler yanında işleme ve paketleme yoluyla katma değeri yükseltilmiş ürünler de var. Bu uyum sağlamaya dönük düzenlemeler, görünürde sanayileşmiş dünyadaki tüketicilerin daha öncelerde yaşadığından olabildiğince daha az sancılı olmuş gibidir; sanayileşmiş ülkelerde, egzotik yiyecek tüketicilerinin çoğu, bu yiyeceklerin arzının hiç kesilmemesini artık maddi ve toplumsal bir zenginleşme gibi görüyorlar.

Dünya besin ticaretindeki bu eğilime, bir yeşil azınlık, çevre kaynaklı, geçerli itirazlar ileri sürüyor. Bu tür düşüncelerin, geleneksel yiyecek hazırlama biçimlerine değer atfedenlerinkiyle uyum içinde olması beklenir. Ortadoğu'daki mutfak geleneğini saptamaya ve yaşatmaya kalkışanlarla, tarım kesimini güçlendirme seferberliği yürütenlerin aynı cephede buluşmaları da beklenmelidir. Sonuçta her ikisi de geleneksel gıda ürünlerinin daha kolay bulunabilmesini savunmaktadır.

Petrol zengini ülkelerdeki tüketiciler zaten dünya pazarı için üretilmiş ve işlenmiş ne varsa, en niteliklisinden kişi başına büyük miktarları tüketmekteler. Bu ülkelerin tümünde, petrol gelirleri akmaya başladığından bu yana yiyecek ithalatı her yıl yüzde 15 ila 20 arasında arttı. Her ne kadar artış hızı, petrol ihracatçısı ülkeler bakımından zor yıllar olan 1980'lerde epeyce yavaşladıysa da, bu ülkelerin dışarıdan satın alınan yiyeceğe talebi hep güçlü kaldı. Bölgenin en büyük gıda ithalatçısı Mısır büyük petrol üreticilerinden değil. Ekmek için gerekli buğday unu gibi ana besin maddeleri gereksiniminin yüzde 80'ini dışarıdan satın alıyor; şeker de dışardan satın aldığı ana besin maddeleri arasında. Türkiye dışında, bölgedeki diğer bütün ülkeler gittikçe daha büyük ithalatçı olacaklar.

Siyasal önderler ve yasa koyucular kadar uluslararası toplumu da bekleyen sınav, gıda açığı olan ülkelerin uluslararası pazarda etkin bir işleyiş sağlayacak kadar döviz kazanma yolunu bulmasıdır. Mısır gibi belli başlı ekonomilerin güçlendirilmesi temel koşuldur. Bu ekonomiler güçlendirilmelidir ki, siyasal bağımlılığın yerini iktisadi beceri alsın. Gelecekte gelişme olasılığı taşıyan Irak gibi önemli iktisadi bölgeler de Ortadoğu ekonomisinde olumlu unsurlar olmalıdırlar ki, servetleri, bölgedeki diğer ülkelerde üretim ve iş gücü talebi doğursun. Irak da gelecekte büyük bir yiyecek ithalatçısı olmaya adaydır; 1990 Ağustosundan önce Irak'ın yiyecek gereksiniminin yüzde 75'i dışardan gelmekteydi. Bu durumda, yiyecek ithalatının bölgedeki iç siyaset üzerinde olumlu etkileri var; çünkü, yiyecek üretimi amacıyla iyice zorlanan Fırat suları üzerindeki baskı azalmış oluyor.

20. yüzyılın son on yılı, tarımın simgesel önemi üzerine kurulu siyaset yapanların, ekolojik bakımdan sürdürülebilir sistemler içinde sudan en yüksek getiriyi elde etme ilkesinin kaçınılmazlığını savlayanlara boyun eğeceği bir dönem olacaktır (Allan 1985; 1991). Siyaset alanına bakıldığında mücadele, yanıltılmışların, şimdiki siyasi ve ekolojik bakımdan sürdürülebilirliği olmayan siyasetlerden hemen vazgeçmesiyle son bulan bir mücadele olmayacak; sürdürülebilir siyasetleri yavaş yavaş benimseyecekler ve bundan kendilerine bir erdemlilik payı çıkaracaklardır. Öte yandan suyun yanlış tahsis edilmesi ve yanlış yönetilmesi sürecek ve bazen çevre bir daha onarılamaz biçimde zarar görecektir. Bu arada suyun uluslar arasında adil kullanımının ilkeleri (Waterbury 1979; Allan 1992) ile su niteliğinde en düşük standartın saptanması da uluslararası gündemde yerini alacak, yürürlüğe konduğunda da, bölgenin istikrarına katkıda bulunacaktır.

İKİNCİ BÖLÜM

ORTADOĞU YEMEK KÜLTÜRLERİNİN ULUSAL, YEREL VE KÜRESEL BOYUTLARI

SAMI ZUBAIDA

Modern dünya haritası ulus devletlerden oluşuyor. İster ABD gibi çok uluslu devler olsun, ister Kuveyt gibi aile emirlikleri olsun, bütün "egemen" siyasal varlıkların ulus devlet olmaları zorunludur. Ulus devletler, bir bayrağa ve Birleşmiş Milletler'de bir koltuğa sahip olmanın yanında, ulusal kültürlerini inşa ediyor ve yaşatıyorlar. Bir "mutfağa" sahip olmak zorunluğunu giderek daha çok duyumsuyorlar. "Egemen" sözcüğünü tırnak içine aldım; çünkü bu devletler ve onlara bağlı toplumlar, ellerinde olmaksızın küresel süreçlerin etkisine giriyorlar. Bu süreçlerin, kültürün diğer alanlarında olduğu gibi yeme içme üzerinde de önemli etkileri oluyor. Bir yandan da çoğu ülkelerde "ulus" içinde ulusal yapılaşmaya direnen tabakalaşmalar ya da parçalanmalar da var. Bu bölümde, Ortadoğu mutfak kültürlerinde bu tür bazı etkenleri araştıracağım.

Ortadoğu'da uluslar, bölgeler, yerel topluluklar bir dizi ortak kültürel deyimi paylaşıyor. Bunu söylemekle, kültürel türdeşlik olduğunu ileri sürmüyorum; ama toplumsal bakımdan farklı tarafların, yabancısı olmadıkları demeyelim de anlayabildikleri söz dağarcıkları ve deyimlerin arasındaki sınırlar çiziliyor, yeniden belirleniyor, uzlaşmalara varılıyor ve değiştiriliyor.

Yeme içmeyle ilgili deyimler bu kalıplara uygun düşüyor. Yöreler ve toplulukların kendi farklı yeme içme biçemleri, kendilerine özgü yemek çeşitleri var; ama bunlar çoğu kez, ayrımları saklamayan ortak bir sözcük dağarı içinde betimlenebiliyor. Bir Bağdatlı, "Biz ızgara ete sarımsak katmayız; her şeye sarımsak katanlar Musullulardır" diyecektir. Bir Müslüman Bağdatlı, Musevi komşusunun yediği dolmada tatlı ve ekşinin yan yana bulunmasına şaşıp kalacak, hatta bunun İranlılara has olduğunu söyleyecektir. İşte böylece bölgelerin ve yörelerin sınırları çizilmiş olmakta, ama bu, ortak bir kültürel birikim alanı içinde yapılmakta.

Yeme içmeye ilişkin ortak sözcükler dil engellerini aşıyor. Kebap, dolma ve hamur işlerinin çeşitleri, birçok dilin karması olan sözcük dağarlarında değişik isimlerle anılırlar; çoğunluğu Türkçe ve Farsçadan alınma bu sözcükler Arap illerinde de yaygın olarak kullanılır. Yer adları gibi, yeme içmeye ilişkin sözcükler de sanki ulusal dil potasında eritilme sürecine karşı direnebiliyor. İspanyol yemeklerinde yaşamayı sürdüren Arapça adlara baksanıza: *albondigas* (köfte) ve *mujabana* (bir peynir tatlısı).

ULUSAL SINIRLAR

Mısır, İran ve Türkiye gibi bölgedeki kimi modern ulus devletler çok uzun zamandan beri süregelen kültürel varlıklar ve topraklar üzerinde kurulmuştur. Oralarda bile, yöreden yöreye ve topluluktan topluluğa önemli değişiklikler görülür. Bu değişikliklerin ekseni bu üç ülkede ayrı yerlerden geçiyor. Üç ülke arasında dil ve kültür bakımından belki de en türdeş olan Mısır'daki en büyük uçurumlar, sınıfları, kırsal-kentsel kesimleri birbirinden ayıranlardır. Büyük Suriye'den (bundan sonra "Suriye" denince, Suriye, Lübnan ve Filistin bölgelerinin tümü kastedilecek) farklı olarak Mısır'da, Osmanlı yeme içme izlekleri, varsıl kentlilerden daha aşağıya işlememiş görünüyor; bu varsıl kentliler de 20. yüzyılda Avrupa'dan gelme biçemleri benimsediler. Kırsal ve kentsel kesimlerdeki sıradan insanlar, temel gıda maddelerine dayalı, eskiden beri sürüp gidiyor gibi görünen yeme içme geleneklerini yaşattılar: Bu geleneğin en önde gelen örneklerinden *taamiyye* ve *fûl* iç bakladan yapılır ve yeni ortaya çıkan Ortadoğu yemek repertuarına Mısır'ın bir katkısıdır.

Türkiye'de varolan belki de en belli başlı ayrım, bir yanda İstanbul ve İzmir bölgeleri, diğer yanda Anadolu'nun geride kalanı arasındaki ayrımdır. Bazı yemek malzemeleri ve pişirme yöntemleri İstanbul'un daha kozmopolit bölgelerine ve Ege'ye özgüdür: Deniz ürünleri, çoğunlukla midye (daha güneyde pek tutulmaz), bulgur yerine daha yaygın pirinç kullanımı, fazla baharat kullanılmaması, özel sos ve tatlılar. Anadolu da kendi içinde farklılık gösterir. Karadeniz yemeklerinin ayırıcı özelliği bol balık kullanımıdır; özellikle çok sevilen hamsi birçok yemeğin ana girdisidir; bu bölgede Balkan ve Slav etkisi de görülür. Güneyde, Antep, Mardin ve Adana, Suriye kentleriyle, özellikle Halep'le birçok ortak mutfak izleğini paylaşırlar: Bol baharat katılması (Antep'in leziz kırmızı pul biberi), köfte/kebbe türleri ve de yaygın salata ve mezeler.

Bu üç ülke arasında, tarih boyunca siyasi olarak en az merkezileşmiş olanı İran'dır; yine de mufak kültürlerinde güçlü ortak ve belirgin izlekler taşır. Bu durum özellikle Farsça konuşulan merkez bölge için geçerli: Apayrı özellikte ve hazırlanması dikkat isteyen pirinç pilavları, özgül kebab, meyve, et çeşitleri, tatlılı-ekşili, tatlılı-kekikli lezzet karışımları, ayrıksı baharatlar, özellikle de çemenotu ve tarhun. Farsça konuşulmayan bölgelerden Azerbaycan ve özellikle Tebriz, yemekleriyle ünlüdür. Özel yemeklerinden eşsiz Tebrizî köfte içi tavuk parçaları, erik ve yumurtayla doldurulmuş, dışı kıyma ve pirinçten oluşan bir macunla kaplı kocaman bohça biçimli bir köftedir. Hazar'a kıyısı olan bölgelerin balık yemekleri özeldir; Basra'nın Kuzistan bölgesinde pişirilen balık yemeklerinden çok farklıdır.

Osmanlı İmparatorluğu'nun parçalanmasıyla ortaya çıkan Arap ülkelerinden Suriye'nin bölündüğü üç ülkenin kentleri, benzer yemek malzemesi ve biçemleriyle bir ölçüde kültürel türdeşlik gösterirler. Osmanlılar döneminde Halep, Güney Anadolu ve Kuzeybatı Irak'ı (Musul vilayeti) içine alan bölgenin hem ticaret, hem de kültür merkeziydi. Bölgenin yemekleri bugün de ortak izleklerle öne çıkıyor. Bunlardan biri de kebbe/köfte türüdür: En sık görülen türünde, et ve bulgur macun kıvamında yoğurulduktan sonra içine baharatlı kıyma ve çam fıstığı gibi başka malzemeler doldurulur. Bu türün örnek ve çeşitlerini (bazan bulgur yerine pirinç de kullanıldığı oluyor) Suriye'nin her yanında ve Irak'ın bazı bölgelerinde buluyoruz. Bu bölge aynı zamanda önemli Hıristiyan toplulukların yaşadığı bir bölgedir. Bu topluluklar evlerinde olduğu gibi kahve ve lokantalarda güçlü bir içki ve meze kültürünü sürdürmekteler. Bu kültürü kentli Müslümanlar da paylaşıyorlar, ama biraz çekinerek. Bu kültürün en belirleyici özelliği mezelerdir. Şimdilerde her yerde karşılaştığımız *homus betehine* de bunlardandır; Britanya'da Kıbrıslı Rumlarca yayıldığı için Yunan işi olduğu sanılmıştır. Bir de şimdilerde Lübnan lokantalarının tanıdık meze tepsisini dolduran *tabbule*, *mutabbal* ve diğerleri genelde Suriye mutfağından alınmadır, bazıları da Anadolu ile ortaktır.

Irak, bambaşka kültürler ve toplulukları harmanlamış bir ülkedir. İran ve Türk etkileri ayrı toplulukların yiyeceklerinde ve de ortak yiyecek adlarında görülür. Gördüğümüz gibi Musul tarihsel olarak Halep'in yani Güney Anadolu ticaret ve kültür akımının bir parçasıydı. Tarih boyunca kozmopolit ve açık bir kent olan Bağdat birçok geleneği taşıyordu: Sünni ileri gelenleri Osmanlı biçemlerini benimsediler; Şii tüccarların İran etkisinde kaldıkları görüldü; Musevilerin kendilerine özgü yemekleri, bir yandan da İran etkileri taşıyordu; Hıristiyanlar çoğunlukla kuzeyden gelmeydi, Musul ve dağlı geleneklerini yaşatıyorlardı. Hurma, süt ve tereyağı kadar, *serîd* ya da *teşrib* gibi haşlanmış etler üzerine kurulu eski Arap yemekleri de ortak mozaikin bir parçasıdır. Irak'ın liman denebilecek tek kenti Basra, Körfez bölgeleri ve Kuzistan'la paylaştığı balık yemekleriyle tanınır. Bu bölgelerde Hint yemekleri ve baharatını da bulmak olasıdır.

İki ayrı ulustan daha söz edilmelidir: Ermeniler ve Kürtler. Ermeni aşçılarının ünü bölgenin tümünde yaygındır; hem ev yemeklerinde, hem de lokantacılıkta önde gelirler. Özellikle hamur işleri ve olağanüstü *basturma* [pastırma] ile ünlenmişlerdir. Anadolu'daki asıl vatanlarında görülen aşçılık geleneklerini paylaşırlar. Ermenistan Cumhuriyeti'nin yemekleri konusunda bilgim yok.

Kürtler, kuşkusuz otu suyu bol yaylaların ürünü olan peynir ve yoğurtlarıyla ünlüdürler. Yoğurdu yemekte de kullanıyorlar; yoğurtlu kebbe/köfte bu yemeklerden biri. Bunun dışında Kürtler bölgedeki çeşitli komşularının yemek pişirme geleneklerini paylaşıyorlar.

ULUS DEVLET VE ULUSAL KÜLTÜRÜN İNŞASI

Osmanlı İmparatorluğu'nun yıkılmasından sonra kurulan ulus devletlerin sınırlarının gelişigüzel çizildiği sanılır. Görece türdeş olan Suriye'den üç devlet çıkmıştır; Irak ise farklı öğeler barındırmaktadır. Körfezdeki kabilelere dayanan, ailelerin yönettiği emirlikler ulus devletmiş gibi görünmeye çalışıyorlar. İran ve Türkiye gibi eski devletler bile etnik bakımdan karışık. Başlarken gelişigüzel bir araya gelen varlıklar zaman içinde türdeşlik ve bağlılık kazanıyorlar. Sınırlar yalnızca harita üzerinde çizilmiş çizgiler ve sınırboylarındaki nöbetçili karakollar değildir; kurumlar, teknikler ve denetim biçimleri aracılığıyla çok daha kesin biçimde çizilirler. Ulusal ekonomiler ve para, parasal önlemler, ticarete konan engeller, koruyucu önlemler, bağışlar ve parasal destekler hep güçlü iktisadi sınırlar yaratırlar. Resmi eğitim sistemleri de genelde ortak bir dil ve ulusal eğitim programını benimsetirler: Böylelikle aynı konuları okumuş, aynı şiirleri ezberlemiş, şarkıları söylemiş, ulusun ve dünyanın kuruluşuna ilişkin aynı bilgilere sahip kuşaklar yetiştirilmiş olur. Okulu bitirdikleri zaman başvurabilecekleri en büyük işveren ulus devlettir; toplam işçilerin büyük çoğunluğu devlette işe girer. Eğitim ve iş bulabilme ile ulusal nitelikler ve diploma birbiriyle sıkı sıkıya bağlantılıdır. Ulusu var eden devlettir ve hele de petrol kaynaklarına sahipse, tam bu göreve uygundur. Bu, yurttaşların devlete bağlılık gösterdikleri anlamına gelmez; çünkü çoğunlukla açıkça tersi olur. Yine de devlet yurttaşlar arasında, yurttaşlık bilgisi, dil ve iletişimden oluşan ortak yaşama alanı yaratır. Eğitim görmüş bir Iraklı Kürt, çoğu zaman ulusal devlete siyasal anlamda yabancılaşmış olsa bile, aldığı kültür ve eğitimle bir Iraklıdan ayırdedilemez; İran ve Türkiye'de yaşayan Kürtler de benzer ulusal eğitim ve kültür sistemlerinin ürünleridir. Ortak eğitim sistemleri ve ortak iletişim ortamı, toplum katmanları içinde hareket edebilme yeteneği, ulusal sınırlar içindeki coğrafyada devinim özgürlüğü, zorunlu askerlik gibi etmenlerin tümü kültürel standartlaşmaya götürür, ya da en azından her kesimden yurttaşın diğer kesimlerden yurttaşların kültürü üstüne bilgi sahibi olmasına olanak tanır. Diğer alanlar olduğu kadar yiyecek içecek kültürü de bunlardan etkilenir. Tıpkı Paris'te olduğu gibi İstanbul'da da, göçmenler kadar yerliler de tadıp öğrenebilsinler diye bölgesel malzemeleri ve bölgesel yemekleri tanıtma amacıyla açılmış lokantalar çokça görülür.

Yemek kitapları ve radyo televizyon yayınları, bu yakınlaşmayı artırdığı gibi ulusal mutfakların bir dökümünün yapılmasına olanak verir. Bu konudaki en dikkat çekici olgulardan biri Mısır'da *Usulü't-Tehyî* (yemek pişirme ilkeleri) adıyla Nezire Nikola ile Behiye Osman'ın yayımladığı kitaptır. Bu kitabı Mısırlıların çoğu Nezire Abla'nın kitabı (burada abla Türkçe olarak kullanılır) olarak bilirler. Elimdeki 1988 tarihli 18. basımda ilk yayım tarihi belirtilmemiş; ama kuşaklardır evlerde sürdürülen yemek pişirme eğitiminin değişmez parçasıdır ve bana söylendiğine göre, her gelinin çeyizinde yer alır. Kitabın yazarları, İngiliz üniversitelerinin ev yönetimi ve ev ekonomisi bölümlerini bitirdikten sonra Mısır'da devlet okullarında müfettiş olarak görev yapmışlardır. Kitap, Mısır ve Ortadoğu yemeklerinden tutun da, İngiliz ve Avrupa yemek tariflerine varana dek bütün tarif ve teknikleri içeren bir büyük derleme niteliğindedir. *Mülûhiyye* [ebegümeciye benzer sebze] ve bamya için verilmiş çeşitli tarifler yanında *el-hisetü'l-iskotlandi* (İskoç usulü et suyu) ve *buding el-hubz bi'z-zebd* (ekmekli-tereyağlı puding) tarifleri de öne çıkanlardan. Böylece ulusal bir mutfak yaratımına katkıda bulunmak yanında, aynı zamanda yiyecek içecekteki küreselleşme sürecini de (izleyen bölümde ele alınacak) kapsıyor. Giriş bölümünde (tarih konmamış), bu kitabın beslenme gibi bir temel sorumluluk alanında kızları eğitme yoluyla ulusal aydınlanmaya katkı yaptığı ilan ediliyor.

Ulus devletin önemli etkilerinden biri de, toplum ve kültür yaşamının (düzenlenmesi ve disiplin altına alınması anlamında) "polis"i olmasıdır. Bu etkiler, temizlik kuralları, kamu sağlığı ve aile sağlığı bakımından yiyecek içecekle ilişkilidir. Ticaret ve tarım politikalarının da aile ekonomileri ve beslenme düzeni üstünde yaşamsal etkileri olabilir. Bu konularda yapılacak araştırmaların sonuçları alınmadan, şu aşamada söylenecek çok şey yok.

YEREL DUYARLIKLAR

Yemek, toplumsal sınırları belirlemede bir kültürel "ayraç"tır. Ulusçuluk ortaya çıkmadan önce topluluklar arasında bu sınırlar etnik köken, din ya da bölge ayrımına göre (bu ayrımlar doğal olarak ulus-devlette de sürmüştür) belirlenmekteydi. Yalnız, bir toplulukta "yemeklerle böbürlenme" ile yemek ulusçuluğu arasında incecik bir ayrım var.

Topluluklar, karşıtları ya da rakiplerinin yemeklerine basmakalıp sözlerle sataşırken, kendi yiyip içtikleriyle her zaman övünmüşlerdir. Bağdatlıların, her şeye sarımsak kattıkları savıyla Musullularla dalga geçtikleri örneğini daha önce vermiştik. Bir başka çok sık görülen geleneksel izlek de, eli açıklığa karşı cimriliktir. Eskiden Bağdatlı kadınların ve aşçıların Suriyelilerle (Bağdat'ta oturan Suriyeli komşularıyla) et konusunda çok tutumlu davrandıkları için alay ettiklerini duymuştum: Irak'ın yeni yeni öğrenmekte olduğu *tabbule, humus, baba-ganuş* gibi bütün salata ve hamur işleri, hep et kullanımından kaçmanın yollarıydı. Buna karşılık "biz" ızgarada ve tencerede bol et pişirirdik. Madalyonun arka yanında ise, Iraklı erkeklerin Suriyeli eşlerini, tam da evin gelirini giderini iyi yönetmeleri yüzünden tercih ettikleri inancı vardı. Bu tür basmakalıp, genelleyici böbürlenmelerin örneği pek çok: Ötekiler de bizimle aynı yemekleri yiyor olabilirler; ama, nerede bizim yemeklerin lezzeti onlarda, yarısı olamaz. Ya çok fazla, ya da çok az baharat koyuyorlardır; yağları ağırdır, kokuyordur vb.

Dinsel toplulukların bu anlamda yiyecek içecekle ilgili ayraçları ilginçtir. Hıristiyan ve Musevi topluluklar büyük ölçüde Müslüman komşularının mutfak izleklerini paylaşıyorlardı, ama bazı özgül değişiklikler yapıyorlardı. Bu değişiklikleri, Ermeniler ya da Sefarad topluluklarında olduğu gibi, geçmişteki göçler sırasında getirmiş olabilirler. Bağdatlı Hıristiyanların çoğu da Musul ve Kürdistan'dan gelmeydiler. Bağdat'a yerleşeli yüzyıllar olmuş Arapça konuşan Bağdatlı Museviler, kimi dikkate değer İran etkileri taşıyan çok ayrıksı yiyecek içecek kalıpları sergiliyorlardı. Bu, onların bir önceki yüzyıl boyunca kent yaşamının ana akıntısının görece dışında kalmış olmalarının sonucuydu. Bundan dolayıdır ki, başkalarının çoktan unuttuğu eski görenekleri onlar hâlâ koruyorlardı. Farklılıkların başlıca kaynaklarından biri, dinsel yeme içme zorunluluklarına ilişkindir. Örneğin her Musevi topluluğu, onları başka herkesten ayıran bir Cumartesi yemeği yerdi. Dinden kaynaklanan bir buyrukla, Musevilerce dinlenme günü olarak ayrılmış bu Sebt gününde yemek pişirme yasağı konmuştu. Eğer o gün sıcak yemek yenecekse, cuma akşamından pişirilip ılık saklanmalıydı. Fas'ta görülen *dafina* ve Irak'ta görülen *tebit* hep aynı buyruğun gereğidir. Başka dinsel buyruklar da katı ve sıvı yağların kullanımını belirler. Museviler eti tereyağ ya da yoğurtla pişiremezler. Hıristiyanlar Paskalya'dan önce gelen büyük perhiz sırasında tereyağ yemezler. Ortadoğu'nun birçok bölgesinde et ve pirinç pilavının en çok tereyağla yapılanı sevilir. Zeytin yetişen bölgelerde Museviler ve Hıristiyanlar zeytinyağı kullanıyorlardı. Mısır ve Irak'ta ise çok güçlü ve belirgin bir kokusu olan *siraj,* susam yağı kullanılıyordu. Her iki ülkede de bu koku Museviler hakkındaki klişelerin olumsuz bir özelliği olarak ortaya çıkıyordu. 19. yüzyıl Mısırını anlatan Edward Lane, Mısırlıların Musevileri şiş yüzlü, kızarık gözlü insanlar olarak gördüklerini, bunun da susam yağını ölçüsüz tüketmelerinden kaynaklandığını sandıklarını söylüyor (1978, s. 545). Iraklılara bakılırsa onlar Musevi evlerinin ve sokaklarının kokusunu kilometrelerce öteden alabiliyorlarmış. Anlaşılan, Museviler bu konudaki utanç duygularını içselleştirmişlerdi; fabrikalar tatsız, kokusuz bitkisel yağlar üretmeye başlar başlamaz hemen o yağlara döndüler ve böylece nefis bir lezzeti bir önyargıya kurban ettiler.

Olumlu yanına bakıldığında, toplumda denge ve uyumun bulunduğu koşullarda insanlar başkalarının yiyip içtiklerine içtenlikle merak duyuyorlardı ve deneylere girişiyorlardı. Değişik topluluklardan komşular, arkadaşlar arasında yemekler verilip alınıyordu ve birbirlerinin yemek tarifleri deneniyordu. Daha önce belirttiğim gibi Ermeniler aşçılıklarıyla hemen her yerde hayranlık uyandırmışlardır; özellikle hamur işleri, sucuk ve özellikle "basturma"larıyla... Musevilerin *tebit* ve *dafina'*sına Fas'ta ve Irak'ta bayılırlar. *Dafina* Fas yemek kitaplarına ulusal mutfağın bir parçası olarak girmiştir. Olumlu ve olumsuz değerlendirmeler, ortamın koşullarına bağlıdır ve kimin hangi amaçla konuştuğuna bağlı olarak çabucak değişebilir.

ULUSLAŞMA PROJESİNDE YEME İÇMENİN YERİ

Her uluslaşma projesinin en önemli öğesi ulus tarihinin inşasıdır. Ortadoğu gibi birçok dilin konuşulduğu bir bölgede, bu inşa, kördüğüm olmuş Arap, Türk, Kürt, İranlıyı birbirinden ayırmayı gerektirir. Arap dünyasına baktığımızda ise ülkeler tarihlerini inşa etmek amacıyla, ister alttan alta, ister açıkça İslam öncesi geçmişe başvururlar: Mısır'da Firavunlar dönemine, Irak'ta Babil dönemine başvurulduğu gibi... Ondan sonra da bu tarihlerin her biri, ortak Ortadoğu mirasından ne kadarının inandırıcılığını sağlayabilirse o kadarı üzerinde hak iddia eder; beğenmediği ne varsa onları da başkalarına yükler. Arap düşünürleri, İslamiyetin içine düştüğü varsayılan kokuşmuşluk ve sonradan yapılan eklemelerin suçunu Türklerin ve İranlıların üstüne atmışlardır; Kürtler Selahaddin'i kendilerine mal etmişlerdir; Araplar ve İranlılar İslam tarihinin en ünlü bilim adamı ve düşünürlerinin kimliği üstünde anlaşmazlığa düşmüşlerdir vb. Bu tür anlaşmazlıkların içinde yeme içme pek resmi olmayan bir biçimde geçer: Din, felsefe ve devlet yönetimi gibi yüksek düşün alanlarıyla boy ölçüşemez. Her alana olduğu gibi yeme içme konusuna da el atan iyi şeylerin tümünü "bizim" sayan kafa yapısıdır.

Önce, yeme içme konusundaki bu ulusçu böbürlenmenin, yukarıda saydığımız toplulukçu tavırlardan nerede ayrıldığı konusuna açıklık getirelim. Toplulukçu tavırlar tarihle ilişkilendirilmiş değildir. Kökenin ne olduğuna ilgi duymazlar; kendi yemeklerinin en iyi olduğunda ısrarlıdırlar. Ulusçu yaklaşımsa, tersine iyice tarihle ilişkilendirilmiştir. Benzer yemek türlerinin başka uluslarda da olduğunu bildikleri için, bunların aslının "bizim" olduğunu savlamak çabasındadırlar.

İmparatorluklarıyla bölgenin son egemeni olan Türkler, Arapların ve de Yunanlıların kültürel ulusçuluk çizgisinde yöneltikleri saldırılara uğrarlar. Savlanan şudur:Türkler bozkırdan gelme yabanıl adamlardır (burada Araplar kendi geçmişlerini usulca görmezden geliverirler); uygarlık ya da maddi kültür temelinden yoksundurlar. Böyle baklava, dolma gibi incelikli yemekleri nasıl geliştirmiş olabilirler? Türklerin fethettikleri bir önceki uygarlık biz olduğumuza göre bütün bunlar "bizim" olmalı. "Bizim" şanlı geçmişimizdeki Abbasi halifelerine ya da (duruma göre) Bizansa bakmak yeter: Uygarlıkla birlikte olağanüstü bir mutfağın geliştiği yer buralardır. Bunun ardından söylediklerini kanıtlamak amacıyla sözcüklerin kökenleri ve halk tarihi dünyasına yolculuklar başlar. Bu anlatıların ardındaki mantık ulusal-tarihsel bir özcülüktür (*essentialism*): ulusal öz ve yüklemleri tarihin değişmezidir; bazen barbar yayılmacılar bunları sahtecilikle ele geçirseler de gerçekte asıl ulusun malı olarak kalırlar. Tarihteki dönüşümler ve sentezler bu mantığın dışında tutulur.

Amerika'da yerleşmiş Yunanlı girişimcilerce 1991 yılında Selanik'te düzenlenen "Yunanistan'ın Yemekleri ve Şarapları: Bir Uluslararası Sempozyum" adlı toplantıda sunulan bildiriler anlatmak istediğimizi gayet iyi örnekliyor. Bu toplantıya basın mensupları ve yeme içme yazarları çağrılıydı. Anlaşılan o ki, sunulan bildirilerin ve yapılan görüş alış verişinin neredeyse tümü kadîm Yunanistan'a, Bizans'a ve köy yemeklerine ayrılmıştı. Bu izleklerin görkemli tarihsel ortamlarda canlandırıldığı şölenler düzenlenmişti ve bu öğelerden kurulu "sokak yemekleri" görüntüleri sergilenmişti. Anlaşılan sadece bir Yunanlı Musevi, (belki modern Yunanistan'la en ilgili olan) Osmanlı dönemi hakkında konuşmuş, toplantıya katılanların tarihsel hafıza kaybına değinmişti. Bu konuşmaya gösterilen tepki toptan düşmancaydı ve konuşmacının söylemeye çalıştıkları dikkate alınmadı.

Yemek konusundaki bir dizi uluslararası toplantıdan birinde, bu kez Türkiye'de, (Uluslararası Yiyecek İçecek Kongresi, 1988) Türkler Charles Perry'nin sunduğu baklavanın kökeni konulu bildiriye bayıldılar (bu bildirinin bir benzeri bu kitapta yer almakta). Eski Arap kaynaklarında Türkler üstüne anlatılanlara dayanarak ortaya atılmış, akıllıca tasarlanmış bir varsayımdı. Perry'nin vardığı sonuca göre baklava türü hamur işleri, göçebelerin kendi açtıkları yufkaları kat kat yığarak, kentlerde gördükleri gibi kalın ekmek üretme çabalarından kaynaklanmış olabilirdi. Demek oluyor ki, Araplar ve Yunanlıların incelikli yemek üretme olanaklarına engel gördükleri göçebe yaşam koşullarının ürünüydü. Bunu ne zaman Arap ve Yunanlı arkadaşlarıma aktardıysam hep alay ve inanmazlıkla karşılamışlardır.

Yeme içme konusundaki ulusal ve ulusçu savlar ve yapılandırmalar çoğu yemek kitaplarında da göze çarpmakta. Peter Heine elinizdeki kitaba yazdığı bölümde, bu eğilimin son zamanda yazılan Arap yemek kitaplarına yansımasından örnekler veriyor. Aynı eğilim, Ortadoğu'daki ulusal mutfaklar üstüne, Avrupa dillerinde yazılmış kitaplarda da görülmekte. Bu eğilimin çok ilginç bir örneğini, Necmiye Batmanglij'in yazdığı, *New Food of Life: Ancient Persian and Modern Iranian Cooking and Ceremonies* (1993)[1] adlı kitabın yayımcısının basın duyurusunda görebiliyoruz: Üzerinde dört mutfak ve yemek yeme sahnesi bulunan bir Asur kil tabletinin resmini "Üç bin yıl önceden bir mutfak görüntüsü" başlığıyla veriyor. Asur tarihine İran tarihi adına bu dolaylı sahip çıkma, bir Iraklı uluscu onaylamasa bile, erken Mezopotamya'nın eski dünyanın bütün uygarlıklarına beşiklik yapmış olması kadarıyla doğrudur. Ne var ki kültür ulusçuluğunun mantığında, modern bir ulusal varlığın, baştan aşağı karma bir tarih mirasına sahip çıkması vardır; bu mantık, aynı zamanda belirli bir ulusal varlığın kültürünün, kadim köklerinden günümüze değin tarih içinde hiç kesintiye uğramadan geldiğini anıştırır. Bu sözüm ona tarihsel-

1 Bu makaleyi yazdığım sırada, kitap henüz elime geçmemişti. Bert Fragner, elinizdeki kitapta yer alan "Toplumsal Gerçeklik ve Kurmaca Mutfak" adlı yazısında, *Food for Life* adlı, daha önce çıkmış bir kitabına gönderme yapıyor; bu kitap, *New Food for Life* adlı yapıtının daha erken bir basımı belki de. Şu açıklamayı yapıyor: "Bu kitap, incelmiş damak zevki sahibi kişilerin temsil ettiği, tümüyle ülküselleştirilmiş, tarihten bağımsız bir kültürel ortamı canladırmaya çalışarak İran uygarlığının, ta Los Angeles ya da Vancouver'de uygulama bulmuş, kesintiye uğramadan sürüp giden görüntüsünü yaratmak istiyor."

lik ve kesintisizlik, her nasılsa, bugünkü ulusal mutfağın su katılmamışlığı ve üstünlüğünün doğrulanmasıdır.

KÜRESEL BAĞLAMDA ORTADOĞU YEMEKLERİ

"Küreselleşme" sorunsal bir kavramdır; kültür yayılmacılığı imgelerini ve standartlaşmış kültür biçimlerinin dünyanın dört bir bucağına yayılmasını akla getiriyor. Oysa uluslararası ticaret, göçler, kitle iletişim araçları ve turizm hareketlerinin etkileri çok çeşitlidir: Kimi zaman türdeşleşme yönündedir, kimi zaman da unutulmaya yüz tutmuş ya da karanlıkta kalmış gelenekler yeniden canlanır. Türdeşleşmeye bir örnek, Ortadoğu'da tahıl tüketiminde beliren izlektir. 1950'lere gelinceye değin, temel tahıllar bölgeden bölgeye büyük değişiklik gösterirdi: Yukarı Mısır'da mısır ve akdarı, Irak ve İran'ın kırsal kesimlerinin çoğunda arpa, Türkiye'nin Karadeniz bölgesinde mısır, birazı İran'ın Hazar bölgesinde olmak üzere Irak'ın güneyindeki sulak çayırlarda bolca pirinç. Uluslararası pazarlara görece ucuz ve bol buğday ve pirinç akınca, temel besin maddesi olarak buğday ve pirinç bölgesel tahılların yerini almıştır. Sanırsınız ki insanlar, yemeklerin yanına beyaz ekmekle pilav ne zaman eklenecek diye bekleşip durmaktaydı.

Dünyanın değişik bölgeleri arasında uzun zamandan beri bir geçişme sürüyor. Ayırdına varılamayan bir geçişme örneği Kahire'de gezgin satıcıların sattığı, çok sevilen *kuşuri*'dir. Pirinç ve mercimekle pişirilen bu yemeği çoğaltmak için çoğu kez daha ucuz olan makarna bile eklenir; yağda kavrulmuş soğan ve baharatlı soslarla sunulur. Bu yemeğin Mısır'daki kökeni üstüne doyurucu bilgi bulamadım. Bana öyle gelir ki, kökeni yine pirinç, mercimek ve baharatla pişen, Hintlilerin *kiçri* dedikleri yemektir; Kahire'ye İngiliz askerleri taşımış olmalı. Hamburger ve piliç kızartmanın gelişinden çok önce, sömürgeler arası dolaşım içinde ortaya herkesçe sevilen bir yemek çıkmış, Kahire de onu alıp kendine mal etmiş. Bu örnekte uluslararası geçişme ve iktisadi sıkıntıların çeşitliliğe yol açtığı görülüyor.

❐

Katı yağlar ve sıvı yağlar. Küresel etkiyi bir yemek pişirme aracı ve terbiye olarak katı ve sıvı yağların kullanımında gayet iyi görebiliriz.

En çok kullanılan ve tercih edilen yemek yağı eskiden (acaba hâlâ mı?) tereyağdı (ya da *semn*). Et bu yağda hem kızartılır, hem de pişirilirdi; pirinci pişirirken çeşitli aşamalarda bolca tereyağ katılırdı. Baklava/künefe türünden hamur işi tatlılarda kullanılıyor.

Osmanlı yönetimini uğraştıran en önemli konulardan biri İstanbul'un erzakının sağlanmasıydı. İstanbul'un gereksinimleri arasında, sağlanması, saklanması, dağıtımı en büyük titizlikle yapılanlardan biri de tortusu alınmış tereyağdı. Suraiya Faroqhi, 17. yüzyılda İstanbul'un iaşesi konusunda bilgiler veriyor. İstanbul'un tereyağ gereksiniminin çoğu Kırım'daki Kefe'den (Feodosiya) geliyordu ve padişah sarayı çok büyük bir tüketiciydi.

> Gerçekten de, 17. yüzyılın başlarında Kefe'de toplanan bazı vergiler, padişah sarayı halkının her yıl tükettiği büyük miktarda tortusu alınmış tereyağın bedelini ödemek üzere ayrılıyordu... Dahası, yemeklik yağ taşırken batmış teknelerin kayıtlarına mühimme defterlerinde sıkça rastlanmaktadır... Batan geminin yükünden olabildiğince çoğunu kurtarmaya çalışan merkezi yönetimin girişimleri, İstanbul'un gıda iktisadında Kırım'dan gelen yemeklik yağların önemini göstermektedir (Faroqhi 1984, s. 92).

Adı geçen kitabın bir başka yerinde, Konya'da Sultan II. Selim'in imaretinde tüketilen yiyecekler anlatılıyor. Orada bütün yemekler tortusu alınmış tereyağla pişiriliyordu. Erzak arasında zeytinyağı ve kuyruk yağı bulunsa da, bu yağlar pek yemek pişirmede kullanılmış gibi görünmüyor; daha çok aydınlatma amacıyla kullanılmış olmalı. Yılda iki ila dört ton tereyağ tüketilmekteydi. Yazarın bu miktar ile ilgili vardığı sonuç ilginç ve alıntılamaya değer.

> Konya imaret kayıtlarından ortaya çıkan günlük beslenme düzeni bizim standart Akdeniz beslenme düzeni diye bildiğimizden önemli ölçüde ayrılıyor. Müslüman beslenme tercihlerinin etkisinin 16. yüzyılda hâlâ ayırdedilebildiği güney İspanya'da uygulanan günlük beslenme düzenlerinden bile çok farklı görünüyor. Zeytinyağı varken bile, zeytinyağı yerine tereyağın yeğlenmesi kırsal yaşam etkinliklerinin ağırlıkta olduğu bir ortamı yansıtıyor (Faroqhi 1984, s. 215).

Yazar "Müslüman beslenme tercihleri" derken eğer Ortadoğu kültürlerinde geçerli tercihler demek istemişse, bunda yanılıyor. Düştüğü yanılgı, bazı modern tutum ve inançları yansıtan ilginç bir durum.

"Standart Akdeniz beslenme düzeni" (burada "Müslüman beslenme tercihleri" ile biraz karışmış) Batı Avrupalı ve Kuzey Amerikalı halkla ilişkiler uzmanları ve yeme içme konusunda yazanların çıkardığı modern bir kavram. Bu kişiler dinleyenlerine şimdilerde sağlıklı olduğu sanılan bir beslenme düzenini öğütlerken, Akdeniz kıyılarında yaşayan sağlıklı öteki klişesinden medet umuyorlar. Akdeniz ülkelerindeki uğraşdaşları da bu söylenceyi sürdürmeye dünden razı. İşin gerçeği, Akdeniz ülkelerinde çeşitli kültürlerin olduğudur. İspanya, yemeklerinin çoğunu zeytinyağında pişiren az sayıdaki bölgeler arasında yer alır (ötekiler Yunanistan ve Güney İtalya'dır). İspanya'ya bu etki Müslümanlar eliyle mi taşınmıştır, bilmiyorum. Kesin olan bir şey varsa, o da bu tercihin Ortadoğu'ya değin uzanmadığıdır. Faroqhi'nin belirttiği gibi, tereyağ çeşitleri padişahın sarayında ve İstanbul'un genelinde çok üstün tutulmaktaydı. Bölgenin tümü bu görüntünün içinde yer alır: Et, pirinç ve hamur işleri her zaman tereyağ katılarak pişirilir (en azından hali vakti yerinde olanlarca). Tereyağ olmazsa yerini alan zeytinyağı değil iç yağıdır, hele de koyunun kuyruğundan elde edileni... Sıvı yağ (ister zeytinyağı olsun ister diğerleri) çoğunlukla sebze yemeklerinde kullanılırdı (yalnız etli sebzeler bunun dışındaydı); kimi zaman tatlandırıcı olarak kullanıldığı ya da hazırlanmasına iç yağı kullanarak başlanan kimi karmaşık yemeklere eklendiği oluyordu. Et bulamayan yoksullar da bulabildiklerinde, baklagiller (mercimek, nohut) pişirirken; *herîse* ve *keşkek* gibi etli tahıl lapası pişirirken iç yağı kullanıyorlardı. Faroqhi'nin araştırmalarına göre *herîse* ve *keşkek* saray mutfaklarında koyunun kuyruk yağıyla, Konya imaretinde ise tereyağıyla pişiriliyordu.

Yağla ilgili yemek pişirme alışkanlıkları yakın zamanlarda değişti. Bu değişiklikler, teknoloji ve ticaret ile sağlık ideolojileri üzerindeki küresel etkilerin ürünüdür. Fabrikalarda ucuza üretilen tatsız, kokusuz bitkisel yağlar bölgenin tümünde egemen olmuştur. Şimdilerde hidrojenle işlem görmüş katı bitkisel yağlar tereyağın yerini alıyor. Tasarruf açısından ele alındığında bu anlaşılabilir bir durum. Varlıklı insanlar bile kolesterol korkusu yüzünden hayvansal yağlardan çekiniyorlar. Yani Mazola [bir bitkisel yağ markası] mutfağa egemen.

Peki ya zentinyağı? Zeytinyağı, oldukça bol üretildiği Büyük Suriye ile Tunus'un bazı bölümlerinde bolca kullanılıyor gibi görünüyor. Diğer yerlerde zeytinyağı yalnızca salatalara katılan lüks bir tüketim maddesi. Büyük üreticilerden Türkiye bir bilmece oluşturuyor. Yemeklere ya da salata soslarına zeytinyağı katan lokantaları, Akdeniz ve Ege kıyılarında bile bulmak zor. Neden kullanılmadığı sorulduğunda, hep fiyatının yüksekliği ileri sürülüyor. Oysa et ve tereyağı da pahalı ama bolca kullanılıyor. Kanımca, maliyet etmeni ile geçmişte Türk yemeklerinin "ağır" olduğunu ileri süren Batılıların basmakalıp görüşleri bir araya gelince, diğer ucuz yağlara kullanılmaya başlanmış. Batıda yaygın zeytinyağı modası henüz buralara gelmiş değil; ama gelecek. Uluslararası modalardaki dalgalanmaların etkilerinin bir başka göstergesi bu.

ULUSAL VE BÖLGESEL "MUTFAKLAR" ÜZERİNDE KÜRESEL BASKILAR

Ulusal mutfakların inşası yalnız "ulusçu proje" aracılığıyla olmuyor; küresel beklentilerin de payı var. Üstelik küresel beklentiler de yine ulusçu projeyi besliyor. Ülkeler demek uluslar demek, ulusların da bir ulusal mutfak gibi bir şeyleri olmalı. Bu talep, uluslararası göçler, turizm ve bağlantılı gezi ve yemek yazılarından doğuyor.

Uluslararası turizm yüzünden tatil yeri yemeklerinin iyice sıradanlaştığını haklı olarak ileri sürenler var: *Fish and chips* [İngilizlerin kızarmış balık ve patatesi], dana eskalop ve flambe ile kaburga kızartma her yerde biliniyor. Deniz ve güneş peşine düşüp paket-turla gelmiş, ama yiyecek konusunda fazla talepkâr olmayanlara, hem Türkiye, hem Tunus kıyılarında da aynı ölçüde kişiliksiz, garip karma yemekler üretilmekte. Bununla birlikte, daha yakınlarda bir başka turizm çıktı: Ekzotik olanı aramayı ve ötekini tanımayı amaçlayan geziler. Yeme içme, bu tür turizmin önemli bir bölümünü oluşturuyor ve talep pazarın yüksek gelir düzeyli kesiminden geliyor. Kahire ve İstanbul'daki Hilton ve Sheraton otelleri bu konuda öncülük yapmışlar. İstanbul'daki menülerde "Osmanlı" yemekleri, Kahire'nin uluslararası otellerinin kahvaltı masalarında fokurdayan *fûl* ve *belile* kazanları... Kahire otellerinden birinde yakınlarda verilen bir yemekte bana (dana eskalop ve kızarmış hindiden ayrıca) sebzeli öküz kuyruğu çorbası ikram ettiler; yerli bir adı bile vardı: *akavi*. Buna Mısırlı masa arkadaşlarım da şaşırıp kaldılar: Daha önce böyle bir şey ne duymuş ne de görmüşlerdi ve ağızlarını bile sürmek istemiyorlardı. Kimbilir, bir de bakarsınız işkembeyle paça denemeye kalkmışlar! *Belile* süt ve buğdaydan yapılan, üzeri tatlıyla süslenen bir tür sütlaçtır. Yakın zamanlara dek Kahire'nin herkesin gittiği kesimlerindeki birkaç tatlıcıda bulunurdu. Sahlep gibi içecekleri sunan kahve ve lokantaların sayısı gittikçe artıyor.

Sonuç olarak, Mısırlılara, Türklere ve başkalarına şu soru soruluyor: Nerede sizin ulusal mutfağınız? Bize ulusal mutfağınızdan örnek verin. Girişken lokanta sahipleri bu talebi yanıtlıyorlar; ülkenin eğitim görmüş yerlileri de, bir zamanlar gerilik saydıkları için boşverdikleri o "ağır", sağlıksız ve el tutan yemekleri yeniden keşfediyorlar. Bütün "canlanan" gelenekler gibi bu da, modern bir yapılanma olacaktır.

Kuzey Avrupa ve Amerika'daki kentlere göçmen olarak giden toplulukların işlettiği "etnik" lokantalar da bu egzotiklik ve ulusal mutfak arayışlarına yanıt vermek zorunda. Yemek kitapları, gezi kitapları ve bu konularda köşe yazıları okumuş, ne istediğini bilen yemek meraklıları, *kebap, humus* ve *tanduri* dışında özgün ulusal ve bölgesel yemekler arıyorlar. Işıklarla "Hint mutfağı", "Pekin mutfağı" ya da benzer bir mutfağı duyuran lokantalar, aslında lokantacılık mesleğine yerleşmiş, bildik bir dizi yemek sunuyorlar. Kimi girişimci kuruluşlarda, egzotiklik ve özgünlük arayanlara hizmet vermek üzere bu repertuarların genişlediğinin göstergeleri var. Soho'daki China Town'da gördüğümüz Hong Kong lokantaları bu işin öncülüğünü yapıyor. Ortadoğu yemeklerine gelince, Londra'da artık bir "İstanbul İşkembecisi" var; işkembe çorbası ve kelle dışında kebap ve güveç de sunuyor. *Kalleh-pacheh* [kelle-paça] artık Londra'daki bazı İran ve Türk lokantalarında bulunabiliyor. Bunlar yakın gelecekteki gelişmelerin habercisi mi yoksa?

Ulusal yemekleri ve yapıldığı bölgeleri tanıtan televizyon dizileri (aynı konuları kapsayan gezi ve yemek kitaplarının doldurduğu çok daha geniş bir alan) İtalya, İspanya ve "Akdeniz"i bitirdikten sonra, sıra Ortadoğu ülkelerine gelir belki. İşte size ulusal mutfaklar ve yaratıldıkları bölgelerin biçimlenmesine yol açan bir kaynak daha.

I.
MUTFAKLAR, YEMEKLER, KULLANILAN MALZEMELER

ÜÇÜNCÜ BÖLÜM

KAFKASLARDAN DÜNYANIN DAMINA: BİR MUTFAK SERÜVENİ

BERT FRAGNER

Avrupalılara, belki bir de Amerikalılara yakınlarda şöyle bir bilgi ulaştı: Fransa Eğitim Bakanı okullarda öğrencilere Fransızların *bon goût*, damak tadı dediği, daha yerinde bir deyimle *culinaires* konusunda düzenli dersler verilmesini istiyordu. Ayak üstü yenen yemek kültürüyle yozlaşan genç kuşaklarda, zeytinyağının, Provence bölgesinin otlarının ve domalanın [*truffe*, yer mantarı] gizleriyle yeniden tanışma isteği uyandırılmalıydı. "Çocuklara okulda müzik öğretiyorlar," demişti, "spor, okuma yazma öğretiyorlar da, damak zevkinin temel unsurları verilmiyor!'

Bu eleştiri, çocukların eğitimini aşan ilginçlikte. Batı uygarlığının genel nitelikleriyle çok yakından ilgili: Bizim kültürümüzde, özellikle 19. yüzyıldan bu yana, mutfak sanatına yaklaşım çok dengesizdir. Mutfakla ilgili konular deyince, daha çok yemek âdâbının törensel yanları, yaşam biçemi gibi şeyler akla gelir de, yediğimiz yemeğin lezzeti, dokusu gibi yeme eyleminden ayrı düşünülemeyecek yönler akla gelmez çoğu kez. Bu lezzetti, dokuydu gibi konular biraz avam işi bulunur. Bu bakımdan, Kuzey Avrupalıların, özellikle Cermen kökenli halkların, Latin ve Akdenizli komşularından öğrenecekleri bir şeyler olduğuna kuşku yok.

Yemek yapma ve yeme sanatını hep nefse düşkünlük olarak görme gibi, hadi gönülsüz demeyelim de, çok sakıngan bir tavır, yalnızca toplumsal yaşamın genel yönleriyle kısıtlı değil: Aralarında doğu araştırmaları da olmak üzere birçok bilimsel alanda da karşımıza çıkıyor. Yeme içme ve yemek pişirme konusunun çeşitli yönleri üstüne Doğuda yazılmış çok sayıda metin olmasına karşın, konu örneğin bilim ve teknoloji tarihi, hekimlik ve müzik kuramı, eczacılık ya da matematik dalında ele alınıyor da, edebiyat araştırmalarına pek az konu oluyor; oysa, şu saydığımız konuların hiçbirinin günümüzdeki pratik yararı, geleneksel ve tarihsel yemek kitaplarının yararının önünde değil.

Toplumbilimcilere, özellikle toplum ve kültür antropologlarına çok şey borçluyuz: geçen otuz kırk yılda onlar bize yemek pişirme ve yemenin, dünyanın her yerinde kültürün çok temel bir öğesi olduğunu ve bir saygın ve onurlu kültürel davranış kategorisi olarak—tıpkı senfonik müzik dinleme, resim sergilerini gezme ya da klasik edebiyatı okuma gibi—ele alınması gerektiğini bize gösterdiler.

Yaklaşık on yıl önce, tarihsel Farsça yemek kitaplarını, edebiyat metinlerini inceler gibi, filolojik bakımdan incelemeye başladım (bkz. Fragner 1984). Ortadoğu ve özellikle İran mutfağı ile ilgili deneyimlerim beni yeme içmenin kültür tarihi içindeki rolünü araştırmaya itti. Bu makalede gözlemlerimi, varsayımlarımı ve Doğu ülkeleri yemekleriyle uğraşırken ulaştığım sonuçların bazılarını sunuyorum.

SİYASETTE MUTFAK GELENEĞİ

Önce yemek pişirme sanatı konusundaki araştırmalar üstüne bazı genel görüşler belirteyim. Ne zaman yemek pişirme ve tüketme sanatına ilişkin bir sorunu çözümlemeye kalksak, hemen sorunun karmaşık, farklı türdeki sorunların yumağı olduğu ortaya çıkar. Sorunların her birini ayrı bir bakış açısıyla ele almak ve özel bir dizi yöntemle çözümlemek gerekir.

Önce ham maddelerle ilgili sorunlar üzerinde duralım. Herhangi bir mutfak geleneğinin o yörede yetişen bitki ve hayvanlarla bağlantısı açıktır ve ne zaman bu soruna odaklanmak istesek işe botanik ve zooloji açısından da eğilmek zorunda kalırız. Bundan başka, üreyen sürünün ve tarımı yapılan bitkilerin bir yerden ötekine aktarımının ta kadîm zamanlardan beri insanın kültür etkinliklerinin tam ortasında yer alan en temel öğelerden biri olduğu açıktır. Tarihçinin, kazıbilimcinin ya da halkbilimcinin bile güvenilir veri sağlayamadığı durumlarda bu tür aktarımın izleri, toplumların ve kültürlerin birbiriyle temasının ip uçlarını verir. Bir örnek vermek gerekirse, Malaya yarımadası ve Sunda adalarından yola çıkan kümes hayvanlarının kadîm dünyada izlediği yolu yeniden incelemeyi öneririm. Bu araştırma, kadîm Mısır, Babil, Çin ve Hindistan arasında kalan alanlarda, insanların erken dönem temasları konusunda, belki bir para ya da kil tabletten daha çok şey söyleyecektir. Bitkilerin ve besi hayvanlarının dağılabilmesi için değiş tokuş etkinliklerinin belli bir yoğunluğa erişmesi gerekmiştir; bu yoğunluk birkaç alet parçası kalıntısının sonunda belgelediği, arada bir yapılan ticaretten daha fazla olmalıdır.

Aktarımın niteliği ve yoğunluğu, yiyeceklerin benimsenmesi de çok büyük ölçüde ve yoğunlukla siyasi yapılara bağlıdır. Beslenme ve yemek pişirme gelenekleri ve modalarının siyasetin etkisinde kalacağı açıktır. Bir tarihçi gözüyle bakıldığında, bazı mutfak göreneklerinin geçişimi, belirli bir bölgede, belirli bir toplum tabakası içinde siyasi erkin dağılımının bile göstergesi olabilir. Yeme içme göreneğinin siyaset ile yakından bağlantılı olduğuna inanmayanlar, memleketim Almanya'nın iki kesiminde yakın zamanlarda oluşmuş yemek pişirme ve yeme göreneğini karşılaştırabilirler. Büyükannenin pişirdiği yemeklerin anılarıyla biçimlenen özlem, bir dönemin Batı Almanya'sında da Doğu Almanya'sında da aynı. Yine de, mutfaktaki uygulamaların bu iki bölgede birbirinden şaşırtıcı derecede ayrılması siyasi koşulların sonucudur. Bir tarihçi için bunun anlamı, mutfaklarda beliren farkların, aynı zamanda, başka kaynaklardan bilgi elde edilemeyen siyasi kopuşmaların ve çatlakların göstergesi olabileceğidir.

Örneğin, 18. yüzyılda Prusya'yı yöneten seçkinler siyasi güçlerini, patatesi bir savurganlık ve lüks göstergesi olmaktan çıkarıp Kuzey Almanya'nın temel besinleri arasında en sevileni durumuna getirmede kullandılar. Ardından gelen, patatesin komşu ülkelere ve prensliklere yayılma süreci, siyasi geçirgenliğin gerçek ölçüsünü ve temasların olası yoğunluğunu temsil ediyor; öyle ki, dönemin siyaset sahnesinin aktörleri bile belki bu kadarının farkına varmamıştı. Demek oluyor ki, Polonya, Rusya ve Bohemya'da patates tarımının ve tüketiminin dikkatle gözlenmesi, tarihçinin belgeliklerde Prusya, Habsburglar ve Romanovların diplomatik ilişkilerini araştırdığı çalışmaları tamamlayan bir tür kaynak oluşturabilir.

Üzerinde durduğumuz bölgeye daha yakın ve daha iyi bir örnekse, 16. ve 17. yüzyıllarda Yeni Dünya'dan getirilen hayvanların, bitkilerin ve meyvelerin Akdeniz'de yayılmasıdır. Domates, ayçiçeği, Hint mısırı, tatlı ve acı kırmızı biber ve unutmayalım, insanı hayrete düşüren hindi, şaşılacak denli kısa bir sürede, İspanya üzerinden doğruca Doğu Akdeniz kıyılarındaki Osmanlı İmparatorluğu'na bağlı bölgelere ulaştı; İtalya'ya ulaşması içinse hiç değilse yirmi otuz yıl gerekecekti. İnsan ilk bakışta, bu geçişim sürecine iklime bağlı nedenlerin yol açtığını sanısına kapılabilir. Yakından bakıldığında bunun tümüyle dönemin siyasi ikliminden kaynaklandığı görülecektir.

Ayrıntılara inersek: Modern zamanların başlangıcında, Avrupa'da siyaset Madrid-İstanbul ekseni çevresinde dönüyordu; bu Akdeniz şeması, Viyana ile İstanbul arasındaki diklemesine kıta içi ilişkiyi andırıyordu; tıpkı soğuk savaş yıllarının Moskova-Washington ekseni gibi... Osmanlılarla İspanyollar ve Avusturyalı Habsburglar arasındaki siyasi ilişkilere egemen olan düşmanlık yanında, bu iki süper gücün aynı zamanda hem rakip hem de ortak olarak yer aldıkları bir özel paylaşım alanı bulunmaktaydı. Bunun anlamı şuydu: İspanyolların Amerika kıtalarından Avrupa'ya getirdiği yeni ticaret ve tüketim malları, hemen, Avrupa'nın kimi bölgelerinden bile önce, Osmanlı İmparatorluğu'na giriyordu. İşte bu nedenledir ki, o sıralar Meksika'dan ithal edilen "Hint tavuğu" İspanya'dan doğrudan doğruya Osmanlılara taşındı. Osmanlılar buna *hindî* ya da *hindî tavuk* (Suriye Arapçasında bugün hâlâ *tavuk-ı hindî* denmekte) adını verdiler. Avusturya Almancasında bu kuşun adının *Indian* olması, Habsburgların Orta Avrupa'daki tebaasının bu kuşla tanışmasının Osmanlı yardımıyla gerçekleştiğini gösteriyor! Osmanlı hegemonyası öylesine güçlüydü ki, ta İngiltere'de bile, bu eti gevrek, lezzetli kümes hayvanının Türk kökenli olduğu düşüncesi, "Hint" (örneğin Amerika) kökenine ilişkin iz bırakmaksızın derinlemesine yer etmişti, nitekim İngiliz dilinde ve İngilizce konuşulan Amerika'da adı "*turkey*" kaldı.

Başka yiyeceklerin başından geçen benzer göçlerin izini sürmek olası: Domates, kırmızı biber, bezelye, fasulye, darı (Hint mısırı) ve ayçiçeği (Amerika'da çıkarılan gümüş de birlikte), hepsi Katolik İspanya üzerinden

Kuzey Afrika kıyıları ve Mısır'ı izleyip Müslüman ve düşman Osmanlı İmparatorluğu'na ulaştı. Bu yiyecekler İspanya'nın kapı komşusu Hıristiyan Fransa ve İtalya'dan çok önce Osmanlı İmparatorluğu'na girmişti; Orta Avrupa'ya aktarılması daha da geç oldu.

Benzersiz büyük kent yaşamı dolayısıyla ünü Osmanlı egemenliğindeki topraklarda yayılmış olan İstanbul'un başkent olarak olağanüstü bir rol oynadığına kuşku yok. Osmanlı İmparatorluğu'ndaki yeme içme eğilimleri ve modalarını daha çok İstanbul'da oturan büyük kentli seçkinlerin biçimlendirdiğine de kuşku yok. Mutfakta görülen bu eğilim ve modalar, imparatorluğun çeşitli yönlerinden bir bölgenin ya da yörenin mutfağına dayansa bile, birbirine benzer şekilde, saray çevresindeki kentli züppelerin itibar gören ve incelmiş beğenilerine göre biçimleniyordu. Siyasi imparatorluğun dağılmasına karşın, Osmanlı mutfağı imparatorluğu diyebileceğimiz büyük bir bölgenin ayakta kaldığını görebilmemizi onlara borçluyuz. Balkanlar, Yunanistan, Anadolu, Mezopotamya bugün birbirine az da olsa düşmanlık güden halkların oturduğu yerler; ama, ayırdında olmasalar da onların Osmanlı yaşam biçeminin ortak vârisleri olduklarına kuşku yok ve mutfakları onları ele veren ayrıntı kanıtlarıyla dolu. Doğal olarak, aynı zamanda yerel ve bölgesel mutfak geleneğini de temsil ediyorlar. Bununla birlikte, dünyanın bütün büyük mutfaklarının yerel çeşitliliklere ve karşılıklı alış veriş yoluyla zenginleşmeye dayalı olduğu unutulmamalı;

ama bu arada büyük kentin incelmiş beğeni geleneği aracılığıyla uyuma ve türdeşliğe kavuştuğu da unutulmamalı. Türkler ve Yunanlılar birbirlerine alabildiğine düşmanmış gibi görünebilirler ve kendileri de karşılıklı düşmanlığın gereğine derinden inanmış olabilirler; ama yine de kültürlerinin, ele gelir gibi olmasa bile çok önemsiz bir düzleminde, çoğunun sandığından daha fazla şeyi paylaştıklarını, mutfak gelenekleri gösteriyor.

Bu imparatorluk mutfağı mirasının köklerini kadîm Yunan'da mı, Bizans'ta mı, ya da şanlı Türk ve Arap uluslarının yaratıcılığında mı aramak gerektiği sadece bir spekülasyondur; bu arada Fenike ve Musevi geleneğini de atlamamalıyız. Bugünlerde, bu savların herhangi birine, Balkanlar ve Yakındoğu ülkelerinden birinde destek bulabilirsiniz. Ciddi olarak savlayabileceğimiz şudur: Yemek pişirme sanatını Osmanlı geleneğinin biçimlendirdiği büyük bir alan var hâlâ. Bu makro ölçekli mutfak, her birinin kimliğini kendi yerel mutfak geleneklerinin belirlediği bazı mikro bölgelerden oluşuyor. Başka hiçbir anlamda canlılığı kalmamış Osmanlı İmparatorluğu'nun bu el altından süren varlığı, Akdeniz mutfağı adıyla anılan daha büyük bir alanın içinde yer alır. Ama Akdeniz geleneklerinin temelinde başlıca Akdeniz'in doğası ve ikliminin verdiklerinin yattığı sanılmasın. Bu ortak mutfak alanının özellikleri iki önemli siyasi süperyapı tarafından biçimlendirilmiştir: Bunlardan biri kadîm Roma İmparatorluğu, öteki İspanyol-Osmanlı hegemonyası dönemidir. Çağdaş Akdeniz mutfağı, Amerika'dan gelen domates, biber ve mısır gibi malzemenin kullanımındaki şaşırtıcı birörnekliği bu hegemonya dönemine borçludur. Bu ikisinin dışında bir başka önemli siyasi hareketin adını anmaktan kaçınmamalıyız: Erken İslam halifeliği döneminde Çin ve Hindistan'dan gelen doğunun bazı önemli bitkileri İran üzerinden Akdeniz kıyılarına ulaşmıştı. Bu arada İspanya, ortaçağ Müslüman (Arap) mutfağı ile Hıristiyan kıyılar arasında bir tür döner masa görevi yaptı: Böylece Fransızlar, ardından Batı Avrupalı diğer halklar, patlıcan, ıspanak ve pirinç gibi lezzetli şeylerle tanışma olanağını buldular.

Şöyle bir sav ortaya atılabilir: Geleneksel Osmanlı mutfağıyla, ortaçağda yaşamış Müslüman Arapların, en azından yüksek sınıfların geleneksel mutfağı arasında ortak birçok yan olabilir. Bereket versin, 11. ve 12. yüzyılda yaşamış Müslüman Arapların yemek pişirme görenekleri, Peter Heine eliyle, yetkin biçimde belgelenmiş bulunuyor; anlaşılıyor ki, Endülüs'ten Irak'a gelinceye dek tüm bölgede gelenekler hep bir örnekti, ama üç dört yüz yıl sonrasının Osmanlı geleneğinden açıkça değişikti. 16. ve 17. yüzyıl Osmanlı ve İspanyol mutfağının, buna bağlı olarak da Akdeniz mutfağının niteliklerinde görülmemiş ölçüde "Amerikalılaşma" olduğuna kuşku yok. Bir yandan "Amerikalılaşma" sürerken, o gün için yepyeni, büyüleyici ve moda olan bu Amerikan etmenleri, aynı hızla büyük bir yaratıcılıkla sindirilip özümseniyordu. Bunların tümünü hesaba katarsak şu sonuca varıyoruz: 1600 yılı dolayında, bir Avrupalı ya da Akdenizli gözünde Osmanlı mutfağı, en modern, en gözde ve yaratıcılığın uygulandığı en gelişkin mutfaktı. Bu çok önemli bir savdır ve erken modern Ortadoğu'da, kültürel ve toplumsal değişimin olmadığı varsayılan durgun döneme dair inceleme ve tartışmalarda göz önünde bulundurulmalıdır. Maddi kültürün, özellikle de mutfak kültürünün gelişiyor olması, Avrupa'nın dışındaki ülkelerde durgunluk kuramını açıkça çürütüyor.

OSMANLILARIN DOĞUSUNDAKİ MUTFAKLAR

Osmanlı mutfağının coğrafi sınırları, özellikle doğuda, nereden geçiyor peki? Ortadoğu'daki bağlantılı koşulları izleyerek Orta Asya'ya doğru gidersek, Osmanlı mutfağının sınırlarının siyasi sınırlarla çakıştığına en küçük kuşku bile kalmaz; üstelik bu mutfak kültürünün sınırları bugün de geçerlidir.

Eski Osmanlı İmparatorluğu'nun doğudaki sınır boyları Kafkasya'daki Gürcistan ve Ermenistan olmakla birlikte, asıl İran yaylasıydı. Osmanlı-İran sınır boyu Transkafkasya'daki Azerbaycan'dan başlayıp, Kürdistan'dan geçerek bugünkü İran-Irak sınır boyuna dayanıyordu. Bu bağlamda şu konuyu göz önüne almak ilginç olabilir: Bir yanda İran, öbür yanda Türkiye ve Irak olmak üzere, bu ülkelerin sınırları Birinci Dünya Savaşı sonrasında yapılan anlaşmalar ve varılan kararlar gereği çizilmedi; erken modern döneme ait bu eski ve durağan sınırlar büyük ölçüde Safeviler döneminden kalmadır.

1970'lerin sonuna gelene değin, Türkiye'den geçip Doğubayazıt-Bazargân yoluyla İran'a giden her yolcu İran toprağına girer girmez önemli bir deneyim yaşamaktaydı: Bu bölgeden ilk geçiyor olanlar yeme içmeyle ilgili kurumların ve yiyeceklerin niteliğinin Türkiye'dekinden temelden farklı olduğunu görüp şaşırıyorlardı. Türklerle Azerbaycanlılar arasındaki dil hısımlığına karşın, yeme içme konusuna gelince Azeriler açıkça İranlı gibi davranıyorlardı.

İranlıların mutfak özelliklerini tarih içinde izleyelim. Değerlendirebildiğimiz kadarıyla, ortaçağ İran'ında, yani 13. ya da 14. yüzyıla dek yeme içmenin genel niteliklerinin Orta Asya'nın güneyinin, tam söylemek gerekirse Horasan dahil Maveraünnehir bölgesinin yaşayan mutfak gelenekleriyle birçok ortak yanı vardı. Doğu Anadolu'dan başlayıp, İran yaylasını geçip Hindi Kuş, Horasan ve Soğdiyan'a, hatta doğudaki Tarım havzasına dek bütün bu bölgeye, Akdeniz etkileri neredeyse değmemişti. İster Çin'den, ister Hindistan'dan yola çıkmış olsun, mutfak eğilimleri ve geleneklerinin göç yolu, batıdan doğuya olmaktan çok, doğudan batıya bir güzergâh izlemiştir. Yukarıda belirlediğimiz 14. yüzyıl sınırından çok önceleri, Hindistan'dan gelen patlıcan ve karpuzlar, çeşitli lezzetli meyveler (bunlar arasında Sevilla portakal ve mandalinleri, şeftali ve ayva sayılabilir), ravent, ıspanak, unutmamamız gereken Çin ya da Hindistan kökenli buğday, pirinç ve başka birçok mal doğudaki bölgelerden yola çıkıp İran üzerinden geçerek Akdeniz'e ulaşıyordu. Aksi yönde bir aktarılma olduğunu gösteren kanıt yok. Zeytin ve zeytinyağı Osmanlı mutfağının doğu sınırları ötesinde tanınmıyordu. Yüzyıllar sonra Amerika'dan gelen bitkiler çarçabuk, Osmanlı İmparatorluğu dahil Akdeniz'in her yanına yayıldığı halde, İranlılar ve doğudaki komşuları 19. yüzyıla gelinceye dek bu bitkileri benimsememekte direndiler. İranlılar bugün bile, batıdaki komşularına bakarak geleneksel mutfaklarında pek sınırlı miktarda domates ve kırmızı biber kullanırlar.

Ortaçağ döneminde İran mutfağının temel nitelikleri nelerdi acaba? En başta buğday geliyor. Bugün hâlâ içilen, çoğunlukla yerel kökenli, eski usul çorbaların ucu, bir zamanlar muhtemelen İran çöllerinde ve Orta Asya bozkırlarında çok yaygın olup bir çeşit sulu lapamsı bir yiyeceğe dayanıyor. Geleneksel İran kültüründe *haute cuisine*, yani soylular mutfağında çok güçlü bir gelenek vardı: Eti, meyvelerle ve meyveyi andıran girdilerle birlikte ceviz, ravent ve bir tür yaban enginarı olan *kangâr* eşliğinde tüketiyorlardı. Bu mevye/et karışımının izleri, yalnız bildiğimiz İran yaylalarında değil, Orta Asya ve Kafkas uygarlıklarında İslam öncesi dönemlere kadar sürülebilir. Artık ortadan kalkmış olan bu geleneğin kalıntıları hâlâ Ermeniler, özellikle Gürcüler arasında ve diğer Kafkas halklarında görülmektedir. Çok eski zamanlardan kaldığı apaçık olan bu geleneğin izlerinin İran'da da, özellikle bir bölgede sürmesi olası. Örnek olarak, Hazar denizinin güneybatı kıyılarındaki Gîlân kökenli ünlü *fesencan/fesencûn* adlı yemek sayılabilir. Günümüzde, tavuk parçaları öğütülmüş ceviz ve nar suyu şurubundan yapılmış bir sos içinde pişiriliyor. Hazar'ın kıyısındaki bataklıklarda yaşayan Gîlânlılar bu sosla, tavuk yerine yaban ördeğini yeğliyorlar; ama buna İran'ın başka bölgelerinde rastlanmıyor. *Fesencan*'ı çok sevilen bir yemek olarak özellikle son otuz yılda keşfeden İranlılar, Gîlân dışında bu yemeği tavuk etiyle pişiriyorlar.[1]

Her ne kadar *fesencan* "tipik bir İran yemeği" sayılıyorsa da, hısımlarına asıl Kafkaslarda rastlanıyor; ama, başka hiçbir yerde İran'daki gibi incelikli bir özenle hazırlandığı görülmüyor. Ta eski zamanlardan bu yana,

1 Bromberger'in bu kitaptaki makalesine bölüme bkz. Heine, yazdığı bölümde *fesencan*'a Iraklıların sahip çıktığını belirtiyor.

bu yemeğin yapımındaki temel düşünce, bir tencerede önce cevizin kavrulması, ondan sonra da etin bu sos içinde pişirilmesiydi.

İran mutfağında süt ürünlerinin kullanımı, bunların açıkça Orta Asya'dan kaynaklandığına işaret ediyor. Taze yoğurt, ünlü beyaz peynir, top top yuvarlanmış yoğurt kurusu (*kurut*) ve öğütülmüş kuru yoğurt (*kaşk*) yüksek besleyici değeri olan, uzun ömürlü bir dizi ürünün örnekleridir.[2] İranlılar ve Afganların, yalnızca Orta Asya'nın Türki kökenli aşiretleriyle değil, Moğol ve Tunguzlarla bile paylaştığı bu süt ürünlerinin onlara, Orta Asya bozkırlarından gelen atlı çobanlardan miras kaldığı açıktır ve tarihi en az antik dönem başlarına dek götürülebilir. Orta Asya'dan geçme geleneklerden bir başkası da özel bir yöntemle pişirilen ve ortaçağ İran yemek kitapları ve tariflerinde *yahni kerden* adıyla geçen et yemeği olsa gerek. Et önce çeşitli sıvılar ve hayvansal yağla birlikte pişirilerek bir tür et suyu elde ediliyor. Bu sıvı, eğer bir bölümü başka amaçlar için kullanılmayacaksa, çektiriliyor. Zaten çoktan yumuşacık pişmiş olan et ya fırında ya da azalarak kalmış yağın içinde kızartılıyor. Bu işlem Akdeniz bölgesindeki genel uygulamanın tersidir; ama, Orta Asya'nın her yanında, hatta Tibet ve Yukarı Tataristan'da kullanılan yöntemin benzeri ya da aynıdır.

İRAN MUTFAĞINDA PİRİNÇ

İran'ı görme olanağı bulabilen ya da hiç olmazsa bir İran lokantasına yolu düşen biri, tipik İran yemeklerinin başlıcalarını ve bunların Doğu Asya ile yakın ilişkisini iyi bilecektir. İran yemekleriyle Uzakdoğu ve Hindistan arasında hemen benzerlikler kurulmasına yol açan pirinçtir. Ayrıntılara inerek eleştirel bir gözle bakınca, İran'ın pirinç yeme geleneğiyle diğer "pirinç" uygarlıkları arasında ayrılıklar gözlenecektir.

Özellikle Uzakdoğu'da ve Güneydoğu Asya'da, bir de büyük ölçüde Hindistan'da, en bol ve en temel besin maddesi pirinçtir. Çin köylüsünü yüzyıllardır açlıktan ölmekten kurtaran o ünlü "bir tas pirinç"tir. Hiç olmazsa ucuz türleri kolayca bulunabildiği için, Hindistan'da bile, pirinç çok sevilen bir yiyecek sayılır.

İran'ın pirince bakışı oldukça farklıdır: Pirinç yemekleri geleneksel olarak, buğday ve akdarı ile karşılaştırılamayacak denli pahalı yemekler sayılır. Pirinç İranlılar arasında öyle bir saygınlığa erişmiştir ki, Araplar ya da Akdeniz Türklerinin yaptığı gibi bulgur türü ucuz malzemeyi pirince hiçbir zaman eş koşmadılar. Bundan anlaşılacağı üzere İran'ın pirinç yemekleri, hiçbir zaman pirinç yerine daha ucuz bir malzeme kullanılarak yapılmaz. Eğer yoksulun pirinci yoksa, o zaman bambaşka bir yemeğe girişecektir.

---

2 Bkz. Aubaile-Sallenave (bu kitapta).

İran'da en beğenilen pirinç türleri, uzun taneli, glüteni az ve kendine özgü bir lezzeti olan pirinçlerdir. Ardından Hindistan'ın basmati pirinci gelir. Basmati pirinci, İran'ın *düm-siyah* (kara kuyruklu) adı verilen, üstün sayılmasa da kabul edilebilir bir tür olan pirinciyle eş değer tutuluyor. İranlıların sevip yetiştirdikleri pirinç türlerinin verimi düşüktür. Ardarda alınan ürünlerde bu verimin daha da düştüğü görülmüştür. İran pirinçlerinin tümü Hindistan kökenli olduğu için, 20. yüzyılın başına gelene değin düzenli olarak tohumluk ithali kaçınılmazdı. Bugün bile üstün nitelikli *sadrî* türünün, İndus vadisinden tohumluk getirtilerek ıslahı gerekmektedir.

Doğu ve Güneydoğu Asya'daki diğer pirinç tüketen uygarlıklarda pirinç çok temel bir besindir ve bu nedenle de en yalın biçimde pişirilir. Pirinç pişirmede ustalık sergilemeye çalışılmaz; ustalık, pirincin eşlik ettiği yemeklerde gösterilir. Pirincin sıradan hazırlanışının yalnızca zor değil, karmaşık olduğu İran mutfağında durum böyle değildir, aşçının epeyce zamanını alır. Pirinç önce yıkanıp ardından birkaç saat suda bekletilmeli, daha sonra dikkatlice durulanıp tane tane olana dek bol suda haşlanmalıdır. İyice süzüldükten sonra içinde yağ eritilmiş büyük bir kaba konmalı ve ağzı rafyadan yapılma özel bir kapakla katılmalı. Artık pirinç, İranlıların deyimiyle "demlenmeye" (*dem-keşîden*) bırakılmalıdır. Yarım saat kadar daha bekledikten sonra, bütün bu uzun işlemlerin sonucunda eşsiz bir lezzete ulaşılır.

Bu yöntemle pişirilen pirinç yemekleri *çilav* ve *pilav* adı verilen iki sınıfa ayrılır. Bunlardan *çilav-horeşt* bildiğimiz haşlanıp demlendirilmiş pirinçten başkası değildir; daha sonra güveç ya da sebzeli yahni ile karıştırılır. *Pilav* ise, ikinci aşama öncesinde, yani pirinç demlenmeye bırakılmadan önce içine lezzet verici malzemenin katılmasıyla pişirilir. Her iki hazırlama yöntemi de iki basamaktan oluşur: birincisi haşlama, ikincisi demleme. Bu iki aşamalı hazırlama yöntemi bütün pirinç tüketen uygarlıkların ortak özelliğidir.

Bütün pilav türlerinin en belli başlı, temel özelliği, haşlanmış pirince bazı lezzetli malzemeler katıldıktan sonra *dem-keşî* denilen demlendirme yoluyla pişmeye bırakılmasıdır. Çağdaş İran mutfağı, pirinçle ince lezzetli birçok malzemenin karışımından oluşmuş ağız sulandıran olağanüstü pilav türleri sunuyor. Benim en sevdiklerimden biri *bâkıla-pilav*'dır; pirinç, kebap edilmiş koyun eti, iç bakla ve taze dereotundan oluşan harika bir harmana safran ya da zerdeçalın kokulu lezzeti katılarak yapılır. Pilav üstüne çeşitlemeler arasında *sebzî pilav* (haşlanmış pirinç üstüne kıyılmış taze ot türleri ve kebap edilmiş koyun eti), *albalu pilav* (koyun eti ile vişne karışımından elde edilen çok değişik bir tat) vb sayılabilir.

Şimdi sorulması gereken şudur: Birincisi, İran geleneği içinde yer alan tarihsel yemek tarifleri ve kitapları ile günümüzdeki yemek tarifleri ve kitaplarını karşılaştırdığımızda neler öğrenebiliriz? İkincisi, İran'ı, Akdeniz dışı mutfak kültürü alanına giren pirinç tüketicisi komşularıyla, bir zamanların Sovyet Maveraünnehir'i olan Özbekistan, Tacikistan'la ve Afganistan, Hindistan'la karşılaştırdığımızda neler öğrenebiliriz? Bu tür karşılaştırmalar sıkça yapılagelmiştir. Claudia Roden'in çok bilinen, klasikleşmiş Ortadoğu yemekleri kitabı bunun bir örneğidir. Doğu mutfağı konusunda bilimsel araştırmaların yolunu açan bu kitaba çok şey borçluyuz. Şimdi, kültürel aktarımın (ki bu aktarım, tarihteki siyasi, demografik ve toplumsal itici güçlerle iç içe geçmiştir) izlerini sürme sürecine, tarihsel bir bakış açısı getirmek istiyorum. Tarih araştırması çoğunlukla kaynaklara dayanır; kaynaklar kısıtlı olursa, kesin kanıt yokluğunda olasılıklara dayandırılan araştırmanın içine belirli ölçüde spekülasyon girer.

İran, Hindistan, Afganistan ve Orta Asya mutfaklarında pirincin hazırlanışı ile ilgili olarak bu söylediklerimizin somut anlamı ne olabilir? Bu soruyu yanıtlamaya çalışacağım.

Benim bildiğim en eski İran yemek kitabı 1520/21 tarihlidir. Safevi egemenliğinin yirminci yılında, bir Safevi soylusunun hizmetinde aşçı olan, muhtemelen Türki kökenli Muhammed Ali Ba'urşi-Bağdadî adlı biri tarafından yazılmıştır. Verdiği tarifler, ucu 15. yüzyıla, yani Timur dönemine dayanan bir yemek pişirme geleneğini temsil etmektedir. Bundan başka, yazdığı metin açıkça (bkz. Afşar 1981) seçkinler değilse bile üst sınıfların mutfak geleneğini aktardığına göre, Ba'urşi-Bağdadî'nin tariflerinin geç Timur ya da Türkmen dönemi ile erken Safevi soylular mutfağını belgelediği sonucuna varabiliriz. Pirinçle ilgili ne söylediğine gelince, pilav sözcüğünü, yukarıda değindiğimiz, çağdaş İran'da kullanıldığı anlamda kullanmaması çarpıcıdır. Yine de pilav derken kastettiği "yanına birşeyler katılmış pirinç"tir. Pirince katılan, sebzeli et ya da et parçaları olabileceği gibi, pirince katılabilecek başka herhangi bir şey olabilir. *Gipa* adı verilen bir çeşit dolma (baharatlı pirinçle doldurulmuş kümes hayvanı ya da kuzu) bile pilav diye geçiyor. Bu anlam, pilav sözcüğünün günümüzde Hindistan, Afganistan ve Orta Asya'da taşıdığı anlamdadır.

Bu kitaptan 70 yıl sonra, 16. yüzyıl sonunda, Şah Abbas'ın hükümdarlığı sırasında Üstad Nurullah'ın derlediği İran yemek tarifleri arasında birbirinden çok farklı bir dizi pirinç yemeği var. Pilav ve *çilav-horeşt*'leri de kapsayan bu pirinç yemekleri, bugün İran'da pişirilip yenenlerle tam benzerlik içinde. Buradan açıkça görülmektedir ki, modern İran'ın bildiği pilavın ortaya çıkışı Safevi egemenliğinin ilk yüzyılı sırasında olmuştur. Birbirlerinden haberli olduklarına göre ve ikincisi yalnızca soyluların değil hükümdarın da hizmetinde bulunmuş olduğuna göre, bu iki yazar kesintisiz süregelen bir mutfak geleneğini temsil etmektedir. Modern İran'da anlaşıldığı biçimiyle pilavın 16. yüzyılda Safevi sarayı çevresinde yaratılıp hiç olmazsa günümüze değin varlığını sürdürdüğüne kuşku yok. Safevi sarayı durmadan komşuları arasında kültürel modaların yayılmasına neden olduğu halde, pilav hazırlamanın bu yeni ve incelikli yöntemi sınırları aşıp Orta Asya'daki Özbek hanlıklarına ya da Moğol Hindistan'ına geçmedi. Hindistan, Afganistan ve Orta Asya'nın pirinç pişirme yöntemi birbirine çok benzer; tek fark kullandıkları baharattadır. Pirinç pişirme bakımından İran'dan, daha doğrusu *çağdaş İran'dan* apayrı, bir örnek bir bölge oluştururlar; çünkü, 1500'ler dolayında pirincin temel hazırlama yönteminde İranlılar ile güneydoğulu ve kuzeybatılı komşuları arasında hâlâ bir fark yoktu.

İranlılar, işte bu yüzden, Afganlar, Hintliler, Özbekler ve Tacikler gibi pirinç yemeklerini sever, itibar edilen bir yemek olarak baş tacı ederler. Pirinç pişirme yöntemiyle ilgili olarak Farsça'dan alınma ortak aşçılık terimleri, doğudan alınan birçok Türkçe kökenli deyimle zenginleşmiştir. Bu halklar arasında yalnız İranlılar, pirinç hazırlama yönteminde edindikleri deneyimi ileri götürerek incelikler katmışlar; hazırlama işlemlerinde herkesten çok vakit harcamışlar, ama dünyanın en lezzetli pirinç yemeklerine sahip olmuşlardır.

İRAN'DAKİ PİRİNÇ GELENEĞİNİN KÖKENLERİ

En az 15. yüzyıla dek izlenebilen, ortak yanı pirinç yemek olan bir bölge belirledik: Orta Asya, İran yaylası ve Hindistan'ın kuzeyindeki Müslüman bölgeden oluşan bu alan, 15. yüzyılda siyasi ve kültürel bakımdan Timur saraylarının egemenliğine girmiş, Farsça konuşan bölgeler haritasıyla çakışmaktadır. Konumuz bakımından mutfak kültürünün sınırlarıyla belirlenen alan, dil, kültür, siyasi etki ve yayılma sınırlarının çevrelediği alanla üst üste gelmektedir. Bu gözlemler, daha önceki varsayımlarımı doğruluyor: Mutfak kültürünün etmenleri, siyasi etkilerin ve toplum koşullarının gücü ve yoğunluğu konusunda tarihçiye bütünleyici kanıtlar sağlayabilir; en azından erken modern çağ için ve yazılı kaynak bulunamadığında...

Ortaçağın sonlarında Ortadoğu ve Orta Asya'da görülen bu pirinç yeme geleneğinin kökü nerededir? Hintlilerin temel besinlerden birinin pirinç olduğuna kuşku yok; ama, şu anda tartışmakta olduğumuz konu *bu değil*: Konumuz, toplumdaki üst sınıfların incelmiş mutfak eğlencesinin bir öğesi olarak pirincin yeri.

İran'ın İslamiyete geçmesinin ilk dönemini inceleyen Bertold Spuler'e göre (1952), İran yaylasının Arapların eline geçmesiyle en azından Selçuk egemenliğinin başlaması arasında kalan dönemde pirinç İran halkları arasında hiç de sık karşılaşılan bir nesne değildi. Hatta, Sasaniler döneminde İranlıların pirinçten haberdar olup olmadıkları konusunda tartışma bile çıkmıştır. Pirinçten yararlanmış olabilirler; aracılık eden Hintliler sağolsun.

13. yüzyılda Çin, Orta Asya, Rusya, Doğu Avrupa ve İran'ı içine alan Moğol yayılmasının ardından, Doğu Asya'dan, çoğunlukla Çin'den, dalgalar halinde bir dizi kültürel etki İpek Yolu'nun batı kesimine ulaştı; mutfağın da etkilenmesi akla yakın geliyor. 14. ve 15. yüzyıllarda Orta Asya'da görülen ve oradan göç eden Türklerce Anadolu'ya taşınmış olabilecek yemeklerden biri de Çin kökenli bir hamur işidir; Orta Asya dillerinde ve Türkçe'de hâlâ Çincedeki gibi *mantu* [mantı] olarak bilinmektedir. Başka yerlerde değilse bile, en azından Orta Asya'da ve kuzey Afganistan'da Çinlilerin yöntemiyle, kaynar suya atmadan, buğulama yoluyla hazırlanmaktadır. Mantının İmparatorluk Çin'inden yola çıkarak Özbeklerin, Taciklerin atalarına ulaşmasının Cengiz-Timur dönemlerine rastladığından kuşku duyulmuyor. Varsayımım çürütülmediği sürece, pirinç yeme modasının İran'a, Özbekler, Taciklerle aşağı yukarı aynı dönemde ulaştığını kestirme eğilimindeyim.

Hindistan, "genetik olmayan"ların buluşmasına bir örnek olabilir. Doğal olarak, Hindistan'da pirinç yeme göreneği antik zamanlara dek gidiyor; ama, itibarlı bir yemek olarak değil. Pirinç Hindistan'da yükselişini İran'dan gelen etkilere borçlu; dolaylı olarak da Cengiz dönemi sonrasının Çin-Moğol etkilerine... Kuşku yok ki, Moğol yönetimi sırasında, Moğol yöneticilerin ve onlara bağlı beylerin geldiği İran ve Maveraünnehir bölgesi üzerinden kültür alış verişi canlanarak artmıştı.

PİLAV HAZIRLAMA İŞLEMİNİN İRAN'DA GEÇİRDİĞİ DEĞİŞİMLER

İran'da pilav hazırlama işlemlerinin 16. yüzyılın sonundan günümüze değin nasıl bir değişim geçirdiğini araştırmak ilginç olabilir. Bu konuda başvurulacak en iyi yer yine yemek kitaplarıdır. 16. yüzyılda, 70 ya da 80 yıllık bir süre boyunca yetmişin üzerinde pilav hazırlama yöntemi yaratıldı. Mutfak sanatında, bu modanın başladığı dönemde, yenilik arama eğilimleri güçlüydü. Bu tarifelerin bazıları bize garip gelebilir. Tarifelerden birinde pirinç çivitle boyanıyor ki, sonunda pilav koyu mavimsi bir renk içinde sunulsun! Şah Abbas döneminin tam ortasına rastlayan bir başka pilav tarifi *murassa pilav*'dır, yani pilavın incilerle süslenmişi.

Kacar egemenliğindeki Tahran'da yetişme, 19. yüzyılda yaşamış bir saray aşçısının yaptığı bir başka derlemede okura 29 pilav tarifi sunulur. Bu sayı, Abbas'ın sarayından gelen Safevi öncülünün verdiği tarife sayısının yüzde kırkı kadar. Bu 29 tarifenin yüzde otuz[3] dolayında bir bölümü Büyük Şah Abbas'ın aşçısının derlediği tarifler arasında yer alıyor; kalan yüzde yetmişi (yaklaşık yirmi tarife) yeni. Başka bir deyişle, 1600'den 1850'ye dek geçen 250 yılda yine de yüzde yirmi beş oranında yeni tarif yaratılmış. Aynı dönem içinde tariflerin yaklaşık yüzde altmışı unutulmuş: Tarihin akışı içinde, moda olma anlamında çekicilikleri kalmayınca, kullanılmaz olmuşlar besbelli. Başlangıçta Safevi İmparatorluğu'nun seçkinleri arasında yaygın olan az çok incelikli bir moda, giderek klasik İran mutfağını temsil eden sınırlı sayıda yemek çeşidine indirgenmiş.

İranlıların bu klasik kültür mirası günümüzde ne oldu acaba? Yine yemek kitaplarına başvurabiliriz. 20. yüzyılda yayımlanmış İran yemek kitaplarını, özellikle yakın zamanda çıkanları, son on, on beş yılda yayımlanmış olanları bile, karşılaştırdım. Her kitap diğerlerinde olmayan birkaç pilav tarifi içeriyor. Elimdeki 25 ya da 26 İran yemek kitabı arasından, en az 10 ya da 12'sine girmiş ortak tarifleri saydım. Mikro bölgeler ve yerel mutfaklara ait görenekleri bir yana bırakan bu hesaplama sonunda, orta sınıftan, ortalama bir İran evinde pişirilen pilav tariflerinin sayısının kabaca 12 ila 14 olduğu sonucuna vardım. Bu ortak tariflerden tek tek her biri, 19. yüzyılın ortalarından kalma bir yemek kitabında da zaten bulunan tariflerdi.

Bundan şu anlaşılıyor: Yeni buluşlar ile yok olan gelenek arasında 19. yüzyıl koşullarında varlığı hâlâ gözlenebilen denge, yaşadığımız zamanlarda ortadan kalkmış görünüyor. Yine görüyoruz ki, toplumlar ve uygarlıklarda var olan siyasi ve kültürel gelişme eğilimi mutfağa da yansımış: Günümüzde İran kültürü, savunmaya geçmiş bir kültüre dönüştü. Geleneksel parametreleri çerçevesinde gelişmeyi tamamen bir yana bırakıp, Amerikalılaştıran özellikleriyle Batı uygarlığının karşı konulmaz dalgaları önünde kendi kültür değerlerini savunuyor ancak. Günlük kültürün giyim kuşam, ev eşyası ya da mimari gibi başka öğeleriyle karşılaştırıldığında geleneksel mutfak yine de iyi direnmiş, oldukça başarılı olmuş. En azından özel çevrelerde ve aile çevrelerinde görülen İran mutfağının tutuculuğu, yağmur ormanlarının tahribi ya da Aral gölünün kuruması kadar insan soyunu tehlikeye atan kişiliksiz, tatsız tuzsuz bir "çöp" yemeği kültürünün topyekûn zaferini önlemede etkili bir silah görevi yapıyor. Umuyoruz ki

---

3 Tariflerin isimleri ve hazırlanışlarındaki ayrıntılar değiştiği için kesin sayı vermek olanaksız.

İran ve komşusu ülkelerde mutfak geleneklerinin başarıyla ayakta kalması, günümüz hegemonyaları ve başat süpergüçlerinin ister siyasi, ister teknik ya da iktisadi güçlerinin de sınırlı olduğunun bir göstergesi olsun.

DÖRDÜNCÜ BÖLÜM

TOPLUMSAL GERÇEKLİK VE KURMACA MUTFAK: İRAN VE ORTA ASYA YEMEK KİTAPLARINA BİR BAKIŞ

BERT FRAGNER

Şu ya da bu yemeğin nasıl hazırlanacağına bakmak için elimize aldığımız yemek kitapları, sadece pratik kullanımı olan bir yazın kategorisi olarak düşünülebilir. Halbuki, yakından incelediğimizde ve düşündüğümüzde, yemek kitaplarına girmiş kurgu öğelerinin sanılandan çok olduğunun çabucak farkına varırız.

Konuya oldukça önemsiz bir örnekle gireyim. Diyelim ki, bir yazar 400 yemek tarifi içeren bir yemek kitabı derlemeye uğraşıyor. Bir yemek tarifini uygulamak ortalama 45 dakikasını alacaktır. Eğer kitaba koyacağı her tarifi tek tek sınamak isterse, bu iş en az 300 saata malolacaktır. Denemeleri yapacağı mutfakta her gün beş saatını geçirse, tarifleri uygulamak 75 güne patlayacak; yani daha tek cümle yazmadan 15 haftayı yemek pişirmekle geçirmiş olacaktır.

Bu basit örnek anlatmak istediklerime açıklık getirebilir: Yemek kitabı yazmak, insanın kişisel, uygulamalı mutfak deneyimlerini yazması değil, belki de, çokçası, başkalarından ödünç alma ve kendine mal etme olayıdır. Güvenilir uzman yazarlar, bu tür alıntılama için çok ciddi, seçici yöntemler geliştirmişlerdir. Çoğunlukla, alıcılık yeteneğini kişisel ve uygulamadan gelen deneyim ve denetimle birleştirirler. Daha az güvenilir ama yine de uzman, hatta başarılı olmuş yemek kitabı yazarları başka yerlerde buldukları tarifleri, çoğu kez hangi kaynaktan aldıklarını belirtmeden, kitaplarına katarlar.

Bu çizgiyi sürdürürsek, sanki yemek kitabı yazmanın İslam kültüründe çok saygı duyulan *ilm-i hadîs* ile bir ölçüde yapısal bir bağlantısı varmış gibi bir izlenime kapılabiliriz. Bir tarifi alıntılama olayı, çok zaman aktarım ve ödünç alma olayıyla yakından ilişkiliyse de, birinci elden mutfak deneyimi ve uygulamasıyla aynı derecede ilişkili olduğu söylenemez. Bu çok yalın açıklamayla yemek kitabı yazarlarına saldırma amacı taşımıyorum. Bu tür yazarların yaratıcılıktan çok, alıcı olma niteliği taşıdıkları, ya da en azından alıcılık özelliklerinin ağır bastığına kuşku yok. Bir yemek kitabı yazarı, en başta, aktarıla aktarıla gelmiş tariflerin derleyicisidir. Bunun yanında, daha çok kendi kişisel deneyiminden yararlanarak derlediği tarifleri sınama işini de benimsemiş olabilir. Yaratıcılığıyla buluşlar yapan çok az yemek kitabı yazarı vardır.

Bu düşüncelerle yaklaşınca, yemek kitaplarını, çoğunlukla olduğu gibi yalnızca tarif derlemeleri olarak değil, özel bir metin kategorisi olarak görmek kolay olsa gerek. Böylece, yemek kitapları yalnızca bir yemeğin nasıl hazırlanacağını tarif etmenin ötesinde bol bilgi, hatta yazarlarından iletiler içerirler.

Bu bölümde, İran yaylasından başlayıp Afganistan, Transkafkasya, Azerbaycan ile günümüzün bağımsız Orta Asya devletlerinden Tacikistan ve Özbekistan'ı içine alan bir coğrafyada çıkmış yemek kitaplarının bu göze çarpmayan yanları üzerinde duruluyor.

İRAN'DA İLK YEMEK KİTAPLARI

Bu ülke ve bölge mutfaklarının hangi ortak yanları var? Bir önceki bölümde, tarih boyunca bölgenin türdeş bir mutfağı paylaştığı varsayımını öne sürdüm. 16. yüzyılın başından kalma erken dönem İran tarifleri konusundaki araştırmaların vardığı sonuca göre, Azerbaycan'dan Pamir'e dek uzanan bölgede, belki de Timur'dan miras kalan, daha çok pirinçle yapılan yemeklerin bulunduğu, her ülkenin kendine özgü saydığı yiyecekler arasında yaygın bir benzerlik var. Pirinç yeme alışkanlığı bu bölgeye Avrasya'da Moğol yönetiminin ardından Çin'den ithal edildi. Çin'de ve bir ölçüde Hindistan'da pirinç her zaman temel besin sayılmıştır; oysa yukarıda saydığım bölgelerin geleneğinde pirinç, olağanüstü bir yanı ve yüksek saygınlığı olan bir yiyecektir. İran yemek tariflerinin en eskilerinden olan Batı İran tariflerindeki pirinç hazırlama yöntemleri bugün Afganistan ve Orta Asya'da hâlâ gördüğümüz tarifleri andırmakta. Daha sonra, 16. ve 17 yüzyıllarda Safevi saray yaşamının etkisi altında, İran'a özgü, özel pirinç pişirme teknikleri geliştirildi; bu teknikler bugün bilinmiyor, ya da hiç olmazsa Afganistan ve Maveraünnehir'de onlara seyrek rastlanıyor.

Yanlış anlamayı önlemek için mutfak etki bölgesi derken neyi kastettiğimi vurgulamalıyım: Mutfak etki bölgesi içinde, bir bölgeye özgü genel niteliklerin ötesinde çok çeşitli yerel ve kimi zaman tümüyle özgün mutfak gelenekleri ve öğeleri gözlenebilir; ama, bu özgün öğeler tarih boyunca hiç olmazsa bir dönem çok geniş kapsamlı bir gelenekler dizisinin içinde gömülü kalmış olabilirler. Yerel göreneklerin mutfak etki bölgesi içinde karşılıklı uyum içinde barınmasını sağlayan işte bu geniş kapsamlı gelenekler dizisidir.

Bizim bölgemizde—Osmanlı İmparatorluğu'yla Hindistan ve Çin arasında kalan bölgede—19. yüzyıla gelinceye dek yazın dili, yemek tariflerinin aktarımı dahil Farsça'ydı. Türki dillerde yazılmış yemek kitapları ve tarif metinleri açıkça modern zamanlarda görülmektedir. 19. yüzyılın sonuna gelene dek yazılan, bugün bildiğimiz İran yemek kitaplarının hiçbiri ev kadınları için yazılmamıştı. Belli ki, tarifleri bir kuşaktan ötekine aktarabilmek için kadınların kendi özel yöntemleri vardı. Erken modern dönemin ilk yemek kitaplarının yazarları, bildiğimiz kadarıyla, erkekti. Çoğu soylu saraylarında görevli olan bu kişiler, yemek pişirme sanatının seçkin ustalarıydı. Bir yandan mesleklerindeki en son yeniliklerin tümüyle değilse bile geniş bir dökümünü—büyük bir tarif derlemesini—sunmayı amaçlarken, öbür yandan, genel *âdâb* yazınının kurallarına uygun gerçek bir yazın metni ortaya koymak istiyorlardı. 19. yüzyılda bile, hâlâ, bir yemek kitabının nasıl yazılacağını açık seçik belirleyen biçem düzenlemeleri ve yönergeler vardı.

İran'ın bilinen en erken tarihli iki yemek kitabının yazarları, Ba'urşi-Bağdadî ve Üstad Nurullah (bkz. önceki bölüm) profesyonel saray aşçılarıydı. Özellikle Üstad Nurullah, Şah Abbas'ın özel aşçısı olduğuna göre, daha yaşarken ünlenmiş olmalı. İnsana çeşitli âdâb kitaplarındaki yapıları anımsatan, sistematik biçimde düzenlenmiş, kesin bir biçimde yapılanmış tarifler sıralamasını izliyordu. Sonraki yazar kuşakları bu yapılanmayı klasik olarak benimsediler. Kacar Şahı Nasreddin'in sarayında aşpez-başı (aşçı başı) olan, 19. yüzyıl yazarlarından Mirza Ali Ekber Han, şahın özel doktoru, Fransız Monsieur le docteur Desire Thozolan için 1883 ya da 1884'te, Üstad Nurullah'tan 300 yıl kadar sonra bir yemek kitabı yazdı. Buna karşın, malzemenin sunuluş düzeni Nurullah'ınkinin tıpatıp aynıdır.

Bu erken modern dönemin ilk yemek kitaplarında, başkalarının deneyimlerine, daha açıkçası ünlü mutfak ustalarına, göndermeler yapıldığı oluyor. Ustaların tümü büyük mutfaklarda görevliydiler ve çoğunlukla toplum içinde yükselmiş kişilere çalışıyorlardı. Bu mutfaklar, kalabalıklara yemek çıkarma becerisi ile çeşitli sıradışı ince yemekler hazırlama becerisini bir arada götürüyorlardı. Böyle profesyonel ustaların yazdığı yemek kitapları, her biri kendi hane halkını doyurma çabasındaki ev kadınlarına ayrıntılı tanımlar vermek amacıyla yazılmıyordu. Kitaplar, tariflerin hem yatay olarak aynı kuşak içinde ve hem de bir kuşaktan sonrakine, bu erkek mesleğine özgü yöntemlerle aktarımını sürdürmeyi amaçlıyordu.

Üstad Nurullah'lar ve Ba'urşi-Bağdadî'ler yemek kitaplarını kimler için yazdılar? Daha önce söylediğim gibi, ev kadınları için değil... Orta halli lokanta sahipleri için de değil; çünkü, 20. yüzyıl başlarına gelinceye değin İran'da, Orta Asya'da lokanta bulunmuyordu. Bulunan, yalnız kentlerde de olsa, çok sınırlı sayıda ve hiç değişmeyen bazı yemeklerin sunulduğu aş evleriydi: Sütlaç kıvamında, koyu bir tür çorba olan *âş*, *âb-ı guşt* (et suyu), *kelle-paça* ve bunlara yakın zamanlarda eklenen ünlü *çilav-kebab*. *Çilav-kebab* bugün de, geleneksel bir kurum olan aşevleri dışında pek bulunmuyor. Bu aşevi sahiplerinin de usta kişiler olduğuna kuşku yok; ama meslekleri, bir soylu mutfağında çalışan ustalarınkinden apayrıydı. Öyleyse şu sonuca varabiliriz: Ünlü ustaların yazdığı yemek kitaplarının seslendiği kimseler ne aşevi sahipleri, ne de geleneksel kervansaraylar, hankâhlar, ya da bimaristanlarda yemek dağıtan büyük mutfakların başındaki ustalardı. Eğer bu yemek kitapları gerçekten âdâb yazınının bir parçası idiyseler, kitapları birbirleri için yazmış olmaları olasılığı çok yüksek; kimbilir, ara sıra da ünlü kişiler için yazmışlardır. Yukarıda adını andığımız, 19. yüzyılda yaşamış Mirza Ali Ekber Han bile (1974), Monsieur Thozolan'a kişisel bir armağan olarak kaleme aldığı yemek tariflerini düzenlerken aynı biçem ve yapıya uydu.

MODERN İRAN YEMEK KİTAPLARI

Osmanlı İmparatorluğu'nda o dönemin koşullarından anlıyoruz ki, ev kadınları için yazılan ilk yemek kitapları Avrupa'daki modernleşmeci akımların etkisi altında yazılmıştı. Ayşe Fahriye'nin yazdığı (1882-3) ünlü Osmanlı yemek kitabı *Ev Kadını* buna örnektir.

Farsça yazılmış modern yemek kitaplarının en eskisi *Tabbahi-i Neşat*'ın yayım tarihi belirsiz; ama 1920 dolaylarında yayımlanmış olmalı. Kitabın hanım yazarı, tipik bir Kacar lakabı taşıyor: Neşatü'd-Devle. Yazar, Bismillah'la başladığı kısa önsözde bazı ilginç bilgiler veriyor. Ne garip ki, asıl adı Josephine Richard'dı. Peki bu Kacar lakabını nasıl kazanmıştı? Yaşam öyküsü hakkındaki araştırmalardan, Jules Richard (1816-1891) adlı bir Fransız dönmenin torunu olduğu anlaşılıyor. Tahran'da Kacar sarayının hizmetine 1870'lerde giren Jules Richard, daha sonra İslam dinini kabul etmiş ve Nasreddin tarafından Rıza Han unvanıyla onurlandırılmıştı. Yine de çağdaşları ondan Rişar Han diye söz ediyorlardı. Oğlu Joseph (Yusuf) Mü'eddeb el-Mülk, Josephine'in babası, çok ünlüydü. 1900'ler Tahran'ında, en kültürlü insanların yaşadığı evlerden birinin sahibiydi; İran güzel sanatlarının ve eski paralarının uzmanı, toplayıcısı olarak tanınmıştı.

1903 yılında Yusuf Rişar Han Mü'eddeb el-Mülk *Risale-i Tabbahî* adlı ilk İran *bonne femme* [ev kadını] yemek kitabını yayımladı. Bu kitap bazı İran yemek tarifleri yanında Fransız mutfağını tanıtan bir bölüm içeriyordu. Birçok kez çabalamış olmama karşın bu kitabı inceleyebilmiş değilim; ama, kızı Josephine Neşatü'd-Devle'nin 20 yıl sonra kendi yemek kitabını yazarken, babasının 1920'lerde artık piyasada kalmamış olan yemek kitabından çokça yararlandığına en ufak kuşku yok. Babasından yalnızca İran yemek tarifleri derlemesini aktarmakla kalmadı, Fransız yemekleriyle ilgili bölümü de aynen aldı. Daha sonraki yıllarda yayımlanan İran yemek kitaplarıyla karşılaştırıldığında, Neşatü'd-Devle'nin Batı yemek tarifleri son derece doğrudur. Giriş bölümünde kitabını, sağlık bilgisinin temel ilkelerinden tutun da Fransız mutfağının gizlerine dek modern ev yönetimini öğretmek istediği İran kadınlarına adadığını yazıyordu. İran'da başka yemek kitaplarının yayımlanması için bir 15 yıl daha geçmesi gerekti. Farsça yayımlanmış daha sonraki yemek kitapları, Josephine Richard'ın çok sayıda baskı yapmış olan (ben 1970'lerde aldığım 39. basımı kullanıyorum), kitabının fazlasıyla etkisinde kalmıştır.

Tabbahi-i Neşat ile yakın zamanda yayımlanmış İran yemek kitaplarının neredeyse tamamının birbirine dayandığını vurgulamak istiyorum. 1970'lerin sonuna gelene değin İslam Devrimi'nin hemen öncesinde, İran evlerinin en modern ve Batılılaşmış olanlarında bile ev kadınlarının günlük yemek pişirme işlerini annelerinden gördükleri yerine, yemek kitaplarına göre yapmaları pek olağan değildi. Hele evde yabancı yemeği pişirildiğine hiç rastlanmazdı.

Şu soruyu sormanın zamanıdır: Pehlevi döneminde yazılmış yemek kitaplarında yazarlar, niçin Josephine Richard'ın modelini izlemeyi sürdürerek *aşpezi-i efrencî* bölümünü çok geniş tuttular; öyle ki, bu bölüm gitgide İran yemeklerine ayrılan bölümden daha çok yer tutar oldu. Burada bir çelişki var: En azından 1970'lere gelene dek, İran'ın orta ve yüksek sınıf evlerinde, Batı yemekleri değil İran yemekleri tercih ediliyordu. Avrupa yemekleri tüketmek isteyen, İran toplumunun Batılılaşmış kentli kesimi, Avrupa tarzı lokantalara gidiyordu. Yerli mutfağın sığınağı evlerdi. O günün İran yemek kitaplarına girmiş sözüm ona "Batı" tariflerini ülkeye sokanlar kendileri uygulamıyorlardı. Daha yakından bakınca, bu "Batılı" görünüşlü yemeklerin çoğunun, taklit etmeye çalıştıklarıyla aralarında hiçbir benzerlik bulunmadığının kanıtları ortaya çıktı. Bunlar tıpkı, Avrupa yemek kitaplarına girmiş, tümüyle hayal ürünü "Hint" ya da "Doğulu" yemek tariflerini andırıyordu.

20. yüzyılda yazılmış İran yemek kitaplarının "Batı" yemeğine ayrılmış bölümleri, yemek kitabı yazımında kurgusal bir kavrayışın örnekleridir ve muhtemelen Batı mutfağı yemeklerini hazırlayıp yemekten çok, lafını eden kuramsal bir ilginin sonucudur. İran yemek kitaplarının çoğunda geçen *aşpezi-i efrencî*, en azından 1950'lerle 1970'ler arası dönemde, yapılan yemekleri etkilemekten çok, mutfak kültüründe bir "kargo kült"ü* beslemiş gibidir. *Garbzâdegî*, yemek kitapları dünyasını bile sardı!

"ETNOĞRAFİK" YEMEK KİTAPLARI

İran yemek kitapları arasında bir bölüğü daha var ki, bu yemek tarifi derlemelerini kaleme alanların amacı İran mutfağının özelliklerini Batılılara tanıtmak ve açıklamak. Genellikle Batı dillerinde, çokça da İngilizce yazılan bazıları, yüzyılın başında Neşatü'd-Devle'nin verdiğine benzer iletiler içerir: Didaktik niyetler ile geçmişe özlemin bir karışımı, o hanımı Fransız mutfağını İranlılara öğretmeye yöneltmişti. İran dışında yaşayan İranlı kadınlar da çoğu kez aynı niyetlerle aynı şeyi, bu kez ters yönde yapıyorlar. Üstelik şu olguyu görmezden gelemeyiz: İran yemekleri üstüne Batı dillerinde yayımlanmış kitaplar, dünyanın her köşesinden, "etnik yemek"ler üstüne yazılmış yaygın ve çok moda olan mutfak yazınının bir parçasıdır. Bu yemek kitaplarının çoğu açıkça etnoğrafik bir karakter taşımakta: Yazarın amacı, yemek kitabının penceresinden türdeş bir İran kültürü sunmaktır.

Etnoğrafya ile geçmişe özlemin bu büyüleyici harmanı, vatanlarından, 1978/79 İslam Devrimi'nden sonra belki de temelli ayrılmış İranlıların yazdığı yemek kitaplarında çarpıcı bir berraklıkta görünüyor. Örnek olarak Necmiye Batmanglij'in yazdığı *Food for Life* (1986) adlı kitabı alalım: Baştan aşağı İngilizce yazılmış olan kitap, sözde Amerika'da ana dillerine yabancı kalmış ama ata kültürüyle güçlü bağlar sürdürmesi istenen genç kuşak İranlılar için düşünülmüş. Kitap, tarihte var olmamış, ülküleştirilmiş bir İran kültür ortamını canlandırıyor: Yemek yapma ve yeme beğenileri incelmiş bu toplum üyeleri aracılığıyla, ta Los Angeles ya da Vancouver'de bile İran uygarlığının sürekliliği imgesi yaratılıyor.

Benzer amaçların dürtülediği, ama bilimsel metodolojinin gerektirdiği yüksek standardlara göre biçimlenmiş ünlü bilim adamı Muhammed Rıza Ganunperver, derlenmiş tüm İran yemek tariflerinin belki de en iyi etnoğrafya amaçlı dökümünü ortaya koymuştur (1984); bir bölüğü artık unutulmuş olsa bile yazar tümünü kitabına almış. Kitap, Necmiye Batmang-

---

* Güneybatı Pasifik'te yaygın, ruhların gemilerle yiyecek içecek getireceği inancı. —Yay. n.

lij'inki gibi bir izlenim bırakıyor: Yansıtmak istediği mutfak zenginliği ve çeşitliliğinin, ister İran'daki olsun, ister İran dışındaki olsun, mutfak gerçekliğiyle bir ilişkisi yok. Bu "etnoğrafik" yemek kitaplarının, tarifleri belgelemek gibi değerli bir işlev yanında, repertuarını genişletmeye olanak verdiği için, İranlı olsun olmasın yaratıcı bir aşçıbaşıya esin kaynağı olmak gibi bir işlevi var.[1]

Bugüne kadar Farsça yazılmış "etnoğrafik" derlemelerin en etkileyici örneği 1920'lerde, İran'da değil Afganistan'da ortaya çıktı. Emir Emanullah yönetimi sırasında Afgan ordusunun önde gelen generallerinden olan Mahmud Sami'nin buyruğu üzerine Afganistan'ın her köşesinden derlenen tarifler *Tabh-ı ta'am berây-ı mekteb-i fünun-ı harbiye* (Askeri Lise Yemek Kitabı) adıyla yayımlandı (Sami 1928-9). Ne yazık ki, General Sami, 1929 yılındaki Beççe-i Saka ayaklanması sırasında, ibret olsun diye ölümle cezalandırıldı. Kimi kırsal kesimden, kimi incelmiş mutfaklardan alınma, ama çoğunluyla geleneksel, bu yemek tarifleri, Afgan ve Orta Asya toplumları üst sınıflarının mutfak geleneklerine ulaşmak için olağanüstü bir kaynak. Yemeklerin Afgan askerleri için pişirilip pişirilmediği üstüne en ufak bir ipucu yok; ama 1920'lerde 1930'larda askerlik görevi yaparken pek lüks bir yaşam sürmüş olmaları beklenemez. Her şeye karşın, ülkesinin folklor araştırmalarına derin bir ilgi duyduğu açıkça belli olan aydın general, Afgan kültürüne büyük bir hizmette bulunmuş oldu. Yurdun en uzak köşelerinden asker alındığı için Mahmud Sami bu durumdan yararlandı ve askerlerin aktardığı her geleneksel tarifi derledi. İran'da olanın tersine, Afgan ev kadınlarına yönelik yemek kitapları ancak 1970'lerden sonra yayımlandı.

AZERBAYCAN VE ORTA ASYA'DA MODERN YEMEK KİTAPLARI

Orta Asya ve Azerbaycan'ın yerli yemek kitapları ilk bakışta şimdiye dek incelediklerimizden çok farklı oldukları izlenimini veriyor. Lvov ve Riga'dan Erivan, Taşkent, İrkutsk ve Vladivostok'a kadarki bölgede egemen olan Sovyet toplumsal ve kültürel koşullarından çıkan yemek kitapları, çeşitli yiyeceklerin hazırlanmasını anlatırken daha çok bir Rus kalıbına uydular. Bu kalıp, her şeyden önce yemeklerin sunuş sıralamasını gösteriyor. Eski Sovyet Azerbaycan'ından yemek kitaplarının İran'dan bir ye-

1 Özellikle İngilizce bilen okurlar ve kullanıcılar için yakınlarda yayımlanmış iki yemek kitabına değinmek gerekir: Simmons (1988) çoğu kez incelikli, ağız sulandıran bir dizi tarif sunmakla kalmıyor, aynı zamanda bir yanıyla yeme içmeyle ilgili olan Musevi, Zerdüşti, Müslüman (ve hatta Hıristiyan!) İranlıların kutlamalarını ayrıntılarıyla anlatıyor. Bazı yanlarıyla Batmanglij'i (1986) andırıyor.

mek kitabıyla karşılaştırması çok aydınlatıcıdır; çünkü Azerbaycan ve İran mutfakları bölgelere özgü farklar hariç birbirine çok benzer.

Ortaklaşa benimsedikleri, neredeyse ansiklopedik yaklaşım dolayısıyla Sovyet yemek kitapları, biçem olarak "etnoğrafik" türe yakındır; ama yine de çarpıcı farklar söz konusudur. Diğer herhangi bir kültür, iktisat ya da toplum projesinde olduğu gibi Sovyetler Birliği'nde yemek kitabı yayını da iyi planlanmalıydı. Devlet yayınevleri, yayımlamaya değecek bir yemek kitabını rastgele birine yazdıramazlardı. Bu nedenle, Sovyet yemek kitaplarının yazarları eskiden olduğu gibi bugün de profesyonel aşçılardır. Sovyetlerde iyi yemek yeme sanatının neredeyse hiç gelişmemişliği göz önüne alınırsa, profesyonel aşçıların önlerine çok seyrek çıkan kabul resmi ve tören yemeklerini hazırlamaya hevesleri kolay anlaşılır. Sovyet yemek kitaplarının birçoğu, yıllarca sadece *nomenklatura* üyelerinin yararlanabildiği, bir bolluk ülkesindeki şölenler ve bayram kutlamalarının neredeyse büyülü düşleriyle doludur.

Sovyetlerdeki yemek kitabı okuyucularının içine düştükleri durumun iyi bir anlatımıdır bu. İnceleme olanağı bulabildiğim iki Azerbaycan yemek kitabı Bakü'nün en iyi lokantalarında seyrek, özel günlerde hazırlanmış olabilecek yemeklerin geniş ama yine de sınırlı yelpazesini gösteriyor. Çorbalar, salatalar, kebaplar, pilavlar, ve tatlılar gibi çeşitli türler arasından seçilen tariflerin tümüyle kuralsız, rastgele yapıldığı gibi yüzeysel bir izlenime kapılabilir insan. Yakından incelendiğinde, bu tariflerin bir Azerbaycan lokantasındaki yemek listesinin içerdikleriyle, üstü çizilerek iptal edilmiş aslı olmayan yemeklere varıncaya dek, büyük benzerlik taşıdığı açıkça görülebilir. Düş ürünü yemekler düş ürünü adlara yol açıyor: Yemeklerin çoğunun adına Fransızca'dan alınma *a la mode de*... eklenmiş; ya da yemeğin adını Rusça'ya çevirip başına *po-*... eklemişler. İnce doğranmış domates ve salatalıktan yapılmış karışık salataya *şeki salatı - salat po-şekinskiy* (başka deyişle *à la şeki* salata) deniyor; içi cevizli dürüm, *gözlü ordubad dürmeci - rulet orekhovyi ordubadskii* oluyor vb.

Eski Sovyetler Birliği'nin Müslüman bölgeleri arasında en ayrıntılı yemek kitaplarını yayımlamış olan Özbekistan'dır. Profesyonel Özbek aşçıların düzenli olarak halkbilimciler ve etnoğrafyacılardan yardım gördükleri anlaşılıyor. Örneğin Kerim Mahmudov'un (1986) *Uzbek Tansık Taamları* (Az Bilinen Özbek Yemekleri) adıyla yayımladığı olağanüstü tarifler derlemesi yukarıda belirttiğim görüşleri aşıyor. Bu sözüm D. Sıdıkov'un *Lezzetli Taamlar* (Lezzetli Yemekler) (1981) adlı kitabı için de geçerli. Yine de, bu yayınlara yazılmış kısa önsözde şöyle bir şey okuyabiliriz: "Bu kitap geniş bir kamuoyunun ilgi ve gereksinimine yanıt veriyor; ama, asıl yöneldikleri profesyonel aşçılar, çıraklar ve aşçılık mesleğini tanımak isteyenler ve [sıralamaya dikkat ediniz] ev kadınlarıdır."

İşin ilginç yanı, Orta Asya'nın bölgelerini ele alan yemek kitaplarının çoğu, Azerbaycan ve Özbekistan'ı dışta tutarsak, Rusça yayımlanmıştır. Tacikistan'a gelince, Tacik mutfak terimlerini İran ve Afganistan Farsça'sıyla karşılaştırmak amacıyla Tacik dilinde yazılmış bir yemek kitabı bulmak için çok uğraştım; bulmakta çok zorlandım. Bulabildiğim tek kitap olan *Taomhoi tociki* (Tacik Yemekleri) (Aminov 1959) Duşanbe'nin hâlâ Stalinabad diye anıldığı dönemden kalmaydı. Bu tarifleri derleyen iki kişiden biri Orifov, diğeri de Tacik olmadığı besbelli Tsuckerman'dı. Derlemenin Tacik Ticaret Bakanlığı'na bağlı Profesyonel Aşçılar Kurulu tarafından onaylandığı özel olarak belirtilmiş (*az tarafi Soveti oşpazoni Vazorati Savdoi RSS Tocikiston tasdik karda şuda ast*). Kitap inanılmaz derecede kötü! Eğer ileri sürdüğüm, özellikle Sovyet yemek kitaplarının mutfak gerçeğini değil umutları yansıttığı varsayımının herhangi bir değeri varsa, Orifov ve Tsuckerman tam bunun kanıtı: 1950'ler Tacikistan'ında, bırakalım günlük yaşamın gerçeklerini, varsıl yaşama ilişkin beklenti ve düşler iyice yoksullaşmış olsa gerek,

Bu açıklamayla açıkça ters düşer biçimde, Orta Asya yemekleri üstüne Rusça yazılmış kitaplar (yine Özbekistan'ı bunun dışında tutarak) daha ayrıntılı. Rus kitapları, yukarıda sözü edilen İran mutfağı üstüne İngilizce, Fransızca ve Almanca yazılmış kitapların düzeyini yakalıyor. Açıkçası bu tür kitaplar önce Avrupalı Sovyet yurttaşlarının ilgi ve merakına yanıt verme amacı taşıyordu. Avrupalı Sovyet yurttaşı, geçen yüz yıl boyunca kendi dünyaları içindeki ekzotikliğin başlıca alanlarını daha yakından tanıma, bilgi edinme isteğindeydi.[2]

Eğer tarifler aslına uygun aktarılmışsa, yabancı yemek kitapları, hele de egzotik olanlar, okuyucunun ve yararlananların mutfak repertuarını zenginleştirici katkı yapar. Bir ülkenin ya da bölgenin gerçek mutfak koşullarını yansıtmada, başvurulacak bir araştırma kaynağı türü olarak yemek kitaplarının değeri sınırlıdır. Bize daha çok toplumun, yeme içme sanatıyla ilişkili olduğu ölçüde, yaratıcılığını, simgesel değerlerini, düş ve beklentilerini anlatırlar.

---

2 Pokhlebkin (1978) eski Sovyetler Birliği'ndeki çeşitli yerel mutfak geleneklerini inceliyor; Kafkas ve Orta Asya cumhuriyetlerinin mutfaklarına özel ilgi gösteriyor. İngilizce, Fransızca ve Almanca çevirileri bulunduğu anlaşılıyor.

72

BEŞİNCİ BÖLÜM

MEYHANE Mİ McDONALD'S MI? İSTANBUL'DA AYAK ÜSTÜ YEMEĞİN EVRİMİ

HOLLY CHASE

Günümüz İstanbul'unda yiyecek tüketimi, değişim geçiren bir Ortadoğu toplumunun yaşamakta olduklarını yansıtıyor: Kent yaşamında artan gerilim, yeni yeni açılan iletişim kanalları, büyüyen uluslararası ticaret, iktisadi zorunluklar ve artan toplumsal ve fiziki hareketlilik.

Türkiye'nin yeme içme konusundaki bunca zenginliğinin ortasındaki çok uluslu ayak üstü yemek (*fast food*) lokantaları, ülkenin geleneksel mutfağını savunanlarda çoğu kez olumsuz bir tepki doğuruyor. Oysa, McDonald's gibi kuruluşların aslında yitme tehlikesiyle karşı karşıya bulunan eski usul yemeklerin yeniden canlanmasına yol açabileceğinin kanıtları var.

Bu bölümde ayak üstü yemeğin ne olduğu üstünde duruluyor ve Türkiye için kapsamı genişletilmiş bir ayak üstü yemek tanımı öneriliyor. Müşteri tercihleriyle birlikte, yemek pişirme, tüketme biçimleri ve yemeğin ticarileşmesi ayrıntılarıyla ele alınıyor.

❐

Türkler, "İstanbul'da yok yok," derler. Ama McDonald's modern İstanbul'un ticaret merkezi Taksim Meydanı'nın neredeyse göbeğinde ilk yerli şubesini açtığında, seri üretim hamburgerlerin, Türkiye'de tadıp sevdiğim ne varsa, hepsini yavaş yavaş yoklar arasına katacağının habercisi olduğuna emindim. İyimser olamayışım yirmi yıldır Türklerle bir arada bulunmamdan ileri geliyordu. Asya ile Akdeniz karma mirasının sahibi olmakla müthiş övünüyor ve aynı zamanda Avrupa Birliği ile iktisadi bütünleşmeye çabalarken kültürlerini koruma konusunda ikircikli duygular taşıyorlardı.

İstanbul'un tarih koruma kurulunun McDonald'sın alameti farikası olan altın kemerlerin dikilmesini reddettiğine sevinsem de, Amerika çıkışlı ayak üstü yemeğin, Türkiye'nin çok sayıdaki, kendine özgü ucuz lokantalarını ve seyyar satıcılarını gölgede bırakmasına ne kaldığını düşünmekten kendimi alamıyordum.

Lokantalarda ve konuk olduğum evlerde yediğim, topluca zeytinyağlı olarak anılan ve soğuk yenen sebze yemeklerinde ayçiçeği yağından başka yağ kullanılmadığını ayırt ettiğimde 1980'lerin ortaları olmuştu (Bunu, Kuzey Avrupalı turistlerin damak beğenisine ve zeytinyağının tadını "ağır" bulan kuzeyli önyargısını kapmış Türklerin damak beğenisine ters düşmemek için yapıyorlardı).[1]

Manavların sattığı ürünü içine koymak için gazeteden kese kağıdı yaptığı bir ülkeye sanayi türü paketlemenin girişini ve ardından plastik su şişelerinin Akdeniz kumsallarını çöplüğe çevirişini yaşamıştım. Bu nedenle, karamsarlığım yalnızca Amerikan ayak üstü yemeğinin lezzetini bilmemden değil, New York kaldırımlarında atılmış, köpükten yapılma hamburger kutularının savrulduğunu görmüş olmamdandı. McDonald'sın İstanbul şubesinden de olumlu etkiler beklemem için bir neden yoktu ve modernleşme peşindeki Türkiye'nin bir ödün daha verdiğini görmeye dayanabilmek için kendimi hazırlıyordum.

Hak yememek gerekirse, Türkiye'ye hamburgeri hiç de McDonald's getirmedi. 1960'ların başlarında, küçük yuvarlak ekmek içinde yağda kızarmış yassı köfte veren Bab Kafeterya, İstanbul'a yerleşmiş bir Amerikalının sözleriyle, "İstanbul'un ilk ayak üstü yemek lokantasıydı." Ama, Türkiye'de yapılan burgerler nasılsa hep Türk işi oluyordu—bu da kötü bir şey değildi. Bir beş yıldızlı otelde söylediği peynirli burgeri tanımlayan Amerikalı bir Türk dostu, getirilenin üstü erimiş kaşar peyniri kaplı dev bir köfte olduğunu iddia ediyordu! Oysa, iki kuşak boyu Türk-Amerikan öğrenci değişimiyle gidip gelenler yanında NATO'ya bağlı olarak Türkiye'de yerleşik Amerikan askeri görevlileri, yeterince Amerikan işi (kıvamı yerin-

1 Zeytinyağından ayçiçeği yağına niye geçtikleri sorulduğunda şefler bu açıklamayı yapıyorlar. Bir de, zeytinyağının pahalı olduğunu söylüyorlar. "Ama tereyağı da pahalı" diye karşı çıkıyorum, "Yerine niçin margarin kullanmıyorsunuz?" Yanıt olarak genellikle omuz silkiyorlar. Ayçiçeği yağına gelince, bana göre tatsız kokusuz bir yağ ama, ondan bile "ağır kokusu" nedeniyle tiksinen Türkler tanıyorum.

de) danaburger ile Coca-Cola'nın İstanbul, İzmir, Ankara, hatta ülkenin güneydoğusundaki Adana'nın—o Adana ki, kocaman Amerikan askeri üssünden çok acılı Adana kebabıyla ünlüdür—iki dil konuşulan ortamlarında bulunmasını sağladılar.

McDonald's İstanbul şubesini görür görmez ilk kaygım yine kebapla burgerin karşı karşıya geleceğiydi. Gerçekten de Türk yemekleri, 30 yıla yakın bir süredir bu tehdide karşı yerini koruyordu. McDonald's gelmeden önce de zaten yaygın olan hamburger henüz kentlerde Türklerin beslenme düzeninde bir yer edinmemişti. Daha da kaygı verici olan, körü körüne bağlılık yaratan McDonald's adıydı: McDonald'sın sattığı sadece hamburger, kızarmış patates ve alkolsüz içecekler değil. Özellikle ABD dışına çıktığı zaman McDonald's, her şeyiyle eksiksiz bir Amerikan ortamı oluşturuyor; bu ortam da yiyecek gibi hevesle "tüketiliyor." Güvenilerek yenebilecek, ters gelmeyen yiyecekleri renkli, iyi aydınlatılmış ve modern ortamlarda sunmak, Kuzey Amerika dışında iş yapan McDonald's, Burger King ve diğer ayak üstü yemek firmalarına kâr getiriyor. Amerikalılar ve Avrupalıların çoktandır kanıksadığı şeyler, Ortadoğu tüketicisine hâlâ çekici geliyor. Bilinmeyenin çekiliği görecedir.

Böylece Türklerin ayak üstü yemeği gerçek McDonald's ortamında bağırlarına basmalarını izlerken, Türk girişimcilerin yalnız hizmet biçimini ve dekoru değil *yiyeceğin kendisini* de taklit etme eğiliminin o güne dek hiç görülmediğince büyük olacağı sanılıyordu. Buradan gelinecek nokta, taklitle gelenin geleneksel Türk yemeklerini ve yemek malzemesini sürüp çıkaracağıydı. Tıpkı yalancı dolmada zeytinyağının başına gelenler gibi...

McDonald's ve Pizza Hut İstanbul'da birkaç yıldır büyük ticari başarı yaşıyor ve halk onları tutmayı sürdürüyor. Ama Türklerin Big Mac'ler çıkmadan önce yediklerinin yitip gidişine katkıları üstüne şunu söyleyebilirim: Yakınlarda İstanbul'a gittiğimde gördüklerim içimi rahatlattı. 1992 Şubatında, dünyanın içine düştüğü iktisadi durgunluk sırasında, Irak'la olan ticaretinin sona erdiği bir sırada ve Türkiye yıllık yüzde 70 enflasyonla yaşarken İstanbul'da ayak üstü yemek işi canlanıyordu. İyi de kimin ayak üstü yemeği canlanıyordu?

McDonald'sın Taksim şubesinin bitişiğinde, bir başka yeni (ve bir o kadar müşteri çeken), ön yüzü cam kaplama bir lokanta açılmıştı. Dekoru öylesine McDonald'sı andırıyordu ki, gören onun uzantısı olduğunu sanabilirdi. Her iki lokantanın önünde, sundukları yemeklerin isimleri kaldırımdan okunabilecek irilikte harflerle yazılmış, süslü duyuru tahtaları vardı. Ayran dışında, McDonald's girdiği yeni ortama ödün vermemişti.[2]

---

2 Oysa, Atina'dan dönen arkadaşların anlattığına göre yerel Wendy's (hamburger ya-

McDonald'sın uzantısı gibi görünen komşusu, aslında İstanbul'un saygıdeğer kafeterya ve lokantası Borsa'ya aitti; ama, hamburger yerine kebap çeşitleri, çorbalar, etli tencere yemekleri, yoğurtlu patlıcan kızartma, peynirli börek ve baklava sunuyordu!

İstanbul yüzyıllardır bu yemeklerle doyuyor. Üstelik, öğle aralığında arabasının deposunu doldururken, yarım somun ekmekle mercimek çorbasını mideye indiren bir İstanbul şöförünü görenler, bu yemeğin de ayak üstü olduğunu inkâr etmeyeceklerdir.

Peki, ayak üstü yemekten ne kastediyoruz? Çabucak alınıp çabucak tüketilebilen mi? Ayakta dikilerek yediğimiz yemek mi? Ya da oturacağımız masaya yemeği kendimizin taşıması mı? Çabukluk yemeğin hazırlanışında mı? Mercimek çorbası çabucak içilebilir, ama pişirilmesi zaman ister. Oysa tam anlamıyla çabucak pişirilip çabucak yenen McDonald's hamburgeri, bir kâse Türk mercimek çorbasından çok daha karışık ticari üretim ve pazarlama sürecinden geçer.

Ya fiyatına ne demeli? Ayak üstü yemek ille de daha ucuz mu demek? Ayak üstü yemeğin toplumdaki yeri neresidir? Onu tüketmenin toplumsal sonuçları nedir? Üst-sınıf ayak üstü yemek türü var mı? İşte bunlar akla gelen kimi sorular.

Bu bölümde ben "ayak üstü yemek" adlandırmasını tüketim bağlamında kullanacağım. İstanbul'un ayak üstü yiyecekleri her zaman çabucak gelir önünüze ve çabuk yendiği de görülmüştür. Satanlara ve nerede satıldığına gelince, gezici esnaftan tutun da, siparişin sardırılıp götürüldüğü tek tezgâh sığabilen bir göz mutfağa, eli tepsili müşterilerin yemekleri bir tezgâhtan seçtikten sonra gidip masalara oturdukları kafeteryalara ve birkaç masa sandalyadan ibaret (açık havada ya da kapalı) lokantalardan 200 kişi alabilen lokantalara dek tümünü kastediyorum. Benim yaptığım genel tanım kapsamına girebilmek için, bir ayak üstü yemek lokantası, yemek yenen yer ya da lokanta[3] hazır yemek üstüne iş yapmalı ya da kebaplar gibi sipariş verildiği anda çabucak pişirilebilen yemekler üstüne...

Bu yerlerin tümünde kişi kendi hizmetini kendisi görmekte, hiçbirinde garson bulunmamakta; varsa da, yalnızca sürahilerin doldurulması, ekmek sepetlerinin yeniden doldurulması ve yemek konmuş tabakları mutfaktan (ya da daha sık görüldüğü gibi patronun gözünü ayırmadığı, buhar üstüne oturtulmuş tepsilerde sıcak bekleyen et yemeği ve pilavları) getirme ile sınırlıdır. Ayak üstü yenen yemeklerde bahşiş verilmez; garso-

---

pan bir başka Amerikalı kuruluş) zeytinyağlı enginar göbeği ve Yunan zeytini de içeren salata barıyla övünüyormuş.

3 İtalyanca *locanda* sözcüğünden uyarlama. Lokantaların çoğunda alkol verilmez.

nun yemeği masaya getirdiği lokantalarda bahşiş bırakılabilirse de bu, hesabın belli bir yüzdesi olmaktan çok para üstü olarak gelen bozuklukların bırakılmasıdır.

Kişi, bu yerlerin herhangi birinde yemeğini seçip, yiyip, bedelini ödeme işini bir McDonald's şubesinde harcayacağı süre içinde, çoğu kez de daha ucuza, tamamlayabilir. Şimdilerde İstanbul'un en ucuz etli yemeği, lahmacun.[4] Lahmacun her türlü lokantada bulunuyor ve genellikle ana yemekten önce çerez niyetine yeniyor. Sokaklarda ya da kapalı çarşılarda en ucuza bulunan (pidesi 25 santim çapında bir lahmacun fiyatı 30 peni) lahmacun ayak işlerine koşulan bir çocuğun, ya da evden işe, işten eve acelesi olan birinin öğünü yerine geçebilir. Bu fiyat, bir sade hamburgerin ya da bir dilim Pizza Hut pizzasının fiyatının yarısından daha az; üstelik kendisine saygısı olan hiçbir İstanbullu, hamburger ya da pizzanın lezzette orta halli bir lahmacundan çok daha gerilerde kaldığının tersini söylemeyecektir.

Geçen birkaç yılda İstanbul'da hayat pahalılığı göğe fırladı. Buna karşın, daha yakın zamanlara gelinceye dek, şöyle öksüz doyuran bir çabuk-ye kalk kebabın, yanında ekmek, salata ve ayranla birlikte fiyatı (kronik enflasyondan çok çeken Türk lirasını daha durağan para birimlerine çevirince) 1.75 İngiliz lirası dolayında tutundu. Oysa, Türk parası ile yaşayan Türkler için (Batı Avrupa'da çalışıp kazanmış kişiler de var) o kebabın TL fiyatı hemen her yıl katlanıyor.

İstanbul'da piyasaya giren Amerikan ayak üstü yemeğinin ışıltılı tapınaklarının yalnızca körü körüne benzeme çabasına yol açacağından korkmuştum. Enflasyon yangınının, gerçek iktisadi zorlukların ve boğucu trafik sıkışıklığının bu kentteki ayak üstü yemek çeşitlerini ve niteliğini böylesine çoğaltacağı hiç aklıma gelir miydi? İşçilerin büyük çoğunluğu artık öğle yemeklerinde evlerine gitmiyorlar. İş çevresinde yemek yiyerek zamandan ve paradan kazanmak isteyenlerin sayısı gittikçe artıyor. Ve de İstanbul'da, insan bulunan her yerde, yiyecek birşeyler satan birileri hep bulunur.

Vapurlar ve Haliç'teki ticari deniz trafiğinden yansıyan dalgalarla sallanan sandalda aşçılar tehlikeli bir dengede duran tavadaki cızırdayan yağda balık kızartıyorlar. Trafiğin sıkıştığı saatlarda, pencereden uzanan otobüs yolcuları, her yerde görülen üzeri susamlı simitlerden alıyorlar. (İnsan, Devlet Deniz Yolları İşletmesi can yeleklerine birinin simit demeyi akıl et-

---

4 Pahalı bir alış veriş merkezinde açılmış bir kebapçı "soğansız Lahmacun" yaptığını duyurmuştu. Kimi restoranlar büyük topluluklar için yemek çıkardıklarında, bazı yemeklere çiğ sarımsak katmamayı incelmişlik, kibarlık sayıyorlar.

mesine, simitin yuvarlaklığının mı yoksa, can kurtaran niteliğinin mi neden olduğunu düşünmeden edemiyor!) Nüfus patlaması yaşayan İstanbul'da ucuz, doyurucu yiyeceğe olan talep her zamankinden daha çok ve ender rastlanan geleneksel yiyeceklerin birçoğu canla başla kendine yer açıyor. "Tehlikedekiler" listesindeki bazı örnekleri inceleyelim:

BOZA

Mayalanmaya bırakılmış darıdan yapılma hafif mayhoş bir içecek olan boza üzerine bol tarçın ekilerek leblebiyle ikram edilir. Türk edebiyatında sağlığa yararı nedeniyle övülegelmiştir; özellikle bebek emziren annelere önerilen bu içecek pek alışılmamış bir tat ve kıvamdadır. Neredeyse kaşıkla yenecek denli koyudur. 1970'lerin ortalarında, yaşadığı dönemi şaşırmış, eskilerden bir boza satıcısıyla karşılaştım; karanlık kış gecesinde, derinden gelen kalın sesiyle, "BOHzaaaa!" diye bağırıyordu. O sıralar tanıdığım Türk arkadaşlarımdan hiçbiri daha önce boza içmemişti ve bilebildiğim kadar, boza satan tek sabit yer Mısır Çarşısı'nın dışında ayakta boza içilen bir tezgâhtı. Ama şimdilerde, şık Bağdat Caddesi üzerinde (Anadolu yakasında, sıra sıra ışıltılı mağazalarıyla, tarihteki Bağdat yolu üzerinde) küçük, kendin doldur-kendin iç bir boza salonu (masaları mermerden) var.

SAHLEP

Kışın Bağdat Caddesi'nde bozacı yerini göbeği şişkin, pirinçten bir ibrik içinde satılan sahlepe bırakır. Sahlep az bulunan orkide çiçeğinin (*Orchis masculis*) toz haline getirilmiş pahalı kökü katılarak koyulaştırılmış sütten yapılma tatlı bir içecektir. Çiçek Doğu Anadolu'da kendiliğinden yetişir. 1980'lerde, Türkiye'nin herhangi bir yerinde, büyük harflerle, elle yazılmış "kahvaltı verilir" yazısıyla kahvaltı (çay, ekmek, peynir bal ve zeytin) verdiğini duyuran dükkân, eğer sahlep de veriyorsa tadından yenmezdi. Bugün sahlep İstanbul'un her yerinde bulunuyor. 40 peni karşılığı içilen üzeri tarçınlı bir bardak sahlep, bir fincan Türk kahvesi, bir bardak çay ya da Coca-cola'dan daha pahalı. Diğer içeceklerden daha besleyici ve doyurucu olduğu düşünülürse, görece pahalı bir içecek, ama ucuz bir yemek (çorba) sayılabilir. Yemek sınıfına katılırsa, şık ve zayıf genç bayanların kahvaltısı ya da öğleden sonra çıkılan alış verişte yorgunluk giderme içkisi yerine geçer.

TURŞU

Avrupa yakasındaki eski boza salonu gibi, Asya yakasındaki yeni dükkân da başka mayalanmış ürünler satıyor: Sebze turşuları ve turşu suyu bunlardan. Çoğu Ortadoğu kentlerinde olduğu gibi İstanbul'da da turşu yalnız bir iştah açıcı değil, aynı zamanda hafif, atıştırmalık bir yiyecek sayılır. Turşu suyu özellikle sıcak havalarda ferahlık veren bir içecektir.

Çemberlitaş çevresinde 1980'lerin ortalarına değin hâlâ var kalabilmiş bir avuç turşu dükkânında kentin en baştan çıkarıcı vitrinlerini görürdünüz. Koca cam kavanozlara istiflenmiş içi doldurulmuş kırmızı biberler, minik patlıcanlar, pancarla renklendirilmiş şalgam ve kıyılmış lahana arasına kat kat yerleştirilmiş bütün yeşil domates ve havuçlar, yakınlardaki Kapalı Çarşı'nın mücevherat sergileyen vitrinleriyle yarışırdı. Kendisine et lokantası adını yakıştırmış bir lokantanın yerlerinden ettiği turşucular şimdilerde Galata Köprüsü'nün güney ucundaki vapur iskelesine göç etmiş durumdalar ve turşularını el arabalarında satıyorlar.

Yaşadıkları kent kalabalıklaştıkça İstanbullular geleneksel alış veriş semtlerinin sıkışan trafiğiyle cebelleşme isteğini yitiriyor. Bu nedenle, bir zamanlar kendine özgü yiyeceği ve hizmeti, toplandıkları belli semtlerde sunan dükkânların tıpkıları şimdi hızla Boğaz'ın iki yakasında da çoğalıyor.

KOKOREÇ

Kokoreçin hazırlanması çok el tutar; kekikle tatlandırılmış çeşitli iç organ etlerini kuzu bağırsağına doldurarak hazırlanan kokoreç ilk bakışta in-

sana pek ayak üstü yemek gibi gelmeyebilir. Sucukla arasındaki ayrım şudur: Dinlendirilmiş iç organ etleri birkaç boy boş bağırsağa doldurulur; sonra doldurulmuş bağırsak, makaraya iplik sarar gibi, bir şişe sımsıkı dolanır. Yüzeyi yağlandıktan sonra şiş yan yatırılıp odun kömürü ateşinde ağır ağır çevrilerek pişirilir. Şişin uzun eksenine dik gelecek biçimde kesilen yuvarlak dilimler, altına damlayan yağa banılmış çeyrek ekmeğin içine konarak sunulur.

Kokoreç Yunanlılardan mirastır. Yunanca'da *kokoretsi* diye anılan bu atıştırmalık yiyecek Türkiye'nin yalnız kıyı bölgelerinde ve özellikle hâlâ bir miktar Rum nüfusun yaşadığı İstanbul'da bilinir. Daha çok yaz denince akla gelen kokoreç, Marmara kıyılarındaki sayfiyelerin plajlarında yenen, sevilen bir yiyecekti. Ama, yalıların yerini çok katlı binalar aldığından ve bir zamanların durgun, sessiz yolları özel arabalardan geçilmez olduğundan bu yana, anılarda kalan gezgin satıcılar da gittikçe soluklaşıyor. Son yıllarda kokoreç bulmakta zorlanmayacağınız kesin olan tek yer Beyoğlu'nun Avrupalı kesimindeki Çiçek Pasajı'dır. Buraya yeniden döneceğiz.

Yaşlı bir şarkıcının yüzünü gerdirerek sahnelere dönmesi gibi, kokoreç de yeniden sahnede. Kasaplar şimdi kokoreçi, ateşe konmaya hazır halde satıyorlar. Daha önce listelerinde hiç kokoreç bulundurmamış küçük lokantalar, şimdi kasaplardan çabucak kızartılıp sunulabilecek dilimlenmiş hazır kokoreç alıyorlar. İşin ağır yanını başkasına yaptırdıktan sonra (mutfak işçiliği Türkiye'de hâlâ ucuz) kokoreç de, çok ucuz ve lezzetli et sunmanın bir başka yolu; üstelik o da McDonald'sın burgerinden daha ucuz.

Kokoreç Ortadoğu'unun özenle hazırlanan sakatat ve et çeşitlerinden yalnızca biri. Kesilmiş hayvanın her parçasından yararlanmayı zorunlu kılan iktisadi nedenler geçmişte olduğu gibi bugün de geçerli. Osmanlı kayıtlarında, İstanbul kasaplarının kronik olarak girdikleri parasal darboğazlarla ilgili olarak anlatıldığına göre, kâr payları bir ara öylesine azalmış ki, hükümet zenginleri celepliğe çağırmak zorunda kalmış (Faroqhi 1984, s. 221-41).

Bağırsak, işkembe, kelle, paça usandırıcı temizleme yöntemlerini zorunlu kıldığı için olsa gerek, İstanbul'daki ev mutfaklarının çoğunda hemen hiç öne çıkmadı. Bunun yerine, bazı aşevleri bu malzemenin pişirilmesinde uzmanlaştı. Daha çok, malzemenin sağlandığı kaynak olan pazar yerlerinin çevresinde kümelenen küçük dükkânlar, daha gün doğmadan gelen pazarcılara çorba ve haşlanmış koyun kellesi türünden çabuk, ucuz ve güçlendirici kahvaltılar vermeyi sürdürüyor. Ama bir işkembe salonu, ya da işkembeci bambaşka bir müşteri grubuna, çokça akşamcılara hizmet ediyor. İberya'dan Hindistan'a kadar bütün akşamcılar, limon ya da sirkeyle cilalanmış bu sarımsaklı işkembe çorbasının, insanı ayıltan etkisi olduğuna yemin ediyorlar.[5]

İşkembe ve paçayı kentlerin yoksul ve toplumsal açıdan tutucu pazar semtlerinden çıkarıp daha varlıklı, kozmopolit semtlere taşımanın sevabı, günümüzün iktisadi baskıları altında kalan ve Türk toplumunun meyhanelerde alkol tüketen orta ve üst sınıflarından insanların hesabına yazılabilir.

MANTI

Buraya gelinceye dek saydığımız, tümü ev dışında yapılıp ve tüketilen yiyeceklerin tersine, mantı adıyla bilinen hamur işi, eskiden beri evlerde yapılır. Coğrafi dağılımı ve mutfaklardaki yeri bakımından mantı, İtalyan *ravioli*'si ile Rusların Asya'da yaygın *pelemeni*'si, Afganların *aşak*'ı ve Çinlilerin *wonton*'u arasında bir yere girer. Buğday unuyla hazırlanmış hamur açıldıktan sonra kesilen küçük karelere, baharatlı kıyma içinden bir tutamcık konur ve her karenin köşeleri tepede birleştirilir. İstanbul mantısı ya-

5 Burada yine ayak üstü yemeğin çekici bir yanını görüyoruz: Günün her saatında tüketilebilir olması. Gece servisine gelince, yeni yetme kız ve oğlanların (ayak üstü yemek gençlerin bir araya gelmeleri için bir bahanedir) ana babaları çocuklarının gecenin onunda, yerel işkembeci mutfağında çalışan kim olduğu belirsiz kişiler yerine neon ışıklı bir Pizza Hut'ta olduklarını bilmekten iç rahatlığı duyacaklarına kuşku yok.

pıyorsak, böyle çoğaltılan minik bohçalar kaynar suda piştikten sonra süzülür yanına ılık yoğurt eklenir; üzerine sarımsaklı kırmızı biberli tereyağ gezdirilir.

Türkiye'de özel kutlamalar için kadınlar toplanıp yığınla mantı yaparlar ya da gerektiğinde kullanmak üzere, sayıları çoğalan derin dondurucuya atarlar. Evin dışında çalıştığı için mutfağa ayıracak çok zamanı olmayan kentli kadınlar için mantı akrabalardan hüner ve sabır sahibi birinin işidir. Diyelim Fikriye Teyze her yıl olduğu gibi Kayseri'den (mantı yapanlarıyla ünlüdür) geldiğinde tadılan, ender bir ikramdır.

Hareket halindeki Türk ve Moğol atlıları dondurulmuş ya da kurutulmuş mantı taşırlarmış yanlarında; konaklayınca hemen kamp ateşinde kaynatılıp tüketilebilirmiş. Ev çevresinde rahatı yerinde olan göçebe besinleri son zamanlarda sokağa çıktı. Orta Asya bozkırlarından gelme bu dondurulmuş ya da kurutulmuş hamur işinden daha iyi bir ayak üstü yemek örneği düşünülebilir mi? Mantıyı sevmeyen yok gibidir; malzemesi ucuzdur; bir kez bohçacıklar büküldükten sonra dondurulmuş olarak uzun süre saklanabilir; pişirmek istendiğinde kolayca çözülür. Mantı üstüne uzmanlaşmış lokantalar İstanbul'un her iki yakasındaki gözde semtlerde mantar gibi bitiyor. Bağdat Caddesi üzerindeki cana yakın, beyaz-yeşil fayanslı 7-Up Mantı Restaurant bir sıcacık bir mekândan çok İsviçre'de bir kliniğe benzese de, Fikriye Teyze'nin gelişini beklemeyi kolaylaştırıyor.[6]

Bu makalenin kalan bölümü, günümüz İstanbul'unda yeme içmenin karmaşıklığının başka yanlarına ışık tutmak amacıyla kaleme alınmış görüşlerdir.

TAVUK

Mantının üstüne yoğurdun yağsızını dökmeyi öneren birine henüz rastlamamış olsam da, CNN kanalını izleyen ve yabancı dergiler okuyan İstanbullu Türkler, artık Amerikalıların ve Batı Avrupalıların kafalarını kurcalayan kolesterolü gittikçe daha yakından tanımaya başladılar. Evde yemek yapanların çoğu tereyağdan margarine döndü; komşu şarküteriden yüksek fiyat ödeyip "diyet-tavuk" diye derisi alınmış, çiğ göğüs eti alıyorlar.

Kümes hayvancılığının çiftliklerde yapılması yatırım ve teknik birikim gerektirdiğinden, bir ülkede ucuz tavuk etinin varlığı ya da yokluğu, o ülkenin iktisadi gelişmişliğinin göstergesi sayılabilir. 1970'lerde Türklerin çoğu henüz kolesterolden habersizken Türkiye'de koyun etinin fiyatı ta-

6 Suudi Arabistan'da yapılan mantı/mantu için bu kitapta Yamani'nin yazdığı bölüme bkz.

vuk etinin yarısıydı. Ben o zamanlar, kâr amacı gütmeyen bir Türk vakıf kuruluşunda çalışıyordum. Vakfın ana etkinlik alanı Anadolu'nun kırsal kesiminde tavuk çiftlikleri kurmaktı. Daha on yıl geçmeden tavuk fiyatı öylesine düştü ki, tavuk harcıâlem bir nesneye dönüştü.

Daha önceleri ızgara tavuk İstanbul'un görece pahalı ayak üstü yiyeceklerinden sayılırdı. Vitrinlerinde, kızarmakta olan nar gibi tavukların sergilendiği özel dükkânlar, evlere gönderme hizmeti verdiklerini duyururlardı. Pizza Hut'ların, ısıtılmış taşıma bölmeli motosikletlerinden çok önce, kızarmış tavuk alıcıya otomobille ulaştırılıyordu. O zamanlar kuzu kebabının alıcısına hâlâ yaya ulaştırılıyor olması, herkesin yakın çevresinde hiç olmazsa bir kebapçı bulunduğunu gösteriyordu; oysa tavukçu dükkânları sayıca az ve seyrekti.

1980'lerin ortalarında çıktığından bu yana kuzu dönerinin yanında gittikçe daha sık boy gösteren ve fiyatı daha ucuz olan tavuk döner, dik dönen bir şişe geçirilmiş, baharatta dinlendirilmiş tavuk derisi ve tavuk eti katlarından oluşur. Satanların anlattığına göre, tavuk döneri ilkin Suudi Arabistan'da[7] bulunmuş ve Danimarka'dan gelen tavuk etiyle yapılmış.

BİR BAKKAL DÜKKÂNININ PORTRESİ

İstanbul'un yiyecek evrenine baktığımızda onun, yabancı olana bayılan, hem öykünmeci hem de bazı şeyleri kendine uydurabilen bir kent olduğunu gördük. Sentez yapmadaki bu yeteneğinin en çok ortaya çıktığı yer, Avrupa yakasının, hem alış veriş, hem de oturmak için pahalı semtlerinden Nişantaşı'nda açılan, kolaylık getiren Seven-Eleven (7/11) dükkânıydı.[8] Dükkânı kentin en gözde yerindeki bir ticari taşınmaza (sanki Knightsbridge üzerinde bir köşebaşına ya da Manhattan'ın göbeğine) mağaza kondurmuşlardı. Oysa bu mağazanın ABD'deki benzerleri varsıl banliyölerin gerileyen alış veriş bölgelerinde ve ölümün kol gezdiği kenar mahallelerinde kalmıştı.

Seven-Eleven mağazaları, kent kıyılarında oturan Amerikalıların arabasız adım atamamalarından yararlanma düşüncesinden doğmuştu. Arabalılar, rahatça uğranabilecek bu noktalardan alkolsüz içecekler, hafif yemekler, küçük paketlerde şeker, un, makarna gibi ana besin maddeleri, süt, sigara, temel temizlik malzemeleri ve dergi gibi şeyler alıp geçeceklerdi. Bir büyük süpermarketle karşılaştırıldığında fiyatlarının her zaman daha yüksek olma-

---

7 Arapça'sı *şuarma*. Çok dilli Basra Körfezi'nde "tavuk şuarma" haline geliyor. Bkz. Sonsöz.

8 Bayilik vermek suretiyle çoğalan bu mağazalar dizisi şimdilerde 24 saat açık; ama adı, başlangıçta açık olduğu sabah 7 akşam 11 saatlarından kalma. [Nişantaşı'ndaki Seven-Eleven mağazası bir süre önce kapandı.-yay.n.]

sına rağmen, Seven-Eleven mağazalarının (ya da benzerlerinin) ABD'de hiçbir dönemde pahalı ve kaliteli bir yer görüntüsü verdiği görülmemişti. (Müşteri olmadık saatlerde alış veriş yapabilmenin, başka bir deyişle istediği saatte istediğini bulabilmenin bedelini ödemekteydi.)

Ama Nişantaşı'ndaki Seven-Eleven başkaydı. Bir yandan Amerika'daki benzerleri gibi, aşırı paketlenmiş sandviç türü yemeklerle birlikte yukarıda sayılanların tümünü yüksek fiyatla satarken, bir yandan da Türklerin bulgur, nohut, mercimek, pirinç türü ana besin maddelerini kiloluk paketlerde gerçekçi fiyatlarla satıyordu. Gülsuyu Türkiye'de satılan sıradan bir tatlandırıcı ve cilt bakım gerecidir; Seven-Eleven'da gülsuyu da vardı. Aluminyum kâğıdından torbalarda, pişirilmeye hazır sahlep ile artık orta direk ev kadınlarının yapmaya üşendiği tarhana gibi, ezo gelin gibi geleneksel çorbalar Knorr damgasıyla bulunuyordu. Böyle anında hazır yiyecekleri günün her saatinde satın alma olanağı bulunması, ayak üstü yemek olayının bir başka yanını oluşturuyor. İstanbul'da, yiyecek tüketiminde yaşanan değişikliklere koşut olarak yiyecek pazarlamasında da değişiklikler yaşanıyordu.

200 İngiliz lirası değerinde bir erkek takımı ya da kadın elbisesinin kolayca müşteri bulabileceği bir perakende satış mekânında, satılanların en pahalısı, fiyatı 5 İngiliz lirasını geçmeyen bir kilo antepfıstığıydı. ABD'deki bu tür bir ayakaltı dükkânında müşteriden para almanın ötesinde hizmet vermeye hazır bir görevli bulmak talihe kalmıştır. Mağazaların tümü kendin seç-kendin al türündendir; bu nedenle "bir şeyi raflarda görmüyorsan yoktur, isteme." İstanbul'daki Seven-Eleven mağazasında, müşterilerin aradıklarını bulmaya yardımcı olan üniformalı bir görevli vardı... Batılı tüketici, şarap bölümüne girdiğinde başka bir ülkede (neyin statü kazandırdığı konusunda durmadan fikir değiştiren laik, Müslüman bir ülkede) olduğunu anlıyordu (ABD'deki Seven-Eleven'larda içki satılmaz.) Burada Türkiye'nin en ünlü üzümlerinden yapılmış en tanınmış şaraplarının şişeleri üzerinde "7/11 için doldurulmuştur" etiketi görülüyordu. Amerika'daki Seven-Eleven'ları bilen biri için bu, üzerinde *mis en boîte au chateau!* yazan Coca-Cola kutusu görmek gibidir.

ÇİÇEK PASAJI

Barkotlu paketler dünyasını geride bırakarak şimdi çok uluslu Beyoğlu kesimine inelim. Osmanlı İmparatorluğu'nun batmakta olduğu günlerde bu semt Rum kürkçüler, Ermeni pastacılar, Musevi dükkân sahipleri, Hıristiyan papazlarla kaynardı. Avrupa'nın her ulusundan tüccarlar, diplomatlar, casuslar burada yer tutmuştu. İşte bu limonluk atmosferinin en son ve en gösterişli çiçeği dövme demirden bir *art nouveau* kapının ardındaki gürültülü bir pasajda tomurcuk verdi. Çiçek Pasajı adını bitişiğindeki pazardan alan pasaj, o zamanlar da, bugün de her biri bir meyhane[9] olan ve içki yanında minik tabaklarda mezeler veren küçük küçük lokantalar toplamıydı. Polisin sık sık sarhoş kavgalarına el koyması nedeniyle, burası en azından geceleri, erkeklerin girdiği bir ortamdı. 1970'lere gelindiğinde, artık kadınlar şaşkınlık ve bıyık altından gülmelere neden olmadan öğle yemekleri yiyebilmeye başlamıştı. 1978'de geçirdiği bir yangın ertesinde on yıl kapalı kaldıktan sonra, makyaj tazeleyen (kimilerine göre erkekliğini yitiren) Çiçek Pasajı'nın eski havasına ve müşterilerine kavuşması topu topu bir-iki yıl sürdü.

Kimseye eyvallah diyemeyecek kadar işi başından aşmış garsonların vakit yitirmeden getirdiği meyhane yemekleri törensellikten uzak rahat bir ortamda yenir. Günümüzde masaların iki yanında uzunlamasına konmuş peykelerde oturuluyor; yangından önce göğüs yüksekliğinde, üstü mermer kaplı çok sayıda fıçı ile birkaç sandalye vardı. Çiçek Pasajı'nın bol çeşitli mezelerinden midye tavası ve dolması ünlü. Bundan başka, azar azar getirilen karışık ızgara, Arnavut ciğeri, kokoreç, börek, salatalar, ezmeler, zeytin çeşitleri, tuzlu fıstık, peynir ve çeşitli zeytinyağlı dolmalar sevilen mezeler arasında. Bütün bunlar ya çabucak hazırlanabiliyor ya da önceden hazırlanarak hemen yemeye hazır bulunduruluyor. Peki bunlar ayak üstü yemek tanımına giriyor mu?

Beyoğlu dışında, işe alkollü içki karıştırmadan, yemeklerin tadına bakmak amacıyla oturup kalktığımız çok yer oldu. Sunulan yemek türleri ve hizmetin hızı dolayısıyla, insan isterse Çiçek Pasajı'nda çabucak doyup kalkabilir; ama böyle yapılmıyor. Geceyi uzatmak için bir sürü neden var; Pasaj'ın sürekli biri gelip biri giden kadrosundan tombalacılar, falcılar, çiçek satan çingeneler, fahişeler ve aralarında akordiyon çalan, mor ekose elbiseli bir Ermeni hanımın da bulunduğu gezici müzisyenler insanı oyalıyor. Arjantin denilen yarım litrelik bardaklardan büyük yudumlarla içilen bira, ya da limonlu votka, cin, buzun ağarttığı rakı denklemi bozuyor.

Burası yönetimin peşpeşe gelen müşterilerle dolup dolup boşalmasını arzu ettiği McDonald's değil. İçkiye eşlik eden ve susuzluğu artıran meyhane yiyecekleri müşterinin kaldığı süreyi uzatmayı amaçlar.

Meyhane benim meskenim,
Kader yoldaşım oldu
Şişem boşaldı, gözüm yaşla doldu

---

9 Kökeni Farsça'dır; şarap evi demek.

Ağlarım akıbet bir gün son durak
Tükendi ömrüm meyhanelerde.[10]

Sendeleyerek evin yolunu tutmadan önce, çoğu meyhane müşterisi ya da akşamcı son kez ayak üstü tüketimden yarar umar. Işıkları küskün, yalın bir aşçı dükkânında, bir kâse işkembe çorbası içecektir. Çorbacıda alkole ve söyleşiye yer olmayışı, oradan çabuk çıkılacağının güvencesidir. İçtiğimiz işkembe çorbasına karşın, ertesi öğle, akşamdan kalma olarak Çiçek Pasajı'na dönecek olursak, havada bir önceki akşam içilen rakının anason kokusundan iz bulamayız. Memurlar, tezgâhtarlar, öğrenciler midye tavalı sandviçlerini ayranla ya da Coca-Cola ile gövdeye indiriyorlardır.

Tıpkı İstanbul gibi Çiçek Pasajı'nın da iki yüzü vardır.

SONSÖZ

Modern Suudi Arabistan'ın buluşu tavuk *şuarma*/tavuk döner İstanbul'a yerleşirken, Arapların *mışviyyet-i turkiyye* dedikleri Türk usulü ızgara etler Basra Körfezi'ndeki kozmopolit ayak üstü yemek dünyasında gittikçe daha çok tutuluyor. Bahreyn'in Manama kentinde arı kovanı gibi işleyen, sahibi Bahreynli bir lokanta, hem İngilizce, hem de Arapça olarak "Türk Izgara Lokantası" olduğunu ilan ediyor. Yemek listesi de bu iki dilde yazılmış. Sunduğu yemekleri şu başlıklar altında toplamış: Arap (Lübnan ve Körfez) yemekleri, Çin, Hindistan yemekleri, pizza ve hamburgerler, ızgaralar. Çalışanları Filipinli. Taverna türü müzik Yunanistan'dan. Aynı ölçüde çok ulusluluk sergileyen müşteriler isterlerse kadın-erkek karışık oturulan bölümü, istemezlerse üst kattaki aile ve kadınlar bölümünü yeğleyebilirler. Bu bölümdeki altışar kişilik masalar birbirinden pembe perdelerle ayrılmış. Oysa, lokantanın iş oylumunun büyük bölümü, çoğunluğunu kebapların oluşturduğu, arabayla gelip götürmek üzere verilen siparişler. Önceden haber verilmek koşuluyla, bir koca kuzu çevirme de götürülebilir. Burada karşımıza şu soru çıkar: Önceden haber verilerek, 58 İngiliz lirası karşılığında götürülen yemek ayak üstü yemek sayılır mı?

Lokantanın aşçılarından biri Bengaldeşli, ikisi Türk; Türklerden biri yalnız pide yapıyor, diğeri kebap dalında uzman. Öyle görünüyor ki, hiç olmazsa Bahreyn'de, Türk bu kez bir eriyik potasının başına değil, bir tür küreselleşmiş ızgaranın başına oturmuş.

---

10 Söz ve müziğini Mehmet Ataç'ın yazıp Zekeriya Ünlü'nün söylediği çağdaş Arabesk şarkı: "Meyhane benim meskenim".

ALTINCI BÖLÜM

GÖÇEBE TÜRKLER, KATMERLİ EKMEK VE BAKLAVANIN ORTA ASYA'DAKİ KÖKLERİ

CHARLES PERRY

Doğu Akdeniz'e ve Orta Avrupa'ya özgü baklava ve *strudel* gibi kat kat açılan hamur işlerine bugün hem Yunanlılar hem de Türkler sahip çıkıyor. Yunan savını desteklemek için gösterilen kanıt 2. yüzyılda Naukratis'li Athenaios'un *Deipnosophistai*'de (Gastronomlar) sözünü ettiği *gastris* adlı kat kat yapılan bir tatlı; ama, metin incelendiğinde *gastris*'in hiç de hamur işi olmadığı görülüyor. Bunun tersine Türk savı, göçebe Türklerin ta 11. yüzyıldan bu yana çok katlı hamur işleri yaptığını gösteren kanıtlar ortaya koyuyor. Baklavanın fırında pişirilen ilk çok katlı hamur işi olduğu, ama hamuru kâğıt gibi ince açma işinin, Osmanlıların İstanbul'u aldığı yüzyılın hemen sonrasında Topkapı Sarayı'nın mutfağında geliştirilmiş olabileceği ileri sürülüyor.

Kat kat açıldıktan sonra yoğrulmuş hamur işleri ve *filo* (*strudel* [ya da *milföy*] hamuru diye de bilinir) birbirine oldukça benzer: Aralarına tereyağ sürülmüş kâğıt inceliğinde hamur katları pişirilince, hamurdan çıkan buharla birbirinden ayrılır ve ince katlardan oluşan bir hamur işi ortaya çıkar. Böyle olmakla birlikte, yapım tekniği birbirinden tümüyle ayrıdır. Talaş böreği hamurunu açarken aşçı, tereyağıyla yoğurulmuş hamur dilimini tekrar tekrar kendi üstüne katlayarak hamurun içinde katlar oluşturur; *filo*'da ise katların her biri ayrı açılır, tereyağ sürülür ve üst üste yığılır. Birinci işlem sonunda elde edilen doku yumuşak ve dolgundur, katlar biraz belirsizdir, birbirine geçmiştir; ikinci işlemde ise belirgin ve çıtır çıtır katlar elde edilir.

Talaş böreği hamurunun yapımındaki katlama işlemi Avrupa dışında da yaygındır; ama oralarda hiçbir zaman Fransızların *pâte feuilletée*'sinin yüzlerce katını ortaya çıkartacak kertede sistemli biçimde kullanılmaz. Hindistan'ın *varaki paratha*'sı ya da Çinlilerin yeşil soğan gözlemesi yağlı hamurla yapılır ve ancak bir iki kez üst üste konulduğu için kat sayısı azdır. Daha "çözümlemeli" (her katı tek tek elden çıkan) *filo* işlemi, yakın zamanda Batı Avrupalı ve Amerikalı aşçılarca keşfedilinceye dek, en çok eski Avusturya-Macaristan İmparatorluğu topraklarında ve onun ezeli rakibi Osmanlı İmparatorluğu topraklarında biliniyordu; şimdi de öyle... Öyleyse kökenini Osmanlı İmparatorluğu topraklarında aramak doğal olacaktır.

Oysa Avrupalılar, Türklerin böylesine gösterişli, incelikli bir mutfak ürününün yaratılmasıyla bir ilgisinin olduğu düşüncesine zaman zaman karşı çıkarlar: Onlara göre, 11. yüzyılda Anadolu'da yayılmaya başlayan, Türkçe'nin çeşitli lehçelerini konuşan bu Orta Asyalı göçebelerin baklavayla bir ilgisi olmamalı. *Filo*'yu yaratanların Doğu Akdeniz'in yerlisi eski halklar olduğunu düşünme eğilimindedirler.

The Decline of Medieval Hellenism in Asia Minor adlı kitabında Profe-

sör Speros Vryonis, çok katlı hamur işlerinin 2. yüzyıl Yunanistan'ında var olduğu üstüne kanıtlar bulunduğunu savlıyor. Kitabın, "Türk Anadolu'da Bizans'tan Kalan Tortu" başlıklı bölümünde, eski Yunan hamur işlerinde kullanılan bal ve fındık fıstık gibi malzemenin bugünkü Türk hamur işlerinde de tercih edildiği olgusu üstünde duruyor (Bu ortak damak tadını İran mutfağı da paylaşmaktadır. Türklerin mutfağının, bütün Müslüman halklarınki gibi, İran mutfağından açıkça etkilendiği unutulmamalı). Daha sonra cüretkârca şunu söylüyor: Bizans'ta çok sevilen yiyeceklerden biri de, Türklerin baklavasının aynı olan *kopte* ya da *kopton* (*koptoplakous*) idi (1971, s. 482).

Bu savını desteklemek üzere iki kaynağa başvuruyor: Birincisi Naukratis'li Athenaios'un yazdığı, 2. yüzyıldan kalma *Deipnosophistai* adlı kitap. Oysa incelenirse, gönderme yaptığı bölümün (XVI: 647) onu doğrulamadığı görülür. Şuraya dikkat edilmeli: *Deipnosophistai*'de geçen metinde *koptoplakous* sözcüğü tek başına durmakta ve bir tümcenin parçası değil; hemen ardından bir Girit tatlısı olan *gastris* ya da *gastrion*'un tanımı geliyor. Ama editörlerin çoğu *gastris* sözcüğünün, *koptoplakous*'a verilen ikinci bir addan başka birşey olmadığını kabul ediyor. *Koptoplakous*'un tam sözcük anlamı, *kopte*'den yani döğülmüş susamdan yapılma katmerdir. Aşağıda göreceğimiz gibi bu ad Girit tatlısı *gastris*'e tam denk düşmektedir.

Kitapta betimlenen tatlının, arası ceviz, fındık, badem ya da haşhaşla karıştırılmış bal ile doldurulmuş bir tatlı olduğunda kuşkuya yer yok; bu da akla hemen baklavayı getiriyor. Ama tarifin geri kalan bölümünü okursak içinde hamur bulunmadığını görüyoruz. Hamur katları yerine iki kat döğülmüş susam var. Susam döğüldükten sonra kaynatılmış balla karıştırılıyor (*sesamon leukon tripsas, malaxon meliti hepsemeno*); elde edilen macundan, merdaneden geçirilmiş gibi iki ayrı tabaka çıkarılıyor (*helkyson lagania dyo*). İç olarak hazırlanan döğülmüş fındık fıstık da balla karıştırılıyor; iki susam tabakasının arasına konunca, şişkin bir göbeği andırdığı düşüncesi uyanmış olmalı (*gastris*). Her ne olursa olsun, yaptıkları şekerlemeydi, hamur işi değil ve *gastris* ile baklava arasında herhangi bir bağlantı görmek için neden yok.

Profesör Vryonis'in başvurduğu ikinci kaynak, Profesör Fedon Koukoules'in yazdığı *Vyzantinon Vios kai Politismos* adlı kitap: Düştüğü yanlışın kaynağı bu kitap olsa gerek. *Deipnosophistai*'daki bölümü yorumlarken Profesör Koukoules (1952, V, s. 116), *koptoplakous*'u "hamurdan iki kat" (*ek dyo phyllon zymez*) diye tanımlamıştır. Böyle bir şey olmadığını görüyoruz. Koukoules'in sözünü ettiği "hamur katları"nın, tarifin *lagania* ("katlar") bölümünü aceleyle yanlış okumasından kaynaklandığı açıktır; bu iki kat gerçekte döğülmüş susam macunuydu.

Profesör Vryonis, kitabının başka yerlerinde, göçebe Türklerin mutfak kültürünü yoksul bularak bir kenara itiyor: Karınlarını ancak besledikleri sürülerin ürünleriyle, bulabildikleri sebze meyveyle, bir de basit sac ekmeğiyle doyurduklarını söylüyor. Türklerin yedikleri ekmeği sac üzerinde pişirdikleri doğrudur; ama talihin cilvesine bakın ki, tam da bu "yoksulluk" yüzünden çok katlı ekmeği Türkler bulmuş olabilir.

Eski Türklerin ekmek ve hamur tatlılarını çok katlı yapmaya bayıldıkları açık. Fırınları olmadığı için, yerleşik insanlar gibi şişkin fırın ekmeği yapamıyorlardı. Belki de bu yüzden tek katlı ince ekmeği üstüste koyarak değişik kalınlıklarda ekmek elde etmek istediler.

Modern Orta Asya'nın Türk kökenli uluslarında, bu eskiden kalma çok katlı ekmeklerden birkaçı hâlâ yaşatılıyor. Özbeklerin *poşkal* adını verdikleri hamur işi 10 ya da 12 ince tabakadan oluşuyor. Birinci yufkanın bir yüzü piştikten sonra arka yüzü çevriliyor. Arka yüz pişerken üstteki yüze ince bir tabaka ekşi krema sürüldükten sonra üzerine pişmemiş, yeni bir kat seriliyor. Alt yüz pişince ters çevrilip yüzüne ekşi krema sürülüyor. Hamur işi tamamlanana dek işlem sürdürülüyor (Mahmudov 1962, s. 48-49).

Özbekler *yupka* adında benzer bir börek daha yapıyorlar. Katlar arasına ekşi krema yerine bu kez soğanla kavrulmuş kıyma konuyor. Aynı sözcük, Orta Volga boyundaki Tataristan'da kullanılıyor; orada çayla yenen bir tür hamur işinin adı *yoka* (*Tatarskaia Kulinariia* 1981, s. 220). Tatar *yoka*'sını yapmak için 10-12 kat hamur açılıp sacda pişiriliyor; üzerlerine sıcağı sıcağına tereyağ sürülüp üstüste yığılıyor. Aynı sözcük Türkiye'de de var: Türkçe'de söylenişi *yufka*; ama anlatılmak istenen yine ince açılmış tek kat hamurdur.

Türk kökenli göçebe ulusların, ince ekmekten bıktıkları için çok katlı ekmek yapma deneyimine giriştikleri varsayımını ortaya attım; belki de bıkmaktan değil, yalnızca canları öyle istediği için giriştiler. Özbekler, Kazaklar, Tatarlar, Başkırtlar, Azerbaycanlılar ve Türkmenler ile Çin'in Sincan eyaletinde yaşayan Uygurlar arasında *katlama* diye bilinen bir tür hamur işi var. Genel olarak şöyle yapılıyor: Açılıp üzeri yağlanmış bir kat hamur rulo oluşturacak biçimde sarılıyor; dilim dilim kesildikten sonra dilimler elle yassıltılıyor, belki de oklavayla açılıyor. Böylece, (oldukça katı) bir kat elde ediliyor.

Yupa, yoka ve *yufka* sözcüklerinin atası olan eski Türkçe sözcük *yubka* "ince, kırılgan" anlamına geliyordu ve özellikle ince, yassı ekmeği tanımlıyordu. Hâlâ çoğunlukla aynı anlamı taşıyor. Öte yandan çok katlı ekmek kavramının yüzyıllar önceye dayandığının kanıtı var. Kaşgarlı Mahmud'un 11. yüzyılda Türk lehçelerini bir araya toplayan *Kitab-ı Divan-ı Lugatü't Türk* adlı Türkçe sözlüğünde iki ayrı biçimde (*yuvga* ve *yupka* olarak) geçiyor; anlamı "ince ekmek." Mahmud bir de *katma yuvga* deyimini almış sözlüğüne; Arapça karşılığına *hubz-ı mukattaa* demiş; "katlanmış" (ya da belki "kırışık" ya da "kıvrımlı") ekmek anlamına geliyor (Kaşgarlı 1915-17, III, s. 20, 27). *Katma* ve *katlama* sözcüklerinin kökü, *kat*; böylece *katma yuvga*'nın bir biçimde katlardan oluştuğu kesin.

Yine de, Orta Asya bozkırlarında çalı çırpı ateşi üstüne oturtulmuş sac üzerinde pişen katlamalı ya da kıvrımlı ekmekten yola çıkıp ortası bir kat öğütülmüş fındık fıstık dolgulu, her biri kâğıt inceliğinde açılmış 100 kat yufkayla fırında piştikten sonra şerbetini içmiş bir tepsi baklavaya gelene değin arada çok yol var. Bu iki uç arasındaki "eksik halka"yı bulabilsek, baklavanın Türk kökenli olduğu savını güçlendirebiliriz.

Azerbaycan'da *Bakı pahlavası* diye bilinen tatlı, pekala aradığımız "eksik halka" olabilir. Bu baklava kâğıt gibi açılmış 50 ya da 100 kat yufkadan oluşmuyor. Erişteden ince olmamak koşuluyla açılan sekiz katın aralarına yedi kat fındık fıstık konuyor.[1] (Tatarlar bu tatlıyı Azerbaycanlılardan almışlar; Tataristan'da adına *pehleve* diyorlar).

---

1 Mustafaev (1971, s. 59): "Bakı pahlavası 15 katdan ibaret olur. Bunun 8-ni hamır katı, 7-ni iç katı teşkil edir". Metinde belirtildiğine göre, her kat fındık fıstık dolgusu 285 gram ağırlıktadır; her hamur katı (en üstte ve tabandaki daha kalın katlar dışında) 220 gram ağırlıktadır.

Azerbaycan, Orta Asya'dan Anadolu'ya göçenlerin yolu üstündeydi. Bu ilginç hamur tatlısının nereden geldiğini açıklamanın kolay yolu, baklavaya göçebe Türklerin bölgede yaşayan yerleşik İranlılarla karşılaşmasının bir ilk ürünü olarak bakmaktır. Baklava sanki İran geleneğindeki fırında pişirilmiş, fındık fıstık dolgulu hamur işleriyle Türklerin çok katlı ekmeğinin bir bileşimi gibidir.

Günümüzün dünyaca tanınmış, kâğıt gibi incecik açılmış hamurdan yapılma, daha gelişmiş baklavası, Osmanlının İstanbul'u almasından sonra kentin zor beğenen, servet sahibi toplumunu hoşnut etmeye dönük bir gelişme sonunda ulaşılan noktadır. Yeniliklerin beklenebileceği en uygun yer Topkapı Sarayı'nın mutfaklarıydı. Gerçekten Saray ile baklava arasında ayrı bir ilişki vardı. Her yıl, Ramazan'ın on beşinde İstanbul'daki yeniçeriler Saray'da toplanırdı; her bölüğe iki büyük tepsi baklava dağıtılırdı. Baklava tepsilerinin sarıldığı bohçaları sırıkların ucunda sallandırarak taşıyan yeniçerilerin Baklava Alayı kentin sokaklarında dolaşırdı.

YEDİNCİ BÖLÜM

ORTADOĞU MUTFAK KÜLTÜRÜNDE PİRİNÇ

SAMI ZUBAIDA[1]

"Cennettekiler ne yer acaba?" - "Tereyağlı pilav"
(eski Arap Atasözü)

"'*izzu bi'l-rizzu, ve'l-burgul yeşni' nefsu*" — Hayatta pirinçten güzel ne var? Çatlasın bulgur.'
(Suriye Atasözü)

Pirinç sadece Ortadoğu'nun pirinç yetişen sınırlı bölgelerinde baş üründür. Bu bölgelerin en önemlileri, Mısır deltasının bazı bölümleri (Dimyat ve Reşîd), İran'ın Hazar kıyısındaki illerinin bazı bölümleri ile Irak'ın güneyindeki bataklık alanlardır. Bölgenin çok yerinde pirinç, yakın zamanlara dek zor erişilir bir yiyecekti: Zengin sofralarında görülür, özel kutlamalarda ortaya çıkarılırdı. Baş ürün buğday, arpa ve mısırdı; hâlâ da öyledir. Baş ürün olmakla birlikte, birçok bölgede buğday da ucuz sayılmazdı. Irak ve İran'da halkın çoğunun yediği arpa ekmeği, yoksulluğun ve zor yaşam koşullarının simgesiydi. Türkiye'nin Karadeniz kıyısındaki illerde en sık mısıra rastlanırdı; buna şimdilerde buğday ile arpa eklendi.

1 Bu makalenin bir benzeri, 12-15 Kasım 1991'de, İspanya'nın Xativa kentinde, Manuela Marin ve David Waines'in düzenlediği "İslam Kültüründe Yemek ve Toplum" konulu seminerde sunuldu. Bu derlemeye de girmesine izin verdikleri için şükran borçluyum.

Buğday ile arpa Orta ve Yukarı Mısır'da da baş üründü. 1940'lardan bu yana bölgede yiyecek dağılımı ve tüketiminde görülen en dikkate değer değişiklik, çokça buğdaya, biraz da pirince doğru kayış oldu (FAO 1965, s. 25-28). Bu kayışın bir bölümü, değişen üretim kalıplarının ve kazanılan, sulamaya açılan yeni toprakların sonucuydu. Değişimin en önemli nedeni ise, dünyada buğday ve pirinç ticaretinin ivme kazanmasının yanı sıra Kuzey Amerika ve Batı Avrupa'dan yapılan büyük miktarda devlet destekli buğday ihracatıdır. Pirinç de Ortadoğu'ya Amerika'dan ve Uzakdoğu'dan geliyor. Dolayısıyla pirinç, değişen tüketim alışkanlıklarına cevap verebilecek şekilde piyasalarda bol ve ucuza bulunabilmekte. Böyleyken, pirinç baş besin olarak buğdayın yerini alamadı. Çoğu yerde her öğün yenmez; yendiği zamanda, ya ana yemektir ya da birkaç ana yemekten biridir; oysa buğday ekmeği bütün yemeklerle yenir; pirinçle bile... Ne yenirse yanında ekmek de bulunur. Çoğunluk için ekmeksiz yemek düşünülemez. Buna karşılık bir de Japonya'yı düşünün: Orada da bir tas pirinçsiz öğün düşünmek olanaksızdır; kahvaltı dahil.

Yakın zamanlara dek kırsal kesimde insanlar kendi yetiştirdiklerini ve yerel olarak bulunanı, ucuz olanı tüketirlerdi. Pirincin hiç yetişmediği (Suriye'nin çoğunda ve Anadolu'da) bölgelerde pirinç yemek, dıştan gelen pirinci satın alabilecek denli hali vakti yerinde kentli ailelerin harcıydı.[2]
Yine de pirincin şölen ve kutlamalardaki önemi azalmadı. Kutlamayı düzenleyenler çok yoksul olmadıkça, bir düğün şöleni, renk renk yiyeceklerle donatılmış birkaç tepsi pirinçsiz düşünülemezdi.

İlginç olgulardan biri pirincin *yerini tutan* malzemelerdir. Büyük Suriye, Anadolu ve Kuzey Irak'ta baş ürünlerden biri olan (Arapça) *burgul* ya da (Türkçe) bulgur, kaynatılmış buğdayı kuruttuktan sonra kırarak elde edilir. Bulgurdan çok çeşitli biçimlerde yararlanılır: En çok bilinen yemeği (Türkçe) pilav ya da (Arapça) *burgul mufalfil*'dir. Her iki ad da pirinç yemeği adlarından aktarmadır. Sıvı yağ ya da tereyağ katılmış su ya da et suyunda kaynatıldıktan sonra bulgura, pişirilmiş et ve sebze eklenir ya da pirinç gibi yalnız yoğurt ya da güveç eşliğinde ikram edilir. Bu tarz bulgur, pirinç yerini tutan daha ucuz bir malzeme sayılmış, yukarda sözünü

---

2 Öyle anlaşılıyor ki, 18. yüzyılda Halep'te pirincin fiyatı buğdayın fiyatının neredeyse iki katıydı (bkz. Marcus 1989). 1960'ta bu oran Suriye ve Irak'ta hâlâ geçerliydi; İran'da ekmek fiyatının üç katıydı; ama Mısır'da başa baştı. Tüketim büyüklükleri de bu fiyat ilişkisini doğruluyordu: İran'da pirinç tüketimi, buğday tüketiminin altıda birinden az; Irak'ta üçte birinden daha azdı; Türkiye'de buğday tüketiminin küçük bir ondalığı kadardı. Mısır'a gelince, pirinç görece ucuz olmasına karşın tüketim, buğday tüketiminin üçte biri düzeyinde kaldı (FAO 1965: Çizelge 2, s. 10 ve Çizelge 22, s. 47).

ettiğimiz Suriye atasözü de bu nedenle doğmuştu. Bundan sonraki bölümlerde pirinç yerine geçen başka malzemeler üzerinde duracağız.

PİRİNÇ TÜRLERİ

Belirleyebildiğime göre, pirinç türlerini ayırmak için bölgenin tümünde geçerli bir genel sınıflandırma dizgesi yok. İran'da kimi ender ve çok üstün tutulan çeşitler kendiliğinden öne çıkıyor: *amber-bû*, amber kokulu olan türü; *derbârî*, şah sarayı diye anılan tür; ve bir de *düm-siyah,* kara kuyruklu dedikleri. Bunların tümü de uzun taneli ve kokuludur (Shaida 1992, s. 62). Daha sıradan türleri de var: Nitelikliden daha az nitelikliye doğru *sadrî*, *gerde* (şişman anlamında) ve *çampa* diye sıralanıyor ve her biri kendi içinde alt kümelere ayrılıyor (Mojtahedi 1980, 8). *Sadrî* ince ve daha uzun taneli, *gerde* ise daha tombul ve kısa; *çampa*'ya gelince, o çeşitli türlerin bir karışımıdır ve pek tutulmaz; yalnız çorba ve sütlaçlara yaraşır bulunur. Irak'ta en makbul sayılan tür *amber* (bunun İran'daki *amber*'le aynı olup olmadığını kesin bilmiyorum) ince tanelidir ve kokusu nedeniyle çok değerlidir. Son yıllarda zor bulunuyor ve dışardan getirilen türlerce gölgelendi. Mısır ve Suriye'de en üstün tutulan *reşîdî* (Reşîd'den geliyor) pirincidir. Henüz tam olmadan, hafif yeşilken kaldırılan bu pirinç türünün birazı Yukarı Mısır'dan sağlanır.

Genelde pirinç türleri tanesinin biçimine, uzunca mı, yoksa tombulca mı olduğuna göre ayrılır. Bundan başka bir de, piştiğinde tane tane dökülüp dökülmediğine bakılır. Birbirine yapışıp lapa olan pirinç beğenilmez. Bölgenin tümünde beğenilen pirinç türü piştiğinde tane tane döküllendir. Mısır'da yetişen yerli pirinç, İtalyan ve kimi İspanyol türleri gibi yuvarlak tanelidir. Yuvarlak taneli pirincin niteliksiz olduğu, yalnızca çorba ve sütlaca yaraştığı inanışının tersine, yuvarlak taneli Mısır pirincinden yapılan *rizz-i mufalfil*[3] kusursuz olur, tane tane dökülür. İran ve Irak'ta beğenilen pirinç türü uzun, ince taneli olandır; bu tür pirincin piştiğinde tane tane olduğuna inanılır. Yuvarlak taneli pirinç türleri çorba ve sütlaca saklanır. İran'ın kimi bölgelerinde yuvarlak pirinçten soğuk pirinç köftesi

---

3 Ortadoğu yemekleri konusunu incelemiş birçok batılı yazar *rizz-i mufalfil*'i "biberli pirinç" diye çevirmişler. Bu, biber anlamına gelen *fülfül* sözcüğünü olduğu gibi çevirmeden kaynaklanıyor; gerçekte tane tane pişmiş pirinci anlatmak için kullanılıyor. 19. yüzyılda yayımlanmış bir sözlük olan *Muhitü'l-Muhit*'te bu karşılık var ve öğütülmemiş biber taneleriyle arasındaki benzerlikten kaynaklandığını söylüyor. Sözcüğün türediği bir başka kök de kırmak ya da boyun eğdirmek anlamındaki *fella* eylemidir. Bu sözcüğün halk arasında kullanılan kaba anlamı ise gevşetmek ya da ayırmaktır.

yapılır. Türkiye'de üstün tutulan pirinç türleri (örneğin baldo denilen tür) uzun taneli olmakla birlikte tekne biçiminde, hafif karınlıdır.

Son yıllarda, Hindistan'dan gelen pirinç, özellikle basmati türü, pazarın yüksek gelir kesiminde, daha çok da zengin Körfez ülkelerinde tutulur oldu. Hindistan pirinci, kendine özgü hoş kokusu, ince uzun biçimi, pişince tane tane dökülme nitelikleriyle estetik ideale, piyasada kolayca bulunabilen yerli türlerin herhangi birinden ya da dış alımla gelen Amerikan pirincinden daha çok uyuyor. Amerikan pirinci, özellikle yarı pişmiş "Uncle Ben" türü, kolaylığı nedeniyle çokça kullanım alanı bulduysa da, pirinçten anlayanlarca tutulmadı.

PİRİNÇTEN YAPILAN YEMEKLER

Pirinç bölgede çeşitli biçimlerde pişirilirse de, çeşitleri örnekleyecek başlıca iki yöntem öne çıkar: Biri İran'a özgüdür, diğeri de Türkiye'ye; ama ilerde öğreneceğimiz gibi, yemek pişirmeyle ilgili hiçbir kural ya da genelleme bölgenin her yerinde tutarlılık göstermez; her zaman istisnalar ve değişkenlikler bulunabilir.

İran'ın pirinç yemekleri kültürü[4] bölgedeki benzer kültürler içinde en ayrıntılısı, en karmaşığıdır; kökü tarihte en az 16. yüzyıl Safeviler dönemine dek uzanmaktadır. Örnek pişirme yöntemi aşağıdaki işlemlerden oluşur: Pirinç önce, taneler parmak arasında ovuşturularak, suda iyice yıkanır. Bu işlem su değiştirilerek birkaç kez yinelenir. Sonra en az yarım saat tuzlu suda yatırılır; birkaç saat bekletmek daha da iyi olur. Pirinç süzüldükten sonra kaynamakta olan tuzlu suya katılır. Birkaç dakika içinde hemen hemen yumuşak duruma gelen pirinç taneleri süzülür. Bir yayvan tencereye, tabanını örtüp kenarda yükselecek ölçüde tereyağ konarak eritilir; erimiş tereyağa bazen azıcık su ya da et suyu eklenir. Süzülmüş pirinç tencereye katıldıktan sonra üzeri bir bezle örtülür; bezin üzerine tencerenin kapağı kapanarak yaklaşık on dakika orta ateşte bekletilir. On dakikanın sonunda ateş en aza indirilerek en az yarım saat daha pişirilir. Buna yalın pirinç ya da çilav pirinci denir; tepesine bir kalıp tereyağ konduktan sonra ızgara et (çilav-kebabda olduğu gibi) ya da sebzeli güveç (*horeşt*) yanında sunulur. İran'da pek yaygın olmayan, ama Irak'ın bazı bölgelerinde daha sık rastlanan bir değişik yöntem de pişmiş pirince bol miktarda eritilmiş tereyağ, sıvı yağ ya da eritilmiş iç yağı katılmasıdır; bazen doğranmış soğan iç yağında kavurularak yağla birlikte pirince katılır.

---

4 Bert Fragner, "Kafkaslardan Dünyanın Damına" adlı makalesiyle bu kitaba yaptığı katkıda İran'da pirinç yemeklerinin geçmişini, olası geçişme yolları ve izlekleri ile İran'ın katkıları konusunu aydınlatıcı bir biçimde ele alıyor.

Pirinç yemeklerine, pirinç dışında bir malzeme katılması durumunda, pilav adı verilir. Pirincin kaynar sudan alınıp süzüldükten sonra dibi yağlı tencereye aktarılmasına değin bütün işlemler çilavia aynıdır. Bu noktada, tencereye pirinç yanında ya pişmiş et, ya tavuk, ya da balık, pirinçle sıralı olarak kat kat konur; arada etlerin pişme suyundan da azar azar katılır. Hoş kokulu baharatlardan öncelikle safran da bu aşamada eklenir. Pilava et dışında katılan çeşitler arasında sebze, meyve ve baklagiller de bulunur. Bunlardan bazılarında sebze pirinçle birlikte haşlanır: Söz gelişi *bâkıla-pilav*'da bakla ve dereotu pirinçle birlikte haşlanır; ya da *lübbiyye pilav*'da kuru fasulya, dereotu pirinçle birlikte haşlanır. *Bâkıla-pilav* ile *lübbiyye pilav*'da sebzenin yanında çoğu kez et ve tavuk da boy gösterir. Portakal, portakal kabuğu şekerlemesi ve şekerle yapılan *şîrîn pilav*'a (tatlı pilav) tavuk da katılır ve safranla tatlandırılır. Pilavın içinde boy gösteren meyveler arasında vişne (*albalu*) sayılabilir. Pirinç ile en sık bir arada görünen baklagil mercimektir: *Adas pilav* derler adına. Göreceğimiz gibi ziyafetlerin, şölenlerin baş yemeği hep bu pilav çeşitleridir.

Pilav ve çilavda aranan özellik yumuşak pişmiş pirinç tanelerinin tek tek dökülmesi, kabarık durması, ama lapa gibi yapışmamasıdır. Bu özellik bölgenin her yerinde geçerli ortak bir estetik değerdir. Bundan başka, İranlı aşçı bir de görkemli bir *teh-dîg* elde etmeyi amaçlar. *Teh-dîg* tencerenin dibinin hafif tutmasıyla oluşan ve her yerinden tereyağ ile yemeğin saldığı diğer sular damlayan gevrek bir tabakadır. Sofraya düz, büyük bir tabakta getirilen pirincin altındaki bu kıtır kıtır tabakanın tadına yemeğin bütününden ayrı olarak varılır. Pişirme sırasında dinlenmeye bırakılan pirincin üstüne bir örtü örtülmesinin nedeni, tencere kapağına değerek yoğunlaşan buharın pirincin üzerine geri akıp tencerenin tabanını lapa yapmaması içindir.

Türkiye, belki de İran'dan daha çok kültürel çeşitlilik taşıyor olabilir. Tarihsel anlamda, İstanbul, İzmir, Bursa gibi Anadolu'nun kuzeybatısındaki kentlerle Anadolu'nun geri kalan bölümü arasında bir ayrım vardır. İlk kümede adı geçen kentler, deneyimlerle zenginleşmiş, kendine ölçüler koymuş (özellikle baharat ve tatlandırıcılar konusunda) Osmanlı saray kültürünü temsil ederken, Anadolu, birçok bölgesel halk kültürünün özüne sahip çıkmıştır. Bu açıdan, Güneybatı Anadolu ile Suriye mutfağı birbirinin devamı sayılabilir. Osmanlı İmparatorluğu'nun 20. yüzyılın başında çöküşü ve parçalanmasına dek Halep Anadolu'nun o bölümünün kültür ve ticaret merkeziydi (Marcus 1989). Günümüz Türkiye'sinde çok ün kazanmış Gaziantep (eski Ayıntab) mutfak repertuvarı, temelde Halep mutfağıdır. Burada durup kendimize anımsatmamız gereken, kültürel sınırların ulusal sınırlarla çakışmadığıdır; isterse ulus devletler geçen yıllar boyunca sınırları içinde tek tiplilik yönünde büyük adımlar atmış olsunlar... Şurası kesin ki, mutfağa ilişkin konularda "Arap Dünyası"nı Türkiye ve İran'dan apayrı, türdeş bir etki alanı olarak ele alamayız. Yalnızca bölgeler arası bağlantılar var olmakla kalmıyor; aynı zamanda sınıflar, dinler ve yerleşim biçimi dolayısıyla (örneğin kırsal/kentsel alan ayrımı temelinde ve yerleşik/göçebe ayrımı temelinde) bağlantılar kuruluyor. Örneğin, Mısır'daki üst sınıflar yaşam biçemi ve mutfak konularında Osmanlı soylularını izlediler ve bundan ancak Avrupa biçemlerini benimsemek üzere vazgeçtiler. Irak'ın kentli Şiileri (Şiilerin tümü anlamına gelmediği vurgulanmalı; çünkü çoğu köylü ve aşiret üyesidirler) kadar bu ülkede yaşayan Musevilerin de mutfaklarında ve yeme içmelerinde İran etkisi görülür. Önde gelen Iraklı Sünnilere gelince (yine uzak köşelerde kalmış, yoksul Sünniler değil) Osmanlı-Türk geleneklerini izlediler. Birkaç istisna dışında hepsi Arapça konuşuyordu.

Bununla birlikte, pirinç yemekleri deyince İstanbul'dan Anadolu'ya uzanan, Mısır ve Suriye ile ortak ve Irak'taki bazı toplulukları da içine alan, İran örneğinden apayrı bir Türk deneyimi örneğini belirlemek olanağı var: Türkler de pirinci yıkıyorlar (fakat İranlılar denli evire çevire değil); kevgire koyup üzerinden su geçiriyorlar. Bazıları suda bekletiyor, ama bu ille de gerekli değil. Temel yöntem pirinci, biraz tereyağ, ya da sıvı yağ ve baharat katarak su ya da et suyunda bir taşım kaynattıktan sonra üstünü kapatıp ateşi kısmak ve suyunu çekene dek usul usul pişmesini sağlamaktır. Bu sade pilav oluyor. Daha ayrıntılı, karmaşık pilavlar yapmak için iki yöntem var: Birincisinde, pişmiş olan sade pilav pişmiş et ve sebzelerle harmanlanıyor ve birlikte pişerek tadların kaynaşması sağlanıyor. İkincisinde, yıkanmış ve süzülmüş pirinç tereyağda ya da sıvı yağda et, tavuk eti ve/ya da sebzeyle birkaç dakika kızartıldıktan sonra su ya da et suyu eklenerek bir taşım kaynatılıyor; altı kısılıp kapağı kapatılıyor; suyunu çekene dek usul usul pişiriliyor. Ziyafet ve şölenlerin baş tacı pilav çeşitleri bu yöntemle yapılıyor.

İran'ın pirinç pişirme yöntemi Türkiye'nin hiç olmazsa bazı bölgelerinde biliniyor; ama, uygulanırsa yalnız meraktan uygulanıyor. Anadolu'da çilav sözcüğü İran yöntemiyle pişirilmiş pirinç için kullanılıyor. Evliya Çelebi'nin (17. yüzyıl) *Seyahatname*'sinde de geçtiğine göre çilavın bölgede kökeni eskiye dayanıyor. Van gölü kıyısında, Bitlis'te verilen bir ziyafette çilavla karşılaşıyor (Dankoff 1990, s. 116-17). Burada karşılaşması yalnızca İran sınırına yakınlığı dolayısıyla olmasa gerek; çünkü Evliya, herhangi bir özel açıklama yapmadan, bir dizi yemek arasında adını sıralıyor. İran yöntemi başka adlarla da biliniyor. Mısır valisi Said Paşa'nın 1862 yılında İngiltere'yi ziyaretinde, maiyetindeki kişilerden Turabî Efendi, paşanın Woolwich'teki yatında verdiği bir ziyafete katılan seçkin kişilere Türk yemeklerini tanıtmak üzere İngilizce bir derlemeyi kaleme aldı (Turabî 1987). Bu derlemede bir de "Pilav" bölümü var. Anlattığı pişirme yöntemi, "Acem pilavı" dahil burada özetlenen Türk paradigmasına uyuyor. Tek istisna İran yöntemiyle pişirilen "Mevlevi pilavı". Anadolu bölge yemeklerinin etnoğrafyasını iyi bilen Nevin Halıcı, hazırladığı bir modern yemek kitabında pirinç pişirmenin üç yolunu sıralıyor: Bunlardan "salma" Türk pişirme yöntemidir; "kavurma" pirincin kavrulduğu yine Türk pişirme yöntemidir; pirinci haşladıktan sonra süzen "süzme" yöntemi İran yöntemidir. Süzmeden sonra pirinci yeniden tencereye alırken üzerine eritilmiş iç yağ döküyor. Tariflerinden hiçbirinde bu süzme yöntemini kullanmıyor ve en iyi sonuçları aldığını söylediği kavurma yöntemini açıkça yeğliyor (1989, s. 119).

İranlılar pirinç yemekleriyle övünürler. Değer verdikleri doku niteliğini elde etme, tanelerin dökülmesini sağlama yanında *teh-dîg* elde etmek için kendi yöntemlerinin tek olduğunu düşünürler. Bu pirinç pişirme kültürü İran'da çok eskilere gidiyor olmalı. Safevi döneminde (16. yüzyıl) saray aşçılarının tuttukları yemek pişirme defterleri birçok pilav çeşidi içeriyor. 19. yüzyılda Kacar dönemine gelindiğinde pirinç pişirme sanatı daha da karmaşık, ayrıntılı, incelikli bir duruma geliyor. Yıkama, suda bekletme, kaynatma ve demlendirme ya da fırınlama gibi yukarıda özetlenen modern İran mutfağının bilinen işlemlerinin, Kacar Şahı Nasreddin'in[5] sarayında *aşpez-başı* Mirza Ali Ekber Han'ın tuttuğu *Sofra-i Et'ime* adlı yemek tarifleri defterinde ayrıntılı olarak anlatılmış görünüyor.

Türk pirinç pişirme yönteminden de haberi olan İranlılar, onu yetersiz bularak bir kenara itiyorlar. Düşük nitelikli, yuvarlak taneli pirinç bazı bölgelerde bu yöntemle pişiriliyor (*kateh* deniyor, bkz. aşağıda), ama sadece soğuk yenen ve saklanabilen pirinç köftesi yapmakta kullanılıyor.

SOFRADA PİRİNCİN YERİ

Pirinci pişirme yöntemleri kadar pirincin sofradaki yerine bakarak da toplum olaylarını ve toplumların sınırlarını tanımlayabiliriz.

Gördüğümüz gibi bölgenin her yerinde (Araplar, İranlılar ve Türklerde) ziyafet ve şölenlerde, çeşitli pirinç yemekleri "sofra"da baş köşeyi tutuyor. Evliya Çelebi, Bitlis Hanı'nın Melek Ahmed Paşa için kentin meydanında verdiği şöleni betimliyor:

> ... cümle fağfûrî mertebânîlerin [porselen tabakların] kapakların açtıklarında

5 Bkz. Bert Fragner'in bu kitapta yer alan "Kafkaslardan Dünyanın Damına" başlıklı makalesi.

azamet-i Hudâ ud u amber ü müşk [ödağacı, amber, misk] ile tabh olmuş [pişmiş] ni'met-i nefiselerin râyiha-i tayyibesi [güzel kokuları] paşanın otağı içinde olanların dimağların mu'attar etdi [kokuya boğdu]. Hudâ'ya ayândır kim üç yüz aded sahûn-ı fağfûrî vü mertebânîlerin içinde olan ta'âm-ı mümessekler [mis kokulu yemekler] cümle birer gûne et'ime-i nefiseler [rengarenk nefis yemekler] idi (1976, s. 117).

Dökümünü verdiği pilav çeşitlerinden bazıları şunlar: Safranlı, "çilav pilav' (sade pirinç olsa gerek), dutlu, narlı, ödağaçlı, amberli (burada anlatılan, günümüz Irak ve İran'ındaki kokulu pilav mı acaba?), köfteli, fıstıklı, döğülmüş bademli ve üzümlü pilav. Rengârenk bir sofraydı herhalde. Sofranın ağırlık noktasını oluşturması, pilav çeşitlerinin kutlamalarda taşıdığı önemi vurguluyor.

Benzer betimlemelerle başka kaynaklarda da karşılaşıyoruz. İngiliz diplomat James Morier'in 19. yüzyıl İran toplumuyla dalga geçen *The Adventures of Hajji Baba of Ispahan* adlı yapıtı, gerçek kişileri ve olayları pek az gizlediği için, genellikle o dönemin belgeseli sayılıyor. Anlatıldığına göre, Şah'ın doktoru Mirza Ahmak (ahmak denerek alaya alınan doktorun asıl adı Mirza Ahmed'di) Şah ve maiyetindekilere bir ziyafet veriyor. Yemeğin betimlemesi şöyle:

> Yemeğin üzerinde taşındığı tepsiler mutfaktan dışarı çıkmadan, zehir katılma olasılığına karşı kethüda tarafından mühürlenmiş ve Şah'ın huzurunda kethüdanın eliyle açılmıştı. Burada yemek pişirme sanatının tüm incelikleri sergilenmişti. Tahtanın üstünde çeşitli biçimlerde yığılmış pirinçten dumanlar tütüyordu [sıralamanın başında yer alışına dikkat]. Önce kar gibi beyaz *chelau* [çilav]; ardından pirince gömülmüş bir parça haşlama kuzu eti ile *pilau*; sonra fırında pişmiş kuş etli bir başka *pilau*; dördüncü kapta safran boyalı, nohutlu bir başkası; ve en sonunda İran yemeklerinin kıralı, ince dilimlenmiş portakal kabuklu, her tür baharat, badem ve şekerle yapılmış *naranj pilau* [narenciye pilavı; günümüzde yapılan şîrîn pilav'a benziyor; ama şîrîn pilav'da tavuk ve safran da var] (Morier 1895, s. 150).

Daha sonra etlerin, av etlerinin, sebze dolmalarının ve diğer lezzetli yiyeceklerin betimlemeleri geliyor. Yemeğin bir aşamasında, "içinde demirhindi meyvesi, erik, badem ve iyice pişip didilmiş kuzu etiyle karışık bir bardak et suyu ... *chilau*'n üzerine döküldü." Günümüzde, İran'da verilen bir ziyafeti betimlerken eğlencenin ve bolluğun birinci ölçüsü yine pirinçtir. Bölgenin dört bir yanından ve Moğol Hindistan'ından örnekler çoğaltılabilir. Bedevilerin çölde verdikleri şölenlerde bile ana yemek tepeleme pirinç üstünde gelen haşlanmış ya da çevrilmiş kuzu etidir.

Ziyafetler yetsin. Peki, her gün yenen yemekler nasıldı? Gruplar ve bölgeler arasında ayrımlar en çok burada göze batıyor. Şunu aklımızdan çıkarmamalıyız: En azından yakın zamana dek Ortadoğu'daki gruplar ve bölgelerin çoğunda, çoğu öğün pirinç yemeden geçerdi.

Ana ayrım şu sorulara verilecek yanıtlarda ortaya çıkıyor: Pirinç et ve/veya sebze eşliğinde mi yeniyor? (yenen sebzeler bölgeden bölgeye değişiyor); yoksa, et ve sebzeden ayrı olarak ya da onların ardından mı yeniyor? İranlılar ve Arapların çoğunluğu et ve sebzeyi pirinçle "birlikte" ya da "pirinç üstü" yerler. Osmanlı yemek sıralamasındaysa pirinç sonda gelir. Bu uygulama ve buna benzer diğer Osmanlı biçemleri Mısır'da ve başka ülkelerdeki üst sınıflarda da görülmekteydi; bugün de İstanbul ve Türkiye'nin başka yerlerinde sürmekte.

Daha önce de gördüğümüz gibi, İran'da pirinç ızgara et yanında yendiği gibi, *hureşt* dediğimiz sebzeli, bazen de meyveli güveç yanında yenir. Pirinci her zaman bulabilenler, her büyük öğünde sofrada pirinç bulunduracaktır. Bu, sofrada ekmeğin bulunmayacağı anlamına gelmez. Kuzey illeri dışında, ekmek de her öğün yenir. Yemeğin anlamı ya da estetik kaygısı, ızgara etlerin, salataların ve haşlanmış sebzelerin ve baklagillerin pirinçsiz, yalnızca ekmekle yenmesine engel değildir. Ama *hureşt* pirinçsiz düşünülemez. Kemikli kuzu etinin (genellikle çoğu kemiktir) sebzeler ve baklagillerle haşlanmasından elde edilen et suyu *âb-ı guşt* bunun dışındadır. Tat katsın diye içine Umman'ın kurutulmuş misket limonundan atılır. Suyuna ekmek batırılarak yenir. Çoğu kez pişmiş et ve baklagiller (nohut, kırık bezelye ya da mercimek) çorbanın içinden çıkarılarak birlikte döğülür ve küçük köfteler yapılır, çorbanın yanında ekmekle birlikte yenir. Bu açıkça *hureşt*'ten çok kuzu kelle ve paçasından yapılan çorba sınıfına benzer bir türdür ve genellikle pirinçle yenmez.

Et yemekleri yanında pirinç yeme tercihi Irak'ta da görülür. Pirinç yoksa, güveç ekmek eşliğinde yenir. Mısır'da da güveç, yanında pirinçle yenir. Fakat *mülûhiyye*'ye gelince tercih olayı bir estetik kurala dönüşür: Tavuk eti, tavşan eti ya da ete, yemeğe adını veren ot yapraklarının doğranarak katılmasıyla yapılan yemeğin suyu kıvamlıdır. Mısırlılar övünerek *mülûhiyye*'yi ulusal yemeklerinden biri olarak takdim ederler. Pirinçle birlikte yenir. *Mülûhiyye*'nin özelliği, her kişiye çorba kâsesinde, yanında bir tabak sade pirinçle sunulmasıdır: Yemeğin suyu pirincin üzerine dökülür ya da pirinç dolu kaşık kâsedeki çorbaya daldırılır.

Pirincin tek başına ya da çok az bir katkıyla yemeğin sonunda yer alması Çin, Japonya ve Türkiye toplumlarının üst sınıflarında görülen bir uygulamadır. Bu göreneğin, 19. yüzyılda Mısır'da nasıl uygulandığını Edward Lane'nin *Manners and Customs of the Modern Egyptians* adlı olağanüstü etnoğrafya yapıtında açıkça görebiliyoruz. Üst sınıftan bir ailenin yediği sıradan bir yemekte yemeklerin sofraya gelişi şu sırayla oluyor: et yemekleri, kuş (kümes hayvanı) dolması, sebze dolmaları, meyve, tatlı ve sonra,

> Adına "ruzz mufelfel" [rizz-i mufalfil] dedikleri (Türkler "pilav" der) tuzu biberi yerinde, tereyağlı haşlanmış pirinç tabağından son birkaç lokma aldıktan sonra yemeği tamamlıyorlar. Zengin evlerinde pilavın ardından "huşaf" geliyor: Bu tatlı içecek, suda bekletilmiş kuru üzüm taneleri kaynatılarak yapılıyor; şeker ekledikten sonra soğumaya bırakılıyor; üzerine gülsuyu damlatılıyor. Bunun yerini çokça kavunun aldığı da oluyor (Lane 1860/1987, s. 151-2).

Yakın yıllarda gittiğim eski İstanbul lokantalarında et yemeğini ve sebzeli güveci ekmekle yiyen müşteriler gördüm; sonra bir tas hoşafla (Lane'nin anlattığına benziyor; ama kuru üzüm değil, başka kuru meyveler içeriyor; daha çok komposto gibi) pilav geldi. Sade pilavı, ardından bir kaşık hoşaf içerek yiyorlardı. Et/sebze yemeklerinin ardından sade pirinç pilavı yemenin İstanbul ve Türkiye'nin diğer yerlerinde yaşayan bir gelenek olduğu açıkça görülüyor. Anadolu'nun birçok yerinde pilavın etle birlikte mi, yoksa etten sonra mı yeneceği kişinin isteğine kalmış. Buralarda, pilav tek başına geliyorsa, üzerine yahninin (kuru fasulyeli ya da nohutlu) suyundan bir kaşık gezdiriliyor.

Pirinç ekip biçen bölgelerin halklarına gelince, onların sofrasında pirinç hem daha sık, hem de daha baş köşede yer alıyor. Irak'ın güneyindeki bataklık alanlarda, pirinç unundan gözlemeye benzer bir "ekmek" yapıyorlar. Adına *siyah* dedikleri bu ekmeği madeni içbükey tava (sac) üzerinde pişiriyorlar. Sade pirinç İran yöntemiyle çilav pişirir gibi pişiriliyor. Çilavdan farklı olarak pirince iç yağını pişirme işleminin sonunda ekliyorlar; hemen her yemekte bulunuyor ve sofraya diğer yemeklerle (çoğunlukla balık buğulama ya da balık tava) birlikte geliyor.

Her büyük öğünde pirinç yeme göreneğine günümüzde Körfez bölgesinde de rastlanıyor; hem de o kertede ki, Mısır ve Suriye'de ekmek için kullanılan *ayş* (geçim) sözcüğü, burada pirinç anlamını yüklenmiş.

Pirinç ekip biçen bölgelerden biri de İran'ın Hazar illeridir (Gîlân ve Mazenderan). Burada en çok pişirilen pirinç yemeği, ucuz ve niteliksiz pirinçten lapa gibi yapılan *kateh*'dir. Nitelikli pirinç türleri, özel günlerde pişirilen çilav ve pilav için saklanır (bkz. Bazin ve Bromberger 1979). *Kateh*, pirinci suda bekletmeden, çekeceği kadar suda kaynatarak yapılır. Pirinç hemen tüketilecekse içyağı eklenir; saklanacaksa eklenmez. Pirinç soğuyunca bıçakla kesilip köfte biçimi verilebilecek bir kıvama erişir. Köfteler yağ konmuş tavada yeniden ısıtılabilir. Kimi evlerde, bu köfteleri soğuk ya da sıcak, kahvaltıda peynir, reçelle yerler; yanında şekerli sıcak süt ya da çay içerler. Yola gidenlerin yanına azık olarak bu köfteden katılır. Hacı Baba böyle bir yolcuyla karşılaşıp onun azığını paylaşır:

> Yolcu elini şalvarının bol kıvrımları arasına daldırıp içi dolu bir mendil çıkardı: Mendile sarılı birkaç parça haşlanmış pirinç köftesi ile üç dört yufka ekmeğini önümüze serdi; ekmeğin üzerine, eyerinin kaşına asılı bir torbadan süt kesiği döktü. Yine aynı şalvardan, yarım düzine kuru soğan çıkarıp bunları da sofraya koydu. Öyle bir iştahla yemeye koyulduk ki, kısa sürede, tatlı niyetine yaladığımız parmaklarımızdan başka ne varsa silip süpürdük (Morier 1895: 75).

Bazin ve Bromberger, bu bölgede yaşayanların pirinç yemekle övündüklerini, diğer tahılları yiyen komşularını da, böyle beslenmenin zararlı olduğu inancıyla, küçük gördüklerini belirtiyor. Öfkeli kocalar karılarını: "Hadi git ekmek ye de patla!" diyerek azarlar; anababalar yanlış yapan çocuğu ekmek yemek zorunda kalacağı Arak'a (iç bölgelere) göndermekle korkuturlar.[6]

İÇLİ KÖFTE, DOLMA İÇİ, SÜTLAÇ

Türkçe'deki içli köfte gibi, Arapça'da adına *kıbbe* ya da *kubbe* denilen bir tür yemek vardır. Daha çok bilinen biçimiyle, kıyma ve *burgul*/bulgurdan macun kıvamında bir köfte yoğurulup parçalara ayrılır. Kıyma, soğan, kokulu otlar, baharat ve bazen da çam fıstığı ya da badem karışımı bir içle doldurulan köfteler yağda kızartılır; seyrek görülse de, haşlanan sebze suyunda, et suyunda, ya da yoğurtlu bir çorba içinde pişirildiği de olur. Suriye, Kuzey Irak, Anadolu ve Kürdistan'da, ufak tefek farklarla, çeşitlerine sık rastlanır. Bağdat'ta, Güney Irak'ta ve Azerbaycan'da buğday yerine pirinçle yapılan çeşitleri vardır. Irak'taki bazı topluluklarda *kubbe*'nin dışı et (ya da tavuk eti) ile pirincin dövülmesiyle elde edilir; bu dış kabuk, kıyma, soğan maydanoz ve baharat karışımı bir içle doldurulur. Ceviz büyüklüğündeki köfteler bir sebze yemeğiyle birlikte, çoğunlukla şalgam ya da bamya ile birlikte pişirilir; limon ya da misket limonuyla tadlandırılır; tatlı-ekşi karışımı bir tat elde etmek için şeker eklendiği de olur.

Pirinçle yapılan diğer bir değişik biçimi de, Azerbaycan'ın *Tebrizî köfte*'sidir. Kıyma ile tane pirinçten yoğrulan büyük, somunsu köfteler et, ta-

6 Çoğu İranlı ailenin bugün Japon yapısı elektrikli pirinç pişirme tenceresi (*pilav-paz*) var. Bu tencereleri hem her güne kullanıyorlar, hem de eve konuk geldiğinde. Yöntem *kateh* pişirme yönteminin aynı olsa da kullanılan pirinç üstün nitelikli olduğu için elde edilen sonuç çilava yakın oluyor. Elektrikli tencerenin başka bir iyi yanı da "saf" çilav elde etmek için kullanılabilmesidir: Pişirme sürecinin süzme işlemi de aynı tencerede yapılabilmekte ve düzgün, kusursuz bir *teh-dîg,* gevrek dip elde edilmektedir.

vuk eti, haşlanmış yumurta ve/veya erik kurusundan yapılmış bir içle doldurulduktan sonra fırında pişirilir ya da buğulama yapılır. Iraklı Museviler (belki Irak'taki başka topluluklar da olabilir) bu köftenin *uruk* adını verdikleri bir başka çeşidini yapıyorlar: Köfteler daha küçük, yassı, ve dairesel oluyor; tane pirinç ve kıyma (ya da kıyma yerine balık eti) ile yoğrulmuş köftelerin içine kıyma (ya da balık eti) kokulu ot (et için maydanoz, balık için kişnişotu) ve baharat karışımı konuyor; pirincin pişmesi için kaynar suya atılıyor; daha sonra da dışı gevrek olsun diye yağda kızartılıyor.

Pirinçle yapılan köfte türleri, ikisinden birinin bulunup bulunmadığına ve kültürel tercihe bağlı olarak, pirinçle buğdayın yer değiştirdiği durumlara bir başka örnektir. *Burgul kıbbe* göç eden Lübnanlı ve Kıbrıslı lokanta sahipleri eliyle bölgeye ve bölge dışına yayılmıştır. Fakat pirinçle yapılan çeşitleri kendi bölgeleri dışında hâlâ bilinmiyor.

Pirinçle yapılan sebze ve yaprak dolmaları (asma yaprağı, ıspanak, pazı ya da lahana) yanında kümes hayvanı ya da bütün bir kuzunun doldurulmasına bölgenin her yerinde sık rastlanır. Çoğunlukla niteliksiz pirinç kullanılır; çünkü dolmada pirincin tek tek dökülmesi o denli önemli değildir. Dolmaların içini oluşturan diğer malzemeler kıyma, çam fıstığı ya da badem, kuru üzüm, kokulu otlar ve baharattır. Türkiye'de pişirilen iç pilav her ne kadar dolma içi olarak hazırlansa da, zamanla tek başına yenir bir yemek haline gelmiştir: Pirinç, (soğan, doğranmış ciğer, çam fıstığı ve kokulu otlarla kimyon ve/veya yenibahar ile) yağda kavrulur; üzerine eklenen kaynar su ya da et suyunda pişirilir. Pişen pirincin üzeri iç yağıyla örtülerek fırına verildiği de olur.

Son olarak, sütlaç türleri bölgede o denli yaygındır ve o denli çok kültürel ve törensel anlamlarla yüklüdür ki, bir başka makalenin konusu olmalıdır.

Sekizinci Bölüm

EL-KİŞK: GEÇMİŞİYLE, BUGÜNÜYLE KARMAŞIK BİR YEMEK

FRANÇOISE AUBAILE-SALLENAVE

İran, Türkiye ve Arap dünyasının kimi bölgelerinde, *kaşk/kişik* sözcüğü geçmişte olduğu gibi bugün de çok sevilen belirli yemeklerin adıdır. İyi de, sözcüğü tam tanımlamaya çalışan Ortadoğulu etnologlar, dilbilimciler ve tarihçiler birçok sorunla karşılaşıyor. Görünüşte önemsiz bir yemek tarifinin gerisinde, ortaya çıktığı bölgelerin geçmişine ışık tutan karmaşık bir geçişim yatıyor. Yemek çok kişinin —özellikle de üzerinde epeyce çalışan dietisyenlerin— ilgisini çekmiş olmasına rağmen, öyle görünüyor ki, sözcüğün kendisi ve tanımladığı hazırlama yöntemlerinin karmaşıklığı tüm yanlarıyla bugüne değin ele alınmamıştır.

Kafalardaki karışıklığın nedeni, *kaşk/kişik* teriminin geniş bir coğrafyaya dağılmış olması, ayrı ayrı dil aileleri ve kültür alanlarında var olması ve bu terimle kastedilen nesnelerin bölgeden bölgeye çok değişmesidir: Ortadoğu'nun her yerinde bilinen ortak yanı, saklanabilen ömürlü bir yiyecek türü olması; ama İranlıların *kaşk*'ı, Arapların *kişik*'ine benzemiyor. Bir bakıyorsunuz, Türkiyeli Ermeniler arasında ve genel olarak Anadolu'da et ve tahılın döğülmesiyle yapılan *herîse* benzeri bir yemek olmuş; Mısır'da bakıyorsunuz, karşınıza bir tür tatlı, şekerleme çıkıyor... Günümüzde içine düştüğümüz karmaşık durum geçmişteki daha da büyük karmaşıklığın yansıması.

Konuyu iki değişik düzlemde çözümlemeye çalışacağım: Önce dilbilim düzleminde sözcüklerin dağılımını inceleyeceğim ve yüklendiği anlamları dil ailelerine göre sınıflandıracağım. Bu zorunlu köken araştırması, dört dil ailesi arasındaki sözcük alış verişi olaylarına dayandırılacak, köken dil belirlenecek ve sözcüğün en eski kaynaklarına doğru iz sürülecek. Sonra, anlambilim düzleminde ele alarak bu yemeğin çeşitlerini, içine konan ana malzemelere göre sınıflandıracağım. Bu yol bizi, yapım tekniğini kimin kimden aldığı sorununa götürecek. Sözcüğün ve yiyeceğin bu denli yaygın olması, hiç olmazsa sözcüğü, belki tekniği de, ya da her ikisini birden, birilerinin bir yerlerden aldığını gösteriyor.[1]

SÖZCÜĞÜN VE TÜREVLERİNİN DÖRT DİL AİLESİ İÇİNDE DAĞILIMI

Üç değişik seslendirilişiyle *kaşk, keşk, kişk* sözcüğü birkaç kültür yayılım alanında birden karşımıza çıkıyor: İran, Irak, Büyük Suriye, Mısır, Güney Kafkasya ve Türkiye'de... Bu sözcüklerin her biri apayrı bir dil ailesini, Hint-Avrupa, Sami, Altay, Kafkas dil ailelerini temsil ediyor.

Hint-Avrupa dilleri

Kaşk sözcüğüne erken dönem İran metinlerinde, *Avesta* ya da *Vendidad*'da rastlanmadığı gibi sözcük Pehlevî ya da Pâzand'da da görülmüyor. Ama 5.-6. yüzyıllarda yaşamış Elişe adlı bir Ermeni yazarın kullandığı görülen, *k'aşken* sözcüğünün Pehlevî'deki **kaşkîn*'den[2] alınma olduğu kesin. Sözcüğün ilk ortaya çıkışı böyle. O zaman "arpa ekmeği' demekmiş.

Kaşk sözcüğü birdenbire, Firdevsî'nin 10. yüzyılda yazdığı *Şehname* (1866-78) adlı hükümdarların yiğitliklerini anlatan destanı yazarken kullandığı Yeni Farsça'da karşımıza çıkıyor: V. Behram-Gûr (ö. 438-9) saltanatını anlatırken, II. Hüsrev Perviz (7. yüzyılın başları) saltanatını ve son kıral III. Yezdigird (ö. 651-2) saltanatını anlatırken birkaç kez geçiyor. Destan metninde "Arpa ekmeği" anlamını taşıyan başka sözcükler de geçiyor: Şahlardan Keyhüsrev, V. Behram-Gûr, II. Hüsrev Perviz ve III. Yezdigird dönemlerini anlatırken *kaşkîn* diye geçiyor (sondaki -in eki başlangıçta "... renginde" anlamı taşırken, bugün "... gibi" anlamı taşıyor); II. Hüsrev Perviz ve III. Yezdigird dönemlerinde *nân-ı kaşk* (*nân*= ekmek) diye geçiyor; Keyhüsrev, V. Behram-Gûr, II. Hüsrev Perviz ve III.

1 Bu araştırmada bana destek olan ve yardım eden herkese teşekkür etmek istiyorum: Dominique Gauthier CNRS (Gürcüce), M. Hahe EPHE 4e bölümü (Ermenice), J. P. Lecoq EPHE 4e bölümü (İran dilleri), Annie Berthier BN (Türkçe), Françoise Kotobi CNRS (İran dilleri), Louis Bazin CNRS (Türkçe), A. G. Haudricourt CNRS, Gérard Dufourcq (Afganistan), P. N. Boratav (Türkçe). Bkz. Dil konusunda yararlanılan kaynakları ve sözcüklerin dökümünü verdiğimiz Ek.

2 Buradaki "*" işareti sözcüğe Pehlevî dilinde hiç rastlanmadığını belirtiyor; bununla birlikte, dilbilimin sağladığı gerekçelere dayanarak böyle bir sözcüğün geçmişte varolduğu kabul ediliyor.

Yezdigird dönemlerinde *nân-ı kaşkîn* diye, bir de *nân-ı kaşkîne* diye geçiyor. *Kaşkîn* ve *kaşkîne* sözcükleri tek başına "arpa ekmeği" anlamını kazandıktan sonra son iki bileşik terime artık rastlamıyoruz.

12. yüzyılda yaşamış Farsça sözlük yazarı (1963) Zemahşerî, *kaşk* ile hazırlanan üç karışım veriyor: *kaşkbâ* (*-bâ* son eki= lapa), *âb-ı kaşk* (*âb*= su), *âş-ı kaşk* (*âş*= çorba).

Klasik Farsça'da (16. yüzyıl) *kaşk* Moğol mutfaklarında pişirilen bir yemek; oysa, (küçültme eki alarak) *kaşkek* olunca İran'da pişirilen karmaşık bir yemeğin adı; "arpa suyu" anlamındaki *kaşkâb* ilaç olarak kullanılan kaynatılmış arpanın suyu; *kaşku* ise "arpa çorbası". *Kaşkîn* ve *kaşkîne* ekmek ve değişik türde dayanıklı gevreklere verilen adlar. Rengiyle ayrılan ekmek türleri bileşik terimlerle belirleniyor: *kaşk-ı siyah* "kara ekmek", *kaşk-i sefîd* "ak ekmek" gibi...

Çağdaş Farsça'da tek başına *kaşk* sözcüğü kuru yoğurt anlamı (*mast*) taşır. *Kaşk-i bâdincân* (patlıcanlı keşk) gibi birçok bileşik terim oluşturur.

Hayvancılıkla geçinen göçebelerden İran dillerini konuşanlar arasında *keşk* ya da *kaşk* ile anlatılan hep sütten yapılma yiyeceklerdir: Tâlişler (Covkandan ve Siyah Çal lehçelerini konuşanlar), bazı Gîlânlılar, Kürtler bunları bilirler; Bahtiyariler *kaşk* ve *av-kaşk* sözcüklerini ilirler. Tatilerde de olmalı, ama ben bulamadım. Ne gariptir ki, yakın geçmişte güneybatıya, bugün Belucistan denilen bölgeye geri dönen Beluci aşiretleri arasında da (İran dillerinin kuzeybatı kümesi içinde) bilinmiyor. Belki de, *kaşk* sözcüğünü yitirip yerine çevrelerinde yaşayan (ve Türkçe karşılığını kullanan) Peştunlardan *kurut* sözcüğünü aldılar. Aslanov'a (1966) göre, Afgan Peştun dilinde *kaşk* tahıl çorbası ya da ekmek çorbası anlamına geliyor. Moğolların etkisinde kalan Urduca'da, 19. yüzyılda *kaşk,* Klasik Farsça'da taşıdığı anlamların tümünü aşağı yukarı taşıyor.

5. ve 6. yüzyıllar arasında Ermeniler, türetilmiş *k'aşken* sözcüğünü Elişe'nin kullandığı "arpa ekmeği" anlamıyla biliyorlardı: Elişe, iki Hıristiyan papazın tutsaklığından söz ederken, İranlıların tutsaklarına iki somun arpa ekmeği getirdiğini söylüyor (1957, s. 144). Sözcüğü *apax legomenon* olarak ilk kullanan bu yazarın tanıklığının önemini gördük. *K'aşken*, Yeni Farsça'daki *kaşkîn*'den aktarma. Adjarian (1979, IV, s. 554) sözcüğün izini Pehlevî **k'aşken*'e bağlıyor. Ben olsam Pehlevî **kaşkin*'e bağlardım : Çünkü, Ermenice'deki (k') ile Farsça'daki (k) seslerinin birbirinin yerini tuttuğu oluyor; -in'den>-en'e geçiş de bulunuyor.[3] Sözcük bugün Ermenice'de yok; ama, Ermeniler karmaşık bir yemek olan *keşkeg*'i biliyorlar. *K'eaşkak, k'eaşkeak* gibi değişik lehçelerdeki değişik söylenişleri, sözcüğün

3 Hübschmann (1895, s. 238) Yeni Farsça'daki *kaşkîn* sözcüğünden geldiğini söylüyor.

Türkçe'deki *keşkek*'ten alınma olduğunu gösteriyor (damak sessizi olması da, bu alınmayı gösteriyor). Sözcüğü yalnız Türkiyeli Ermeniler biliyor; daha doğudaki Ermeniler arasında bilinmiyor. Günümüz Lübnan Ermenilerinin kullandığı *kişk* de dışarıdan almadır. Makedonyalı Yunanlıların Türklerden aldığı *kaçık* sözcüğü peynir anlamına gelir.

Sami dilleri

Kişk sözcüğü, doğu Arap dünyasında konuşulan Arapça'da, Süryanice'de ve Yeni-Aramî dilinde var. Farsça *kaşk*'tan geçme olduğu kesinliğe kavuşmuş bir sözcük (krş. Dozy 1957).

Arapça'daki *kişk* sözcüğü, biçim olarak değilse de, anlam bakımından çok farklılaşıyor. Irak'ta, Abbasiler dönemi sonunda,[4] *kişk*'ten türetilmiş yalnız *kişkiyye* sözcüğünü buluyoruz; oysa, *kişk* ile kurulan birçok bileşik isim var. Yemek çeşitleri ya içine katılan ana tahıl çeşidine göre ad alır: (*el-hınta,* buğday); ya tadına göre ad alır: (*hâmız,* ekşi); ya da hangi bölgenin özel yemeği olduğuna göre: *kişk-i şamî, kişk-i musulî* (el-Verrâk 1987), *kişk-i bâbilî* (İbn Baytar 1874). Tıp kitaplarında sözü edilen *kaşkâb* Farsça'dan alınma olup suya katılmayla ilişkilidir. Irak'ta bugün *kişik* olmuş.

Kişik, Suriye, Lübnan ve Filistin'de 10. yüzyılda iyi biliniyordu. Bunun kanıtı el-Verrâk'ta (1987) geçen *kişk-i şâmî* adıyla bilinen çeşididir. O günden bugüne, kesintisiz olarak hekimlik ve yemek kitaplarında geçtiği gibi *Binbir Gece Masalları*'nda ve sözlüklerde de yer almıştır. *Kişkek* (1503 tarihli Şam yazması) ve *kişkiyye* adıyla 10. yüzyıldan günümüze dek gelmiş başka yemek türleri de var.

Kişk-i hamr (maya katılmış) ve *kişk-i leben* ("kesilmiş süt" katılmış) bileşik adlar, her iki hazırlanış biçiminin de 13. yüzyıl Halep'ine dek uzandığını kanıtlıyor (İbnü'l-'Adîm 1976); bu iki yemeği 19. yüzyılda Şam'ın güneyinde, Havran'da da buluyoruz (Burckhardt 1822).

14.-15. yüzyılda Mısır'da yaşamış Memluk sultanlarının sarayında *kişk-i musbba'un* denen bir yemek pişiriliyordu; ama hangi malzemelerle hazırlandığına ilişkin bilgi yok. Bugün hâlâ *kişk* adıyla pişirilen yemekler var: İçlerinden biri *kişk-i sa'idî* (yukarı Mısır bölgesinde yapılan bir tür tavuklu *kişk*) (Benghiat 1985, s. 19).

Modern Süryanice'de (Kuzeybatı İran, Musul ovası ve Kürdistan'da konuşulan Asurca lehçelerinde) *kişk*, arpa unu çorbası anlamına gelen

4 10. yüzyılda, yani tam Farsça sözcüğün ortaya çıktığı yüzyılda. Yine yazılı kanıtlarla, ne olduğunu hiç bilemeyeceğimiz gerçeklik arasında birkaç yüzyıllık bir boşluk olduğunun açıkça sergilendiği bir durumla karşı karşıyayız.

Arapça sözcüğün aktarılması gibi görünüyor (P. de Lagarde'ın içinde Elias Nisibé, 1879, s. 35). Kürdistan'daki doğu Süryanilerinin konuştuğu lehçeye geçen *kaşke* karmaşık bir yemeğin adıdır ve Azeri Türkçesinden alınmadır; *kaşkîne* de Türkmenlerin *keşkine*'siyle ilişkili gibi görünüyor (MacLean 1901).

19. yüzyıl Yeni-Aramî sözcüğü *kaşke* Kürtçe'den geçmedir (Krotkoff 1982). Tunus'ta karşılaşılan "kaba kepek" anlamındaki *kaşker* Türkçe'den alınma olmalı. *Kişk* sözcüğü batıda ilk kez 9. yüzyılda ve en uzak noktada, Endülüs'te görülüyor.

Altay dilleri

16. yüzyıl Türkçe'sinde görülen *keş*, Farsça *keşk* sözcüğünden geliyor; *keşkek* de Farsça *keşkak*'tan (*keşk* sözcüğünün -*ak* küçültme eki ulanmışı). *Keşkek* Türkçe'de karmaşık bir yemeğin adı; *keşkine* ise "arpa ekmeği" demek.[5]

Azerbaycan/Azeri dilinde *kaşk* sözcüğüne çok sık rastlanıyor. Bir 19. yüzyıl Süryani lehçesinde rastlanan *kaşka*'nın ise Azeri Türkçesinden alınma olduğu belirlenmiş (MacLean 1901, s. 141).

19. yüzyılda yaşayan Türkmenler, türetilmiş sözcükler olan *keşkine* ile *keşkin*'den başkasını bilmiyor görünüyorlar. Sözcük modern Türkmen sözlüklerinde geçmiyor (Baskakova ile Khamzaeva 1956).

Kafkas dilleri

18. yüzyıl Gürcü dilinde geçen *kaşi* sözcüğü etimolojik bir sorun yaratıyor. Anlamı "sütte kaynatılmış tahıl" demek; bu yanıyla Farsça'daki kaşk ya da keşk sözcüklerine çok benziyor. Fakat 17. yüzyılda yaşamış ilk Gürcü sözlük yazarı Orbeliani'ye (1685-1716) göre, Gürcüce'deki sözcük Farsça'daki *kaşi* ya da *kaji* sözcüklerinden alınma. Farsça *kaşi* ya da *kaji*, tatlı bir sıvıyla hazırlanan *bulmaç*'a, ya da koyu sütü çorbasına benzer bir yemeğin adı (Shakespeare'den Vullers 1855, sv *kaji*). Gürcü dilinde *kaji*, Farsça'daki *kaşi* ile benzeşse de, anlam bakımından Farsça *kaşk* sözcüğüne yakın ve ondan gelmiş olmalı.[6]

Türkiye'nin güneyinde ve Suriye'nin kuzeyinde yaşayan Çerkezler ne sözcüğü ne de böyle bir yiyeceği tanıyorlar.

---

5 Farsça "fukara tası" anlamına gelen *keşkul*, ya da "omuzda taşınan" anlamına gelen *kaş+kul*'dan alınma olduğu için, bir tatlı adı olan *keşkül-i fıkara* ya da *fukara*'yı dışta bırakıyorum (*Burhan-ı Katı*').

6 Günümüzde, Ruslarla temastan sonra, *kaşa* olmuş.

Özet

Kaşk sözcüğü, erken bir dönemde, sessiz harfler yerinde kalırken, sesli harfleri değişikliğe uğrayarak Arapça'ya geçmiş Farsça bir sözcük: *Keşk>kişk>kishik* olmuş. Buna kuşku yok. Daha sonra Türkçe'ye geçerken *kaşk>keşk* oluyor. *Kişkiyye, kaşkâb, kişkak, kişkek, keşkin, keşkine* gibi bütün türetilmiş Arapça sözcüklerin kökeni Farsçadır. Bunların yanında, *kişk* ile yapılmış Arapça bileşik adlar oluşmuştur: *kişk-i hamr, kişk-i leben, kişk-i şamî, kişk-i musulî, kişk-i hâmız, kişk-i babki, kişk-i buşul, kişk-i bâbilî, kişkü'l-hınta, keşkü'ş-şa'îr, kişk-i musbba'un.*

Sözcük ortaya ilk olarak 5.-6. yüzyıldan kalma bir Ermenice metinde, türetilmiş biçimiyle çıkıyor. Farsça metinlerde ilk 1010 yılında *Şehname*'de görülüyor. Sözcük, yazılı metinde ilk ortaya çıktığı tarihten herhalde daha eskilere gidiyor olmalı. Arada herhangi bir menzil olmaksızın 2000 kilometre öteye aşıp giden halk arasındaki mutfak terimleri için bu durumun daha da geçerli olduğunu biliyoruz. *Kaşk* sözcüğünün Arapça'da ortaya çıkışına gelince: Endülüslü İbn Habib'in (ö. 853) yazdığı bir tıp kitabında ortaya çıkışı, Bağdat'ta yaşayan İranlı ya da Arap-İran ortak kökenli yazarların kitaplarında ortaya çıkışından yüz elli yıl daha erkendir: el-Verrâk'ın 10. yüzyılda kaleme aldığı *Kitabü't-Tabh* ile İbn Sina'nın (980-1037) kaleme aldığı *Kanun fi't-tıb*'da (*Şehname*'nin çağdaşı) olduğu gibi...

Kimileri *kaşk* sözcüğünü Hintçe *kaşaya* sözcüğüyle (Spiegel 1887: 81) ve Sanskritçe "sağaltıcı içecek" anlamına gelen *kaşaya* ile (Monier-Williams 1981, s. 256) ilişkilendirmiştir.[7] Bu anlam, *kaşk*'ın "arpa suyu" anlamına (bu da ilaç amaçlı) yakın düşmekte. Kurulabilecek bağlantılardan biri de Farsça "ekilmiş tarla" anlamına gelen *keşt* sözcüğü ile *kaşk* sözcüğünün anlamlarından biri olan arpa ve bir de Hoten dilinde *kalsta*, "ekilmiş tarla" arasındaki bağlantıdır (Emmerick ve Skjaervo 1982, s. 32). Bu dillerin işleyişinde sözcük türetme olduğu için, tarım ve tahıl düşüncesi çevresinde buluşmuş büyük bir anlam kümesi oluşturan bu sözcüklerin tümünün **kaş* kökünden geldiği söylenebilir.

Sözcük büyük, ama kesintisiz bir coğrafi alanda geçişmeye uğramıştır: İran, Azerbaycan, Ermenistan, Kürdistan, Irak, Suriye, Lübnan, İsrail, Arabia Petraea [Taşlık Arabistan; Arap yarımadasının kıraç iç ve kuzey kesimleri], Türkiye, Mısır'ı içine alan bölge yanında Arap dünyasının batı ucunda, ortaçağ İspanya'sında da bilinmekteydi. 16. yüzyılda Davud el-

---

7 Rusça'da "sert buğday çorbası" anlamına gelen *kaşa* sözcüğünün Sanskritçe *kaşaya* sözcüğü ile ilişkisi olmalı.

Antâkî'nin bir bilginden aktardığına göre, ta Herat ülkesine (Afganistan) dek türlü türlü *kişk* bulunmaktadır. Bugün ne Afganistan'da, ne Orta ve Güney Arabistan'da, ne de (Tunus'taki iz dışında) Kuzey Afrika'da bulmak olası.

Sözcüğün birkaç dil ailesinde birden bulunması, insanlar arasında ilişkiler bulunduğunu ve sözcük alıp verdiklerini anıştırır; yoksa, gelenekleri paylaştıklarını değil. Bütün bu insanlar arasında sürüp gelen iktisadi, toplumsal ve kültürel ilişkiler nedeniyledir ki, alanlar arası geçişmeden söz edebiliriz. Sonuçta bir sözcüğün, adı olduğu nesneden ayrı düşmesi kolay değildir; temsil ettiği şey neyse odur. Ad verdiği nesne ya da teknik nereye giderse sözcük de oraya gider; birlikte dolaşırlar. Sözcüğü ödünç alan dilde, nesne hafifçe değişmişse, bu durum, değişimin alış anında gerçekleştiğini anıştırır. Eğer sözcük bir dilden ötekine sesler bozulmadan aktarılırsa, bu durum, nesne ya da teknik bakımından iki kültür çakışıyor demektir. Farsça'daki *kaşk* (yalın bir ürün) ile daha batısına düşen dillerdeki *kişk* (karmaşık bir ürün) arasında farklar bulunduğuna göre, acaba bu teknik İran'a göre daha batıda daha önce bilinmiş olamaz mı? Eğer biliniyor idiyse, hangi adla anılıyordu? Şimdi sözcüğün taşıdığı değişik anlamları inceleyelim ve sonuçta, yapım tekniğinin nereden gelip nereye gittiği sorununu çözüp çözemeyeceğimize bakalım.

KAŞK YA DA *KİŞK* DİYE BİLİNEN FARKLI ÜRÜNLERİN BİLEŞİMLERİNDEKİ MALZEMEYE GÖRE SINIFLANDIRILMASI

Aynı sözcüğün birden çok anlama gelmesi

Daha önce gördüğümüz gibi sözcük İran'da, (10. yüzyıl sonunda) *Şehname*'de birkaç kez, değişik biçim ve değişik anlamlarda geçiyor. *Kaşk* "kesilmiş süt" anlamına geliyordu. Kaşk ile kurulan bileşik sözcükler arpayla ilişkili anlamlar yükleniyor: *Kaşkîn* (*-în* sonekiyle) "arpayla yapılmış bir şey"; *nân-ı kaşkîn* ve *nân-ı kaşkîne* "arpa ekmeği" oluyor. Ne zaman bu bağlamdaysa, yoksulluğu ya da halk arasında yaygın kullanımı çağrıştırıyor.

Bu açıdan bakınca bazı yöntembilim sorunlarını ele almamız gerekiyor. Sözlükler olsun, metinler olsun, 19. yüzyıldan önceye ait eski kaynaklar, gerçek anlamın hangisi olduğu konusunda hiç kesin değil. Tersine, modern kaynaklar çok kesin olabiliyor, bu da durumun karmaşıklığını ortaya seriyor. Sütün, ardarda zincirleme bir dizi dönüşümün nesnesi olduğu kültürlerde, her ara ürünün, çeşitli işlemler sırasında geçilen aşamalardan biri olarak özel bir adı vardır ve *kaşk* bunlardan yalnızca biridir. Araştırmacıyı asıl şaşırtan, adlandırmadaki tutarsızlıktır: Eski kaynaklarda geçen bir adın modern karşılığı bambaşka birşeydir: Örneğin, *tarf* sözcüğünün bugün

Turan'daki kullanış biçimi (Martin 1980) *kaşk* sözcüğünden farklıdır; oysa, 12. yüzyılda Zemahşerî için iki sözcük aynı anlama geliyordu.

Kaşk sözcüğünün birden çok anlama gelmesi insanın aklını karıştırıyor ve her anlamını ayrı ayrı incelenmeye değer kılıyor. Bu nedenle sözcüğün, belirli bir kültürde, belirli bir zaman ve yerde taşıdığı değeri saptamak önemli oluyor. Bu sınıflandırmada, ana girdinin süt mü, tahıl mı ya da — birinin ya da öbürünün-başka bir malzemeyle karışımı mı olduğuna göre üç ölçüt kullanıldı. Burada önemli olan kronolojik sıra değil, kültür sıralaması ve terimlerin basitten, türetilmişe, bileşiğe doğru sıralamasıydı.

Kesilmiş süt ürünleri:

Bunlar genel olarak saklanabilen ömürlü yiyeceklerdir.

Kurutulmuş yoğurt ya da kurutulmuş ekşi süt İran, Pakistan. Türkiye ve Arap dünyasında biliniyor (Ramazanî 1974).

Bugün İran'da *kaşk,* kışın kullanılmak üzere kurutularak küçük topaklar haline getirilmiş *mast*'tan (yoğurt) yapılıyor (Ramazanî 1974, s. 70).

Pencap'ta, 19. yüzyılda *kaşk* kurutulmuş ekşi süt demekti (Platts 1982, s. 837).

Türkçe'de *keş* kurutulmuş yoğurt, kurutulmuş kesik süt (=Farsça *keşk* = Türkçe *kurut*; Zenker 1866) demek.

20. yüzyılda, Suriye, Lübnan ve Filistin'de *kişk* "*boulette de lait caillé et séchée au soleil*" anlamına geliyor (Denizeau 1960, s. 454 içinde Dalman 1928-39, VI, s. 295, 28).

Yayık ayranını kurutarak yapılan bir ürün, İran, Kürdistan, Azerbaycan'da.

İran'da *kaşk* denen "*petit lait condensé, caillebotte*", kurut ile eş anlamlı (Moallem 1926).

Bahtiyarilerde *kaşk,* yayık ayranından çıkarılan peynir özü ile yapılıyor: Tuzlanıp, kaynatılıyor, süzüldükten sonra küçük topaklar yapılıp güneşte kurutuluyor. Sonbahar ya da kışın topaklar suda ezilip süt esaslı bir besin elde edilmiş oluyor (Digard 1981).

Kaşk'a dağlık bölgede yaşıyan Gîlânîler arasında hemen hiç rastlanmaz (Bazin ve Bromberger 1982, s. 35). Yalnızca Covkandan ve Siyah Çal'lı Talişler yapmayı bilirler: Yayık ayranından elde ettikleri *şuvre* ya da *şur*'u güneşte kuruturlar (Bazin 1980, II, s. 49).

Keşk ya da *kaşk*'ı Hakkari'de yaşayan Kürtler, yayık ayranından elde ettikleri bir özü top top edip güneşte kurutarak yaparlar (Rhea 1880).

Kaşka, Irak Kürdistan'ında yaşayan, Yeni-Arami konuşanlar arasında yayık ayranının kesiğini kurutarak yapılır (Krotkoff 1982, s. 82). Sözcük

ÇİZELGE 8.1 SÜTÜN YAN ÜRÜNLERİ

	Kuru yoğurt	Top top kurutulmuş ayran tortusu	Kurutulmuş kara ekşi süt	Yumuşak peynir	Peynir	Kesilmiş, ekşi süt	Kesilmiş sütün suyu
İran 10.-12.yy	*kaşk*	*kaşk*	*kaşk-ı siyah*				
İran 20. yy	*kaşk*						
Taliş		*kaşk*					
Gîlân		*kaşk* (ender)					
Bahtiyari		*kaşk, av keşk*					
Kürt		*kaşk, keşk*		*keşk*	*keşk*		
Makedonya Yunan 20. yy				*kaçık*	*kaçık*		
Urdu 19.-20. yy	*kişk*						
Türkçe	*keş*	*keşk, keş*				*keş*	
Azeri		*kaşk*					
Arap 11. yy.							*kişk*
(Suriye, Lübnan, Filistin)	*kişk*						
Yeni-Aramî		*kaşka*					

Kürtçe'den geçme olduğuna göre ürünün de oradan alınıp alınmadığı sorusu akla geliyor.

Kaşk Azerbaycan Türkleri arasında çok yaygındır; *şur*'u güneşte kurutup küçük toplar yapıyor ya da bazlama biçimi veriyorlar (Bazin ve Bromberger 1982, s. 35).

Yemeği tatlandırmak için kullanılan kurutulmuş siyah bir ürün, İran, Afganistan ve Türkiye'nin bazı bölgelerinde biliniyor.

Kişk-i babilî, "Babil *kişk*'i", 12. yüzyılda yaşamış İbn Baytar'ın anlattığına göre siyah parçalar halinde olurmuş (1877-83, I, s. 445). İbn Baytar bu siyah parçalarla, *halk* adında bilmediğimiz bir bitkinin işlenişi arasında benzerlik buluyor: Tıpkı bu bitkinin yapraklarını fırında kurutup, siyah biçimsiz parçalar elde ettikleri gibi Babil *kişk*'ini de fırında kurutarak yaparlarmış. Böylece siyah *kaşk*'tan ilk kez söz edilmiş oluyor; o dönemde Babil'e özgü bir şeymiş.

Burhan-ı Katı'ya göre, Klasik Farsça'da geçen üç terim, *kaşk-ı siyah, furfur* ve *peynir-i siyah* (siyah lor peyniri), Türkçe *kara kurut* ile eş anlamlıdır (Vullers 1855, II, s. 662, 723; Steingass 1975, s. 962). *Kaşk-ı siyah* teriminin bugün artık İran'da bilinmediği anlaşılıyor; fakat, üründen hâlâ yararlanıyorlar ve Türkçe adıyla kara kurut diye biliyorlar.

Kara kurut bugün Azerbaycanlıların kullandığı koyu renkli, hamur kıvamında bir tatlandırıcı; *kaşk* kuruyana değin pişirilerek elde ediliyor (Bazin ve Bromberger 1982, s. 35). *Krut,* kırsal kesimde yaşayan Afganların yakından bildiği bir şey: Kışın kullandıkları, çok sevilen "acılı" bir tadlandırıcı... *Kurut* ise kentlerde (Tahran'da) yaşayan İranlıların ekşimiş sütü uzun süre ağır ağır kaynatarak elde ettikleri bir ürün.

Tarf, tarp ya da *tarf-ı siyah,* Zemahşerî'nin (12. yüzyıl) Arapça'daki *rahbin* sözcüğünün karşılığı olarak verdiği Farsça sözcüklerden biri (s. 353). Anlamı için "siyah renkli, kurutulmuş kesik süt", başka bir deyişle "siyah kaşk" diyor (Vullers 1855, I, s. 436). Yine Farsça'dan geçme bir sözcük olan *rahbin* için Vuller, peynir, un ve süt asitindan yapılan (tıpkı kuru ve siyah kesik sütten yapılma peynir gibi) rengi siyaha dönüşmüş bir yemek bir diyor.[8]

Tarf beyaz renkte de olabiliyor ve *kaşk-i sefîd*'e, "beyaz keşk"e benziyor; "koyulaşmış ekşi süt süzülüp kışın kullanılmak üzere güneşte kurutuluyor" (Steingass 1975). Bugün Turan'da *tarf* denilen şey, *korut*'un kaynatılmış sıvı kalıntısının kurutulmasıyla elde ediliyor (Martin 1980, s. 24).

---

8 *Rahbin* "ekşimiş süt, yayıktan arta kalan ayran ya da bunlarla tatlandırılmış herhangi bir şey; ekşi ya da taze sütle yapılmış bir yemek; taze peynir" anlamlarına gelir (Steingass 1975).

19. yüzyıl Türkçesinde *keş*, Farsça'daki *kaşk-ı siyah* ve *tarp* (*tarf*) ile aynı anlamı taşıyor (Zenker 1866).

Bir yumuşak ürün: Peynir, çökelek, ekşi süt, Kürtler ve Türkler arasında biliniyor.

Keşk Kürtlerce bir tür "yumuşak peynir"e denir (Jaba 1879); *kesk* (aynı peynirin değişik bir biçimi) "taze peynir" (Jaba) ya da yalnızca "peynir" (Soane 1913) anlamına geliyor.

Keş Türkçe'de "bir tür peynir" (Zenker 1866), "yağı alınmış bir peynir" (Kelekian 1911), "yağı alınmış süt ya da yoğurttan yapılma bir peynir" (*Türkçe Sözlük* 1983), ve bir de "bir tür kesilmiş ekşi süt"tür (Kelekian).

Kaçık Makedonya'da koyun sütünden yapılan peynire deniyor. Tazeyken yenebildiği gibi olduktan sonra da yenebiliyor (Doane et al 1969, s. 99).

Kesilmiş sütün suyuna 11. yüzyıl Irak Arapça'sında *kişk* deniyor; Arapça'daki *masl* ve Süryanice'deki *tarhaka* ile eş anlamlı (Bar Behlul 1891-1901, s. 2088).

İran dillerini konuşan topluluklar (Peştu ve Beluci dışında) ile Türk dillerini konuşanların ürünleri ve ürünlerine verdikleri adlar arasındaki benzerlik bize, dil etki ve izlerinin bölgenin her yanına yayılmış olduğunu, terimlerin ve ürünlerin de bölge ölçeğinde geçişmeye uğradığını gösteriyor. Yine de bazı ayrılıklar göze çarpıyor: *Keşk* Kürtler ve Türkler arasında yumuşak bir ürüne verilen addır; diğer İran dillerini konuşan insanlar ve Azerbaycan Türkleri arasında kuru bir ürünün adıdır.

Tahıllardan yapılan ürünler

Suda kaynatılmış arpanın suyu. Kişk, kişka, kişkâb, bütün ortaçağ tıp bilginlerinin sözünü ettiği bir arpa karışımıdır. Bu bilginler, *ptisana,* "arpa suyu"nu her derde deva sayan Yunan hekimliğinin açıkça etkisi altında kalmışlardı.

Keşkü'ş-şa'îr denen "arpalı keşk"in bir ilaç karışımı olduğunu hem 12. yüzyılda Mısır'da yaşamış İbn Meymûn (Maimonides 1964, s. 39), hem de 12. yüzyılda Endülüs'te yaşamış İbn Zuhr (1992, s. 11) söylüyor.

Âb-ı kaşk (*âb*= su) 12. yüzyılda Farsça *terîne, terhîne, tehîne*[9] sözcükleriyle ve Arapça *'avite*[10] sözcükleriyle eş anlamlı olarak kullanılıyordu (Zemahşerî 1963, s. 346). Daha sonraları *terhîne, tarhvana* koyu bir tahıl çorbasının adı oldu (Steingass 1975).

---

9 Sözcüğün kökü muhtemelen Yunanca'dır.

10 *'avite* sözcüğünü bulamadım (Dozy 1957; Kazimirski 1860; Steingass).

Arpa çorbası ya da arpa suyu çorbası - 12. yüzyıldan başlamak üzere, 19. yüzyıla değin İran'da ve Ortadoğu'nun her yerinde bilinen, hemen tüketilmek üzere pişirilen bir yemek.

Kaşkbâ (*bâ* = çorba, lapa, Fransızca *bouillie*) ve *âş-ı kâşk* (*âş* = Fransızca *brouet*), 12. yüzyılda. *Kaşkbâ* ve *âş-ı keşk* sözcüklerinin her ikisi de *tarfba* ile eş anlamlıydı; ayrıca üçü de Arapça'daki *masliyye* sözcüğü ile eş anlamlıydı (Zemahşerî 1963, s. 344). Ekşimiş sütten ya da kesilmiş sütün suyundan (Farsça *tarf*, Arapça *masl*) yapılmış karışımlar olarak da düşünülebilirler.

Kaşkov "çorba, lapa", *keşkû*, "arpa suyu çorbası" (Steingass 1975) *kaşkâb*'ın değişik biçimleri.

Kaşkâb = *âş-ı cov* = Fransızca *bouillie d'orge* (Moallem 1926).

Kişk, 12. yüzyılda Mısır'da "buğday ya da arpadan yapılan çorba" anlamına geliyor (İbn Baytar: *ma'ü'ş-şa'îr*); modern Süryanice'de ise "arpa kaymağı" demek (Elias Nisibe, P. de Lagarde'da 1879: 35).

Kaşk, günümüz Peştunları arasında koyu bir tahıl çorbası olarak biliniyor (Rusça'sı *kaşitza*) ya da ufalanmış ekmekten yapılmış çorba (Rusça'sı *pohlyebka*) (Arslanov 1966, s. 680).

Arpa ekmeği, ekmek eski Ermenistan, İran ve Türkiye'de. Bileşik sözcük bilinen yazılı belgelerde karşımıza ilk çıktığında bu anlamı taşımaktadır.

K'aşken, 5.-6. yüzyıllar arasında konuşulan Ermenice'de "arpa ekmeği" anlamına gelmektedir (Elishe 1957).

Kaşkîn, nân-ı kaşkîn, nân-ı kaşkîne sözcüklerinin 10 yüzyılda, İran'da taşıdığı anlam "arpa ekmeği" (*Şehname*).

Kaşkîn ve kaşkîne "arpa, akdarı, fasulye ve mercimekten yapılma" karmaşık bir ekmek türünün de adıdır. *Kaşkîne*, aynı zamanda, 16. yüzyılda, İran'da "buğday, arpa, fasulye ve baklagillerden herhangi biri" ile yapılan ekmeğin adı (Steingass 1975). Tek başına arpadan genelde düşük nitelikli ekmek çıktığı için, arpanın yanına başka maddelerin eklenmesine sık rastlanıyor.

Keşkine, Türkçe'de "arpa ekmeği" demek (Zenker 1866).

Kaba un: 13. yüzyılda, Ortadoğu'da *kişk* herhangi bir tahılın kaba öğütülmüş unu (*caşiş*) anlamını taşıyordu (İbnü'l-Heşâ 1941, s. 63; İbnü'l-Adîm 1976, s. 870).

Mayanmaya bırakılmış (ekşi) tahıllar: 20. yüzyılda, Lübnan'da *kişk*, üç gün suda ıslatılmış, kabuksuz buğdayın adıdır; ardından öğütülerek una dönüştürülebilir (Khawam 1970, s. 61, 130).

Arpa: 16.- 17. yüzyıllar arasında İran'da ve Ortadoğu'nun başka yer-

ÇİZELGE 8.2: ARPA (YA DA TAHIL) YAN ÜRÜNLERİ

Dil + Yüzyıl	Arpalı Su	Arpa Çorbası	Arpalı et suyu	Arpa ekmeği	Arpa Buğday, fasulya, mercimek ya da bakla karışık ekmek	Kaba un	Mayalanmış tahıl	Arpa	Kaba kepek	Tahıllı su
İran 10.-12. yy.	*âb-ı kaşk*	*kaşkbâ*	*âş-ı kaşk* *kaşkû* *kaşkâb* *kaşkav*	*kaşkîn* *nân-ı kaşkîn,* *nân* *kaşkîne*	*kaşkîn* *kaşkîne*					
İran 16.-19. yy.	*kaşkâb* *kaşk*		*kaşk*		*kaşkîn,* *kaşkîne*			*kaşk*		
İran 20.yy	*kaşkâb*									
Urdu 19. yy	*kaşk*							*kaşk*		
Ermenice				*kaşken*						
Türkçe 19.				*keşkîne*						

ÇİZELGE 8.2 (DEVAMI)

Dil Yüzyıl	Arpalı Su	Arpa Çorbası	Arpalı et suyu	Arpa ekmeği	Arpa Buğday, fasulya, mercimek ya da bakla karışık ekmek	Kaba un	Mayalanmış tahıl	Arpa	Kaba kepek	Tahıllı su
Arapça, Mısır 12.-13. yy	*kaşküş-şa'ir*									
Merkezi Ortadoğu 10.-17. yy	*kişk, kişka kaşkâb, mâ'kişk*		*kişk*			*kişk*		*kaşk*		
Endülüs 9.-13. yy	*kaşkü'ş-şa'îr*	*kaşk*								*kaşkü'l-hinte*
Lübnan 20. yy.							*kişk*			
Tunus									*kaşkâr*	
Suriye 19.-20. yy.		*kişk*								

ÇİZELGE 8.3 KARMAŞIK ÜRÜN VE YEMEKLER

Dil + yüzyıl	Dayanıklı yiyecekler: buğday, maya, sebzeler	Dayanıklı yiyecekler: tahıllar ve ekşi süt	Kavrulmuş buğday, soğan pancar, balık suyunda pişmiş semizotunun kurutulması	Dayanıklı yiyecekler: mayada bırakılmış tahıllar
Farsça 10.-12 yy				
Farsça 16.-18. yy		*kaşkîn* *kaşkîne*	*kaşkîne*	
Moğolca 16 yy.				
Farsça 20 yy.				
Urduca 19.-20 yy.				
Ermenice, Türkiye 20. yy				
Türkçe 19 yy.				
Azeri				
Türkmen				
Gürcüce 17 yy.				
Irak Arap 10. yy.	*kişk-i şâmî*	*kişk*		*kişk-i şâmî*
Irak 13.yy		*kişk*		
Halep 13. yy		*keşk-i leben*		*keşk-i hamr*
Şam 1503				
Havran 19 yy.		*keşk-i leben*		*keşk-i hammâr*
Suriye 19.		*kişk*		
Lübnan 20. yy		*kişik*		
Süryanice 19. yy				
Mısır 17.-20. yy		*kişk*		

ÇİZELGE 8.3 (DEVAMI)

Dil + yüzyıl	Ekşi süte bırakılmış tahıl yemeği	Ekşi süt katılmış yemek	*Kaşk/kişk* katılmış et/ sebze yemekleri	Tahıl + sütten yapılmış yemekler
Farsça 10.12. yy		*kaşkbâ* *âş-ı kaşk*		
Farsça 16.-18. yy	*kaşkbâ* *kaşkîne*	*kaşkbâ*		*kaşkâb*
Moğol 16. yy				
Farsça 20. yy			*kaşk-ı badıncûn*	
Urdu 19.-20. yy				
Ermenice, Türkiye 20. yy				
Türkçe 19. yy	*keş*			*keşk*
Azeri				
Türkmen	*keşkîne*			
Gürcüce 17 yy.				*kaşî*
Irak Arapça 10. yy.			*kişkiyye*	
Irak 13. yy.			*kişkiyye*	
Halep 13. yy				
Şam 1503			*kişk*	
Havran 19. yy				
Suriye 19. yy			*kişkiyye*	
Lübnan 20. yy			*kişki-i bizeyt*	
Süryanice 19. yy				
Mısır 17.-20. yy.			*kişk +* *kişik*	

ÇİZELGE 8.3 (DEVAMI)

Dil yüzyıl	Et + Koyun sütü + tahıl yemeği	Et + tahıl yemeği, krş. *herîse*	Tahıl unu + kurutulmuş ekşi sütten yapılan içecek	Süt + un + şeker ya da baldan yapılan tatlı
Farsça 10.-12. yy.				
Farsça 16.-18. yy	*kaşk*	*kaşkak* *kaşka* *kaşkek* *keşk*		
Moğol 16. yy		*kaşk*		
Farsça 20. yy				
Urdu 19.-20. yy	*kaşk*			
Ermenice, Türkiye 20. yy		*keşkeg* *k'eaşkak* *k'eaşkeak* *kişk*		
Türkçe 19. yy		*keşkek*		
Azeri		*kaşkâ*		
Türkmen				
Gürcüce 17 yy.				
Irak Arapça 10. yy.				
Irak 13. yy.				
Halep 13. yy		*kişkâh*		
Şam 1503		*kişkâk*		
Havran 19. yy				
Suriye 19. yy				
Lübnan 20. yy			*kişik*	
Süryanice 19. yy		*kaşkâ* *kaşkîne*		
Mısır 17.-20. yy.				*kişk* (*nîrab*, *herâşü'l-acâiz*)

lerinde (Vullers içinde Golius 1855; Steingass 1975) ve 19. yüzyılda, Pencap'ta (Platts 1982, s. 837) arpaya *kaşk* denirdi.

Kaba kepek: 19. yüzyılda Tunus'ta *kaşkâr* (Beaussier 1887).

Karmaşık ürünler ve yemekler

Kurutulmuş ekşi bir ürünle tahıl karışımından karmaşık, dayanıklı bir yiyecek. Bu tür dayanıklı yiyeceklere erken dönem Arap metinlerinde rastlanıyor. 10. yüzyılın başlarından başlayarak *kişk* adıyla elimize belgeleri ulaşan karışımlar, bugünkü Lübnan, Suriye, Mısır ve Irak'ta bilinen karışımlardan çok daha karmaşık. Aynı dönemde İran'da bilinmediği sanılıyor.

Buğday, maya ve çeşitli sebzeler. Bu biçimiyle *kişk*'ten ilk kez 10. yüzyılda yaşamış Iraklı el-Verrâk söz ediyor ve iki de tarif veriyor. Daha sonra, 13. yüzyılda yaşamış bir Mağribi, İbnü'l-Heşâ, benzer bir Ortadoğu tarifi veriyor (1941). O zamanlar yassı, yuvarlak bazlama biçiminde oluyormuş. El-Verrâk'ın *kişk-i şamî* için verdiği tarif (1987, s. 102; ekşili yemekler bölümünde) şöyle:

> Buğday iri öğütülür, temizlenir ve suda kaynatıldıktan sonra kurutulur. Sonra, hiç kepek kalmamak üzere yeniden temizlenir. Yeterince sıcak su katılarak hamur yoğrulur. Biraz maya eklendikten sonra büyük bir kap içinde, geceleri üstünü örtmek koşuluyla, iyice ekşiyinceye dek güneşte altı gün bekletilir. Ekşi hamura ince kıyılmış sebzeler katılır; hindiba ya da roka (circir) katılmaz, çünkü bunlar ekşimeye katkıda bulunmaz; pırasa, taze kişnişotu, sedefotu (ruta/sadab) ve istenirse halka biçiminde ve küçük doğranmış soğan, patlıcan, kabak (*kar'*), lahana, *havhü'd-dibb* denen ekşi küçük erikler ve koruk suyu konur. Hepsi yoğrulur ve güneşte bir beş gün daha bekletilir. Sonra yassı, yuvarlak biçim verilir.

Buğday, leben ya da kesilmiş sütten arta kalan su ile birkaç sebze. Bir tür *kişk-i şâmî* için su yerine ekşi süt (*raib*) kullanılır; nane (*na'ne*) ve kereviz (*kerfes*) dışında sebze gerekmez (el-Verrâk 1987, s. 102).

El-Verrâk, bir başka *kişk* tarifini (1987, s. 103) değişik türleriyle birlikte veriyor:

> Buğdayı irice döğ ve biraz kaynat; kuruttuktan sonra yine kabaca döğ; biraz nohut ekle ve ekşimeye bırak; sonra hepsini yoğurup on beş gün güneşte bırak; hiç nemi kalmayınca üzerine çok ekşi leben-i raib'den akan suyu dök. Köpürme olursa üzerine biraz tuz serp. Sonra nane, İran kerevizi, semizotu, sedefotu, taze kişnişotu ile kabağı ince ince doğrayıp hamura iyice karıştır. Yassı yuvarlak bazlamalar yapıp güneşte kurut. Değişik türleri: Kimileri sarımsak eklemeyi, kimileri de koruk suyu (husram) eklemeyi sever.

16. yüzyılda (İran'ın deniz kıyısındaki illerinde) *kaşkîne* bir tür konserve edilmiş, dayanıklı yiyeceğin adıydı: "kavrulmuş buğdaya soğan, pancar, semizotu tohumu kattıktan sonra balık jölesine yatırılıyor; sonra güneşte kurutuluyor" (Steingass 1975). *Burhan-ı Katı'* benzer bir tarif veriyor: "Kızartılmış buğday ile balık jölesi, mantar, pancar ve semizotu karıştırılıp güneşte kurutulur" (Vullers'de 1855).

Tahıl ve kurutulmuş ekşi süt. Kaba un ile *leben*'i karıştırıp kurutarak yapılan bir yiyeceğe *kişk* denir (13. yüzyılda).

İbnü'l-Heşâ'nın küçük sözlüğünde (1941) *kişk*'in betimlenmesinden bu ürünün Mağrip'te bilinmediğini anlaşılıyor. Tıpkı el-Verrâk'ın verdiği tarifte olduğu gibi, bunun da içine sebze konmuyor: "*kişkiyye*'nin tarifine gelince: Arpa *kişk*'i ekşi *leben*'de ekşiyinceye dek ıslatılır; sonra kurutulur; son olarak bu kuru karışım koyulaştırılır; bu ekşimiş *kişk* yuvarlak ya da başka biçimler verilerek saklanır *(yudahara)*." Burada sözü edilen arpa *kişk*'i hem arpadan (*caşiş,* "kaba un"dan) yapılan belli bir karışım, hem de en son aşamada elde edilen ürün anlamını taşıyor.

Günümüzde Halep'te uygulanan tarifin ilk bölümü buna çok benziyor: "Arpa tanelerinden[11] elde edilen kaba un taze sütte birkaç gün ıslatıldıktan sonra dama serilip güneşte kurutulur. *Kişkü'l-hamr* ve *kişkü'l-leben* diye bilinen iki türü var. Çorba, hamur işi ve omlet yapımında kullanılır" (İbnü'l-'Adîm 1976, s. 870-71).

Tahıldan ve kurutulmuş ekşi sütten yapılan bu tür dayanıklı yiyecekler, en azından 13. yüzyıldan bu yana Doğu Akdeniz'de biliniyor olmalı. Berggrenn (1844) çok benzer bir tarif veriyor. Ayrıca Suriye'nin dağ köylüleri de (19.-20 yüzyılda yaşayanlar) buna tanıklık ediyor: Bu dayanıklı yiyeceği kışın yararlanmak amacıyla saklıyor; zaman zaman *kavurma* (iç yağında saklanmış kıyma) ve sarımsakla pişiriyorlar (Harfouch 1894, s. 304).

Kişk 19. yüzyılda Mısır'da da çok sık rastlanan bir yiyeceğin adıydı: Buğday ile ekşi sütten yapılırdı (Freytag 1975). Lane aynı dönem için çok ayrıntılı bir tarif veriyor:

> Buğday önce nemlendirildikten sonra kurutulur; bir teknede döğülerek kabukları ayrılır; el değirmeninde kabaca çekilir; bu kaba un sütle karıştırılır; altı saat geçtikten sonra biraz saman ya da kepek üzerine kaşık kaşık boşaltılır; kuruması için iki üç gün bırakılır. Kullanmak isteyince ya suda ıslatılır ya da döğülerek ufalanır; sonra bir eleğe konur, elek bir kap üstüne yerleştirilir, üzerinden kaynar su geçirilir. Elek üstünde kalanlar atılır (1860, s. 488-9, n. 3).

11 İbnü'l-Heşâ'nın verdiği tanımın aynı olan "herhangi bir tahıldan elde edilen kaba un" tanımı er-Râzî'nin *el-Mansurî*'sinden alınmış olmalı; ama bu bilgiyi doğrulayamadım.

Bu *kişk*'in, üç beş gün ekşimeye bırakılan Lübnan *kişk*'i denli ekşi olmadığı kesin.

16.-18. yüzyıl İran'ında *kaşkîn* ve *kaşkîne* sözcüklerinin anlamı, "ekşi sütte ıslatıldıktan sonra güneşte kurutulmuş buğday" idi (Steingass 1975). İlkin (5-6. yüzyıllarda ve 10. yüzyılda) İran'da her iki sözcük de arpa ekmeğinin adıydı. Tarif yeterince açık değil; buğdayın kaba bir öğütmeden geçip geçmediğini bilmiyoruz.

Tahıl ve kurutulmuş ekşi süt. Burgul ve *leben* karışımının kurutulmasıyla yapılan bir *kişk* yemeği.

Aida Kanafani-Zahar, bugün Lübnan'da, Bekaa vadisinde yaşayan köylülerin *kişk*'i nasıl yaptığını en ince ayrıntısına dek anlatıyor. Buraya alışımın nedeni, yüzyıllarca öncesinden bugünlere kalmış olduğu kesin bir tarifi örneklemek. *Leben, burgul* ve tuzu karıştırıp (havanın ısısına bağlı olarak) üçle beş gün arasında bir süre, geniş ağızlı büyük toprak bir kapta (*ma'cen*'in çapı 75 cm.) ekşimesi için bekletiyorlar. Her gün bir ya da iki kez taze *leben* ekleyerek tazeliyor ve yeni baştan yoğuruyorlar. Sonra evin damında bir çarşafın üzerine seriyorlar. Bu aşamada evin hanımları, dışardan başka hanımlarla yardımlaşıyorlar: Altı ya da yedi *farraka*, yani "ufalayıcı", çalışmaya koyuluyor, ürün kurudukça ellerinin arasına alıp ufalıyorlar ve her işlemde biraz daha inceltiyorlar; sonunda elekten geçiriyorlar. Daha sonra, geceleri üstü örtülü kalmak koşuluyla dört beş gün güneşte kurutuyorlar. Bir ölçü, 40 kilo *burgul*'a, iki ölçü, 80 kilo süt katılarak elde edilen karışımı altı kişi iki üç saat süreyle ufaladıktan sonra bir saat boyunca elekten geçiriyorlar; elek altından 30 kilo *kişk* alınıyor. Mayalanma her zaman denetim altında tutulamadığı için *kişk* çok ekşi olabiliyor (Kanafani-Zahar 1994). Guigues'e (1927) göre bu *kişk*, un gibi ince, beyaz renkli ve ekşi oluyor; tadı kötü değil; ama, çok çabuk küflenip kokuştuğu için Nisan ayından sonra kullanılmıyor.

Keşk-i hammâr ("maya") ile *keşk-i leben*, 19. yüzyılda, Havran'da (Suriye'nin güneyinde) bilinen *keşk* türleriydi. Bu bölgede Türkler, Hıristiyanlar (çoğunluğu Ortodoks), Dürziler, kısa boylu, seyrek sakallı Arap Bedeviler ile uzun boylu, koca sakallı fellahlar karışık yaşıyorlardı. Fellahlar ve daha alt sınıfların en sık yediği yemek, *burgul* ve *keşk* idi. İki tür *keşk*'i birbirinden ekşime durumuna göre ayırıyorlardı. Birincisi mayayı *burgul*'a katıp üzerine su dökülerek hazırlanıyordu; sonra neredeyse çürüyüp kokana dek beklettikten sonra güneşte kuruması için seriyorlardı. Kuruduktan sonra dövülerek saklanıyor, gerektiğinde sıvı yağ ya da tereyağ katarak tüketiliyordu. *Keşk-i leben*, maya yerine *leben* katılarak hazırlanıyordu; bunun dışında, hazırlama süreci birbirinin aynıydı (Buckhardt 1822, s. 293).

Bu iki tür *kişk*'in 13. yüzyılda Halep'te yapıldığını gördük; ama orada *burgul* yerine kaba un ile yapılıyordu.

Hemen tüketilmek üzere tahıl ve ekşi sütten yapılan karmaşık yemekler: İran ve Türkiye ile Türkmenler arasında, 19.-20. yüzyılda görülüyor.

Kaşkbâ İran'da, süt kesiği (Fransızca *caillebotte*) ile yapılan koyu bir çorba (Moallem 1926).

Kaşkîne, İran'da "*âb-ı kaşk*'da ıslatılmış ekmek"e verilen ad (*âb-ı kaşk*, yani "*caillebotte liquide*", anlaşılan kesilmiş sütün suyu değil) (*age.*).

Keşkine 19. yüzyılda Türkmenlerin, kuru kavrulmuş tahıl, soğan ve ekşi sütle yaptıkları bir yemek (Zenker 1866) Daha önce anlattığımız gibi, İranlıların yaptığı, dayanıklı bir ürün olan *keşkîne*'ye çok yakın.

Keşkin Türkmenlerin de bildiği bir yemekti; Buğdayı kesilmiş sütte yatırarak yapıyorlardı (Bianchi ve Kieffer 1871). *Keşkin* sözcüğüne çağdaş sözlüklerde rastlanmıyor (Baskakova ve Khamzaeva 1956). Yemeğin tarifi İranlıların izlediği işlem sırasına daha çok uyuyor ve çok eskilerde onlardan alınmış olabilir.

Keş bugün Türkiye'de (Gaziantep'te) (belirlenmemiş) bir tahıl lapası ile yoğurt karışımından yapılan yemeğin adı.[12]

Ekşimiş sütten yapılan yemekler. Klasik dönem İran'ında.

Kaşkbâ = *âş-ı kaşk* = *tarfbâ* = Arapça'da *masliyye* sözcükleri 12. yüzyılda hep eş anlamlıydı. Zemahşerî bunun dışında bir açıklama getirmiyor. Oysa biz, aynı dönemde Bağdadî mutfağında adı geçen *masliyye*'nin, et ve sebzelere, kurutulmuş *masl* (=yağı alındıktan sonra yayıkta kalan ayranın kurutulmuşu) eklenerek yapılan karmaşık bir yemek olduğunu biliyoruz (el-Bağdadî 1964, s. 26, Arberry 1939, s. 43). Zemahşerî'nin döneminde *kaşkbâ* ile *âş-ı kaşk* terimlerinin tam hangi anlama geldiklerini bilmiyorsak da, *kaşkbâ*'nın Arapların *masliyye*'sine benzediği sonucunu çıkarabiliriz.

Öte yandan, *tarfbâ* — *"puls cum opsonio ex oxygala sicca nigra (kara kurut)"* (*Burhan-ı Katı'*, Vullers içinde 1855)— *kaşk-ı siyah* katılarak yapılan bir tahıl yemeğidir. Aynı zamanda "kaymaktan yapılan bir yiyecek" adıdır (Steingass 1975).

Sebzelere ve/veya ete kaşk ya da kişk katılarak yapılan yemekler.

10. yüzyılda Irak'ta *kişkiyye* et, sebze çeşitleri ve taze tatlandırcılar katılmasıyla kaynatılarak yapılan bir yemeğin adıdır. Pişmesine yakın, ince öğütülmüş *kişk* katılıyor (dört tür *kişk*'ten söz ediliyor; bunları ilerde açıklayacağız); ardından da koruk suyu... *kişk* pişince tarçın, ay biçimi doğran-

12 L. Bazin ile mektuplaşma sırasında adı geçen *Söz Derleme Dergisi* 1941.

mış soğan, karanfil ve sünbül eklenerek ağır ateşte pişmeye bırakılıyor (el-Verrâk 1987, s. 165, Muhammed b. Harun'a göre).

Kaşk-ı bâdincân bugün İran'da (Tahran) çok sevilen bir yemek: Patlıcanlar soğan, bezelye ve domatesle yağda çevrildikten sonra fırına veriliyor. İkram edilmeden önce, ezilmiş sarımsak ızgarada hafif pişirilerek üzerine kuru nane ekleniyor. Sonra yemek kabı fırından çıkarılarak, yarım bardak suda çözülmüş *kaşk* ile birlikte üzerine sarımsak, nane, suda eritilmiş safran ve fındık serpiliyor. Gîlân'da *kaşk-ı bâdincân* etle pişiriliyor.[13]

Bu son iki tarif (10. yüzyılda Irak'ta bilinen tarif ile modern Tahran'da bilinen tarif) pişirme sürecinin sonunda *kaşk* ekleme konusunda birleşiyor.

Kişk bir 15. yüzyıl Suriye yemeği: *kişk* ile birlikte et, pancar, lahana, şalgam, nohut, karnabahar, patlıcan, pırasa, maydanoz, sedefotu (*sadab*), nane, sarımsak bir arada pişiriliyor (1503 tarihli Şam yazmasından).

Kişkiyye, 20. yüzyılda, Suriye, Lübnan ve Filistin'de, *kişk* içeren bir yemeğin adı (Denizeau 1960, s. 454'te, başka hiçbir ayrıntı verilmeden "Frayha"dan alıntılanıyor).

20. yüzyılda Lübnan'da bilinen *lahm-ı bi-kişik* "ıslatılıp ekşimeye bırakılmış buğdaya et, iç yağı, sarımsak ve biber katılarak" pişirilen bir yemeğin adı (Khawam 1970, s. 61).

Kişik-i bi-zeyt: Toz *kişik* soğuk suya azar azar eklenerek bir macun elde edildikten sonra içine zeytinyağı, doğranmış soğan, maydanoz, nane ve iri döğülmüş fındık konur. Lübnan'da, Bekaalı köylüler bu salatayı sabahları yer (Kanafani-Zahar 1994). Khawam da benzer bir tarif veriyor (1970, s. 130).

Kişik günümüzde Lübnan'ın kırsal kesiminde, biraz soğuk suda seyreltilerek serinletici bir yaz içeceği yapımında da kullanılıyor (Kanafani-Zahar).

19. yüzyılda Mısırlıların buğday ve sütle yaptığı *kişk* (bkz. yukarıya) adlı bir yemek var:

> [kişk] kullanılacağı zaman önce ya suda ıslatılıyor ya da döğülüyor. Sonra bir kevgire konarak, kevgir bir tencerenin üzerine yerleştiriliyor, üzerinden kaynar su geçiriliyor. Kevgirin üstünde kalan atılıyor: Kevgirin altına geçen, ateşte pişmekte olan bir tencere et ya da tavuğun üzerine dökülüyor. Sunulurken, çoğu kez, her bir tabağa, tereyağda kızartılmış biraz beyaz pancar yaprağı ekleniyor (Lane 1860, s. 489, n 3).

---

13 Françoise Kotobi'nin 1992 yılında sağladığı bilgi. [Aslında *kaşk-i badıncân* etsiz pişirilir; etli pişirilirse buna *halim-badıncân* denir; Ziba Mir-Hosseini'nin sağladığı bilgi -Editörler]

Bu *kişk*'in tadı ekşi olmuyor.

Kişk-i sa'idî, günümüzde Mısır'da pişirilen bir yemek: Tavuk suyu unla koyulaştırıldıktan sonra *kişk* eklenerek hazırlanıyor. Ekmekle yeniyor (Benghiat 1985, s. 62). *Halta*, Mısır'da 19. yüzyılda pişirilen bir yemekti: İçine *kişk, fûl-i nâbit* (filizlenmiş bakla), mercimek, pirinç ve soğan katılarak hazırlanır ve Paskalya yortusundan önceki cuma günü yenirdi (Lane 1860, s. 488-9).

Tahıl ve sütle yapılan bir yemek. İran, Türkiye ve Gürcistan'da biliniyor. 19. yüzyılda İran'da *keşkâb* adıyla bilinen yemek ile 19. yüzyılda Türkiye'de *keşk* denen yemeğin her ikisi de sütte pişmiş buğday ile yapılıyor (Zenker 1866).

17. yüzyılda Gürcistan'da adına *kaşi* denen, sütle pişirilmiş akdarı (*pet'vi*) çorbası var; süt ya da su ile pişirilen bir tür bulgur çorbasına da aynı isim veriliyor. Tchoubinoff (1840) *kaşi*'yi "*gruau de lait*" "*moloşneya kaşa*" diye tanımlıyor. Daha önce de belirttiğimiz gibi, Farsça *kaji* sözcüğü ile benzeşse de, Gürcücede *kaşk* anlamına geliyor.

Tahıl, koyun sütü ve et ile yapılan bir yemek. 16.-18. yüzyıllarda, İran'da *kaşk* buğday ve arpa unu ile koyun sütünden yapılan etli bir yemekti: Her bir ölçü buğday ununa karşılık, bir ölçü et konuyordu (*Burhan-ı Katı'*, Vullers 1855 içinde). 19. yüzyılda, Kuzey Hindistan'da ise, buğday unu ya da arpa ununa koyun sütü katılarak hazırlanan koyu bir çorbanın adıydı; içine et ya da buğday da konuyordu (Platts 1892, s. 837).

Tahıl ve etle hazırlanan yemekler

Pirinç ve etle hazırlanan kaşk, 16. yüzyılda, Kuzey Hindistan'da Moğol şahlarının saray mutfaklarında et ve pirinçle pişirilmekte olan bir dizi yemekten biridir: 10 sîr* et, 5 sîr döğülmüş buğday (*kaşk*) , 3 sîr *ghee* [Hindistan'da manda sütünden yapılan sadeyağ], 1 sîr *gram* (bezelye), yarım sîr tuz, 1,5 sîr soğan, yarım sîr zencefil, bir dâm* tarçın, 2 miskal* safran, 2 miskal karanfil, 2 miskal kakule, 2 miskal kimyon tohumu. Bu ölçüler beş kişiye yetecek bir yemeğin malzemesiydi. Pirinç ayrı pişiriliyor (Ebu'l-Fazl 'Allâmî 1927, s. 63).

Moğol kültürünün İranlılardan, özellikle lüks yaşama ilişkin, ne denli çok şey aldığını biliyoruz.

Macuna benzeyen, içeriği kaşkak ağırlıklı (herîse türü) bir yemek: Kö-

* Sîr: İran ağırlık ölçüsü, yaklaşık 75 gr. (Walther Hinz, İslam'da Ölçü Sistemleri, Marmara Üniversitesi Yayınları, İstanbul, 1990, s. 41); dâm: Hint ağırlık ölçüsü, yaklaşık 21 gram (Hinz, *age.*, s. 13); miskal: ağırlık ölçüsü, Hindistan'da 4,41 gram (Hinz, s. 9) -yay. n.]

keni İran. En eski belgelere göre İran'da (klasik dönemde) ve 15.-16. yüzyıllarda Suriye'de rastlanıyor. Bugün yalnız Türkiye'de ve Kuzey Irak'ta biliniyor;[14] İran ve Lübnan'da bilinmiyor.

Kişkak, 15.-16. yüzyılda, Suriye'de yaşayan kentsoylularının mutfağında pişerdi: Etle buğday (*kamh*) bir arada kaynatılarak yapılırdı (1503 tarihli Şam yazması).

Kaşkak/kaşkek (Farsça *kaşk* sözcüğünün küçültme eki almışı) İran'da 19. yüzyıla gelene değin, et suyunda (*riş*) tahılların kaynatılmasıyla yapılan koyu bir çorba olarak bilinmekteydi (*Burhan-ı Katı'*; Zenker 1866). Daha kesin söylemek gerekirse, "döğülmemiş bütün arpa ya da buğday tanelerinin yumuşayıncaya değin etle kaynatılması" idi (Steingass 1975). Göreceğimiz gibi, bu açıklama, bize yemeğin ana çizgilerini veriyor.

19. yüzyılda Türkiye'de *keşkek* "*soupe de gruau et de viande bouillie dans le genre de la herissa*" [herîseye benzer bulgur ve kaynamış et çorbası] diye bilinmekteydi (Barbier de Meynard 1881). "Herîseye benzer" sözü, İran'dakine benzer bir yemeği akla getiriyor. Diğer tanımlamalar ya ufak tefek farklarla aynı ya da yeterince açık değil: "arpa ya da buğday ve et suyuyla yapılmış çorba ya da lapa" (Zenker), "küçük küçük kesilmiş etle kaynamış lapa" (Kelekian 1911). Bugün keşkek "özel bir yemek" diye tarif ediliyor (Gürün, t.y.). *Söz Derleme Dergisi* (1941), döğülmüş buğday ile etten yapılan bu yiyeceğin Kırşehir, Bursa, Samsun, Sinop, Ordu, Kütahya, Kayseri, Ankara, Bilecik, Konya'da pişirilip yendiğini belirtiyor.[15]

Keşkeg bugün yalnızca Türkiye'de yaşayan Ermeniler arasında biliniyor.[16] Gece suda bekletilmiş buğdaya, ince kıyılmış tavuk ya da hindi eti, bir litre kaynar su, yarım litre tavuk suyu katılıp ağır ateşte buğday pişene dek ve suyunu çekene dek (gerekirse su eklenebilir) pişiriliyor; baharat, tuz, biber eklendikten sonra pütürsüz bir bulamaç olana dek çarpılıyor. İkram etmeden önce bulamacın üstüne kırmızı biber katılmış (60 gram) tereyağ eritilip gezdiriliyor; istendiğince kimyon serpiliyor. Hindi eti yerine kuzu ya da dana eti kullanılabiliyor. Bu yemek bir tür herîseye benzetiliyor (*La cuisine armenienne*, t.y.).

Keşkeg, k'eaşkak, k'eaşkeak sözcükleri —19. yüzyıl Ermeni lehçelerindeki söyleniş biçimleriyle— döğülmüş buğday ya da arpa (*korkut* buğday ya da kabuğu alınmış arpa) üzerine eritilmiş içyağ dökülerek yapılan daha

---

14 L. Bazin'den aldığımız 2 Nisan 1992 tarihli mektup.

15 *Agb.*.

16 Türkçe'den alınma; Ermenistanlı Ermeniler bu ürünün ne kendisini ne de adını biliyorlar. [Günümüzde Anadolu'da ve Irak'ın Musul ilinde varlığını sürdürüyor -Editörler]

yalın bir yemeği anlatıyor. Buna *herîse* de denebilir. Burada da Ermeniler eski bir İran yemeğini yineliyorlar. Modern Ermeni tarifi, Steingass'ın verdiği "herîseye benzer" tarife çok benziyor. Bu tarif, Türklerin İranlılardan aldığı özgün tarifin varlığını sürdürdüğü yollardan biri olabilir.

Herîse ile karşılaştırarak şu sonucu çıkarabiliriz: Özgün *kaşkak* döğülmüş tahılların etle macun haline gelene değin pişirilmesidir.

13. yüzyılda Halep sarayının mutfağında pişen *kişkah,* döğülmüş buğdayla ve tatlandırıcılarla pişirilen et yemeğinin adıydı; pişerken tatlandırıcı olarak sakız, *darsînî* [tarçın] katılıyor; sonunda *kurfa,*[17] zeytinyağı ya da susam yağı ekleniyordu. İbnü'l-Adîm'in buğdayla hazırlanan yemekler konusunda yazdığı bölümde geçiyor (1976, s. 595).

Modern, 19. yüzyıl Süryani dilinde *kaşka* "et ile mısırın birlikte kaynatıldığı" bir yemeğin adıdır ve Azeri Türkçesinden geçme bir sözcüktür (MacLean 1901, s. 141). Bu yazara dayanarak, *kaşka* sözcüğünün, Türk tarafında Azerbaycanlılarda da bulunduğu ve benzer türde bir yemeği adı olduğu sonucunu çıkarabiliriz. *Kaşkine* de çok benzer bir yemeğin adıdır: "döğülmüş buğday ve et" (*age.*).

Süt (kesilmiş ya da kesilmemiş), un ve şekerden yapılan tatlı: yalnız Mısır'da bilinir.

17. yüzyılda yaşayan Mısırlı fellahlar, kişk deyince "süt kesiği, un ve bal"dan yapılan, çok yaygın bir tür helva anlıyorlardı (Mehren 1872, s. 34). *kişk*'in başka türleri de vardı: *Nirab* ve *herâşü'l-'acaiz* (*age.*, s. 36-37); fakat bunların tatlı olup olmadıklarını bilmiyoruz.

KAŞK YA DA *KİŞK*'İN KÜLTÜREL YÖNLERİ

Kışın tüketilmek üzere saklanır:

Yiyeceğin saklanması Lübnanlı köylüler için olağanüstü önem taşır; bu yoldan yalnızca yiyecek değil, ev içindeki iş bölümü, özellikle kadınlara düşen işler de düzene sokulmuş olur. Örneğin, her gün ekmek yapan Yemenliler ve Faslı Berberilerin aksine, Lübnanlı köylüler mevsimine göre her on ya da on beş günde bir ekmek yaparlar. Bulgur ve *leben* karışımının kurutulup sonra toz haline getirilmesiyle elde edilen *kişik* baş yiyecektir ve yıl boyunca —özellikle kışın insanların kimi zaman evden dışarı adım atamadıkları zaman— tüketilmek üzere saklanan yiyeceklerin en değerlilerindendir. "İçinde buğdayın özü ile sütün en iyisi vardır." Çeşitli biçimlerde hazırlanarak yenebilir: Soğuk içecek, çorba, güveç ve ince göz-

---

17 Tarifin içinde iki türlü tarçın geçiyor: *kurfa,* Seylan'dan gelen *cinnamonum zeylanicum;* tozu daha ince olan *darsînî* ise Çin'den gelen *cinnamonum cassia*'dır.

leme yapımında kullanılır. *Kişik*'i ağzı tapalı toprak küplerde saklarlar; küpün altına doğru başka bir delikten çekerler. *Kişik* kentlerde yaşayanlarca, örneğin Beyrutlularca, bilinmez (Kanafani-Zahar, 1994).

Bu karmaşık hazırlama biçiminin Doğu Akdeniz'de 10. yüzyıldan günümüze değin geçmişini ve sürekliliğini izledik.

Furuğ Afnan Hourani de, kesin yer adları vermeden, Ortadoğu ve Türkiye'nin çeşitli bölgeleri için benzer bir tarif verir (1984, s. 58-9). Lübnan'dakine benzeyen bir hazırlama yöntemine Mısır'da rastlanıyor; ama pek yaygın gibi görünmüyor.

Bu sütten yapılan ürün, İran, Afganistan ve Ortadoğu'nun diğer bölgelerinde hayvancılıkla geçinen göçebelerin kışın tüketmek üzere sakladıkları en önemli dayanıklı yiyecektir. Kentlerde oturanlarca da değerli tutulur; güçlü bir çeşni katıcı, tatlandırıcı sayılır: "Sıcak sıcak kışın iyi gider," derler ve koyulaştırsın diye yemeğe katarlar. İranlılar, Afganlar ve bazı Pakistanlılarca bilinen *kaşk-ı siyah* gibi, kurutulmuş ekşi sütten ya da kurutulmuş bulgur ve leben karışımının ufalanmasıyla elde edilen *kaşk* ya da *kişik* de, hem salça türünden bir tatlandırıcı, hem de baş besin olarak kullanılır.

Şölenlerde sunulur:

Çok sevilen ve her gün yenen bir yemek olduğu gibi, dini yemeklerde de önemli bir yeri vardır. Bu amaçla tüketildiğinde *kaşkbâ*, İran'ın klasik döneminde "Muharrem ayına özgü, sütlü bir besin"in adı idi (Steingass 1975); *Burhan-ı Katı*'ya göre, *âş-ı halim* diye bilinen ve et, buğday, *kaşk* katılarak yapılan "bir tür çorba" ile eş anlamlıydı (Vullers 1855).[18]

Mısırlı Müslümanların çoğunun bazı Kopt dini bayram günlerini kutladığını ve göreneklerine uyduğunu gördüğümüz 19. yüzyılda, Paskalya'dan önceki cuma günü *halta* adıyla bilinen bir yemek yenirdi: Bu yemek "*kişk, fûl-i nâbit* [bakla filizi], mercimek, pirinç, soğan, vb"[19] katılarak pişirilirdi (Lane 1860, s. 488-9). Doğum kutlamalarında, ister orta sınıftan, ister varsıl sınıftan olsun, çocuğun doğduğu evdeki hanımlar birkaç tür yemek hazırlar ve yakınlarına, kadın akrabalarına doğumdan sonraki dördüncü ya da beşinci gün gönderirlerdi. Pişirilen yemekler *mufattaka, libabe; hilbe* (çemen otuyla) ve *kişk* idi (Lane 1860, s. 504). İlk üç yemeğin ya ana malzemesi baldı, ya da bal ile tatlandırılırdı; buradan *kişk*'in de balla tatlandırıldığı sonucunu çıkarabiliriz.

---

18 *Halim* adıyla bugün hâlâ bilinip yenmektedir -Editörler.

19 *Ful-i nâbit* filizlenmeye başlamış bakla tanelerinin adıdır.

Soğuk algınlığına karşı ilaç:

Tıp bilginlerinin tümü arpa katılarak hazırlanan bir karışımdan söz ediyor ve Arapça anlamdaşı *mâ'kişk* olan Farsça'dan gelme *kaşk/*kişk ya da *kaşkâb/kişkâb* terimlerini kullanıyorlar. Yunanlıların *ptisana* dediği arpa suyu, antik dönemin her derde deva baş ilacıydı. Arpa ekmeği ve arpa ile hazırlanan yemekler Arap ülkelerinde çokça yendiği için, Arap hekimleri bu ilacı kolayca benimsediler.

Ama hekimler arasında görüş birliği yoktu. İbn Sina, *Kanun* (sv *şa'îr*, II: 440) adlı yapıtında, yangılı şişkinlikler (*avram*) üzerine *kişka* koymayı salık veriyor; idrar (*bul*) için iyi olduğunu söylüyor; *mâ'kişk*'in iliğe (*rar*) sıkılık verir diyor. Er-Râzî (10. yüzyıl), bütün iltihaplanmaların nedeni olarak gördüğü *kişkiyye*'nin kullanımına kesin kesin karşı çıkıyor (nd: 29). El-Verrâk (10. yüzyıl), öksürüğe, bitkinliğe ve akciğer zarı yangısına karşı, kaynatılmış *kişk* suyunu salık veriyor ve bunu uyuza (*macrabat*) karşı yararlı buluyor (1987, s. 269); bu *kişk* suda pişirildikten sonra içine zencefil, uzun biber, kimyon ve biraz da koyun iç yağı katılıyor. Gazâlî (1975, s. 1058-1111) bilge ile hekimi karşılaştırdığı yapıtında *kaşkâb*'dan söz ederken sağaltma yöntemini açık seçik ortaya koyma zorunluğunu belirtiyor: "Ateşi düşürmek ve sarılığı iyileştirmek için *sikencübîn* [sirkeli bal şerbeti] ile *kaşkâb* [arpa suyu] içilmeli. Yalnızca bu iki ilaçtan güvenli sağaltım beklenebilir" (1959, s. 10-11). Endülüslü Abdülmelik ibn Zuhr (ö. 1162) *kaşkü'ş-şa'îr*'de insanı diriltici, bedenin içini nemlendirici, boşaltıcı ve temizleyici, ateş düşürücü özellikler buluyor. Bedene dıştan sürüldüğünde derinin gözeneklerini açıyor ve aşırı güç harcayarak zorlanma durumunda yüzü ya da bedeni yıkamada kullanılıyor. İbn Baytar (12. yüzyıl) *kişkü'l-hınta* derken "kaynatılmış buğdayın suyu"nu anlıyor; gördüğümüz gibi, *kişka* ile Yunanlıların *ptisana*'sı gibi arpadan hazırlanan karışımları kastediyor. Meymûn, kazalar hakkındaki risalesinde (1964, s. 39), sıcak havalarda, *kaşkü'ş-şa'îr* kullanımını salık veriyor; önerdiği tarif şöyle: Parlatılmış arpa, şahtere otu, hindiba tohumu, sığır dili, Irak haşhaşı, beyaz sandal ağacı, hint sünbülü, dereotu çiçeği, zeytinyağı, bol su karışımını ilk hacminin dört üçüne ininceye dek kaynat; sıvı kırmızı renk alıncaya dek üzüm sirkesi ekle; süzgeçten geçir. Es-Semerkandî (13. yüzyıl başları), dereotu ile hazırlanmış arpa *kişk*'inin kusturucu etkisiyle beden sıvılarını dışarı atmada yararı olduğunu düşünüyor (1967, s. 106). Davud el-Antâkî (16. yüzyıl) için *kişk* hâlâ "ıslatılmış arpa ya da buğdayın (ya da her ikisinin birden) kaynatılmasıyla elde edilen su"dur (1979: sv *kişk*). Bunun herkesçe bilinen bir karışım olduğunu sözlerine ekliyor.

Ürünlerin bölgede dağılımı ve saklama yöntemleri:
Kurutulmuş süt kesiği ile pek çok ülkede değişik adlar altında karşılaşıyoruz. Hazırlama yöntemlerinin coğrafi dağılımını gösteren çok iyi örnekler var elimizde. Benzer yöntemlerin değişik adlar alabileceğini unutmayalım: Afganistan'daki *kurut*, İran'daki *kaşk*'ın tıpkısıdır; ikisi de süt kesiği kurusu anlamına gelir (Balland 1985). Yunanistan'daki *trahana* ya da *trahonya* Lübnanlıların *kişk*'i ile aynı şeydir (A. Boxer'dan alıntı yapan Conran 1983). Bu tür süt kesiği kurusunun doğuda gidebildiği en uç nokta Pakistan gibi görünüyor. Daha doğuda, kesilmiş süt yerine *leben*'e eş düşen ekşimiş süt kullanılıyor. Batıda, Akdeniz ülkelerinde kesik genelde peynire dönüştürülüyor.

Kişk, tahıl ve kesilmiş sütten yapılan bir ürün; bu yapısıyla, hayvancılıkla geçinen göçebeler ile toprağa yerleşmiş çiftçilerin paylaştıkları bölgelerde ortaya çıkmış olmalı.

Bazı Arapça konuşulan ülkelerde *akıt* "kesilmiş sütün parça parça kurutulmasından elde ediliyor; kullanılmadan önce döğülüyor" (Kazimirski 1860).

Türkçe konuşulan bazı bölgelerde *karut/kurut* "kurutulmuş süt kesiği" demek olan *kişk* ile eş anlamlıdır (Zenker 1866). "Kurutulmuş süt kesiği" anlamının bugüne değin eski Batı Türkçesinde varlığına tek kanıt Kaşgarlı Mahmud'un 11. yüzyılda kaleme aldığı sözlüğüdür. Morteza Moallem (1926) de "*petit lait condensé, caillebotte*" diyerek benzer bir anlam saptamış. Barbier de Meynard'a göre (1881, II, s. 558) *kurut* kesilmiş sütün suyunu kaynattıktan sonra kurumaya bırakarak elde edilen bir tür kuru peynirdir. Sözcük "kurumak" kökünden türetilmiş. Orta Asya'da *kurut* yağı alınmış koyun sütünden yapılan yoğurdun kurutulmasıyla, tuz katılmaksızın elde edilen bir dayanıklı yiyeceğin adı. Yiyeceğin uzun süre dayanması için sütün yağının alınması gerek. Küçük kesme parçalar halinde bulunur; çok ekşi ve sert olan ürün, kış için saklanır. Kazak ve Kırgız çobanları bunu emmeyi severler. Yemeklere tatlandırıcı olarak katıldığı da olur; kalori değeri çok yüksektir. Kimi zaman süt ve undan yaptıkları bir bulamaca katarlar; bu karışıma koyun kıyması ekledikleri de olur.[20]

Türkçe bir sözcük olan "kurut" İran dillerini konuşan kimi halkların diline geçmiş: Afganistan ve Pakistan'da yaşayan Peştunlar *krut* diyorlar; Pakistan'daki Brahuiler (Gerard Dufourcq'tan alınan sözlü bilgi) ve Belu-

---

20 L. Bazin'den aldığımız 2 Nisan 1992 tarihli mektup.

ciler de biliyorlar. Çok keskin bir tatlandırıcı olan "kara kurut"u da İran'da aynı adla ve aynı değerlendirme biçimiyle kullanıyorlar. Bir Türkçe terim olan kara kurut, daha önce sözünü ettiğimiz gibi, kara renkli kurutulmuş süt kesiği anlamıyla, yalnız Farsça'da kullanılıyor; İranlılar ve Afganların çok değer verdiği bu salça türü tatlandırıcı Türkiye'de neredeyse hiç bilinmiyor.

Saklama yöntemi bakımından, 13. yüzyılda, Ortadoğu'nun kimi bölgelerinde, *masl* ile *kişk* benzeşiyor gibidir: "Arpa unundan yapılmış topakları ekşi *leben*'e yatırıp iyice ekşiyene dek bekletiyorlar; sonra kurutup *el-masliyye* adını verdikleri yemeğe, koyulaştırmak amacıyla katıyorlar" (İbnü'l-Heşâ 1941: no. 687).

Anadolu'da "tarhana," dayanıklı bir yiyeceğin adıdır: Haşlanmış sebzeler ezilerek kevgirden geçirildikten sonra lebne, tuz, maya ve un eklenir. Elde edilen hamur mayalanması için üç gün bekletilir; daha sonra küçük parçalar halinde kesilerek kurutulur ve tahıl tanecikleri boyutuna indirgenecek biçimde iki el arasında ufalanarak saklanır (Afnan Hourani 1984, s. 59). Yunan mutfağındaki, *trahana* ya da *tarhonya* Lübnan'da bilinen *kişk* ile benzeşmekte. Çorbayı koyulaştırıyor; ekşili, fındık ceviz katılmış gibi bir tat veriyor (Conran 1983). Tıpkı Kuzey Mısır'daki gibi, sütten yapılma bu küçük toplar çiğnenir (Benghiat 1985: 62); İran'ın kuzeyinde yaşayan Türk kökenli topluluklar da bu ürünün kendilerine özgü bir türünü çiğnerler (L. Bazin'den alınan bilgi).

Sözcüğün kök anlamı ne?

Günümüzde, Lübnan, İran, Mısır'da ve bölgenin diğer yerlerinde yaşayan köylüler ve kentliler, ince ayrıntılı yöntemlerle hazırladıkları bir dizi karmaşık yemeği bu adla anıyorlar; yemeklerin böylesine işlenmiş, yerleşmiş olması uygulamanın çok eski zamanlardan bu yana süregeldiğinin göstergesi. Oysa yemeğin adı, gördüğümüz gibi, Farsça'dan geçme. Burada ortaya bazı sorunlar çıkıyor.

Sözcüğün kök anlamı üstüne bazı olası varsayımları gözden geçirelim. İlk bakışta, *kaşk* sözcüğünün, aynı anda hem tahıl hem de sütün iki ayrı türevinin adı olması bir rastlantı gibi görünebilir: Özellikleri bakımından birbirinden çok ayrı iki ürün ile kökeni ve anlamı çok ayrı iki sözcük "teleskop gibi" iç içe geçmiş olabilir. Fakat, kanıtlar bu görüşü doğrulamıyor.

Ürünün en başta taşıdığı özellikler üstüne üç varsayımı inceleyelim: Sözcük, başlangıçta sütten yapılan bir ürünün adıydı; sözcük başlangıçta arpadan yapılan bir ürünün adıydı; ve sözcük başlangıçta karmaşık bir ürünün adıydı. Bu önermelerin her biri için elimizde hangi kanıtlar olduğuna ve bu kanıtların bizi hangi sonuçlara götürdüğüne bakalım.

Sözcük başlangıçta sütten yapılma bir ürünü tanımlıyordu: *Kaşk*'ın bölgenin nerelerinde ve hangi dillerde var olduğuna baktığımızda oldukça türdeş bir dağılım görüyoruz: İran dillerini konuşan (hayvancılıkla geçinen) göçebelerin ya da onlarla temasta bulunan Türk dillerini konuşan (hayvancılıkla geçinen) göçebelerin hepsinde bir temel besinin adı olarak biliniyor. Bu topluluklarda tek sözcük ve tek anlam var ve sözcüğün Türkçe'ye Farsça'dan geçtiğini biliyoruz.

Tahılların bir yan ürünüdür: Sanskritçe'deki "sabanla iz açmak" anlamına gelen *kaşa* köküyle birçok ilişki saptıyoruz: Farsça'da *kişt* "ekili tarla" anlamına geliyor; Sanskritçe'de *kaşaya* sözcüğünün "sağaltıcı içecek" anlamına geldiğini daha önce görmüştük. Bu semantik alanında, belirli ürünlerin adlarına işaretk etmek için Farsça'dan önemli bir türetilme yapıldığını gözleyebiliyoruz. Sözcük türetme kurallı: ***kaşkbâ, kaşkak, kaşkin***. Eğer ürün başlangıçta "kurutulmuş ekşi süt" anlamına geliyorduysa, bu sözcükten türetilmiş "arpa suyu" anlamını semantik açısından açıklayamıyoruz.

Sözcük başlangıçta karmaşık bir yiyeceğin adıydı: Ödünç alınan sözcüklerin kronolojisi üzerinde düşünebiliriz: 5.-6. yüzyılda konuşulan Ermenicede varolan ***k'aşken,*** türetilmiş bir sözcük olan arpa ekmeği anlamıyla Farsça'dan geçiyor. Sözcüğün bilinen en eski varoluş biçimi budur. 10. yüzyılda konuşulan Arapça, Ortadoğu'da yaşayan Araplar arasında "tahıl ve sütten yapılma dayanıklı yiyecek" anlamıyla bilinen ***kaşk/***kişk sözcüklerini Farsça'dan alıyor (el-Verrâk 1987). 16. yüzyıl Türkçesi, Farsça'da peynir anlamına gelen ***keşk*** sözcüğünü alıyor. 1503 tarihli Şam yazması Farsça'dan, herîse anlamına gelen ***kaşkak*** sözcüğünü alıyor. Eğer sözcüklerin ilk ortaya çıkışlarını ele alırsak, tümünün de tahıldan yapılma yemeklere verilen, aynı kökten türetilmiş adlar olduğunu görürüz: ***Kaşkin, kaşkina, kaşkak, kaşkbâ, kaşkâb, keşkiyye.*** Buna göre, sözcüğün ilk baştaki anlamının "tahıldan yapılma karmaşık bir ürün" olduğu varsayımı doğrulanmış oluyor; çünkü: Farsça'daki her türetilmiş ad kesin olarak belirli bir nesneyi niteliyor; aynı kökten türetilmiş bu simgelerin Farsça'da belli bir anlam alanına girdikleri görülüyor; bu ortak anlam alanı, tahıllardan özellikle arpadan çeşitli biçimlerde yararlanıldığının kanıtlarını veriyor. Üstelik sözcüklerin diğer dillerce (Ermenice ve Arapça) ilk başlarda benimsenirken taşıdıkları anlamlar, tahıllardan yapılma karmaşık bir ürüne tanıklık ediyor. Sözcük eski dönem ve orta dönem Farsça'sında yok olsa bile, onu tarım düşüncesi içeren bir kökle ilişkilendirebildiğimizi ve bunun da tahıllardan yapılma bir karışıma işaret ettiğini gördük.

Peki öyleyse, "arpadan hazırlanan karışım" anlamı nasıl olup da "ekşi sütten hazırlanan karışım" anlamına dönüşüyor? Sorunun yanıtını bu iki ayrı ürün dizisi arasında ortak yanların varlığıyla ve sonunda ürünlerin aynı isim altında birleşmesiyle açıklayabiliriz.

Doku benzerliği: Arpa ekmeği kötü, ağır, nemli ve kolay ufalanan bir ekmektir. İri döğülmüş arpayla ya da kaba arpa ekmeğiyle yapılan et suyu çorbası daha iyi olur. Üstelik, kolay sindirilebilir ekmek yapmak için diğer tahıllar ve baklagillere arpa karıştırılması gerekir; arpa, burçak, fasulya ve mercimek karışımından yapılan *kaşkîne* için de durum aynıdır. Arpa içeren karışımların taneli kıvamı, kurutulmuş ekşi sütün taneli kıvamını çağrıştırmaktadır ve arpa karışımının adı, benzetme yoluyla sütlü karışımı anlatmak için kullanılabilir. En önemli benzerliklerden biri bu olsa gerek. Üstelik, tarih boyunca, arpa ya da arpa ekmeği Orta Avrupa'da, tıpkı Ortadoğu'da olduğu gibi, lezzetli olsun ve kolay sindirilebilsin diye sütle yenirdi (Maurizio 1932).

Tadın ekşi oluşundan gelen benzerlik: Arpa unu suyla kaynatılarak çorba yapıldıktan sonra, soğuyup yeniden kaynatıldıkça tadı ekşileşir; çünkü laktik asit içermektedir (Maurizio 1932, s. 232-3). Bu da ikinci en önemli benzerlik olmalı: Ekşi arpa unu çorbası ile ekşimiş sütten yapılan çorbalar arasındaki tat benzerliği.

Yassı, yuvarlak biçiminden gelen benzerlik: el-Verrâk ve İbnü'l-Heşâ'nın *kişk* adlı karmaşık, dayanıklı yiyeceği betimlemelerinden, bunun yassı ve yuvarlak olduğunu anlıyoruz; arpa ekmeğinin biçimi de böyleydi.[21]

Renk benzerliği: Genellikle koyu kahverengi olan arpa ekmeğinin rengi *kaşk-ı siyah*'ın rengini andırır.

Bir başka yaklaşım da, sütle arpa çorbası arasındaki ilişkiyi çeşitli düzeylerde değerlendirmek olabilir: Görünümleri, tatları arasındaki benzerlik; arpa çorbasına pişirilişi sırasında süt katılması; kuru arpanın sütte ıslatılması. Öte yandan Farsça'da kurutulmuş ekşi sütü adlandırmak için *tarf*, arpayı adlandırmak için de *cov* sözcüklerinin bulunduğunu gördük.

SONUÇ

Yukarıdaki açıklamaların ardından şu varsayımı öne sürebiliriz: Farsça *kaşk* sözcüğü kökünde "arpa karışımı, arpa çorbası" idi. Sözcüğün, yazı-

---

21 Ülkelerimizle temas olasılığı bulunmayan 17. yüzyıl İsviçresi ile aralarındaki uygulama benzerliğine dikkat ediniz: *"l'orge ... donne un pain doux de goût, agréable qui, à vrai dire, est un peu humide et devient dur rapidement. C'est pourqui, dans les populations des Alpes ... on cuisait une ou deux fois par an cette sorte de pains d'orge. On les coupait en disques plats et minces que l'on ehflait sur des cordes et qui pendaient au dessus du foyer, et, selon les besoins, ils les mahgeaient l'hiver, ramollis sur du bouillon de viande ou du lait"* (Maruzio 1932, s. 504 içinde A. von Haller 1782).

lı metinlere dayanarak bilinen en eski anlamı budur. Bu karışıma, maya eklenerek iki dayanıklı ürün alınmaktadır: Ekmek yapılacaksa, su az katılır; adına *kaşkîne, nân-ı kaşkîne* denen ekmek böyle yapılır; su bol katıldığı zaman mayalanmış bir çorba-lapa elde edilir ve istenirse kurutularak saklanabilir.

Maya kullanılmaz da, ekşimiş süt kullanılırsa bu iki anlama gelir: Kurutulmuş ekşi sütü ana besin sayan, ama arpaya erişmeleri kolay olmayan (İran dillerini konuşan, hayvancılıkla geçinen) göçebeler, kurutulmuş ekşi süte benzetme yoluyla *kaşk* demiş olabilirler. Sonra sözcüğün tüm Ortadoğu'ya yayıldığını biliyoruz. Yerleşik çiftçiler arasında *kişk* sözcüğü, bir tahıl ile maya ya da ekşi sütten yapılan karmaşık bir dayanıklı yiyeceğin adı oldu. Acaba yapım yöntemini de aldılar mı? Ne yazık ki, eldeki veriler kesin bir yanıt vermeye olanak tanımıyor. Yine de, bu karışıma karşılık Süryanicede var olan adlar, yöntemin Ortadoğu'nun diğer bölgelerinde çok erken dönemlerde bilindiğini akla getiriyor.

Söz dağarının evrimi ve yakıştırmalar yoluyla *kişk* sözcüğü geniş bir coğrafyada çok anlamlılık kazandı: Yalın arpadan başlayıp, ekşi süt ve tahıldan yapılan bir tür dayanıklı yiyeceğe, *kişk* ile yapılan bir karışıma, arpa ile kaynatılmış et suyuna, mayalanmış tahıllara, bir peynir türüne, kesilmiş sütün ayrılan suyuna değin uzanan anlamları, çok sık kullanıldığının göstergesi. Bazı niteleyici terimler ve sıfatlar "tasarruf ilkesi" uyarınca düşmüş olsalar gerek: 10. yüzyılda *Şehname*'de *nân-ı kaşkîn* diye geçerken, sonraları *kaşkîn* yeter sayıldı.

Son olarak, böylesine alçak gönüllü bir kültür nesnesinin uğradığı geçişmenin incelenmesi yoluyla kültür bakımından birbirinden çok ayrı toplulukların aralarındaki ilişkilere ışık tutulabileceğini söyleyebiliriz: Sasaniler dönemi İran'ında yaşayan Zerdüştiler ile Hıristiyan Ermeniler arasındaki ilişkiler; Müslüman İranlılar, Kürtler, Araplar arasındaki ilişkiler; İranlılar ve Türkler arasındaki ilişkiler. Gerçek o ki, göçebe aşiretlerin Farsça *kaşk*'ı ta Bağdat sarayının itibarlı yemekleri sırasına değin ulaştı. Doğrusunu isterseniz Bağdat sarayının itibarlı yemekleri de İran mutfağından geçmeydi: *faluzec* ve *sikbac* buna örnek. Bu alçak gönüllü yemeğin Irak sarayında benimsenmesi ilk 10. yüzyılda oluyorsa da, el-Bağdadî'nin 12. yüzyılda yazdığı kitapta adı geçmiyor. 13. yüzyılda Halep soylularının mutfağında; 14.-15. yüzyılda, Kahire'deki Memluk sultanlarının mutfağında; 16. yüzyılda Keşmir'de Moğol şahlarının mutfağında varolduğu gibi, Ortadoğu'da yaşayan Müslüman ve Hıristiyan köylülerin mutfağında da (birkaç istisna dışında) hep var. Kimi zaman çok iyi bir kültür ayracı görevi yaptığı oluyor: Örneğin Lübnan'da yaşayan Çerkezler bu yiyeceğin ne adını, ne kendini biliyor; Ermenistanlı Ermeniler arasında bilinmiyor da Türkiye'den göçmüş Ermeniler biliyor.

Ortadoğu'da kültürel nesnelerin geçişmesi olgusunda *kişk*'in çok önemli bir yeri olduğunu görüyoruz. Bu önemli yerini, baştan beri Ortadoğu ülkelerinde Araplar eliyle yayılan Fars kültürünün saygınlığına borçlu; bunun bazı etkileri bugün hâlâ görülüyor.

EK: *KAŞK*'IN SÖZLÜKÇESİ

Sözcük	Anlamı	Kaynağı
Hint-Avrupa dilleri		
Yeni Farsça (5.-6. yüzyıllar)		
kaşk		*Şehname* (10. yüzyıl)
Türevleri:		
k'aşken	"arpa ekmeği"	Elişe (5.-6. yy.) (1957, s. 144)
kaşkîn	"arpa ekmeği"	*Şehname*
kaşkbâ	"arpa çorbası"	Zemahşerî (12.yy) (1963, s. 334)
Bileşik terimler:		
nân-ı kaşk	"arpa ekmeği"	*Şehname*
nân-ı kaşkîn	"arpa ekmeği"	*Şehname*
nân-ı kaşkîne	"arpa ekmeği"	*Şehname*
âb-ı kaşk	"arpa suyu"	Zemaherî (1963, s. 346)
âş-ı kaşk	"arpayla kaynamış et suyu"	Zemahşerî (s. 344)
Klasik Farsça (16. yüzyılda konuşulan)		
kaşk		Ebu'l-Fazl (16. yy.)
Türevleri:		
kaşkâb	"arpa suyu, ptisan"	Steingass (19. yy.) (1975)
kaşku	"arpayla kaynamış et suyu"	Steingass
kaşkak	karmaşık yemek	Steingass
kaşkin	ekmek/kuru saklanan	Steingass
kaşkine	ekmek/kuru saklanan	Steingass
Bileşik terimler:		
kaşk-ı siyah	"siyah *kaşk*"	Vullers (1855); Zenker (1866)
kaşk-ı sefid	"beyaz kaşk"	Zemahşerî'de geçer (1963, s. 344)

Çağdaş Farsça		
kaşk	kuru yoğurt (*mâst*)	Ramazanî (1974)
Bileşik terim:		
kaşk-ı badincân	patlıcanlı *kaşk*	
Ermenice		
Yalnızca türetilmiş sözcükler:		
k'aşken,	"arpa ekmeği"	Elişe (5.-6. yy)
keşkeg k'eaşkak, k'eaşkeak	karmaşık yemek	19.-20. yy
Urduca		
kaşk	"arpa", "arpa suyu"	
	"koyu çorba"	
	"kurutulmuş ekşi süt"	Platts (1884, s. 837)
Peştu		
kşk	"tahıl çorbası"	*Afganca-Rusça Sözlük* (1966, s. 680)
	"ekmek çorbası"	
İran dillerini konuşan göçebeler		
Kuzeybatı lehçelerinde:		
Taliş		
kaşk	kurutulmuş peynir özü	Bazin (1980, II, s. 49)
Gîlân		
kaşk	aynı	Bazin ve Bromberger (1982, s. 35)
Kürtçe		
keşk, kaşk (Hakkari)	aynı	Rhea (1880); Jaba (1879)
kesk		Soane (1913)
keşka		20. yy
Güneybatı lehçelerinde		
Bahtiyari		
kaşk, âv kaşk	aynı	Digard (1981, s. 198)
Makedonya Yunancası		
kaçık	peynir	Doane ve diğ. (1969, s. 99)
Sami dilleri		
Arapça:		
Irak		
kişk/kişik		El-Verrâk (10.yy); İbn

		Sina, II, sv *şa'ir*; Bar Behlul (9.yy); el-Semerkandî (13.yy); 20.yy
Türevleri:		
kişkiyye	karmaşık bir yemek	El-Verrâk, er-Râzî (10.yy); 20.yy
kaşkâb	"sıcak suda yatmış arpa"	Gazâlî (9. yy sonu)
Bileşik terimler:		
kişk-i şamî	"Şam kişki"	el-Verrâk
kişk-i musulî	"Musul kişki"	el-Verrâk
kişk-i hâmız	"ekşi kişk"	el-Verrâk
kişk-i babkî	?[22]	el-Verrâk
kişk-i buşûl	?	el-Verrâk
kişk-i bâblî	"Babil kişki"	İbn Baytar (1877-83, no 683, I: 445)
Ortadoğu: Suriye, Lübnan, Filistin		
kişk/kişik	kurutularak saklanan	[23]
Türevleri:		
kişkâh	karmaşık bir yemek	İbnü'l-'Adîm (13.yy) (1976, s. 595)
kişkak	karmaşık bir yemek	Şam, 1503 tarihli yazma
kişkiyye	karmaşık bir yemek	Frayha (Denizeau içinde 1960, s. 454)
Bileşik terimler:		
keşk-i hamr	"maya" katılmış	İbnü'l-'Adîm; Burckhardt (1822, s. 293)
keşk-i leben	"süt kesiği" ile	İbnü'l-'Adîm; Burckhardt (*age.*)

22 Küçültme eki alarak *bab*'dan türeyen *babak* "küçük baba" ya da "turkuaz" anlamına gelir; aynı zamanda ortaçağda yaşamış ünlü bir İranlı isyancının adıdır. Burada kastedilenin ne olduğu açık değil.

23 13. yüzyıl: İbnü'l-Heşâ (1941); İbnü'l-'Adîm (1976, s. 870).
14-15. yüzyıl: *Binbir Gece Masalları* (Breslau 7, s. 300) fakat tanımlamak olanaksız.
16 yüzyıl: 1503 tarihli Şam yazması; Davud el-Antâkî.
18 yüzyıl: *Lisanü'l-'arab, kaşk* sözcüğünün hem Arapça hem de Farsça söylenişini veriyor; bildiğimiz kadarıyla, başka böyle bir saptama yok.
19 yüzyıl: Bergrenn (1844); Harfouch (1894, s. 304).
20 yüzyıl: Dalman (1928-39, VI, s. 295, 28; Denizeau içinde 1960, s. 454); Khawam (1970); Kanafani-Zahar (1994).

Mısır		
kişk		17. yy Mehren (1872, s. 34); Freytag (1975); Lane (1866, s. 488-9, 504)
Bileşik terimler:		
kaşkü'ş-şa'îr	"arpadan"	Meymûn (12.yy) (1964, s. 39)
kişk-i musbba'un	"7 tür malzemeyle"	Halil ez-Zahirî (14.-15.yy) (1894, s. 125)
kişk-i sa'idî	tavuklu *kişk*	Benghiat (1985)
Tunus		
kaşkâr	"kaba kepek"	Beaussier (1958)
Endülüs		
kişk	arpa hamuru	İbn Habib (ö. 853)
kişkü'ş-şa'îr	"arpalı kişk"	İbn Zuhr (ö. 1162) (1992: II)
kişkü'l-hınta	"buğdaylı kişk"	İbn Baytar (12.yy) (1877-83, sv *şa'îr*)
Süryanice (Kuzeybatı İran, Musul ovası, Kürdistan'daki Doğu Suriyeliler)		
kişk	"arpa çorbası"	P. de Lagard içinde Elias Nisibé, (1879, s. 35)
Türevleri:		
kaşkâ	karmaşık bir yemek	MacLean (19.yy) (1901, s. 141)
kaşkînâ		MacLean
Yeni-Aramca (Bir Kürt lehçesi)		
keşkâ		Krotkoff (19.yy) (1982, s. 83, 130)

Altay dilleri

Türkçe		
keş		*Tarama Sözlüğü* (16.yy) (1957, IV, s. 503)
keşk		Zenker (1866); Kelekian (1911)
Türevleri:		
keşkek	karmaşık bir yemek	Zenker; Barbier de

		Meynard (1881), Kelekian; Gürün (t.y.)
keşkine	"arpa ekmeği"	Zenker
Azeri		
kaşk		Bazin ve Bromberger (1982, s. 35)
kaşkâ		MacLean (1901, s. 141)
Türkmen		
keşkîne		Zenker
keşkîn		Bianchi ve Kieffer (1871)

Kafkas dilleri

Gürcü dili (17. yy)		
kaşî	"sütle pişirilmiş tahıl"	Tchoubinoff (1840)

II.
YEMEK VE TOPLUM DÜZENİ

DOKUZUNCU BÖLÜM

MODERN ARAP YEMEK KİTAPLARINDA GELENEKSEL MUTFAĞA DÖNÜŞ

PETER HEINE

Modern Arap yemek kitaplarını incelemek başlı başına bir serüvendir; çünkü, insan hemen şu soruyu sormak zorunda kalır: Arap yemek kitabı sözüyle demek istenen nedir? Arap mutfağını anlatan İngilizce, Fransızca, hatta Almanca kitaplar Araplar için yazılmış kitaplar mıdır? Bu soruya "hayır" yanıtı vermek biraz acelecilik olur. Arap olmayan okurlara yönelik, yabancı dilde yazılmış kitapların Araplar için yazıldığını söyleyemeyiz. Fakat Arap mutfağını anlatan kitaplar arasında bazılarının, özellikle Fransızca yazılmış olanların, açıkça Arap okurları amaçladığı görülüyor.

Yalnızca iki örnek vermekle yetineyim: Birinci kitap, George N. Rayes'in yazdığı *L'Art culinaire libanais* (1957). Bu kitabın Lübnanlılar için ya da belki daha başka Arap okurlar için yazıldığı çok açık.[1] Lübnan mutfağına ününü sağlayan bütün yemeklerin tariflerini içermesi nedeniyle, hiç yanlış anlamaya yer bırakmayacak denli Lübnanlılar için yapılmış bir seçme. Bazen bir yemeğin hem Fransızca'daki hem de Arapça'daki adını yan-yana bulduğumuz oluyor: *Kibbe au four sur plateau* ile Arapça karşılığı *Kıbbe bi's-siniye* gibi. Bazen de *méthode arabe* başlığıyla bir ekleme yapıl-

1 Aynı yazar tarafından Arapça yazılmış *Fennü't-Tabh* (Rayes 1981) adlı yemek kitabının 1951 basımından yapılan yeni baskısını gördüm; fakat okuma olanağı bulamadım.

mış. Sözcüklerin Arap harfleriyle yazılışından Latin harfleriyle yazılışına geçişte izlenen yol, şemsî ve kamerî harflerin doğru yazılmasında direnen titiz dil bilimcileri sevindirecektir. *L'Art culinaire libanais*'nin geleneksel olana bağlılığı, içindeki "Les lapins et les gazelles" [Tavşanlar ve gazallar] adlı bir bölümden de belli. Özgül bir Lübnan mutfağının var olduğu bilinci, Avrupa yemek tariflerinin özel olarak belirtilmiş olmasında da görülüyor: Kitap "Quelques desserts européens" [Avrupa Tatlıları] başlıklı bir bölümle son buluyor. Ne yazık ki, kitabın kimler için yazıldığı açıklanmamış. Rayes hiçbir açıklamada bulunmuyor. "Yazarın notu"nda asıl metnin Arapça olduğunu belirtmiş; çünkü, diyor: "*En Arabe, on emploi le mêm mot, qali: pour designer les diverses opérations de passer au beurre, fair revenir et frire, qui en français son emprimées par des termes différents*" [Arapça'da tereyağda kızartmak, pişirmek gibi çeşitli işlemleri belirtmek için aynı sözcük kullanılır: *kali*; oysa Fransızca'da bu işlemler farklı sözcüklerle ifade edilir] (s. 2). Belki de *L'art culinaire libanais* sıkı bir Fransız ya da Avrupa eğitiminden geçmiş Lübnanlıları amaçlamıştı: Arapça konuşabilen, fakat bir Arapça yemek kitabını anlayabilecek denli okuması olmayanları... Bunun ötesinde, kitabın ev eşyaları satan bir mağazanın tutunması amacıyla yazıldığı konusunda güçlü bir izlenim taşıyorum. En az 36 sayfa reklam koymuş: Hava yolları, dondurulmuş yiyecek reklamları yanında, Rayes'in mağazasında satılan çamaşır makineleri, mutfak eşyaları vb. duyurulmuş.

Fatıma Zohra Bouayed'in yazdığı, yakınlarda yayımlanmış *La Cuisine algérienne* (1983) adlı kitabın da yerel okuyucular için yazıldığı açık. Cezayir mutfağını Cezayirlilere anlatmak için yazılmış olan, başka benzerini bulamadığım bu kitap 1980'lerin ortalarına değin Cezayir'de insanların ne ölçüde Arapça bildiğinin iyi bir göstergesi. Kitabın sunuş bölümünde yazar, kitabı yazmaktaki amacının, kadın-erkek yurttaşlarına Cezayir mutfağının zenginliğini göstermek, ülkenin değişik bölgelerinde pişirilen çeşitli yemekleri tanıtmak olduğunu söylüyor ve sunduğu yemek tarifleri derlemesi aracılığıyla Cezayir mutfak geleneğinin korunacağından söz ediyor.

Bu kitaba yine döneceğim. Bir an için şöyle bir önermede bulunalım: Diyelim ki, bir kitabın Araplar için yazılıp yazılmadığının tek belirleyicisi Arapça yazılmış olması değildir. Kitabın hangi okur kitlesini hedeflediğini hesaba katmak zorundayız. Batıdan ve Doğudan birçok yazarın Arap mutfağı konusunda, özellikle Batılı okur için yazdığı pek çok kitap var. Bu kitaplar niteliğiyle, eni boyuyla, fiyatıyla diğerlerinden ayrılıyor; birkaçını hepimiz biliyoruz. En ünlüleri: Claudia Roden'in yazdığı *A Book of Midd-*

le Eastern Food (1968); Mina El Glaoui'nin *Ma Cuisine marocaine* (t.y.) adlı, açıkça hali vakti yerinde Batılı gezginler için yazdığı kitap; Robert Carrier'in göze hitap eden *A Taste of Morocco*'su (1987): Kitap o denli güzel ki, hiç kimsenin ondan mutfakta yararlanmaya kıyabildiğini sanmıyorum; Mary Laird'in *Lebanese Mountain Cookery* (1987) adlı kitabı belki de ABD'de yaşayan Araplar için düşünülmüş olmalı. Bunları Arap yemek kitapları olarak saymıyorum. Aslında, bu tür yemek kitaplarında, Arap dünyasındaki ülkelerden hangilerine daha çok, hangilerine daha az yer verildiğini bilmek ilginç olurdu. En yakından tanıdığım Almanya'da kitapların çoğu Fas, Tunus ve bir Arap ülkesi olmayan Türkiye ile ilgilidir. Bunların hepsi de Avrupa'dan yüksek sayıda gezgin çeken ülkeler. Öyleyse Arap yemek kitabının tanımını bir kez daha yapayım: Arap okur için yazılmış olandır.

Kimi kitapları bir sınıfa sokmak güç. Örneğin, Tess Mallos'un *The Complete Middle East Cookbook* (1987) adlı kitabının Arapça'ya çevirisi açıkça bir Arap kamuoyuna yöneliktir. Fatouma Benkirane'ın İngilizce, Fransızca ve Almanca olarak yayımlanan *et-Tabhü'l-Magribiyi'l-Mu'asır* (1984) adlı kitabının durumu daha karışık. Bu basımlardan birinin önsözünü Paul Bocuse, diğerinin önsözünü Maurice Messegué yazmış. En azından Almanca basımı 1981'de, Arapça basımından önce yayımlandı. Bayan Benkirane, geleneksel Fas mutfağını hem karmaşık buluyor, hem de çok zaman alıcı; kitap bu mutfağı çağcıllaştırmaya çalışıyor. Bir de, herkesin sofrasındaki sıradan Fas yemeklerinin yüksek kalori içermesine üzülüyor. Önsözlerden biri Bocuse'ün kaleminden çıktığına göre, Bayan Benkirane'ın pişirme sürelerini azalttığını, yağ miktarlarını kıstığını vb. kestirebiliriz. Kitap öncelikle Faslı okurlar için yazılmış. En azından kitaba yazdığı giriş bölümünde öyle söylüyor. Ama önce Avrupa dillerinde yayımlanmış olması, önsözlerini beslenme ve yemek pişirme konusunda uzman iki kişinin yazmış olması, temelde Batılılar için yazıldığını gösteriyor. Arapça basımına yazdığı önsözde bile Bayan Benkirane Faslılara seslenmiyor.

Söz Fas'tan açılmışken iki kitabı daha anmak gerek: Bu kitapları yazanlar Faslı ya da Arap değil. Faslı ya da Araplara seslenen kitaplar da değil bunlar. Birincisi, Zette Guinaudeau-Franc'ın yazdığı *Fes vu par sa cuisine* (1957). Fotoğraflar ve renkli çizimlerin canlılık kattığı yeni basımı *Les Secrets des cuisines en terre marocaine* (1981) adıyla yayımlandı. Fas mutfak kültürünün tanıtımına kitabın önemli katkısı olmuştur. İkinci kitap, Viviane ve Nina Moryoussef'in yazdığı *La Cuisine juive marocaine* (1983) Faslı Musevilerin özel mutfağını yaşatmaya çalışıyor.

ULUSLARARASI NİTELİKTEKİ ARAP YEMEK KİTAPLARI

Bir yemek kitabı Araplar için yazılmışsa, olağan koşullarda kadınlara seslenir. Edimlerin açıkça ve sürekli ikinci tekil, dişil kişiye buyruk olarak iletildiği tek bir kitap bulabildim: S. el-Küheyli'nin yazdığı *et-Tabhü'l-'Arabîyi'l-Asil* (1990). Bu yemek kitaplarında, ortaçağ Arap yemek kitaplarında gördüğümüz "Mukaddime"ye benzer bir giriş bölümü oluyor. Gördüğüm modern yemek kitaplarının çoğu Allah'a niyaz ederek ve Kuran'dan konuya uygun ayetlerle başlıyor; bazılarında *Kitabü'l-Vusla ile'l-Habib* ya da el-Verrâk'ın yazdığı *Kitabü't-Tabh*'da olduğu gibi hadislere de yer veriliyor. Eski olsun, yeni olsun, bu kitapların hiçbirinde domuz etinin adının bile geçmediğini söylemeye gerek yok.

Modern Arap yemek kitaplarında iki değişik tür göze batıyor. Birinci tür modern uluslararası mutfakla ilgilidir ve birkaç Arap yemeğinin sözünü etse bile Arap yemek pişirme sanatına özel ilgi duymaz. Örneğin, Sadûf Kemâl ile Sima Osman'ın yazdığı *Elifba'ü't-Tabh*'da (1980) Lübnan, diğer Arap ülkeleri ve bunlar dışında dünyanın her yerinden 460'ın üstünde tarif verildiği belirtilmekte. Bu kitaptan belki de toplumsal değişimin, en azından Lübnan'da yaşanan toplumsal değişimin bir göstergesi olarak yararlanılabilir. Kitabın giriş bölümünde, genç hanımların artık yemek pişirmeyi öğrenmediklerinden söz ediliyor. Üniversitede öğrenime zaman ayıran genç hanımlar, sonra da yaşamlarını kazanıp ailelerinin geçimini sağlamak zorunda kalıyorlar. Böyle olunca, anneleri ya da evin yaşlı hanımlarından görerek ve onlara öykünerek yemek pişirmeyi öğrenme olanağı bulamıyorlar. Yemek hazırlamaya zamanları olmadığı için çoğu konserve yiyecekler alıyor ya da evcek lokantaya gidiyorlar. Bu yaşam biçiminin ailenin sağlığına zarar verdiğine değiniliyor. Mutfakta yaşanan bu sorunlar çoğu kez eşler arasında sorunlara da yol açıyor (s. 7). Kitap bu dertlere de deva olacaktır. Kitabı okuduğumda, Avrupa'da yayımlanmış benzerlerinin etkisinde kaldığı izlenimini edinmiştim. Kitabın düzenine, içindeki resimlere, yapısına ve takındığı öğretmen edasına (İngiltere, Fransa, Almanya'da olduğu gibi dünyanın her yerinde) acemiler için yayımlanmış yemek kitaplarında rastlamak olası.

Elifba'ü't-Tabh'ın içindeki tarifler birkaç nedenle ilgimi çekti. Belirli bir yemeği Arap/Doğu ya da Avrupa yemeği diye adlandırırken doğal olarak aynı tanımlama sorunuyla karşı karşıya kalıyoruz. Yalnızca, Avrupa yemeği olduklarını yüzde yüz bildiklerimizi saysak kitabın içeriğinin neredeyse üçte biri Avrupa usulü tariflerden oluşuyor. Örneklemek gerekirse: *afukadu ma'a'l-mayuneyz, kukteyl gambari, salatatü'l-batata, hasa'u'l-besl bi'l-krim, el-kunsumih, el-aruzzü'l-amriki el-matbuh* yanında *lazani-*

ya, rafiyuli, kanniluni gibi bütün makarna yemekleri, *krukit ed-decâc, batata krukit, şerâ'ihü'l-lahm (istik)* ya da *catu eş-şukulata* sayılabilir.

Aynı sözler Betul Şeraeddin'in yazdığı *Fennü't-Tabh* (t.y., ama 1985'ten önce) için de söylenebilir. Yazar en iyi, en sağlıklı Lübnan ve Arap yemek tariflerini derlemiş olmakla övünüyor. Bu kitapta, marul, maydanoz, nane, yeşil soğan, domates, patates ve salatalıktan oluşan *salata-i efrenciyye*'nin tarifiyle karşılaşıyoruz; ya da patates, mayonez ve baharatla yapılan *es-salataü'r-rusiyye* ile... Bu kitabın bir Avrupa yemek kitabına en çok benzeyen yanı sürekli perhiz sorunlarıyla ilgilenmesi. Yazar, kitabın giriş bölümüne şöyle başlıyor: "Yediklerinizin sağlıklı ve yararlı olması önemlidir" (*sıhhiyen ve müfiden*) (s. 7).

S. el-Küheyli Avrupa mutfağının Arap mutfağını etkilemesine üzülüyor; Ortadoğu'nun yüksek mutfak geleneğiyle hiçbir ilgisi bulunmayan konserve yiyecekler ve ön-pişirimli yiyeceklerin lokantalarda kullanılmasını eleştiriyor (1990, s. 7). Çoğunlukla Arap yemek tarifleri içeren kitabını bu düşüncelerle yazmış. Kitabının daha önce yazılmış yemek kitaplarından ayırt edilebilmesi için, bölümlere değişik bir sıralama getirmiş: İçkileri başa koymuş, et yemeklerini kitabın en sonuna bırakmış.

FARKLI ARAP BÖLGELERİ

Bir küme profesyonel aşçı ile ev hanımının (*esâtîzetü't-tabh ve-rabbatü'l-buyut*) yazdığı *Kamusü't-Tabhi's-Sahih* (1980) adlı kitapta da aynı kaygılar vurgulanıyor. Yine de bu kitap, yukarıda sözünü edilenlerden apayrı. Belki de modern Arap yemek kitaplarının yazımında bir dönüm noktası olduğu söylenebilir. Giriş bölümünde, İmamü'ş-Şafi'î'den alıntı yapılıyor ve sağlıklı beslenmenin önemi üzerinde özel olarak duruluyor (s. 7). Kitap bir derleme: Lübnan'dan, diğer Arap kaynaklarından ve yabancı kaynaklardan 2000'in üzerinde yemek tarifini bir araya getiriyor; ayrıca, 160 eski Arap yemeği tarifi de eklenmiş. Özel bir çalışma ile karşı karşıyayız: Çünkü bildiğim kadarıyla, aynı yemeğin değişik Arap ülkelerinde değişik hazırlanış biçimleri ilk kez bu kitapta ayırt ediliyor ve Arap yemek tarifleri ile Avrupa tariflerinin açıkça adı konuyor. Suriye'de (*tarîk-i şâmiyye*), Lübnan, Irak ve Mısır'da *fata'ir*'in hangi yöntemle yapıldığı anlatılıyor (s. 338-45). Aynı yaklaşımla, belirli bir malzemeden değişik Arap ülkelerinde neler yapıldığı anlatılıyor. Amerika'dan gelme bir bitki olan patates bu bakımdan ilginç: Birçok patates yemeği tarifinin, *tarîk-i şâmiyye* ya da *tarîk-i 'Irakiyye* gibi adlarla verildiğini görüyoruz. Bu bize, Arap dünyasının bu kesiminde —örneğin Irak patatesle ancak 1880'lerde tanışmış olmasına karşın— patates kullanımının yaygın olduğunu gösteriyor.

Kitabın iç düzeniyle ilgili bir başka özelliği de çok değişik tarifleri yan yana getirmiş olması: Tarifler hem harf sırasına göre hem de bölgelere göre düzenlenmiş. Böylelikle, *el-kamh* başlığı altında buğdaydan yapılan değişik tarifler buluyoruz. Suriye'de *es-salika* adını alıyor: 250 gram buğday, şeker, ceviz, tatlı nar, anason ve portakal çiçeği özünden yapılıyor. Tuzlu, baharatlı yemeklerden olan Irak usulü *herîse* ile eski Arap usulü *hıntiye*'yi de aynı başlık altında buluyoruz (s. 378-817). Yemekleri yapısına ya da dokusuna göre sınıflandıran bu geleneksel yöntemi klasik Arap yemek kitaplarından biliyoruz. Bilebildiğim kadarıyla, Güney Almanya ve Avusturya'nın tatlı ve tuzlu lokma tarifleri düzenlemesi dışında Avrupa'da buna denk düşen bir düzenleme yöntemi yok. *Larousse gastronomique*'te bile tatlı ve tuzlu tariflerin yan yana geldiğine rastlamadım.

Kitaptaki eski Arap tarifleri harf sırasına göre düzenlenmiş. Kitap, *abazir* ile başlıyor; bunun *hubz-ı 'arabî-i kadîm* olduğu açıklandıktan sonra, ardından ünlü *ibrahimiyye* geliyor (s. 9). Tarifler eski Arap yemek kitaplarından, değiştirmeden ya da herhangi bir açıklama eklemeden, olduğu gibi geleneksel biçimleriyle aktarılmış. Bunun anlamı, girdilerin miktarları ve pişirme süreleri üstüne herhangi bir bilginin bulunmadığıdır. Eski tariflerin peşinden gelen, nereden alındığı belirtilmemiş birkaç dize şiir bile aynen aktarılmış. Arap yemekleri üstüne yazılmış bu kitabın garip yanı, Kuzey Afrika ya da Arap yarımadasından hiç yemek tarifi almamış olması. Bu yanıyla, Arap dünyası içinde, hangi mutfağın hangi bölgede egemen olduğu anlayışına ilginç bir açıklama getiriyor.

ARAP DÜNYASINDA ULUSAL YEMEK KİTAPLARI

Kamusü't-Tabhi's-Sahih ile başlayarak, bölgesel nitelikli ve geleneksel Arap yemek pişirme yöntemlerini canlandırmaya yönelmiş birçok kitapla karşılaşıyoruz. Öyleyse, yine Cezayir ve Fas mutfakları üstüne yazılmış kitaplara dönelim.

Cezayir yemekleri kitabının özgün basımı Fransızca; ve benim bildiğim Arapça'ya çevrilmediği. Madam Bouayed (1983) giriş bölümünde bir Cezayir mutfağı olduğunu, bu mutfağı oluşturan bileşenlerin, İslam öncesi pişirme yöntemleri, Bağdat, Kahire, Kurtuba mutfağının gizleri ile en son Osmanlı mutfağından gelen etki olduğunu söylüyor. Fransız mutfağı etkilerinin dikkate değmeyecek düzeyde kalmasını, İslamiyetteki yiyecek yasaklarının bu büyük mutfak geleneğinin kabulünü engellemiş olmasıyla açıklıyor. Madam Bouayed, bugüne değin hiçbir modern yemek kitabında sözü edilmeyen bir sorunla karşılaşmış. Bir de bakmış ki, aynı yemek adı Cezayir'in değişik bölgelerinde değişik yemeklere konuyor, ya da aynı yemek değişik bölgelerde değişik isimlerle biliniyor. Bu sorunla başa çıkabilmek amacıyla bildiği ne kadar değişik isim varsa hepsini kitabına almış. Bu da Cezayir'de dilin durumuna ilişkin ilginç bir gözlem.

Arapça yazılmış diğer yemek kitapları da, ulusal mutfağı tanımlarken aynı yolu izliyorlar. *El-Akaletü'l-Kuveytiyye* (1985)[2] adlı kitabın yazarı Fatıma Huseyn de hem Kuveyt mutfağının temelini atmaya çalışıyor, hem de bu mutfağın çok köklü olduğu izlenimini uyandırmaya. Bunun için, örneğin klasik bir Arap pişirme yöntemini ödünç alıyor. *Tennûr*'un [tandır] tavuk ve balık pişirmede kullanıldığını eski Arap yemek kitaplarından biliyoruz. Etler, şişe geçirilip harlı fırınlara veriliyordu. Fatıma Huseyn de kitabında bu tür tariflere yer veriyor. Okurlarının neden söz ettiğini anlayacağına güvenemediği için *tennûr* içinde şişe geçirilmiş balık ya da et gösteren küçük çizimler eklemiş. Her ne kadar kitap kimi pişirme tekniklerinin fotoğraflarını içeriyorsa da, *tennûr*'un tariflerde belirtildiği biçimde kullanıldığını gösteren fotoğraf bulunmaması ilginç. Az sonra anlatacağımız gibi, *tennûr*'da pişirme tekniğine bir modern Bağdat yemek kitabında da rastlanabilir.

Tariflerin kırk yılda bir yaşama geçirileceğini bile bile, eski teknikleri canlandırma eğilimi çok ilginç bir gelişme. Bu mutfağın neresinin Kuveytli olduğunu anlamak yine de güç. Belki pirinç ununa batırılmış karides kebabı özel bir Kuveyt yemeği olabilir (s. 83). "Kebap" sözcüğü de, Kuveytlilerin ağzıyla *çebab* diye söyleniyor. *Akaletü'l-Kuveytiyye*'nin Kuveyt hükümetince desteklendiği anlaşılıyor. Kitabın resepsiyon ve yemeklerde kullanılması amacıyla Kuveyt elçiliklerine dağıtılmış olduğu bildirilen ikincin basımının önsözünde bununla ilgili birçok ipucu var. Kitap okullarda da kullanılıyor (s. 7, 9).

Arap yemek kitaplarının içeriğinin geçirdiği değişiklik Nezihe Edip ve Firdevs el-Muhtar (1990) adında, Medresetü'l-fünuni'l-beytiyye'de (Bağdat'ın el-A'zamiyye semtinde) görevli iki Iraklı öğretmenin yazdığı yemek kitabında görülebilir. Kitabın adı *Delilü't-tabh ve'l-agdiye* [Yeme İçme ve Pişirme Kılavuzu]. Oysa, kitabın arka kapağındaki İngilizce adı *Guide for Iraqi Cooking and Baghdadi Dishes* [Irak Mutfağı ve Bağdat Yemekleri Kılavuzu]. Özgül bir Irak mutfağı düşüncesi en az 1960'lara dek gider. Bağdat'ta yayımlanan *Baghdad News* adlı gazetede, Irak'taki yabancı elçilerin eşleri için 1966-7 yılında bir yazı dizisi çıktığını anımsıyorum. Bu dizideki standart sorulardan biri şuydu: "Irak yemeklerini nasıl buluyorsunuz?" Yanıt, doğal olarak her zaman olumluydu ve *dolma*'dan özel olarak söz edilirdi. Oysa *dolma*, Türkçe'deki, doldurulmuş asma yaprağı anlamı-

2 Alan Davidson'dan aldığım bilgiye göre, Arapça basımından önce İngilizce bir basım gerçekleşti.

na gelen "yaprak dolması"ndan geliyor, dolayısıyla bu tipik Irak yemeği Arapça bir addan bile yoksun.

İki hanım öğretmenin yazdığı kitabın uzun giriş bölümünde, çeşitli yiyeceklerin besin değerleri, beslenmenin bedensel ve tıbbi sonuçları; hamile kadınlara, bir ile beş yaş arasındaki çocuklara ve yaşlılara uygun beslenme düzenleri; değişik yiyeceklerde bulunan vitamin miktarları; kilosuna dikkat edenler için programlar gibi konular var. Bunların da ötesinde mutfakta gerek duyulan kap kacak ve araçları Irak'ın geleneksel kap kacağı dahil tanıttıktan sonra serilecek uygun örtü ve konacak doğru kaşık, çatal bıçağı belirliyor; (Batı) kurallarına göre nasıl yerleştirilmeleri gerektiğini anlatıyor.[3] Kitap, çoğu Arap kaynaklı, bazıları Batıdan, bin dolayında tarif içeriyor.

Kitabın Arapça adı ile İngilizce adının niçin bu denli ayrı olduğu sorusunu bir yana bırakarak, yine bununla ilişkili başka bir soruya döneyim: Bu niçin bir Irak yemek kitabı da, Arap yemek kitabı değil? Pirincin, ekmekle birlikte en önemli yiyecek olarak kabul edilmesi yanında, her şeyiyle Irak'a özgü bazı tarifler de buluyoruz. Burada yalnızca ikisinden söz edeceğim. Birincisine *bâce* (*baçe* ya da *pâçe*) diyorlar: Koyun kellesi, paçası, işkembesi, pirinç, fazladan yine koyun eti, döğülmüş badem, baharat ve

tuz, ekmek ve sarımsaklı *leben* katılarak hazırlanıyor (s. 118). Diğeri ise, Iraklı Şiilerin özel yemeği sayılıyor: *fezencun*.[4] Bu kitapta tavuk eti, ceviz, nar ekşisi, iç yağı, tuz, şeker ve su ile hazırlanıyor. Tavuk yerine yaban ördeği ile de yapıldığını biliyorum. Her ne kadar *fezencun* İran'dan gelmiş olsa da, bir Iraklının gözünde bu ikisi tam birer Irak yemeğidir.[5]

Suudi Arabistan'daki Arap lehçeleri üstüne yazılmış kitaplardan Arap yarımadasında özel bir mutfağın varlığı bilinmekte idiyse de, bu mutfak konusundaki bilgiler uzun yıllar cılız kaldı. Muna Kaburi, yayımladığı *Atâyib-i Münevve'a*'nın (1990) önsözünde "Suudi mutfağımız"dan söz ediyor. Fakat tariflerinde neyin Suudilere özgü olduğunu bulup çıkarmak güç. Kitap, İsviçre usulü hurmalı dürüm gibi Avrupa yemek tariflerinden bazılarının Suudi koşullarına ilginç uyarlamalarını içeriyor. Öte yandan tatlı tariflerinin tümü Avrupa mutfağından alınma. Suudi Arabistan'da

---

3 Sami Zubaida'nın bu kitaptaki makalesinde sözünü ettiği gibi, belki de bu kitap Nazire Nikola ile Behiye Osman'ın yazdığı *Usulü't-Tehi* (1988) adlı kitapla aynı işlevi yerine getirmektedir.

4 El-'Alevi'nin (1990, s. 41) yazdığına göre, eskiden Iraklı Şiilerden söz edilirken, *ehl-i mut'a ve'l fezencun* "geçici evliliğe ve *fesencan*'a düşkün adamlar" denirmiş.

5 [İran'da *fesencan* yemeği konusu için Bromberger ve Fragner'in elinizdeki kitapta yer alan "Kafkaslar" konulu makalesine bakınız. *Pâçe* İranlılar ve Türklerdeki *kelle-paça* adlı yemekle ilişkili olmalı. -Editörler]

yayımlanmış bu ve bunun gibi başka kitapları incelerken, krallık içinde, özellikle Hicaz ve Necd'de, değişik mutfak geleneklerinin sürdüğünü unutmamak gerek. Anlaşılıyor ki, bu "Suudi" yemek kitaplarının yayımlanması, daha önce var olmayan bir ulusal mutfak yaratma eğiliminin belirtisidir.[6] Mutfakta görülen bu gelişmelerin doğal olarak siyasi çağrışımları var. Örneğin, şu mantıktan hareket ediliyor: Bir ulus varsa, o zaman türdeş bir ulusal kültürü olmalı; ulusal kültürün bir parçası olan mutfak da türdeş olmalı.[7]

Özgün Suudi mutfağı, Zübeyde Mevsi, Safiye es-Suleyman ve Samiye el-Harakan'ın hazırladığı *Min Fennü't-Tabhi's-Su'udi* (1990) adlı kitapta belgelenmiştir. Bu kitap Cemiyetü'n-nahdati'n-nisa'iyeti'l-hayriye adlı derneğin kültür bölümünün katkılarıyla yayımlandı. Kitabın satışından sağlanacak gelir krallıktaki yoksullara ayrılıyor. Önsözde açıklandığı gibi, Suudi tariflerini derleme düşüncesi, kraliyet ailesinden Emire Mûda bintü'l-Halid ibn Abdülaziz tarafından gündeme getirildi. Kitabın yayımlanmasının nedeni, ülkeye gelen çok sayıdaki yabancı işçinin kendi yemek pişirme geleneklerini, tekniklerini ve duyulmamış, yepyeni yemekleri getirmeleri ve bunların beğenilerek Suudiler arasında yayılmasıydı. Suudi Arabistan'da yaşanan toplumsal ve iktisadi değişikliklerin damak tadı üzerinde de etkileri olmuştu. Krallığın büyük kentlerinde uluslararası yemekler sunan birçok lokanta var. Bunun yanında Hint, Çin, İtalyan ya da Fransız mutfağının yemeklerini sunan birçok özel lokanta var. Suudi gazetelerindeki ilanlardan insanın edindiği izlenim sanki hiç Suudi lokantası bulunmadığı yolunda. Cemiyetü'n-nahda'nın emireleri ve hanımefendileri Suudi Arabistan'daki mutfak geleneğinin unutulması tehlikesini gördüler. Bu nedenle, bulabildikleri tüm geleneksel tarifleri derlemeye karar verdiler. Yaşlıca ev hanımlarından yemeklerinin gizlerini açıklamaları istendi; çoğu da olumlu yanıt verdiler. Kültürel geleneklerin yitirileceği korkusuyla Suudi gazeteleri her gün gündelik yaşam kültürü üstüne makaleler yayımlamaya başladı. Örneğin, merkezi Riyad'da bulunan *Arab News* 1992 Ramazan ayında, çay demleme, Ramazan fenerleri, nargile içme üstüne çeşitli yazılar yayımladı.

Suudi yemek kitabının sonundaki yemek tarifleri dizininde, tarifi veren her hanımın adı tarifle birlikte geçiyor. Bütün tarifler geleneksel Suudi ev mutfaklarından alınma. Derlemeyi yapan yayımcılar geleneksel pişirme tekniklerinin zaten unutulduğu korkusu içindeler. Bu nedenle, yemeğe giren malzemenin hazırlanışını en ince ayrıntılara dek veriyorlar. *Kusa mahşi*'nin

---

6 Ulusal Suudi kıyafetinin yaratılması için de aynı sözler söylenebilir.

7 Bkz. bu kitapta Zubaida'nın yazdıkları..

neden bir Suudi yemeği olduğunu açıklamak doğal olarak kolay değil. Ömer es-Sasi'nin, kendi ailesinden yetmiş yaşında bir hanımdan alarak *Sprichwörter und andere volkskundliche Texte aus Mekka* (1972) adlı derlemesine kattığı 14 tarifi, *Min Fennü't-Tabhi's-Su'udî*'deki tariflerle karşılaştırdım: Aralarında çok ufak farklar olduğunu gördüm. Derlemede Avrupa kokan pek az tarif var; bir örnek vermek gerekirse, *ridayü'l-valideyn*'in hazırlanışında *krima kramila* eklemesi yapılmış (s. 502). Ama, diğer Arap yemek kitaplarında hiç rastlayamadığım bazı bölümler de içeriyor: Geleneksel bir saklama biçimi olan karışık turşu (*mühallel*) gibi. Bu kitap geleneksel Suudi mutfağı konusunda hazırlanmış çok değerli bir belge.[8]

Emirlikler ve Umman'da 1992 Ramazanında gezdiğim bir kitap sergisinde Körfez mutfağı üstüne birçok kitap gördüm. H. ve K. 'Abid' in yazdığı *Sevâni Halîciyye* (t.y.) ya da bir grup Arap aşçı ("Mecmu'a mine'l-tabbahini'l-'Arab") tarafından yazılan *Esnafü't-Tabhi'l-Halicî* adlı kitap bunlardan. Bu ikinci kitap Suudi Arabistan, Kuveyt, Katar ve Irak'tan tarifler içeriyor. M. S. Dorr'un yazdığı *A Taste of Oman. Traditional Omani Food. Authentic Recipes and How to Prepare Them* adlı İngilizce kitapçık dışında bugüne dek Umman yemekleri üstüne bir yemek kitabı bulamadım. Umman mutfağı üstüne de yakın gelecekte bir kitap yayımlanacağını bekleyebiliriz.

SONUÇ

Son kırk yılda Arap yemek kitapları birçok yönden değişime uğradı. Neredeyse bütün kitaplar, ailesindeki yaşlı bir hanımdan yemek pişirmeyi öğrenmek için zaman ya da olanak bulamamış çalışan kadınlara sesleniyor. En azından 1950'lerin ortalarına değin (Cezayir gibi bir ülkede daha da uzun süre), insanların modern Arapça metinleri okuma becerisi yeterince gelişmemiş olabileceği için Arapça yemek kitapları satılmıyordu. Okuma yazma bilen kadınların sayısının artmasıyla Arapça yemek kitaplarının alıcıları çoğaldı. Bu kitaplar içerikleriyle modern, Batılı ve uluslararası nitelikte olmaya çalışıyorlardı; 1980'lerden sonra, eskinin yeniden yaşatılması eğiliminin egemen olduğu söylenebilir. Artık uluslararası mutfağı bir yana bıraktılar; Arap yemekleri üzerinde duruyorlar. Her Arap ülkesinin kendi geleneksel mutfağının ve o ülke içinde var olan diğer geleneksel mutfakların görmezden gelinemeyeceğini vurguluyorlar; bu farklılıkların

---

8 Bu kitabın daha ayrıntılı bir yorumu için, bkz. elinizdeki kitapta, Mai Yamani'nin yazdığı bölüm. Riyad üniversitesinde Almanca öğretim görevlisi Mr. L. Maunz bana mektup (17 Mayıs 1992 tarihli) yazarak Suudi Arabistan'da iki yeni yemek kitabının daha yayımlandığı haberini verdi: Hafız (1411) ve 'Ali (1989)

altını çiziyorlar. Kitap yazarları, Arap kimliği arayışları yanında bir Iraklı, Suudi ya da Faslı kimliği arayışına katkıda bulunmayı umuyorlar. Sözün kısası, Arap toplumunun her yanında var olan ideolojik gelişmeler yemek kitaplarına da yansıyor.

ONUNCU BÖLÜM

ORTADOĞU'DA MUSEVİ YEMEKLERİ

CLAUDIA RODEN

Ortadoğu'da Musevi yemekleri dendi mi akla gelen Sefarad yemekleridir. Sözcüğü bugünkü genel anlamıyla kullanıyorum: Kasdettiğim yalnızca soyu İber yarımadasından gelen Museviler değil; Akdeniz çevresinde ve Ortadoğu'da yerleşip kök salmış (Iraklı ve Yemenli Museviler dahil) bütün Museviler.

Ortadoğulu ve Kuzey Afrikalı Musevilerin 1950'lerde başlayan büyük göçüyle birlikte Sefardiler İsrail'de ve Batı'da toplanmış bulunuyorlar. Cezayirli, Tunuslu ve Faslı Musevilerin akınından bu yana Fransız Musevi toplumu Kuzey Afrikalı kimliği kazandı. Fransa'daki Musevi lokantaları ve bakkal dükkânları şimdi Ortadoğu'dan tatlarla dolup taşıyor. Sefardilerin kültürü İsrail'de küçümsene dursun, mutfakları ağır basıyor. Bütün lokanta sahipleri ve profesyonel aşçılar doğulu Musevilerden. Toplumun yediği, lokantalarda sunulan, sokakta satılan yiyecekler her yıl biraz daha doğululaşıyor. Birkaç yıl önce İbranice kitap yayımcılarımdan bir telefon aldım: 500 kişi için kolayca hazırlanabilecek bir balıklı kuskus tarifi bilip bilmediğimi soruyorlardı. Düğün için mi olduğunu sordum, ordu birlikleri için dediler: "Fileto balık yemekten bıkmışlar."

Yiyeceklerde görülen doğululaşma gerçek; ama henüz kabullenen yok. Ders kitaplarında çocuklara hâlâ cuma akşamları evde yenecek yemeğin balık fileto ve tavuk çorbası olduğu öğretilirken, çocukların çoğu kuskus ya da yumurta ve limon soslu balık yanında pirinç yiyorlar. Bu yemekleri hâlâ "etnik" diye niteliyorlar. Birkaç yıl önce bana şunu anlatmışlardı: Çocuklar evde yedikleri etnik yemeklerden o denli utanıyorlarmış ki, ne yedikleri sorulduğunda yediklerinden yalnızca *felafel*, "steykım" ve "cipsım"ı itiraf edebilmişler; oysa, hasat şenliğine annelerinin gönderdiği yiyecekler olağanüstü çeşitlilikteymiş.

Göçmenlerin beraberlerinde getirdiği yemekler, geldikleri yeni çevrede değişime uğrar. Sefardilerin yemekleri, kökleri Doğu Avrupa'da olan Aşkenaz Musevilerinin yemekleri gibi henüz yerleşip oturmadı; çünkü, Sefardilerin son kuşağı eski vatanlarından ayrılalı çok olmadı; aile kimliğini, ana babalarının ve eski mutlu yaşamlarının anılarını koruma gereksinimi hâlâ güçlü. Sefardiler, Aşkenaziler gibi iki üç kuşak boyunca kaynaşma olanağı bulmadılar ve kimlikleri hâlâ geldikleri yere bağlı. Bu nedenle de pişirdikleri yemekler belirli bölgelerin yemekleri.

Mutfak kültürü, kültür ve geleneğin her zaman en uzun süre ayakta kalan bölümüdür. Sefardi mutfağının geçirdiği kaynaşma ve "modernleşme" süreci Fransa'da görülebilir: Varsıl, kentli Kuzey Afrika Musevileri yemek tariflerini Fransızların geçerli damak tadına uyarlamışken (daha az yağ kullanarak yemekleri daha hafif yapıyorlar; koyun eti yerine dana eti kullanıyorlar; bir de fazla acı biber katmıyorlar yemeklere); diğerleri hâlâ Berberi dağ köylerinde yaşarken ne yiyor idiyseler onları yiyor; çarşıdan hâlâ sakatat satın alıyor, kenger arıyorlar.

İsrail'de yiyeceklerin standartlaşması seri üretim yoluyla gerçekleşti. Bazı *kibbe* türleri, *borekas* [börek] ve çeşniler ayak üstü yenen yemeklere dönüştü. Irak, Fas, Yemen ve daha başka yerlerden gelen gençlerin annelerinden gördüklerini ortaya dökmeleriyle, kafeteryalarda ve ordu mutfaklarında zamanla karmakarışık yemekler ortaya çıktı.

Aşkenazilerin yemeklerine göre, Sefardilerin ev yemekleri engin zenginlik, çeşitlilik, incelik ve ayrıntı içerir. Aşkenazi mutfağının kökleri ortaçağ Almanya'sındaydı ve bu mutfağın yemekleri Avrupa gettolarının kapalı ortamında, Polonya'nın köylerinde (*shtetl*) ve Rusya'da Musevilere ayrılan özel yerleşim bölgelerinde gelişti. Fukara mutfağıydı; amansızca zulüm görmekten kendi içine kapanmış, dış dünya ve Musevi olmayanlarla pek az ilişkide olan insanların mutfağıydı. Buna karşılık, Sefardiler içinde yaşadıkları İslam dünyası ile yakın ilişki ve etkileşim içindeydiler.

17. yüzyıl öncesinde Sefardilerin yaşadığı bütün topraklar, Hıristiyan İtalya ile Hıristiyan İspanya dışında, Müslümanların egemenliğindeydi. Hatta İspanya Musevileri bile çoğunlukla yarımadaya Araplarla birlikte geçmiş olanlardı ve soyları 8. yüzyılda Müslümanların ele geçirdiği topraklarda yaşayan Musevilere dayanmaktaydı. 13. yüzyılda, Musevilerin topluca yaşadığı büyük merkezler İber yarımadasında Hıristiyanların yaşadığı bölgeler içinde kaldı ve İspanyol Musevi topluluğunun çoğu neredey-

se 300 yıllık bir süre boyunca gelişimini Hıristiyan bir toplum içinde sürdürdü. Ama, Museviler 1492 yılında İspanya'dan kovulunca çoğu İslam dünyasına, Kuzey Afrika'ya ve Osmanlı İmparatorluğu'nun topraklarına döndü.

Yemeklerinin çeşitliliği, hemen her büyük Ortadoğu kentinde hem büyük kent yaşamını, hem de bir kıyıya itilmişliği tatmış Sefardilerin geçirdiği deneyimlerin bir özeti gibidir: Hem çok alçakgönüllü ve hem de çok görkemli. Çok geniş mutfak repertuvarı, Musevilerin İslam dünyasında ve bölgede yaşayan etnik ve dinsel kümelerin karmaşık ortamında geçirdikleri özel ortak yaşamı yansıtır. Museviler yerel görenekleri ve yaşam biçimlerini benimsemişlerdir. Tıpkı komşuları gibi onlar da konuklarını samimiyetle, zarafetle, durmadan ağırladılar. Bir Musevi bayramında ya da bir aile şöleninde bir konuğu ağırlamak mutlulukların en büyüğüydü.

Şenlikler sona ermek bilmezdi. Fas'ta, örneğin, doğumda ya da sünnet düğününde şenlikler yedi gün boyunca sürerdi; bir Bar Mitzva için de yedi gün... Düğünler iki hafta sürerdi: Bir gün çeyiz sandığı gösterilirdi; ardından kına günü, *mikva* (hamam) günü, armağanların verildiği gün, balık günü... Düğün kutlamalarının sona ermesinin ardından gelinle damat bir hafta boyunca akrabaları ziyarete giderlerdi. Bu olayların her birine uygun değişik özel yemekler yapılırdı.

Zulüm korkusundan uzak, yaşamları dış dünyaya dönük, sıcak ve güneşli bir dünyada yaşayan Sefardiler Aşkenazilerin tam tersiydiler. Dindaşlarına bakarak, Sefardiler daha şen, daha duygulu, daha yaşamdan tat alan kişilerdi; bu da yiyip içmelerine ve yemeklerine yansıyordu. Güzel yemekler yemek, Ortadoğu'daki geleneksel Musevi yaşamının ayrılmaz bir parçasıydı.

Sefardilerin mutfağı yaşadıkları ülkelerin mutfağı olmakla birlikte ayrıldığı yerler vardı. Musevi dininin yemekle ilgili yasalarına ya da *Kaşrut*'un yasalarına uyma ve kimi yemekleri bu yasalara göre uyarlama demek, Musevi mutfağının bazı özellikler taşıması demekti. Etle süt ürünlerinin karıştırılmasına konmuş yasak yüzünden Museviler tereyağ ya da sadeyağ yerine sıvı yağ (zeytinyağı, mısır yağı, yerfıstığı yağı, pamuk tohumu yağı, argan ve susam yağı) kullanıyorlardı. Bana anlattıklarına göre, bir Musevi evini yemek pişirmede kullandığı yağın kokusundan tanımak olasıymış.

Domuz, tavşan, yumuşakçalar sınıfından salyangoz gibi hayvanlar, kabuklular sınıfından istakoz gibi hayvanlar ile pulları olmayan su canlılarını yemek yasaklandığı için bunların yeri başka şeylerle doldurulmuştu. Musevilerin Mısır'dan kovulmalarının anısını yaşatan *Fısıh*'ta, buğday dahil mayalanabilen herhangi bir tahıl yemeleri yasaklanmıştı. Bunun yerine öğütülmüş badem, patates unu, pirinç unu, hamursuz ekmek unu, hamursuz ekmek levhalarından yararlanarak türlü türlü kekler, bazlamalar, tartlar, lokmalar ve gözleme türü börekler yapıyorlardı. Genellikle bulgur ve kuzu etiyle yapılan *kıbbe*'yi pirinç unu, patates püresi ya da hamursuz ekmek unu ile hazırlıyorlardı. *Fısıh*'ın törensel yemekleri arasında hurma ile kuru üzümden yapılan *harrosset* dedikleri bir ezme vardı. Bu ezme Musevilerin piramitleri inşa ederken kullandıkları söylenen Nil çamurunu simgeliyordu. Museviler dışında kimsenin yapmadığı bir yiyecekti bu.

Musevi ailelerinde yemek pişirme, dinlenme günü olan (cumartesi) *Şabbat* (Sebt) ile dinsel bayram (*Yomim Tovim*) günlerine rastlayan bir işti. O günleri, pişirdikleri özel simgesel ve törensel yiyeceklerle yüceltiyorlardı. Bayram günlerinin her birine özgü belirleyici yemekler zamanla bazı ayrıntılar edindi. Cuma günleri gün batımından 18 dakika önce başlayan ve ertesi gün ortalık üç yıldız görülebilecek denli karardığında sona eren Sebt boyunca, yemek pişirme, ekmek yapma dahil her türlü "çalışma" yasaklanmıştı. Bu nedenle, biri cuma akşamı, diğeri cumartesi öğle üzeri verilecek iki büyük şölen ile cumartesi gün batımından önce yenen daha yalın bir yemeğin tüm hazırlıkları Sebt başlamadan önce tamamlanmış olmalıydı.

Cumadan yarım pişirilen bir yemek cumartesi günü öğlede sıcak sıcak yenebilmek için gece boyu en kısık ateşte bekletiliyordu; geleneksel olarak ocaktaki ateşin küllerine gömülüp, üzeri yorganla örtülü olarak pişiriliyor ya da kapağı hamurla sıvanıp mahallenin fırınına veriliyordu. Kuzey Afrika'da *dafina* ya da *sıhina* adıyla bilinen yemek, birçok değişik yiyecek aynı kocaman tencerede pişirilerek yapılırdı. Her topluluğun, eti (genellikle dalyan köfte biçiminde), tavuğu, bumbarı, dana paçasını, patatesi, tatlı patatesi, nohutu, fasulyeyi, baklayı, pirinci ve katı pişmiş kabuklu yumurtayı bir kullanma usulü vardı. Dolayısıyla çok özgün yemekler ortaya çıktı: örneğin hurma ve acıbademle ya da ayva ile doldurulmuş tavuk Faslıların buluşuydu.

Musevilerin bir de, yerel mutfağın dışında bazı yemekleri vardı. Her zaman başka ülkelerden beraberlerinde getirdikleri bir şey bulunurdu. Hep hareket halinde olmuşlardı. 8. yüzyıldan başlayarak Araplarla birlikte batıya doğru ilerlemiş; sonra, 16. yüzyılda doğuya dönmüşlerdi. İspanya Musevilerinin öne çıktığı 11. ve 15. yüzyıllar arasında mutfakları İber toprağından etkilendi. 15. yüzyılda, önce İspanya'dan ardından Portekiz'den topluca sürülen Museviler akın akın Kuzey Afrika ve Osmanlı İmparatorluğu'na geldi. İmparatorluk İspanya Musevilerinin evreninin merkezi durumuna geçince, bulundukları her yerde Osmanlı yemeklerini benimsediler. İmparatorluk içinde bir yerden ötekine gitme özgürlükleri vardı; ticaret amacıyla bir uçtan ötekine gidip geldiler. Kendi iletişim ağlarını kurmuş olmaları yemek tariflerinin yayılmasına yardımcı oldu ve değişik ülkelerde yaşayan Musevi topluluklarının mutfakları arasında bir tür birlik sağladı.

Bu yemekler, bir anlamda, Sefardi tarihinde yaşanmış şanlı günlerin bir tür belgeleri ve andaçlarıdır: Müslüman, Hıristiyan ve Musevi kültürlerinin sentezinden büyük ve incelikli yemek pişirme biçemlerinin doğduğu İspanya'da geçen yüzyılların; ardından birçok Musevinin toplumda yüksek konumlar elde ettiği, sarayda yükseldiği Osmanlı İmparatorluğu'ndaki yaşamın belgeleri ve anıları... Aralarında saray doktorluğu, saray danışmanlığı, maliye bakanlığı yapanlar ve varlıklı tacirler olduğu içindir ki, yüksek düzeyli, incelikler içeren bir mutfak Musevi geleneğinin bir parçası oldu. Aşkenazi kültürü yoksulluğun sillesini yemiş bir yaşamın ürünüyken, Sefardi kültürü debdebeli, hatta soylu bir seçkinler topluluğunca biçimlenmişti.

Sefardi repertuvarının geneline bakıldığında, Musevi-İspanyol karışımına özgü birçok özellikler göze çarpar; fakat ortaçağdan gelen İspanyol köklerini belirlemek zordur; çünkü Ladino dilini konuşan Museviler her şeye Judeo-Espanyol isimler taktılar. Osmanlı İmparatorluğu'nun Selanik gibi kimi yerlerinde İspanya'dan göçmüş Musevilerin sayıca varlığı öylesine yoğundu ki, kültürleriyle yerli Musevilerin kültürünü bastırdılar. İspanya'dan göçmemiş Museviler bile yerli yemeklere, kulağa İspanyolca gibi gelen adlar taktılar.

İşte bu tür yemeklerden bazıları: Bütün doğulu toplulukların yaptığı ünlü ***huevos haminados*** bugün İsrail sokaklarında ***hamine*** adıyla satılıyor. Kabarmış, kat kat talaş türünden börekler, içine ıspanak konursa ***borekitas***, peynir konursa ***boyos***, kıyma soğan konursa ***bulemas*** adını alıyor; içine patlıcan ve peynir konanı ***gomo de berenjana***; patlıcan, soğan domates karışımı konanı ***handrajo***... ***Marunchinos*** ve ***almendrada*** döğülmüş badem ile yumurta akından yapılan kurabiyeler; ***sansaticos*** içi fındık dolu, tarçınla tatlandırılmış, üzerlerine susam serpiştirilmiş üçgen börekler; ***travados*** yağda kızardıktan sonra şerbete yatırılmış içi ceviz dolu börekçikler; ***pinonate*** enli erişte biçiminde kesilmiş hamurla fındığın şerbette kaynatılmasıyla yapılan tatlı; ***dulce de naranja*** şerbette pişirilmiş ipliğe dizili portakal kabuğu ruloları; ***dulce de bimbrio*** ayva ezmesi...

Fas kendine özgü Musevi yemekleri olan ülkelere bir örnektir. Her kentin Musevi yemekleri ayrı ayrıdır. Musevi mutfağı, tıpkı Merakeş, Tetuan ve Fez kentlerinin mutfakları gibi, Fas'ın dört önemli mutfağından biridir. Akdeniz ülkelerinin çoğunda Musevi toplulukları kendi içlerinde alt kümelere ayrılmıştı ve pişirdikleri yemekler bu kümeleri oluşturan insanların kökenlerini yansıtmaktaydı. Sürüp gelen gelenek gereği, Sefardiler bir yerden ayrılarak yeni bir topluma katıldılar mı, kendi benzersiz topluluklarını kurabilirler. Bu ayrı ayrı topluluklar yüzyıllar boyu varlıklarını korudular. Değişik yemek pişirme biçemleri de bu koşullar altında yaşatıldı.

Mısır örneğine bakalım: Mısır'a gelen ilk Musevi göçmen dalgası, 389 yılında kurulan "Here" ya da Heretü'l-Yahud'a, İskenderiye'de Sûkü's-Semek'e (balık pazarı) ve başka bir dizi küçük kasaba ve köye yerleşti. Araplaşan bu eski topluluğu birkaç göçmen dalgası daha izledi. Musevilerin Yemen'den kalkıp buralara gelmesi ta ortaçağdadır. İspanya ve Portekiz kökenliler, Osmanlı topraklarına uğradıktan sonra 15. yüzyılda gelmeye başladılar. 20. yüzyıla gelene dek hem Kastilya İspanyolcasını, hem de kendi lehçeleri olan Ladino'yu konuşmayı sürdürdüler. Selanik, İzmir ve İstanbul'dan, Suriye ve Filistin'den, Balkanlar'dan, Korfu'dan, İtalya'dan (çokça Livorno'dan), Fas'tan, Tunus'tan ve Cezayir'den göçmenler geldi; Doğu Avrupa'dan gelen Aşkenaziler de vardı. Bütün bu ülkelerden getirdikleri yemeklere bir de Fransız mutfağından izler eklendi. Fransa'da yaşayan Musevi topluluğu, Rothschilds ailesinin parasal desteğiyle, Osmanlı İmparatorluğu'nun ücra köşelerinde Alliance Israelite Universelle adıyla din dışı eğitim veren okullar açıp para yardımı sağlayınca Fransızca 19. yüzyıl içinde Mısır'da Sefardilerin konuştuğu dillerden biri oldu.

Önce Musevi din eğitiminden, sonra Hıristiyan din eğitiminden, en son da Fransızların Süveyş kanalını açmaları sırasında laik bir eğitimden geçen Avrupalılaşmış kentsoylu bir orta sınıfın ortaya çıkışı, yemeklerde daha çok Avrupa etkisini beraberinde getirdi. Günlük yaşamda, aile içinde sofraya her çeşit yemek sofraya gelirken, çaylı toplantılarda, kabul günlerinde masaya gelenler hiç değişmezdi: Yaprak sarması, *sambusak, fila, kakh, konafa,* baklava, *gorayebah, ma'mul*; bütün bunlar, gelenekselleşmiş, atadan görme dürüm biçimi, lokma biçimi, üçgenler, sigara biçimleri, halkalar, yarımaylarla ustaca bağdaştırılırdı. Her yanıyla Ortadoğu koksalar da, bu yiyecekler özel bir Musevi çeşnisi katılarak hazırlanırdı: Yağı bir yana bırakırsak, bu özel çeşni lezzette ve biçimde, açılan hamurun inceliğinde, konan için oranında görülürdü.

Musevi yemeği diye birşey olup olmadığını insanlar bana sık sık soruyorlar. Bu yemekler, Musevilerin duygularıyla öylesine derinden bağlantılı olduğu, atalarından öylesine anılar taşıdığı, kültür ve kimliklerine öylesine bağlı olduğu içindir ki, Musevi yemekleri sayılmaları gerektiğine inanıyorum.

ON BİRİNCİ BÖLÜM

BİR YEMEN KASABASINDA TOPLUMSAL CİNSİYETİN SOFRAYA YANSIMASI

IANTHE MACLAGAN

Bu bölüm mutfak konusuna toplum içindeki kadın-erkek ilişkilerini araştırmanın bir yolu olarak bakıyor. Kadın-erkek ilişkileri hem kendi başına, hem de diğer iki ilişkiler kümesiyle de karşılaştırmalı olarak ele alınıyor: Biri kadınların birbirleriyle ilişkileri; diğeri, sadece kendi içinden evlenen iki küme olan kasaplar ve kabile üyeleri arasındaki ilişkiler. Söz konusu edilen Kuzey Yemen'in batısındaki yaylalarda yer alan 1000 nüfuslu bir kasabadır. Yemen'in başka bölgeleriyle aralarında benzerlik bulunabilirse de, söylediklerim burası için geçerlidir. Bu alan çalışmasını 1981-1983 yılları arasında yaptım; şimdiki zamanlı anlatımım o dönemi yansıtıyor.

Cinsiyet ilişkilerinin başlıca ifade yollarından biri de yeme içmedir. Kadının dünyası ile erkeğin dünyası sofrada karşı karşıya gelir. Erkek malzemeyi satın alandır, kadın da hazırlayan. Pişen yemeği kadın da yer, erkek de; ama çoğunlukla ayrı ayrı yerler: Erkek orta yerde, göz önünde, kadınlarsa bir kıyıya çekilerek... Birlikte aile olarak yedikleri de olur. Kadının yeme içmeyle ilişkisi —neleri yiyebileceği ve yemek hazırlamak için ne denli zaman harcaması gerektiği— erkekle ilişkisine göre belirlenir. Erkeğin yeme içmeyle ilişkisinin sınırları da, satın alma aşamasından tüketme aşamasına gelinceye dek geçen evrede, yemeği emeğiyle üreten kadının eliyle biçimlenir.

Cinsiyetler arası toplumsal gerginlikler ve çatışmaların odak noktasında yeme içme vardır. Kadınlar konumlarını koruma ve iyileştirme mücadelesinde yeme içmeyi sürekli kullanırlar. Sofra aynı zamanda cinsler arasında simgesel karşıtlıkların da ifade edildiği yerdir.

KADIN VE ERKEĞİN GÖREVLERİ

Cinsiyetlerin toplum içindeki görevlerinin belirlenmesi ve sürdürülmesinde anahtar işlevi gören başlıca araç ve dil yemektir. Bir küme kadına, kocalarıyla en çok hangi konuda kavga ettiklerini sorduğumda, hep bir ağızdan "*Gadâ'!*" - "Öğle yemeği" diye yanıtlamaları da bunun göstergesi...

Kadın ve erkeklerin birbirlerine karşı görevleri çoğunlukla yemek çerçevesinde belirlenmiştir. Erkekler kadınlara bakmakla yükümlüdür. Bir kadın, kuramsal anlamda, yaşamı boyunca erkeklerin koruması altında bulunma hakkına sahiptir: Babasının; o yoksa erkek kardeşinin; ya da, evli değilse en yakın erkek akrabasının; evliyse kocasının koruması altında... Eğer bir kadın babasına kocasından yakınacak olursa babası, kızından kendisine bakan ve gerekli her şeyi sağlayan kocasına katlanmasını isteyebilir. Baba açısından bu, iyi bir kocanın belirleyici özelliği olmaktadır. Kadınların söylediğine göre, bir kadının hâkime boşanma için başvurma hakkının doğabilmesi için geçerli tek gerekçe kocanın kadına bakma görevini yerine getirmemesidir.

Kadının yeme içmeyle ilişkisi, erkeklerle aralarındaki ilişkiye göre belirleniyor. Bu hem kadının neleri yiyebileceğini, hem de, yemek hazırlamaya ne kadar zaman ayırması gerektiğini kapsar. Hiç erkeği olmayan ya da erkeğin uzakta olduğu evlerde kadınlar yarım yamalak yemek yediklerini söylüyorlar. Meyve gibi zengin harcı yiyecekleri alıp getirecek kimse olmuyor. Hepsinden önemlisi, hemen hiç et yemiyorlar. Et erkeklere özgü bir yiyecek olarak görülüyor; başlarında erkek olmadan yemek yiyen kadın ve çocuklar çoğu kez etsiz yemekler yerler. Kadınların, erkeklerin varlıklarıyla ya da yokluklarıyla (örneğin Suudi Arabistan'a çalışmaya gidenler) ilgili düşünceleri dönüp dolaşıp yeme içmeye bağlanıyor ve çoğunlukla erkeğin yokluğunu yarım yamalak yenen yemeklerden yola çıkarak anlatıyorlar.

Yeme içme öylesine toplumsal anlam yüklü ve bir kadına kimin baktığını belirtmede öylesine önemli ki, yemek konusundan başka türlü söz etmenin olanağı yok. Hamile bir arkadaşımla, yeme içmenin beslenmeyle bağlantısı konusunda konuşmaya çalıştım. Biraz kırmızı et ya da tavuk eti ile yeşil sebze yemesi gerektiğini söyledim. Bunları satın alıp getirecek kimsesi olmadığını söyleyerek yanıtladı beni. Kocasının yokluğu sırasında, erkek kardeşinin evinde kendisi için ayrılmış odada kalıyordu. Onunla konuşma girişimimden benim anladığım anlamda "beslenme"ye dair bir yanıt çıkmadı; yalnızca kimin koruması altında olduğunu ve erkeklerin kadınlara karşı sorumluluklarını anlattı. Yiyeceklere, yiyecek çeşitlerine ve nasıl sağlandığına, kadın erkek arasındaki toplumsal ilişkiler açısından bakıyordu, kendi bedensel sağlığı açısından değil.

Kadınların erkeklere karşı görevleri de yemek çevresinde dönüp dolaşıyor. Kadının günü, erkekler için yemek hazırlamayla ilgili yükümlülükler arasında bölüştürülmüştür; sabah çay ve kahvaltı hazırlamak için erkeklerden önce kalkarlar. Kahvaltının ardından, duruma göre ev işleri yaptığı, ara sıra komşu ziyaretine gittiği sabahın erken saatlerinde kadın oldukça özgürdür. Saat 11 dolayında gün ortasında yenecek büyük yemek için hazırlık yapmaya başlarlar. Şayet sabahın bu saatinde arkadaş ziyaretindeysem, kadınlar kocamın yemeğini ne yaptığımı sorarlardı.

Kocam yokken, kadınların bana karşı sabahın ikinci yarısındaki tavırları çarpıcı biçimde değişti ve kocamın yemeğini hazırlayıp hazırlamadığımı sormak yerine, "Nasıl olsa evinde yapacak iş yok, gel bizde oturalım; ben yemek hazırlarken birşeyler anlatırsın," diyorlardı. Böylelikle kadınlar, erkeklere dayanarak diğer kadınlar üzerinde denetim kuruyorlardı; kocam uzakta olduğu için beni daha özgür gördüklerinden, daha fazla vaktim olabilirdi. Erkeğin varlığı günü biçimlendiriyor ve belirli zamanlarda çalışmayı gerektiriyordu.

Kasabada kadınların erkekler için yemek hazırlamaları doğal kabul edilir; Suudi Arabistan'da çalıştıkları sırada kendi yemeklerini pişirmeyi öğrenmiş erkekler bile döndükten sonra evde hiçbir zaman yemek pişirmezler. Erkek yönünden yemek pişirme kadının görevleri arasında tanımlanmıştır; kadın hasta olsa bile erkekler bu görevin yerine getirilmesini kadından bekler. Ne denli hasta olurlarsa olsunlar kadınlar, kocalarının kendilerini yataktan kaldırıp yemek pişirttiklerini; ancak adamın karnı doyduktan sonra yatıp dinlenebildiklerini vurguluyorlar.

ZİYAFETLER

Ziyafette sunulan yemeklerin hem birbiriyle ilintisi ve sıralaması hem de niteliği ve malzemenin türleri doğru seçilmiş olmalıdır. Günün en önemli yemeği, konukların da çağrıldığı öğle yemeği *gadâ*'dır. Öğle yemeği, beklentilerin ve sorumlulukların öne çıktığı öğündür. Sunulan yemeklerde, hele de konuklar erkekse, değişikliğe pek az yer olduğu için, içeriği en kolay kestirilebilecek öğündür. Verilen yemek ne denli resmi ve törensel bir anlam taşıyorsa, sunulan yemekler o denli değişmez bir kalıba uyar. Yemek ne denli sıradansa, sunulacak yemekleri kestirmek o denli güçleşir. Kahvaltı ve akşam yemekleri de, evde bulunana bağlı olarak, daha bir çeşitlilik içerir. Atıştırmalık olarak aralarda yenenlerde bol çeşit bulunur. Kahvaltı ve akşam yemekleri, fazladan ve her gün yenmeyen yiyecekler eklenerek konukların onuruna zenginleştirilebilir; fakat, en bilinen biçimiyle, yerleşmiş, önceden belli yemekleri ve zorunlu sıralamasıyla *gadâ* konuk çağrılmaya en özel ve uygun olan öğündür.

Sunulan yemeklerden ilki, "sahanın kızı" anlamına gelen *bintü's-sahn'*-dan kısaltma, *bint*'tir. *Bint,* kâğıt gibi ince açılmış kat kat hamur işinin yanında verilen erimiş tereyağ ve baldır. Hazırlanışında, tenekede margarin yerine gerçek tereyağ kullanmak, konuğu onurlandırmak için bir olanaktır. Yemen balının fiyatı ve ender bulunurluğu nedeniyle bu olanak her zaman ele geçmez. Konuk çağrılan özel günler dışında *bint* ikram edildiği ender görülür. İkram edilmesi yemeğe törensellik katar. *Bint*'in ardından sofraya *şfut* gelir. Bu yemek yayık ayranına yatırılmış *luhuh*'tur (bazlamaya benzeyen bir darı ekmeği); yeşil soğan ya da dörde bölünmüş kuru soğan ve domates eşliğinde yenir; ya da döğülmüş sarımsak, kırmızı biber, domates ve baharat karışımı bir ezme (*sahavig*) eşliğinde... Ardından, sıcak ekmek ve süt ile tereyağ (*dafi*) ikram etmek, ya da kırsal kesimde görülen ve daha geleneksel olan sütlü buğday çorbası ikram etmek isteğe kalmıştır. Bunun ardından, yalın ya da domates soğanla pişirilmiş pirinç gelir; çoğu kez yanında iştah açan baharatlı salatalar olur. Yemenliler pirinci, başka yemekleri bütünlesin diye değil de, başlıbaşına bir yemek gibi yerler. Pirincin ardından, et yemeğine doğru giden dizide, ikramın baş yemeği *hulba* gelir. Yemen'in kimi yerlerinde bu yemeğe *silta* da denir. İçinde biraz sebze bulunan et suyunun üzerine, öğütülüp ıslatılmış çemen tohumunun çırpılmasından çıkan köpüğün gezdirilmesiyle yapılır.

Törensel bir yemekte, yemekler erkeklerin yemek yiyeceği odaya önceden dizilebilir; fakat, *hulba* sofraya her zaman son anda, fokurdarken getirilir. Ev sahibi, *hulba*'ya başlamadan önce, tencereye bir parça ekmek yardımıyla çemen köpüğü ve fazladan et suyu katarak karıştırır. *Hulba*'nın bitmesine yakın ev sahibi et dağıtımı yapar; seçtiği bir ya da birden çok parçayı konuğunun önüne koyar. Konuğun önüne konan et miktarı ev sahibinin cömertliğini, konumunu gösterir ve konuğu onurlandırır. Bu yönüyle de et ikramı yemeğin doruk noktası ve en önemli bölümüdür. Et yemeğinin sırada olduğunun muştucusu, çok sevilen ulusal yemek *hulba* çok önemlidir ve dört başı mamur bir yemeğin ayrılmaz parçasıdır. *Hulba*'ya, pişen etin suyundan konması nedeniyle iki yemek birbiriyle bağlantılıdır. Et suyundan (*merak*) bir bölümü *hulba*'yı çoğaltmak için, ya da saygıdeğer konuklara sunulmak için bardaklarda ayrıca ikram edilebilir.

Burada dikkat çeken nokta, ana yemeğin son tat-tuz ayarını, yemeği hazırlayan kadınların değil de bir erkeğin yapmasıdır. Sanki yemeye başlamadan önce uygunluğunu onaylamaktadır. Erkekler çoğu kez *hulba*'nın getirilmesini, tartışma kabul etmez bir ses tonuyla bağırarak isterler; bu, sofranın sahibinin kim olduğunu belirtmenin bir başka yoludur. Özellikle et yemeği üzerindeki erkek denetimi, kadınların yemek hazırlama çabalarını gölgede bırakır ve ikramda bulunan olarak erkeği öne çıkarır.

Etin ardından, dörde bölünmüş portakal ve elma ikram edilir. Sofra kaldırıldıktan sonra ya da başka bir odaya geçildikten sonra kahve (kahve kabuğunun suda kaynatılmasıyla yapılır) ile kapanış yapılır. Buna, yemeğin üstüne kilit vurma anlamında *kuflü'l-gadâ'* denir.

Erkekler böyle resmi bir yemeği son kertede hızlı yerler; bütün dikkat yeme eylemine verilmiştir. Yere bağdaş kurmuş adamlar önlerine konan her yemeği, hiç konuşmaksızın, yemekle ilgili söz söylemeksizin birkaç dakikada silip süpürürler. Bu durum belki de ev sahibinin sunuşundaki yemeği önemsemezlik kandırmacasını pekiştirmeye yaramaktadır. Oysa, yemeğin tadından, kimin yaptığından, nasıl yapıldığından söz edilse, dikkatler geride kalmış olana çevrilecektir. Daha yemeğin biri bitmeden öteki istenir. Özellikle ana yemek, "*hulba!...*" narasıyla sofraya getirtilir. Yemek ne denli törensel ise o denli çabuk yenir. Konuklar kalabalıksa kümeler halinde, sırayla ikramda bulunulabilir. Erkeklerin katıldığı bir kutlama yemeği, hiçbir konuk kalmamacasına, on beş dakikada dağılabilir; böylelikle gösterilen konukseverliğin büyüklüğü, lafla, yarenlikle geçiştirilmeksizin, doğrudan yemekle bütünleşmiş olur.

Ziyafetler, erkeklerin erkeklere ikram ettiği, ama kadınların hazırladığı yemeklerdir. Kadınların bunca zaman perde gerisinde kalarak ürettiklerini, erkekler sahneye çıkıp tüketirler. Kadınlar göz önünde bulunmazlar: Yemekleri içeri, ya ev halkından erkek çocuklar ya da yetişkin erkekler götürür; ya da bir sonraki yemeği isteyen bağırışlar karşısında kadınlar kapının dışına dek getirirler. Erkeklerin sergilediği bağımsızlık ve ağırbaşlı kendine yeterlik, yemeğin ortaya hani neredeyse kendiliğinden gelivermesiyle doğrulanmış olur; sanki et için bir kasaba, pişirmesi için bir kadına ihtiyaç yoktur...

Büyük bir ziyafet verileceği zaman, kadınlar arkadaşlarını, komşularını yardıma çağırırlar. O zaman mutfakta bir gürültü, bir telaştır gider. Kadınların bir lokma bir şey yemeye ya da oturmaya zamanı olmaz. Canlarının çektiğini daha sonra yerler, eğer hâlâ istekleri kalırsa... Bu, yalnızca erkeklerden arta kalanları yedikleri anlamına gelmez. Kendilerine tabaklar dolusu yemek ayırabilirler. Fakat, erkeklerin önüne çıkarılan yemeklerden bir ikisini bulamadıkları olur; bir başka bulamadıkları ise, yemeklerin aynı sıkı sıralama, aynı resmiyet içinde vızır vızır gidip gelmesidir. Dinginlik içinde, neredeyse boş vererek yemek yerler; o yeme eylemi üzerindeki dikkat yoğunlaşmasından iz yoktur.

Erkeklerin katıldığı törensel yemekler önemli bir olaya işarettir. Olay bir düğün olabilir; başka bölgelerden önemli konuklar, devlet görevlilerinin gelişi, ya da hacıların dönüşü olabilir. Bu yemeklerdeki konukseverlik gösterisinin ardında erkekliğin sergilenmesi yatar. Konukseverlik bir tür erkeklik gösterisidir; erkeğin gücünün, eli açıklığının ve başarısının göstergesidir. Kadınlar orta yerde yemek yemezler ve yedikleri, onlar açısından erkek konukseverliğini sergileme aracı sayılmaz. Erkekler, kadınların birbirlerine ikramda bulunması için pahalı yiyecekler getirmezler. Kadınların kadınlar karşısında sergilediği konukseverliğin dayanağı, üzerinde az da olsa denetim hakları bulunan harçlıklarıdır ve konukseverliklerini bu harçlıkla orantılı olarak, birbirlerine atıştırmalık ikramları, küçük armağanlar, karşılıklı alıp vermelerle ortaya koyarlar.

BELEDÎ YEMEKLER

Doğru dürüst bir yemeğin tanımı, içerik ve yemek sıralaması dışında bir de yerel ürünlere verilen değeri içerir. Bu *beledî* yiyecekler, yurt dışından getirtilen benzerlerinden her zaman üstün tutulur ve onlardan daha lezzetli olduğu kabul edilir. *Beledî* yiyecekler çok daha pahalıdır; az bulunur, her yerde satılmaz. Yerli yumurta ve muz daha küçük olur; fakat, yurt dışından satın alınmış benzerleriyle aynı fiyata satılır. Yemen balının bir viski şişesi dolusu 40 İngiliz lirasına (300 Yemen Rial'i) gider. *Beledî* yiyeceklerin daha fazlaya satılmasına herkes o denli alışmıştır ki, Yemen akaryakıt üretimine başlayınca, satış istasyonlarındaki görevliler şöyle dalga geçmişti: "*Beledî* benzin isterseniz, daha çok ödeyeceksiniz doğal olarak."

Yerli ürünler, lezzetli olmanın yanında bir başka değerle yüklüdür. Bazı törensi durumlarda tüketilmeleri zorunludur: Doğum yapmış bir anne, güç kazanmak için *beledî* balı ve tereyağ (*semn*) yemelidir. Öte yandan, alışsınlar gerekçesiyle yeni doğmuş bebeklerin ağız çevresine ve burunlarına tereyağ sürülür. Bu yiyeceklerin neredeyse büyülü olduğuna inanılır; ya da en azından, çoğu kez, törensi bir etkisi olacağı kabul edilir. *Beledî* tereyağının sağaltıcı ve arılaştırıcı olduğu kabul edilir; birçok törende kullanılır, her derde deva olarak bilinir.

Beledî yemeklerin taşıdığı estetik ve simgesel değer, erkeklerin kadınlardan taleplerini de etkiler. Yüz ağartacak bir yemek için gerekli geleneksel *beledî* yiyecekleri, evde üretilmiyorsa, bulmak güçtür. Bu değer verilen yiyeceklerin üretimi ve işlenmesi kadınların eline bakar. Yurt dışından getirtilmiş tenekede margarin ve süt tozu satın alınabilir; fakat tadı yeterince iyi değildir. Yerli yayık ayranı ve tortusu alınmış tereyağ satın alınabilir; ama hem daha azı, hem de çok yüksek fiyatla... Aynı biçimde, *luhuh*'un niteliği kadının el emeğine, becerisine bağlıdır. Kadınlar makinede öğütülmüş darıdan yapılan bazlamanın tutmadığını söyler. Bir zamanlar buğdayın da elde öğütülmüşü makbuldü. Kadının öğüttüğü ile çarşıdan alınan un arasındaki çekişme en sonunda, dışarda satılan, elektrikli değirmende üretilmiş unun yengisiyle sonuçlandı.

Yiyeceklerin ne kadarının evde üretilip ne kadarının dışardan alındığı evin hanımına göre değişir. Kimi evlerde daha kırsal türde bir ekonomi geçerlidir; tarım ürünleri, kasabanın hemen dışındaki tarlardan ya yarıcılar eliyle ya da evin erkekleri eliyle kaldırılır. Kadınlar kaldırılan ürünleri tüketime hazır duruma getirmek için bir miktar işleyebilirler. Örneğin darıyı ayıklayıp temizleyerek öğütülmeye hazır duruma getirebilirler.

Üretim ve tüketim kalıpları hızla değişim geçiriyor. Artık kasabada dışardan gelme her türlü yiyecek var. Yerli ürünleri göz göre göre yerinden eden ya da yerini onlarla paylaşanlardan biri yumurta, diğeri de dondurulmuş tavuk. Fakat değişim henüz tamamlanmış değil. Erkeğin konukseverliğinin bir nişanesi olarak sunulan kadın emeğinin ürünleri, hâlâ erkeğin saygınlığını artırıyor.

YEMEK VE KADININ PROTESTOSU

Erkeklerin gündelik yeme içmeleri, ev sahipliği rolünü oynayabilmeleri, konuk ağırlayıp onlara uygun biçimde yemek sunabilmeleri hep kadınlara bağlı. Bu da kadınlara büyük bir denge kurma olanağı sağlıyor. Sofra yalnızca kadınlardan beklentilerin ortaya konduğu bir alan değil, aynı zamanda kadınların protestolarını en etkili biçimde dışa vurabildikleri alan. Kavgaların çoğu, kadının yeme içme konusunda erkeğin beklentilerini yerine getirmede başarısız kalmasından kaynaklanıyordu: Gereken yemeği gereken zamanda yetiştirmemişlerdi, ya da özellikle konuklara karşı, yemeği paldır küldür koyarak, üzerlerine dökerek duygularını açığa vurmuşlardı.

Protestonun en açık biçimi, öfkelenen ya da kocalarından memnun olmayan kadınların baba evine dönmeleridir. Bu her gün yaşanan olaylardandır; evliliği boyunca her kadın en az bir kez evden kaçar; çoğu da kaç kez kaçtığının sayısını bile karıştırır. Kadının hakkıdır bu. Kocası açısından ise rahatsızlık ve utanç verici bir durumdur: Kendisine bir bardak çay bile koyamaz. Evdeki diğer kadınlara muhtaç olan koca çaresizliğe düşebilir ve yemeklerini lokantada yemek zorunda kalabilir, konuk ağırlayamaz.

KADINLARIN BİRBİRLERİYLE İLİŞKİLERİ

Erkeklere yemek hazırlamak büyük çaba gerektirdiği ve büyük kaygı kaynağı olduğu için kadınlar istenen gösteriyi sahneleme amacıyla güçlerini birleştirip takım çalışması yaparlar ya da bunalım anında dostlardan, komşulardan oluşan bir dayanışma ağını harekete geçirirler. Beklenmedik konukların hazırlıksız yakaladığı kadın, komşularından ödünç tencere tava alacaktır, ya da, kendi kerpiçten fırınında geç pişeceği için tavuğu gaz ocağı olan komşusuna gönderecektir. Kadın takımları, birkaç kez sofraya oturulup kalkılacak kadar fazla sayıda erkeğe büyük bir ziyafet verebilmek için yardımlaşacaktır.

Yemeklerin hazırlanışında yardımlaştıkları gibi, kadınlar aralarında yemek malzemesi de alıp verirler. Aralarındaki dostluğun büyük bölümü — birbirlerine gösterdikleri konukseverlik, aralarındaki dayanışma ve sorumluluk bağları— hep yeme içme yoluyla dışa vurulur. Bu dışa vurumun biçimi, kadınların erkeklerle ilişkilerinin dışa vurum biçimiyle karşıttır. Dostluk ve iyi komşuluk ilişkileri birbirlerine ekmek verme ya da gönderme yoluyla sürdürülür. Erkeksiz tek başına yemek yiyen bir kadına küçük çanaklarda pişmiş yemek gönderilebilir. Kadınlar bir beze sardıkları ekmeği damdan dama atarak ya da pencereden pencereye uzatarak ulaştırırlar. Ekmek armağan edilmesi iyi komşuluk ilişkilerini canlı tutmaya yarar, karşılığı da armağanı alanın ekmek yaptığı gün verilir.

Yiyecek üreten kadınlar, ineği olanlar ya da kasabanın kıyısında yaşayıp bağı bahçesi olanlar, ayrılmakta olan konuğa, yapraklarıyla birlikte birkaç turp, kokulu otlar, yayık ayranı, yumurta gibi küçük armağanlar verirler. Kimileri ekmek verir, özellikle değişik unlardan yapılmış ekmekler... Doğum yapan bir kadını ziyarete gittiklerinde, götürülecek armağan birkaç kutu meyve konservesidir; bu, konuklara ikram edilen pahalı bir nesnedir. Yoksul kadınlar kendilerine getirilen bu teneke kutuları, ziyaret sırası kendilerine geldiğinde vermek amacıyla, tüketmeyip saklarlar. Böylece, duygulardaki karşılıklılığın nişanı olarak aynı tenekeler ortalıkta döner durur: En sık karşılaştıkları bu yaşamsal bunalım döneminde dayanışmanın simgesi olarak alıp verdikleri şey yiyecektir.

Her ziyaret ve konukseverlik olayında olduğu gibi kadınların birbirlerini ziyareti de yeme içmeyle bağlantılıdır. Kadınlar sabahları kalktıktan sonra çay, kahve ya da her ikisini birden yapıp termosa doldururlar ki pat diye geliveren konuklar için hazırda bulunsun. Konuk geldikten sonra sıfırdan hazırlamaya kalkışmak hem biçimsiz olur, hem de konukseverliğe aykırıdır. Şimdilerde her yerde görülen termosların yerine eskiden, soğumasın diye mangalın kıyısına yerleştirilmiş bir güğüm dururdu. Kahve Yemen'in birçok yerinde *kişr* diye bilinir; kahve çekirdeğinin kabuğundan yapılır, içine bir iki kahve çekirdeği katıldığı da olur. İncelediğimiz bölgede içine kuru zencefil, tarçın ve şeker de konuyor. Çay çaydanlıkta şeker katılmış olarak kaynar ve çoğunlukla içine karanfil ve kakule katılır. Bazen içenin kişisel beğenisine göre çay ve kahveye başka baharat katıldığı da olur. Kadın olsun, erkek olsun konuğa gelir gelmez, daima çay, kahve ya da istediği herhangi birşey ikram edilir.

Bir yaşam bunalımından geçen, sayrılanmış, çocuk doğurmuş, yakınını yitirmiş bir kadına zorunlu ziyarete gidildiğinde, kadınlar beraberlerindeki termoslarda çay ya da kahve bulundururlar. Ellerinde termoslarla kümeler halinde ziyarete giden peçeli kadınlar kasabanın yabancısı olmadığı bir görüntüdür. Bu davranış, çok sayıda konuk kabul eden evin kadınlarının omuzlarındaki yükü hafifletir ve kadınların birbirlerine duydukları yakın ilgiyi ve aralarındaki dayanışmayı yansıtır. Kadınlar kendi aralarındaki toplumsal olaylarda, erkeklere büyük ziyafet sofraları hazırlarken yaptıkları gibi, konuklarını ağırlamada birbirlerine destek olurlar.

ARA YEMEKLER

Kadınların birbirini rastgele ziyarete gittikleri (komşuya habersiz gidiliveren, ya da gezintiye çıkmışken yol üstünde eşe dosta uğranılıveren) sabahın erken bölümünde, her zaman çay ve kahve ikram edilir. Yanında çoğu kez *ksu'* adı verilen bir atıştırmalık gelir, kahvaltı ile öğle yemeği arasında her zaman sunulabilir. Artık bu saatte evde erkek kalmamıştır. Kadınlar birbirlerine konukseverliklerini işte bu başbaşa yenen ara yemekte gösterirler. Ara yemek, erkeklerin birbirlerine konukseverliklerini göstermenin bir parçası olarak yedikleri resmi yemekle taban tabana zıttır. Kadınların yediği ara yemeğin önemi kolayca gözden kaçabilir. Ana öğünlerle karşılaştırıldığında, bu ara yemekler angarya olmaktan uzaktır; rastlantısalmış gibi, neredeyse kendiliğindenmiş gibi görünür. Öyle görünse de önemi büyüktür: Beslenme yanı ağır basar; bir de kadının kimi yiyecekleri kendi denetimi altında bulundurmasından ve bu yiyecekleri diğer kadınlara konukseverlik göstermek ve keyifli zaman geçirtmek için kullanmasından dolayı önemlidir

Erkekler için hazırlanan ve erkeklerin konuklarına sunduğu ana öğünlerle karşılaştırıldığında, ara yemeklerin ne içeriği ne de sunuş sırası bellidir. Resmi bir öğle yemeğinde ne yeneceği önceden belirliyken, ara yemeğinde bol çeşit arasından seçme olasılığı vardır: Seyrek yenen ya da yalnız mevsiminde bulunan kabuğuyla pişmiş mercimek, yeşil nohut, balkabağı ve tatlı patates gibi yiyecekler bunlardandır. Bu yiyeceklerin resmi ziyafetlerde yeri yoktur; ama ara yemeklerde ikram sayılır. Kadınların toprak üzerindeki haklarına karşılık paylarına düşen ürünlerden kabuğuyla kaynatılmış çeşitli baklagiller ya da kaynatılmış darı başakları ikram edilebilir. Gaz fırını olan kadınlar, konuklarına katmerli hamurdan süslü, parlak *k'ak* yaparlar.

Ara yemeklerde, kadınların tüketimini istedikleri gibi denetleyebildikleri yiyecekler bulunur çoğunlukla: Kendi emeklerinin ürünü *lubuh,* yayık ayranı, süt kesiği, bahçede yetiştirdikleri sebzeler ya da fırında pişirdikleri yiyecekler... Kimi zaman yenenleri erkek sağlamış olur; ama bu yiyeceklerin sahibi kadındır ve nasıl erkekler ikramda bulunuyorsa kadın da bunları dilediği gibi ikram eder. Ara yemeklerde et bulunduğu ender görülür. Yine de kadının biri sabah ikramında önüme bol miktarda et koydu ve övünçle açıkladı: "Kendimiz kesiyoruz." Dışardan satın alınmış portakal gibi pahalı şeyler ikram edildiği olur; ama bu da yine ender görülen bir ikramdır. Ara yemeklerde sunulan, kadınların ev halkı için ürettiği yiyeceklerdir. Buna bir de erişilebilen başka ilginç yiyecekler eklenir. Bu atıştırmalıklar, evdeki kadınlar, onların çocukları ve varsa kadın konuklarca, başka bir odaya geçmeden oldukları yerde tüketilir.

Ara yemeklerle öğünler arasındaki karşıtlıklar, kadınların erkeklerle ve diğer kadınlarla ilişkilerini yansıtır. Ara yemekler kadınları ı diğer kadınlara, çocuklara ve kadın konuklara ikramıdır; ikram çok çeşitli yiyecekler içerir; kadınların zaten oturmakta oldukları odada, senli benli bir havada yenir. Ortam rahattır, hoşbeş edildiği de olur; yiyecekler ortaya tek tek konduğu gibi, birkaç yiyecek birden konabilir. Kadınların hazırladığı resmi yemeklerde ev sahibi erkek, erkek konuklara ikramda bulunur; sınırlı yemek çeşitlerinin en başında et gelir. Yemek ayrı bir odada, resmi bir hava içinde ve konuşmaksızın yenir. Yemekler belirli bir sırayla sofraya gelir. Resmi yemekler günün belirli bir saatinde olur; oysa, ara yemekleri kadınların işlerinden arta kalan boş zamanlara denk getirilir. Ara yemekleri erkeklerin evden çıktıkları sabah saatlerinde yenir ve erkeklerin öğle yemeğine dönüşlerine dek sürebilir. Aile yemeklerinin ve törensel yemeklerin malzemesini erkek sağlar ya da sağlamalıdır. Bunun yanında kadınlar, erkeklerce sağlanan, armağan aldıkları, kendi ailelerinden gelen, bahçede yetiştirdikleri, fırında yaptıkları, kendi paralarıyla satın aldıkları yiyecekleri, kadın kadına ikramlarda kullanabilirler.

Kadınlar arkadaşlık edecekleri kişileri seçerler: Her ne kadar yaşanılan çevrenin ötesine taşamasalar da, komşuları arasından birilerini, ötekilerden ayırarak yakın arkadaşlık ederler; kavga ettikleri de olur; diledikleri gibi küser, barışırlar. Kadınların (bir yere değin) özgürce seçtikleri dostluk ve dayanışma ilişkileri, alıp verdikleri yiyeceklerle açıklanmış olur; bu yiyecekler kurala bağlı olmaksızın kolayca değişebilen yiyeceklerdir. Kadının erkeğe karşı, ekonomik olarak ve yasa gereği erkeğe bağımlılığı ne leniyle zaten fazlasıyla sıkı sıkıya belirlenmiş görevleri, öğünlerin katı düzeninde de görülmektedir.

Ekmek üretimi kadınların denetimindedir: Hangi gün ekmek yapacaklarına onlar karar verir. Her gün ekmek yapma derdinden kurtulmak için, ekmek yapanın ekmeğini komşularıyla paylaştığı bir alış veriş düzeni içinde yer alırlar. İnsanlarla ilişki kurarken ve kurulan bağları sürdürürken ekmekten yararlanırlar. Hayır yapmak amacıyla kime ekmek gideceği kararını onlar verir. Ekmeğin kendi bölgesinde bitişik pencere ve damlardan geçerek kadından kadına ulaşması onun elindedir. Ben "ekmek" deyip geçiyorsam da, daha büyük bir sözcük dağarıyla konuşan için düzinelerle ekmek türünü birbirinden ayırmak olası: Türler kullanılan tahılın türüne göre (buğday, arpa, kocadarı, akdarı, mısır, mercimek ve bunların karışımından); mayalanmış olup olmadığına göre; mayalı olarak bekletilip bekletilmediğine göre; ekmeği pişirme yöntemine göre değişir. Ekmeğin demir tava üzerinde gözleme gibi pişeni var; küre biçiminde bir tandırın iç yüzeyine elle yayılarak pişeni var; ya da aynı fırına kürekle verileni var. Şunu söyleyebiliriz: Erkeğin cömertliğini, konukseverliğini simgeleyen, sergileyen ettir; kadınınkini ise ekmek.

YEMEK, KABİLE ÜYELERİ, KASAPLAR VE KADINLAR

Kasabadaki dışarıdan kız almayan iki ana kümeden biri kabileler, diğeri de kasaplardır. Kabile üyeleri ile kasaplar arasındaki ilişkiler, erkeklerle kadınlar arasındaki ilişkilerle koşutluklar taşımakta. Bu görüşü ileri süren Gerholm (1980) oldu: Kümeler arasındaki geleneksel ilişkileri açıklamaya çalışırken, kadınların gözünde erkekler ne ise, kasapların gözünde kabile üyelerinin o olduğunu söylüyor. Gerholm bu savını, kabile üyelerinin göbek üstüne dimdik yerleştirilmiş olarak taşıdıkları *cenbiyye*'den, kamadan yararlanarak geliştiriyor. Batılıların kamayı kaçınılmaz olarak erkek cinselliğiyle ilişkilendirdiklerini söylüyor. Kama taşımalarına izin verilmemesi, kasapları kendini savunmaktan aciz insan gibi gösteriyor. Güçsüz ve eksikli görüldükleri için geleneksel olarak kabile üyelerince korunuyor ve kabilelerin hizmetinde oluyorlar. Gerholm'un işaret ettiği gibi bu durum, güçsüz kabul edilen, açıkça erkeklerin koruması altında bulunan ve onlara hizmet eden kadınların konumuyla benzeşiyor. Gerholm kasabın, kabile üyelerinden bedensel yeti, toplumsal konum ve cinsel güç bakımından simgesel anlamda daha güçsüz görüldüğünü söylüyor.

Gerholm'un savını daha da geliştirmek amacıyla ben silah yerine yemeğin örtülü ve açık çağrıştırdıklarından yararlanacağım ve erkek/kadın ilişkileri ile kabile üyesi/kasap ilişkileri arasında varolan koşutlukları araştıracağım. Her iki ilişkide de yemek iki küme arasındaki ayrımın tanımlanması ve dışa vurulmasında baş rolü oynuyor.

"Kasaplar" denince, bu kümenin içine hayvan kesip etini satmaktan başka deri tabaklama gibi pis ve çevreyi kirleten işleri yapan, aynı zamanda da berberlik, düğünlerde hizmetkârlık yapanlar ve konukseverlik gereği bedava sunulan yiyeceği satanlar giriyor. Kusursuz konukseverlik "erkeklik" ile ilişkilendirilmekte ve kişiye "erkek" nitelikleri yüklemekteyken, konukseverlik nişanesi olan yiyeceklerin utanç verici biçimde satılması simgesel olarak erkeklerin bulunmadığı "eksikli" kümeyle ilişkilendirilmektedir. Kasabada kasaplar, nüfusun üçte birini oluşturan kümenin tipik üyelerinden sayılıyor. Kasaplar dendi mi genellikle kümenin tamamı anlaşılsa bile, hem kasaplar, hem de kabile üyeleri birbirlerinden kız alıp vermemelerini hayvan kesimine atıf yaparak anlatıyorlar.

Etin satın alınması işi de erkeklikle ilişkilendirilir. Kasabada pazar kurulduğu gün kasaplar yeni kesilmiş hayvanları, kurdukları üç ayaklı sehpalardan aşağı sallandırırlar. Tükenene dek oradan kesip kesip alıcılara verirler. Tükendi mi, bir hayvan daha keserler. Bütün bunlar çok hızlı gelişir. Et satın almak için yığılmış alıcılar kasabın kendileriyle ilgilenmesini sağlamaya çalışadursun, başaramayanlar hayvanın kaşla göz arasında bittiğini görürler. Hayvanın her yeri aynı fiyata satılır (1982 yılında bir kilo dana 40 Yemen Rial'i [5 İngiliz lirası], bir kilo koyun 60 Yemen Rial'i idi). Kasabın nereden neyi kesip vereceği pazarlığı gerektirir. Alıcı kötü yerleri reddedip, iyi yerden istemelidir. Kasap seyyar terazinin kefesine hayvanın çeşitli yerlerinden et parçalarını üstüste yığdıktan sonra tartmak için teraziyi havalandırır. Zaman zaman, hangi alıcının siparişini hazırladığını, en azından ben, karıştırmışımdır. Ben merakla izlerken, tarttığını hop diye bir başka kişiye veriverir. Konumunu kimsenin beğenmediği kasap, erkek takımının akşam yemeğinin niteliğini belirleme gücünü elinde tutan kişidir.

Et satın almak erkekçe bir kararlılık gerektirir. Pazar yerinin tamamı bir erkekler arenasıdır; ama, her sehpanın çevresinde bağırıp tartışarak kasabın dikkatini çekmek için yarışmak, itişip kakışmak daha da erkeklik ister. Tartışmak, pazarlık etmek, malına sahip çıkmak, kendini savunmak erkeklik demektir. Kendini savunabilme gereksinimi yalnızca simgesel değildir; kasaplarla müşterilerin yumruk yumruğa geldiği zamanlar olur.

Etin kültür içindeki önemli yeri, ete verilen yüksek değer, içinde bir çelişki barındırır: Bu en değerli yiyeceği satanlar, satışından kâr sağlayanlar ve dağıtımını denetim altında tutanlar —gittikçe zenginleştikleri, aileleriyle birlikte iyi yiyip içtikleri ve pazar kurulduğu günler her bıçak sallayışta yirmi kişiyi peşlerinden sürükledikleri halde— yine de yaptıkları işten dolayı toplum içinde aşağı görülürler.

Kabile üyeleri hâlâ kasapları adam yerine koymaz ve onlarla kız alıp vermez ve yalnızca hizmet etmek için var olduklarını düşünürler. Bu durumu evrensel düzenin bir parçası olarak görürler: "Dünyanın her yanında kasaplar kabile üyelerinin hizmetindedir," diye iddia etmişti bilgisine başvurduğum biri. Kabile üyelerinin kasapları kadına benzettiğine ilişkin anıştırma, kabile üyelerinden gelen suçlamalardan kaynaklanıyor: Söylentiye göre, kavga çıktığında kasaplar karılarının arkasına saklanır, kadın bölgesi sayılan evlerin damlarına kaçarlarmış.

Oysa, kasabanın şu andaki gerçeği oldukça başka. Kasaplar varlıklı ve güçlü bir küme. Kasaba içinde ve çevresinde zenginlik artarken, kasaplar yüksek et tüketiminden iyi yararlandılar. Pazar kurulduğu günler 15 dolayında kasap kesim yapıyor. Kasaplık çok kârlı bir iş ve kasapların çoğu varlıklı. Varlıklı olmaları "eksikli" konumda olduklarını yalanlıyor. Aşağı görülen meslekleri nedeniyle durmadan zenginleşiyorlar. Kasabanın en şatafatlı, en pahalı yeni evi bır kasabınki. Gösterişin gittikçe önem kazandığı bir toplumda, yarışı başlarda götürüyorlar.

Kasapların kasabada güçlü bir konumda olmalarında, kabile üyelerininkinden daha güçlü evlilik ve akrabalık bağlarına sahip olmalarının da payı var. Bu durum doğrudan doğruya, kendi kümelerinin dışından evlenmeye konmuş yasağın bir sonucu. Oysa kabile üyeleri, kız alıp verme nedeniyle kendi dağındaki diğer köylerle ve dağından ötelerle akrabalık bağı kurmuş. Kasapların sağa sola çok saçılmamış, daha derli toplu bir akrabalık ağı var.

Geleneksel çerçevede konumlarının iyi olmamasına rağmen kasaplar yeni servet ve ilerleme kaynaklarına yönelmede gecikmediler. Örneğin, kasabanın elektrik üretim merkezinin mülkiyetini ele geçirdiler. Güçlü olmalarının kaynağında, karşılaştıkları engeller, zorluklar kadar, yakın zamanda akan servetin önlerinde açtığı olanaklar var; onlar da bu olanaklardan sonuna dek yararlanmayı bildiler.

KADINLAR İLE KASAPLAR ARASINDA BİR KARŞILAŞTIRMA

Kadınlarla kasaplar arasındaki benzerlik, her iki kümenin de güçsüz görülmesi ve daha güçlü bir kümenin hizmetinde sayılmasıdır. Erkeklere göre kadınların, kabile üyelerine göre de kasapların var olma nedeni hizmet etmektir. Kasapların yaptığı kimi işler, yemekle ilgili olması bakımından kadınlarınkine benziyor; yaptıkları diğer işler ise, kişiye özel hizmet olmaları nedeniyle, kadınlarınkini andırıyor.

Kadınların erkeklere göre "güçsüz"lüğünden çokça söz edilir. Bu, bedensel güçsüzlükten çok toplumsal anlamda güçsüzlüğü anıştırır. Yoksa kadınların görenek uyarınca taşımaları gereken yük çok ağırdır; yük taşımak, tahıl öğütebilmek güç ve dayanıklılık ister. Kadınlar toplumsal anlamda eli ayağı bağlı, kimi kendi işlerini görmekten aciz, erkeklerce korunmaya ve bir erkek temsilciye muhtaç olarak tanımlanır. Güçsüzlükleri, özellikle hareketlilikten yoksun olmaları, evde oturmak zorunda olmalarıyla açıklanır. Kadının hareketliliğinin önündeki fiziksel engeller, kasapların küme dışından evlenmeleri ve toplumsal hareketlilikleri önündeki engellerle koşutluk gösterir.

Kasaplar da, kadınlar da "güçsüz" ve hizmet eden konumunda sayıldıkları için, kimi alanlarda önleri açılmıştır. Farklı bakımlardan da olsa, kadınlar da kasaplar da yiyeceğin sağladığı özel konum dolayısıyla güçlü durumdadırlar. Utanç kodları yüzünden erkekler ve kabile üyeleri işte tekel yaratırlar ve dolayısıyla kendilerini kasaplara ve kadınlara muhtaç ederken, gücün birazını onlara aktarmış olurlar. Kasapların sözde hizmetkâr konumları, hizmetkârlıktan sıyrılmalarını sağlayacak yeni iktisadi olanaklar çıkarıyor önlerine.

Kadının gücünün kaynağı yemektir; çünkü hazırlayan odur. Bir kabile üyesi için hayvan boğazlamak ne denli olmayacak bir iş ise, bir erkek için de yemek hazırlamak o denli olmayacak bir iştir. Kadının yemek yapmakle ele geçirdiği gücün büyüklüğü, erkeğin zehirlenmek korkusunda kendini gösterir; bu hiç görülmedik bir olay değildir; ama —örneğin kocanın ikinci bir eş almasını önlemek için— kadınların savurduğu bir tehdittir. Buna koşut olarak, lokantayı işleten kasap karısına düşmanlık duyan kabile üyesi komşuları, onun müşterilerini zehirlediğini iddia ettiler; bunu iddia ederken belki de bu utanç verici ve çok kârlı girişim dolayısıyla algıladıkları tehdidin birazını dile getiriyorlardı.

Daha günlük olaylara indirgendiğinde, kadınların yemek hazırlama üzerindeki egemenlikleri, erkeğin konukseverlik gösterme yeteneğini denetim altına almaları anlamına gelir. Böylece kadınlar, erkeğin konukseverliğini gerçekleştirmesine yardımcı olmayı reddederek, ya da bunu, konuğun üzerine yemek dökmek gibi utanç verici bir biçimde yerine getirerek, erkeğin erkekliğini alttan alta sarsma gücünü ellerinde tutarlar. Erkeğin ev sahipliği yapmasını kadın sağladığı için, kadının yemek üzerindeki denetimi nedeniyle, erkek korunmasızdır.

Etin erkeğin konukseverliğini ve erkekliğini simgelediği bir toplumda, kişinin yediği etin niteliği kasabın insafına kalmıştır. Kasaplar, tıpkı kadınlar gibi, erkeklerin erkeklikle ilişkilendirilen ev sahibi rolüne çıkabilme yeteneği üzerinde egemenlik kurmuştur. Aynı zamanda, kişinin erkekliğinin, kendi işini kendi görme yeteneğinin toplum önünde tehlikeye açık olduğu bir hesaplaşma ve rekabet meydanının denetim merkezini ellerinde tutanlar da kasaplardır. Bu durumda kasaplar kabile üyelerinin erkek kişiliğine yönelik bir tehdit oluştururlar. Erkek olmak, korunmaya gereksinim duymamak, aracısız iş görmek kadın konumunun antitezidir, aynı zamanda, geçmişte bellerine kama takmalarına izin verilmeyen ve kendini savunamaz kabul edilen kasapların da geleneksel konumunun antitezidir.

Değişik statü kümelerinde yer alan kadınlar arasındaki ilişki, değişik kümelerden erkekler arasındaki ilişkiden apayrıdır. Bu ayrılık, ekmekle aralarındaki farklı ilişkide simgeleşmiştir: Erkekler ekmeği, yalnızca kasaplardan satın alma yoluyla ya da aile içinde kadınların yapması yoluyla sağlayabilirken, kadınlar, kasap ve kabile üyelerini ayıran karşıtlığı aşarak, kendi aralarında ekmek alıp verebilirler. Günlük yaşamda kadınlar arasındaki farklılıklar silikleşir. Kasap karıları kabile üyelerinin karılarını ziyaret eder ve onlar da karşılık verirler. Komşuluk ilişkileri ve yakınlık kadınlar için büyük önem taşır ve toplum yaşamında statü kümelerine ilişkin kaygıların üstüne çıkar. Sözünü ettiğimiz yiyecek alıp vermeler de kabile kadınları ile kasap kadınlarını birbirine bağlar.

Kasap kesimine tanınmayan erkeklik niteliklerini taşıdığı savlanan kümenin erkekliğini geçerli kılmak ya da alttan alta yıpratmak kasapların elindedir. Kadınlar bu sahnede yer almazlar ve kendi aralarında bu farklılıkları silikleştirirler. Aralarındaki ilişkiler, et uğruna rekabetçi bir mücadeleden çok karşılıklı ekmek alıp vermede kendini gösterir.

"Güçlü"lerin dediğine bakılırsa, onlar kendilerine hizmet eden "güçsüz"leri korumaktadır. Bu ne denli doğru sayılırsa sayılsın, onlar da hizmetlerine muhtaç oldukları için, güçsüz olanlara bağımlıdırlar. Bu güçsüz olanın eline belirli silahlar verir; ama bunlar değişik türde, eşit güçte olmayan silahlardır. Bu, hem kasaplar, hem de kadınlar için böyle: Her iki durumda da kültürel bakımdan üstün sayılan küme, diğer kümenin sağladığı hizmetlere muhtaç. Kasaplara bakıldığında, ele avuca sığmaz olmuş ve geleneksel ilişki sınırlarının dışına taşmış görünüyorlar; çünkü zorlanmadan ellerine geçirdikleri yeni iktisadi olanaklara uzanmalarını engelleyecek bir "utanç" ideolojisi taşımıyorlar. Kadınlar için durum böyle değil; emeklerini geri çekmek ve hizmeti aksatmaktan aldıkları görece ve sınırlı bir güce sahipler; fakat, kendilerini kuşatan duvarlardan tümüyle kurtulabilmiş değiller.

Kasaplara gelince, kimi kısıtlamalar (en önemli olanı da dışardan evlenme yasağı) yerinde kalmış; fakat, maddi ve iktisadi güç ilişkileri eski simgesel yapıyla koşutluk içinde değil. Kasaplar ya eski geleneksel düşkün konumlarını iyi kullanarak ve et satarak zenginleşebiliyor ya da birikmiş anaparalarıyla yatırım yaparak ve yeni olanaklara uzanarak... Kadınların durumu, bir yandan sistem içinde kalırken bir yandan da onu aşıp kaçışlarını sağlayacak bir devrim için gereken maddi ve iktisadi temeli sağlamıyor.

İktisadi değişimin, kasaplara olduğu gibi, kadınlara da yardımcı olacağı kesin değil. Değişim, iktisadi gücü ele geçirmelerine doğru giden bir yol açmıyor önlerinde; hatta tam tersi geçerli. Eğilim, kadının emeğiyle ürettiklerinin yerini satın alınanların alması yönünde. Eğer kadının emeğinin yeri para karşılığında daha kolay doldurulabiliyorsa, bu durum kadınların vazgeçilemez ağır işçilikleri dolayısıyla elde ettikleri gücün azalmasına neden olur.

Kadının kendine ayırdığı zamanın artması, yeri doldurulamaz hizmetkârlar olmanın açtığı manevra alanının daralması sonucunu doğurur. Buna rağmen kadınlar kendilerine zaman ayırmaya ve yorucu çalışmaların ardından dinlenmeye çok büyük değer veriyorlar. Boş zamanlarını, kadın kadına keyifli görüşmelere ve aralarındaki haberleşme, dayanışma, yardımlaşma ağlarının yaratılması ve sürdürülmesine ayırıyorlar. Bu değişimlerin kadın bakımından ne gibi sonuçlar doğuracağını zaman gösterecek.

ON İKİNCİ BÖLÜM

BANA NE YEDİĞİNİ SÖYLE, SANA KİM OLDUĞUNU SÖYLEYEYİM: MEKKE MUTFAĞI VE SINIFLAR

MAI YAMANI

Mekke, hem Müslümanların en kutsal kenti olması, hem de bütün Müslümanların ibadet ederken yüzlerini döndüğü Kıble yönünde bulunması dolayısıyla bütün İslam tarihi boyunca değişik ülkelerden hac yolcularını çekmiştir. Hacılardan kimileri Hac görevini —İslamın beşinci ve son görevi— yerine getirdikten sonra dönmeyip çeşitli nedenlerle kente yerleşmişlerdir. Her boyadan, her soydan insanın kendi görenek ve geleneklerini, bu arada mutfak geleneğini de beraberinde getirmiş olacağını anlamak zor değil. Zamanla bu değişik mutfak gelenekleri yerel damak tadına uyarlandı ve yavaş yavaş adına "Mekke yemekleri" diyebileceğimiz bir toplam ortaya çıktı. Artık yemekler bu Hint, bu Endonezya, bu Mısır, bu Türk yemeği diye ayrılmıyor; bu zengin toplamdan gururla "Mekke mutfağı" olarak söz ediliyor. Kimi yemeklerin adı değişmedi; geldiği yerdeki adıyla anılıyor: örneğin Hint kökenli tatlı *laddu.* Kimilerinin söylenişi, kulağa Arapça gelsin diye, değişime uğratıldı: Hindistan'dan gelme bir pirinç yemeği olan *buryani*'ye *zurbiyan* denmesi gibi. Kimileri de geldikleri ülkenin adıyla anılıyor: *rizz-i Buharî* (Buhara pirinci). Mekke'nin mutfağı gibi kültürü de türdeş değildir; bununla birlikte çeşitli etnik kümeler, ortak kimlik temelinde kendilerini yerel bir Arap kabilesi olan Kureyş kabilesiyle ve Sünni öğretisiyle (özgül olarak da Şafii ve Hanefi mezhebi) özdeşleştirirler.

Mekke, tarih boyunca bütün İslam dünyasının odak noktası olmuştur. İslamın yeniden canlandığı ve İslami kimlik bilincinin arttığı 1980'lerde Mekke'nin bu işlevi belki daha da öne çıkmıştı. Yine de, Mekkeliler, yarımadanın Necd adıyla anılan derinliklerinde, çölde yalıtılmış olarak yaşayan kabilelerin türdeş kültürüyle karşılaştırıldığında, değişik etnik köklerden gelen ve türdeş olmayan kültürlerine de sahip çıktılar. Değişik etnik kökenleri müziklerine, mimarilerine, giyim kuşamlarına ve mutfaklarına yansıdı. Mekkelilerin mutfağı, katışıksız çöl mutfağına göre oldukça karmaşık tarifler içermesiyle ayırt edilir.

Mekkelilerin toplumsal arkaplanları, aldıkları eğitim ve dünyaya bakışları kentli karakterdeydi ve yaşam biçimleri hep diğer kültürlerin etkisinde kaldı. Hac olayı değişik ülkelerden Müslümanları bir araya getirdiği gibi, Mekkeliler de 19. yüzyıldan bu yana dört bir yana yolculuk yapıyor ve çocuklarını eğitim görmek üzere diğer İslam ülkelerine gönderiyorlardı. Mekke mutfağını, Bedevi kabile mutfağından ayıran, işte bu dışa açık ve kentsel niteliğidir. Mekkelilerin ancak 1930'lardan, ve özellikle de 1950'lerden sonra Müslüman olmayan ülkelerle ilişki kurmaya başladığını belirtmek yerinde olur. Bu durum, petrolün bulunmasından sonra gelişen Suudi iktisadının bir sonucu olmuştur. İktisadın gelişmesi, Batı ülkelerine yolculukların artmasına, çok sayıda Batılının Suudi Arabistan'da çalışmak üzere akınına yol açmıştır. Fakat Mekke, Müslümanlardan başkasının kente girmesini yasaklamak gibi görülmedik özelliğini sürdürdüğü için bu tür temaslar yalnız Mekkelilerin kent dışına çıktıkları zaman gerçekleşebilir. Müslüman olmayanlar ne kenti ziyaret edebilir, ne de orada oturabilir. Mekkelilerin açıklamasına göre, bunun amacı kentin kutsallığını korumaktır.

İktisadi bakımdan, Mekke (komşusu Cidde ve Medine ile birlikte) bir ticaret merkezi olması ve Hac olayından yararlanması nedeniyle yarımadanın (günümüzün Suudi Arabistan'ı) diğer bölgelerinden her zaman daha varlıklı olmuştur; ta ki, doğu bölgesinde (1930'larda) petrol bulunana değin... Petrol bulunmadan önce batıda Hicaz hacıların kişi başına ödedikleri vergiden oldukça büyük gelir sağlıyordu. Hacılardan sağlanan diğer gelirler yanında Kızıldeniz limanları üzerinde yoğunlaşan uluslararası ticaretten de gelir elde ediliyordu.

Petrol bulunana değin Mekke ve Cidde Arabistan'ın en varsıl kentleriydi ve 1930'lara değin Hicaz bölgesi uluslararası ticaret geleneğini sürdüren bir uluslararası pazardı. 20. yüzyılın başlarından 1930'lara değin ticaretin neredeyse tümü Hindistan'dan yapılan dışalımdan oluşuyordu. Diğer dışalımlar Singapur, Endonezya, ya da Etiyopya (kahve) ile Kızıldeniz limanlarından ve Körfez'den (örneğin Basra'dan hurma) yapılıyordu.

Ticaret tümüyle Doğu dünyasıyla sınırlıydı; diğer Müslüman ülkelerden mal alınıyordu. Mekke dışa hiçbir şey satmıyordu. Oysa, 1930'lardan, özgül olarak İkinci Dünya Savaşı'ndan sonra dışalımların çoğu Batı'dan yapılmaya başlandı. Daha önce Doğu'dan gelen ve Doğu'da hâlâ bulunabilen pirinç gibi maddeler bile Batı'dan, örneğin Hollanda ve ABD'den gelmeye başladı.

İktisadi arkaplanının dışında Mekke Müslümanlarca her zaman pek bu dünyanın parçası değil de, "öteki dünya" ile bağlantılı gibi görülmüştür. Ondan, Mekke-i Mükerreme "Aziz Mekke" diye söz edilir. Mekke'de olup biten her şeye özel gözüyle bakılır. Hayırlı işler, Mekke'de yapıldığı zaman değeri kat kat artar; Harem-i Şerif'te kılınan bir namaz, başka herhangi bir camide (bir tek Medine'deki Mescid-i Nebevi bunun dışındadır) kılınan 1000 namaza bedeldir (bir hadîse göre). Mekkeliler, Kutsal Yerlerde doğanların, seçilmiş kişiler olduklarına inanırlar; yine aynı inanca göre, başka ülkelerden Müslümanlar buraya Allah'ın inayetine erişmek için gelir, kimileri de burada yerleşir. Bundan dolayı Mekke günümüzde güçlü bir simgesel önem taşımaktadır.

Suudi Arabistan'ın 1932'de birleşmesi ve modern bir devletin kuruluşunun ardından illeri (eskiden dört il vardı) ayıran engellerin kaldırılması kararlaştırılmıştı. Buna rağmen, hangi kentte doğduklarına bakarak insanlar arasında ayrım yapılmasının önüne geçilememiştir. Günümüzde Mekkeli olmak, kendini başkalarından apayrı gören bir kişi kimliğini simgeler. Fakat Mekkelilerin bir de ülkeleri Suudi Arabistan içinde sahip oldukları yer vardır; kendilerini genel olarak bu bağlam içinde algılarlar; kendilerinden bu bağlam içinde söz ederler ve böylece kabul edilirler. Mekke kültürü ya da, özgül olarak da Mekke mutfağı, örneğin yabancılarla birlikteyken, çok kez ulusal kimlikle bütünleşir: Mekke yemekleri yerine Suudi yemeklerinden söz edilir. Böyle söz edilmesinin nedeni, Suudilerin ülke içinde ve ülke dışında Suudi olmayanlar, kısaca yabancılar karşısında kendi üstün yanlarını öne çıkarma gereğini duymalarıdır. İnsanlar, Batılılarınkinden ayrı, Suudi Arabistanlılara özgü bir yaşam biçimine sahip olmanın duyarlılığı içindedir. Bu nedenle, 1980'lerden bu yana bölgeci duyarlığın yanı sıra, bir de mutfak ve davranışlarda ulusçu bir yan ortaya çıktı. Bölgeci duyarlık, bir kente "ait olma yolları"ndan geçer ve böylece dile getirilir. Mekke mutfağı, Mekke'nin simgesel kimliğine "ait olma yolları"ndan biridir.

Bu bölümde, Mekke'de doğmuş olmakla birlikte iktisadi ve toplumsal nedenlerle artık orada oturmayan bir seçkinler kümesi açısından yemeğin taşıdığı önem araştırılmakta. Büyük, başarılı tüccar aileleri, "ulema" ya da hacı rehberleri (*mütevvifin*) aileleri Mekke'den ayrılıp, Hicaz'ın ve gerçekte Suudi Arabistan'ın ticaret merkezi (siyasi merkez Riyad'dan tümüyle ayrı) olan Cidde'ye yerleşmişlerdir. İçlerinden birkaçı devlet görevlerinde bulunsa da, inceleme konusu kümenin çoğunluğunu seçkin tüccarlar oluşturuyor. Cidde 1960'lardan bu yana Mekkeli seçkinler için başlıca yerleşim merkezi olmuş. Bu yüzden Mekke günümüzde toplumun sürekliliğini sağlıyan yerlilerin yanı sıra dışardan gelen Müslümanların oturduğu bir kent. Bilgisine başvurduğum bir kişi bana, Mekke'nin Peygamber'in döneminden bu yana, tarih boyunca kendi insanını hep dışarı gönderdiğini anlattı. İşte bu yüzden inceleme konusu yaptığımız kümede artık Kutsal Kent'te oturmayan kişiler yer alıyor; yine de, bu insanlar gittikçe artan bir istekle Kutsal Kent'le özdeşleşmek istiyorlar. Yalnızca bu kentle birlikte anılmak bile, geçtiğimiz yirmi-otuz yıl içinde Mekke'den ayrılanlara ya da Kutsal Kent'te hiç oturmamış kuşak üyelerine, bir ortak kimlik, birliktelik, bir gurur duygusu veriyor.

Mekkeliler diye anılan Mekke kökenli daha büyük kümenin kimliği ve aidiyet duygusu yemek yoluyla dile gelir. Yemeğin nasıl pişirildiği, nasıl sunulup tüketildiği, kendilerini başkalarından ayıran etmenlere duyarlıkla sahip çıkan bir küme insanın toplumda seçilmesini ve kimlik kazanmasını sağlar. Bunun da ötesinde yemek, seçkinleri toplumun diğer kesimlerinden ayırır; statü göstergesi oluşturur. "Aileler" (*el-avâ'il*), "Ulular" (*vücehâ'*), "İleri gelenler" (*â'yân*) diye anılan bu Mekkeliler kümesi için, yemeğin tüketim biçimi, niteliği, niceliği ve sunuluşu önem taşır. Toplum içinde, resmi olaylarda statülerini belirleyen en küçük ayrıntılara özellikle dikkat edilir. Toplum içindeki imgeleri belirginleştikçe, statüleri ve toplumdaki yerleri de belirlenmiş olur. Statü, "yakışık alan", *comme il faut* görünen, aileye "onur getiren", "saygınlığını artıran", ailenin "yüzünü ağartan" anlamına gelen *tecemmül* kavramıyla yakından ilişkilidir. *Tecemmül* sergilemenin bir yolu da yemek aracılığıyla olandır; yemek, incelemeye konu seçkinlerce bilinen, paylaşılan ve aralarında birlik duygusu yaratan, iyice tanımlanmış bir töredir.

Yemeği sunmanın "incelikli", zarif yolları vardır: Örneğin Mekke mutfağında et ve sebzeler ince ince kıyılır; özel bir kutlama nedeniyle bütün bir kuzu hazırlamanın dışında hiçbir şey iri parçalara bölünmüş olarak sunulmaz. Bu durum da yine kent mutfağı ile Bedevi mutfağı arasında görülen bir farktır: Bedevi mutfağında yiyecek iri parçalı sunulur.

Konuğa ikramda bulunmanın özgül kuralları, *mübâşeret*, uygun resmi bir konuşma dili, belirlenmiş deyişler, konuk ev sahibine teşekkür edeceğinde ya da ev sahibi konuklarını sofraya çağıracağında söylenen belirlenmiş karşılıklı övgüler vardır. Yalnızca bu seçkin toplumsal kümenin bildiği ve bilmekten gurur duyduğu, yemeğin sunuluşunu betimlemede kullanılan ayrıntılı bir sözcük ve deyimler dağarı vardır. Mekkeli aileler, geçerli cömertlik standartlarını sergilemekle yakından bağlantılı olan "yüksek beğeni" kurallarını izlemekte duyarlı davranırlar.

Statü ve kültürel farklılık belirteci olarak yemeğin anlamı, 1980'lerden bu yana daha da artan bir önem kazandı. Bu, 1960'larda başlayan bir iktisadi kalkışma dolayısıyla toplum katmanları arasında ve ülke coğrafyasında insanların hızla artan hareketliliğinin sonucudur. Bu hareketlilik, petrol fiyatlarında 1973'te ve ardından 1979'da yaşanan daha da büyük patlamayla hız kazandı. Batı kültürleriyle ilişki kurma sonucu ortaya çıkan başka değişimler de oldu. Geçmiş yıllardaki olaylara bir tepki olarak 1980'ler boyunca insanlar değişime görece daha ilgisiz kaldılar ve konumlarını sağlamlaştırmaya, kimliklerini daha açıkça belirlemeye ve aidiyet kavramını daha netleştirmeye yöneldiler. 1980'ler, dinsel ve geleneksel yaşam yoluyla kimliğin yeniden öne çıkarıldığı, statü bilincini geliştiren bir rekabet dönemi oldu.

Değişik biçimlerde ya da düzeylerde yaşanan bir kimlik bilinci oluştu: Din düzeyinde, Suudi Arabistan düzeyinde, Mekke örneğinde olduğu gibi kentler düzeyinde... 1980'lerde birçok "gelenek" yeniden canlandı, kimi değişime uğradı, hatta kimileri icat edildi. Bilgisine başvurduğumuz bir kişi şu açıklamayı yaptı: "Eğer geleneklerimize, köklerimize şimdi sarılmazsak, yitip gidecekler!"

Asıl büyük toplumun toplumsal, iktisadi, ve dini bağlamda geçirdiği hızlı ve irkiltici değişimin ardından, incelediğimiz toplumsal küme, şimdi kendisine kesintisiz bir geçmiş ve varlığına gerekçeli bir haklılık arıyor; katı "geleneksel" ve dinsel uygulamaları harç gibi kullanarak kümeyi bir arada tutmayı amaçlıyor. Buna bağlı olarak, yemeklerden de bir kimlik duygusu türetip dile getiriyorlar: Özgül yemekler, özel baharat karışımları, sunuş biçimi, yemeğin tüketimi ve öğünlerin zamanlamasından yararlanıyorlar.

Geleneksel nesneler ve geleneksel yemeklerle ayırt edilen eski törenler yeni baştan yaratıldı. Geçen otuz yıl içinde yok olmuş bazı törenler, bazen değişime uğramış olarak geri geldi: Düğün sırasındaki kına yakma töreni (*gumre*), doğumunun yedinci gününde yapılan çocuğa ad koyma töreni (*es-sâbi'*), ya da bir ölümün yılı dolduğunda yapılan anma (*havl*) bunlara örnek. Bu gibi törenlerin odağında yemek yer alır. Kına yakma töreninde, *el-me'aşir* denilen özel gümüş tepsilerde geleneksel Mekke tatlıları sunulur: Sütten yapılan *laddu* ve *lebeniyye*, susamdan yapılan *helvâ-i tahiniyye, herîse* (şekerle sunulan döğülmüş et ve buğday), *mehcemiyye*, Mekke'nin geleneksel ekmekleri *şureyk* ile *k'ak*, Mekke'nin keçi peyniri ve zeytini... Bütün bu yiyecekler oda sıcaklığında sunulur ve dikkati çekecek bir köşede sergilenir. Tatlı, peynir ve ekmeğin bir arada sunulması gündelik yaşamda sıradan bir olaydır; fakat kına töreninde simgesel bir anlam kazanır: Bu tür yiyeceklerin herkesin harcı olmadığı eski yokluk günlerini simgeler.

Şimdilerde geleneklerin yeniden önem kazanıyor olması ile göze batan ölçüde tüketim arasında yakın bağlantı vardır. İyi hazırlanmış bir yemek, hem çok kapsamlı, hem de çok pahalıdır. İnsanlar varsıllaştıkça, cömertliklerini ve görgülerini sergileyebilecekleri kalabalık, dört başı mamur yemekler düzenleyebiliyorlar. Burada unutulmaması gereken, zenginliğin tek başına statü belirlemeye ya da saptamaya yetmediğidir; statü kazanmanın geleneksel ölçütleri de önem taşır. Belki petrol fiyatlarında patlamanın başladığı sıralar kolay elde edilebilen varsıllık, bir anlamda sınıf farklarını ortadan kaldıran bir düzeç görevi yaptı. Oysa şimdi, insanlar statü sahipleri arasına girebilmek için geleneksel izleklere dönüyorlar. 1980'lerde insanlar niceliği bir yana bırakıp niteliğe yönelmeye başladılar. İşte bu nedenledir ki, örneğin üzerine eritilmiş tereyağ, kimyon ve limon suyu karışımı dökülerek hazırlanmış iç bakladan oluşan *fûl-i midemmes*, koskoca bir sofra üzerinde bütün Doğu ve Batı yemekleri arasında bile göze çarpar. Bu geleneksel Mekke yemeği ve daha başkaları, geçmişle bağlantılı bir yaratıyı simgeledikleri için ya da o toplumsal kümeye süreklilik duygusu verdikleri için özel bir yere sahiptirler. Son yirmi yılda neredeyse ortadan kalkan geleneksel Mekke yemeklerinin 1980'lerde yeniden canlanışı yeni etkinliklere de meşruiyet kazandırdı: Mekkelilerin tatmaya koyuldukları, kendi denetimlerinde tutabilmeleri için bir yapıyı ve tanımı gerektiren yeni yaşama biçimi.

İster Mekkeliler olsun, ister Mekke dışında yaşayanlar olsun, bu topluluğun yaşamında özel günleri belirleyen yemektir. Bu nedenle, her değişik olay için bir ya da bir dizi Mekke yemeği vardır. Toplumsal kümenin ortaklaşa benimsediği yemekler, aralarındaki birliğin güçlü bir simgesine dönüşür. İnsanlar, başkalarından bu yolla ayrılır, olaylar da tanımlanmış olur: Mekkelilik bilincinin yükselmekte olduğu bir dönemde, insanlar da kendilerini, duraksamaya yer bırakmayacak biçimde tanımlamış olurlar. Genelde din uygulamalarının önem kazanması ve güçlenmesiyle namaz yanında, yemeğe dayalı çok sayıda dinsel olay ya da toplantı yeniden canlanmış bulunuyor. Örneğin, geleneksel *mevlid* yemeğinde, pilav üstü bir ya da birkaç kuzu çevirme, başka yan yemeklerle birlikte ikram ediliyor; Muharrem (*aşur*) ayının onuncu günü, on değişik tahıldan yapılan *aşuriyye* adlı tatlıyla anılıyor. Yalnız Ramazan ayında pişirilen özel yemekler var: Arpa çorbası, *fûl-i midemmes*, peynirli ve etli hamur işleri (*sembusek*) , üstte yoğurt altta kakuleli et suyuna yatırılmış bir kat ekmek arasında sunulan et yemeği (*fatta*) bunlardan. Ramazana özgü tatlılardan *gatayyıf*, bala yatırılmış, araları badem dolgulu yaprak inceliğinde kat kat yufkadan oluşur. Müslümanların Hicri yılının başlangıcı da değişik yemeklerle kutlanır. Yeni Yıl'a, arınmışlığı simgeledikleri için süt, meyve ve özel bir keçi peyniri yiyerek başlamak en uygunudur. İster sıradan olsun, ister en adı duyulmadık olsun, her türlü meyvenin dünyanın dört bir köşesinden uçakla getirtildiği bir zamanda, ülkenin hiçbir yanında bu ürünlerin yokluğu çekilmiyor. Yine de, olayı kutlamada önemleri eksilmemiştir. Ramazan (*îd-i fıtr*) bayramlarında verilen şölene özgü bir tatlı olan *dubyaza*, bütün pişmiş kuru hurma, kayısı kurusu, kuru incir, kuru üzüm ve bademden yapılır. Yine bu şölen vesilesiyle *el-minezzele* denilen kuzu ızgara yapılır. Bütün olarak sunulmak yerine, pişmeden önce parçalara ayrılır. Hac olayının (*îd-i hacc*) ardından gelen diğer şölenin ayırıcı özelliği, içi hurmalı ya da bademli çeşitli hamur işleri (*ma'mul*) ve kakule ile tatlandırılmış bir çeşit şekerli görek olan *gureyyibe*'dir. (Hurma ağacı Medine'de yetişir; badem Mekke'nin güneyindeki dağlık bir kasaba olan Taif'te.) Ramazan ayından önceki Şaban ayının 15'inde Mekkeliler, *mişebbek* dedikleri bir başka hamur işi daha yaparlar. Hac görevinin en sonunda Mina'nın ziyaret edildiği gün incecik tek kat yufkadan oluşan, üzeri pudra şekeri kaplı *zellebiyye* yapılır; Mekkeliler, o yıl Hac ziyaretine gitmiyor olsalar bile, olayın anısına bu tatlıyı yaparlar. Birinin ölümü ertesinde, kural gereği başsağlığı dilekleri bildiriminin (*gat'aza*) sonunu belirlemek üzere üçüncü gün belirli bir yemek pişirilir. Bu günün baş ikramı nohutlu pirinç (*rizz-i bi-hummus*) ile ince kıyılmış işkembe ve ciğerden (*sakat*) yapılan hoş kokulu bir yemektir; bazan nohutlu pirincin yanında kabak ve kırık bezelye ile pişirilmiş et ikram edilir. Kabağın, Hazret-i Muhammed'in en sevdiği sebze olduğuna inanılır.

Yanında tahinli hıyar salatası (*salatat-ı tehine*) ile ikram edilen pilav üstü bütün kuzu (*mandi*) ölüm yıldönümlerindeki (*havl*) anma törenlerinin yemeğidir. Doğum ya da düğün günlerinde, aynı biçimde, özel yemekler yapılır. Başka özel vesilelerle de yemekler pişirilir ve paylaşılır: Örneğin, bulutlu bir günde, "şeker görünüşlü bulutları" karşılamak üzere *el-gaymü'l-sukkerî* yapılır. Bu yemekte, mercimekli pirinç (*rizz-i bi-adas*), Hint hurması salatası ile Kızıldeniz'den gelen taze balık tava bulunur. Mevlid gibi dinsel yanı ağır basan geleneksel törenlerde ya da ölüm yıldönümlerinde (*havl*), yemek hep yere serilmiş beyaz bir plastik örtü üzerinde ikram edilir. Plastik ülkede çıktı çıkalı, alttaki halıların lekelenmesini önlemek amacıyla kullanılıyor. Plastik bilinmezken, palmiye yapraklarından örülme, bir metre çapında, *misaffa* denen bir hasır kullanılıyordu. Gündelik yemeklerde ya da geleneği sürdürmeyen otel düğünlerinde yemek Batı usulü yemek masalarında ikram edilir ve Arap ülkelerinden, Batı'dan ya da Doğu'dan, değişik ülkelerden yemek çeşitleri pişirilir. Geleneklerin daha çok gözetildiği dinsel günlerde yemek çatal bıçaksız yenir; bunun yerine sağ el ya da kaşık kullanılır.

Yukarıda betimlediğimiz günler dışında, Mekkeli ailelerden oluşan bu küme, her nerede bulunursa bulunsun, Mekke'den izlekler, nesneler ve yeniden yaratılmış eski yemeklerle "Mekke geceleri" düzenler. Bu gecelerde, ızgarada pişmiş bol sarımsaklı küçük köfteler (*mebşur*) , *mantu*, araları yumurta, kıyma, yeşil soğan dolgulu çok katlı hamurdan *mittabbag* ile katları bal ve muzlu ya da peynir ve ballı tatlı *mittabbag* ikram edilir. Eski Mekke giysileri giymiş hizmetkârların sunduğu yemekler yüksek arkalıklı Mekke koltuğuna oturmuş konuklarca tüketilir. Bu tür ev eşyasının yeniden moda olmasından bu yana, yenilerinin yapımı ve satışına dayalı canlı bir ticaret gelişti. Özgün parçalar ise bu seçkinler kümesi tarafından kapışıldı. Gülsuyu ve *kadi* bitkisi gibi başka bitkilerle tatlandırılmış sular özel Mekke sürahi ve bardaklarından içiliyor.

"Geleneğin" geri dönüşü ya da yeniden doğuşu, erkek ve kadınların davranışlarından okunuyor: Resmi toplantıların çoğunda, geçmişte olduğu gibi, kadın ile erkek bir arada bulunamıyor. Yalnız kadınların çağrılı olduğu toplantılarda yemeklere hemen her zaman daha çok özen gösteriliyor. Örneğin Cidde'de bir otel müdürü, düğünlerde erkek tarafına verilen ziyafetin hep aynı yemeklerden oluştuğunu anlattı: Yalın ve geleneksel "Mekke" yemekleri seçiliyor: Çevrilerek kızartılmış birkaç bütün kuzu, pirinç, tahin soslu hıyar salatası ve bala yatırılmış parmak biçimli hamur tatlısı *turumba*... Oysa kadın tarafında yiyecekler çok çeşitli ve el tutan türden oluyor: Yalnız Hicaz yemekleri (Mekke, Cidde ya da Medine) sunulmuyor; Lübnan, Mısır ve daha başka Arap yemekleri, hatta avokado ve tütsülenmiş somon gibi Batı'nın seçme lezzetleri, tüketilmese bile, bulunuyor. Ziyafetin değişmeyen baş yemeği ateşte çevrilmiş bütün kuzu kadınlara kemiklerinden ayrılmış olarak ikram ediliyor. Bunun nedeni, hiçbir kadının böylesi bir ziyafette kuzuyu kemiklerinden ayırmayı aklından bile geçirmeyeceğidir; ayıklamaya kalkışması hoş ve zarif karşılanmaz. Bazı erkekler, bana kadınla erkeğin yedikleri, giydikleri arasındaki ayrımı ve kadınların resmi selamlama ve konuşmalarındaki kibar tavırları şöyle açıkladılar: Kadınlar "görünüşlerine" (*mezahir*) erkeklerden daha düşkün oluyorlarmış ve erkeklerin aksine, çeşitlilikten, değişiklikten hoşlanıyorlarmış.

Konukseverlik, konuğa karşı cömertlik, statü ve saygınlık kazanma ve sürdürmenin yollarından biridir. Ziyafetin sahibi kadın ya da erkeğin, başından sonuna değin ayakta kalıp konuklarına saygı göstermesi (*mücamele*), değer verdiğini göstermesi (*tagdir*) konukseverlik ve cömertliğin gereğidir. Konuğa hizmet etmek (*mübâşeret*) Mekkeli olmanın şanındandır, onur kaynağıdır. İslam dininde, ev sahibi konuktan daha üstün konumda olsa bile, önce konuğuna hizmet etmeli, sonra kendi karnını doyurmalıdır. İncelediğimiz kümenin üyeleri bu davranış biçimini hayranlıkla benimsiyorlar ve yerine getirmeye çalışıyorlar. Şu hadîsi yineliyorlar: "Allah'ı ve elçisini sevenler konuklarına karşı cömert olmalıdırlar." Gösteriş için tutulmuş gereğinden çok (çoğu Filipinli) hizmetçiye karşın, konuklara asıl hizmet edenler "ev halkı"dır (*ehl-i beyt*). Hizmetçiler yemeği mutfaktan alır getirir, hanım ya da bey ev sahibi ve ailenin diğer üyeleri de konuğa usulüne uygun biçimde ikram ederler. Konuk hiç boş bırakılmaz; sürekli birşeyler ikram edilir: meyve suyu, fındık fıstık, hurma, kahve türleri (Necdi, Arap, Türk), nane çayı, Lipton çayı... Ardından yemek gelir. Yemek uzatılabildiğince uzatılmalıdır; çünkü, kurala göre konuk yemek son bulur bulmaz ayrılacaktır. Bu nedenle, yemeğin ardından yine gelsin çaylar, kahveler; Hindistan'dan gelen fındığa benzer bir tür yemiş, kakule, karanfil, naneden oluşan "sindirimi kolaylaştırıcı" bir baharat karışımı (Mekke'ye özgü bir karışım)... Konukseverliğin bir başka belirtisi olarak, yemeğin öncesinde ve sonrasında ödağacı (*'uda*) yakılıp elden ele dolaştırılır; bununla da kalınmaz, yağlı sandal ağacı yakılır, amber ya da gül kokuları gezdirilir. Evin beyi ya da hanımı ve ailenin diğer üyeleri, ziyafet boyunca konuğa, "Allah aşkına" yemesi için üsteler. Konuk ne denli yemek yemişse yesin ev sahibi yineler: "Hiç yemediniz... Allah biliyor ya, hiçbir şey yemediniz." Konuk, gördüğü cömertliğe kalıplaşmış sözlerden biriyle karşılık verir: "Allah evinizin bereketini artırsın." Ev sahibi buna, "sayenizde," ya da "Allah size daha çoğunu nasip etsin," diye karşılık verir. Konuk: "Cömertlikte size yetişmeye çalışıyoruz yalnızca," der.

Konuştuğum yaşlılardan bazıları, eskiden konukseverlik ve cömertliğin, ev sahibinin konuğunu kendi eliyle beslemesi anlamına geldiğini anlattılar. Konuk çok ağırsa, hatırlıysa, kendi eliyle yemesine izin verilmezdi: Sofraya oturduğu andan başlayarak yemek ağzına verilirdi. "Eğer evdeki kişi sayısı, örneğin sekizse, her birinin elinden en az bir lokma almak gerekirdi." Konuğu elle besleme göreneği ortadan kalkmış. Şimdilerde, ev sahibi konuklarına, yalnızca antepfıstığı ayıklayarak, eti ya da tavuğu ufak parçalara bölerek ya da dolu bile olsa tabaklarına yemek ekleyerek yardımcı oluyor. Konuğa hizmet etmenin kuralları (*mübâşeret*) her toplum katmanında ayrı ayrıdır. İncelediğimiz toplum kümesinde, kimin kiminle yemek yediği, kimin kime hizmet ettiği toplum içinde statü ve yaşın göstergesidir. Örneğin, bir ziyafette, daha itibarlı konuklar "masanın başına" oturtulur ve onlara aileden yaşça büyükler hizmet eder; gençler ve daha az önemli konuklar masanın karşı ucuna oturtulur; onlara da hizmet edilecektir ama yalnızca ailenin daha genç üyelerince...

Her toplantının ana ilgi konusu yemek olmakla birlikte, kimsenin ağzına yemek sözcüğünü almadığı dikkatimi çekti: Çünkü, yemekten söz etmek görgüsüzlük sayılır. Her ne kadar evin hanımı, bir "çay daveti" için masanın üstünü otuz çeşitten fazla yemekle donatmak yorgunluğuna katlanmış da olsa, konuğunu sofraya buyur ederken, "Lütfedip çaya buyurur musunuz..." diyecektir. Bu, açık açık yemek sözü ederek konuğunu utandırmak istemeyen ev sahibinin görgüsünü ya da *savoir faire* sahibi olduğunu gösterir. Gözlemlerime göre, sıkılma, utanma duygusu kadınlarda erkeklerden daha keskin yaşanıyor.

Cömertlik, konuklara ikram edilen yiyeceğin miktarıyla ölçülür ve ifade edilir. Konuğu onurlandırmanın bir belirtisi, bütün kuzu sunmaktır. Resmi bir davette, hemen her zaman, masada konukların ve ev halkının tüketebileceğinden çok yiyecek bulunur. Böylesine savurganlığın olduğu şölenlerden arta kalan yiyecekleri ne yaparlar peki? Genellikle eşe dosta, akrabaya dağıtılır; yoksul ailelere *sadaka* adı altında verilir. Toplumdaki varsıl, statü sahibi her ailenin düzenli olarak —yiyecek yanında, giyim, para türünden— yardımda bulunduğu birkaç yoksul aile vardır. Bu nedenle, büyük bir akşam yemeğinin ardından hemen aynı akşam ya da ertesi sabah (ya da bir dinsel gün dolayısıyla) şoförler kapı kapı dolaşarak yiyecek dağıtırlar. Akrabaların çoğuna kalanlardan pay düşer. Bunlar çabuk bozulmayan yiyeceklerdir ve üzerinden bir gece geçtikten sonra daha da tatlanırlar. Bu durumun açıklamasını şöyle yaparlar: Üzerinden bir gün geçtikten sonra yemeğin içindeki baharat ve tatlar iyice harmanlanmış olur. Sadaka vermenin geleneksel yolu et dağıtmaktır. İnceleme konumuz olan kümenin üyeleri düzenli olarak evlerinin bahçesinde kuzu keserler; etin bir bölümünü kendilerine ayırır, kalanını muhtaçlara gönderirler. Bazen belirli bir amaçla, örneğin ailede hasta birinin iyileşmesi için kurban kesilir: Buna *niyye* denir. Ama kurban genelde ailenin korunmasını, varsıllığının sürmesini istemek amacıyla kesilir. Mekkeliler, yalnız Mekke'nin güneyindeki bir bölgede yetişen kuzuların (*harri*) etini yer. Yurtdışından gelen kuzu etini sevmezler. Dana etini beğenmezler. Domuz etini ise ağızlarına sürmezler. Böyle olunca, kuzu dışında her gün yenecek et türlerinden tavuk eti ve Kızıldeniz'den günlük olarak çıkan balık kalır.

İnsanlara yiyecek armağan etme geleneği vardır. Yiyeceklerden oluşan *tu'me* alınıp veriliyor günümüzde. Çoğu günler, masada, bir akraba ya da arkadaştan gelen, en az bir tabak çeşni (*tu'me*) bulunur. Bu tabak geri boş gönderilmez. Dolu gönderilmelidir: Yemek konamıyorsa, şekerle doldurulmalıdır. Yemek eve gönderilmelidir; konuk, çağrılı olmaktan duyduğu memnuniyeti belirtmek üzere, asla yanında yemek getirmez. Bu yakın akraba arasında yapılabilir; çünkü, ailenin üyeleri arasında resmiyet ya da utanma, sıkılma yoktur. Adına *dahle* denen bir başka yiyecek ikramı daha vardır: Yolculuktan dönen kişinin onuruna şölen verilir çoğunlukla; kimi zaman evine yiyecek gönderildiği de olur. Bunların dışında, ölü çıkmış bir eve, üç kuşak ya da daha öteden kan bağıyla bağlı akrabalar, yakın arkadaşlar, özellikle başsağlığı dileklerinin resmi olarak sunulduğu ilk üç gün boyu, yemek gönderirler. Bu uygulamanın temeli bir hadise dayanmaktadır.

Bir yandan yiyecek böyle göze batacak biçimde tüketilirken, bir yandan da sürekli kem göze uğrama korkusu çekilir. Yenip içilenin insanın temel inançları, değerleriyle bağlantılı olması, kişinin kimliğiyle, kökeniyle ve toplum içindeki statüsüyle ilişkilendirilmesi, ama hepsinden önce yaşamın baş koşulu olması, konuyu kem gözün, çekemezliğin (*hased*) etkilerine karşı duyarlı, savunmasız duruma getirir. Bazı yiyecek türleri tüketildiğinde çekilen korku daha da artar; hele de tüketen kişi savunmasız durumda ya da kıskanılacak bir konumda bulunuyorsa... Yeni doğum yapmış bir annenin içtiği özel hazırlanmış tavuk suyu *masluga*, ya da bebeğin içtiği süt göze karşı korumasız sayılır; bu yüzden bir bezle ya da ışık geçirmez kâğıtla örtülür. Meyveler de korumasızdır: Meyve sepetleri yenecekleri ana dek örtülü tutulur. Geçmişte az bulunmuş, olağanüstü lezzette sayılmış ne varsa, göze gelme olasılığı daha çoktur.

Görgülü konuklar şölen sofrasını görür görmez hep "Allah'ın istediği gibi" anlamına gelen *Mâşa'Allah* sözünü duyulacak bir düzeyde fısıldarlar: Bunda amaç hem iyi niyet hem de hayranlık duygularını belirtmektir. Resmi bir "çay" ya da akşam yemeğine çağrılı olduklarında, kadınların evden çıkmadan önce hafif bir yemek (*talbibe* ya da *tasbire* —açlığın bastırılması) yemeleri gelenektendir. Böylece zarif ve kibar görüneceklerdir. Başkalarının yanında acıkmış görünmek ağırbaşlı bir tavır sayılmadığı gibi topluluk içinde iştahla yemeğe girişmek kişiyi göze getirebilir.

Mekke'de, yemeğe gelen bütün konuklar sofraya birlikte oturtulur. Yine de, yemeğini bitiren konuk, yemek yemeyi sürdürenleri beklemeden sofradan kalkmalıdır; bu, Kur'an'daki bir ayet gereğidir: "Ve yemeği bitirdiğinizde, sohbetten keyf alsanız bile, dağılın." Bana açıkladıklarına göre, yemeği bitirdikten sonra sofrada oturmayı sürdürüp başkalarının "lokmalarını saymak" ayıptır. Bu nazara neden olabilir. Yemek sırasında, insanlar arasında ufak tefek konuşmalar geçse de, sofrada, diğer toplumlarda olduğu gibi, uzun uzadıya konuşma geleneği yok. Bütün yemekler herhangi bir sıra izlemeksizin topluca aynı anda sunuluyor. Bu nedenle, yemekte geçirilen zaman, kişinin yediği miktara ve ne denli hızlı yediğine bağlı.

Nazara karşı, yiyeceğin üstünü örtmenin dışında alınabilecek önlemler var. Örneğin, belirli bir yemeğin adının anılmaması gerekiyor: Örneğin, et (*lahm*) yerine, *kuku* ya da *hayle* gibi başka bir sözcük kullanacaksınız. Çocuklar, kem göz karşısında en korumasız olduğu için bu uygulama onlara öğretiliyor. Eğer bir kişinin yemek sırasında, "ağzına bir lokma koyarken" nazara geldiğinden kuşkulanılırsa, bir Seyyid'e başvurup lokmayı çıkarması isteniyor. Midenin nazardan kurtulması için etkilenen bölgeye ıslatılmış pamuk uygulanıyor. Seyyid'in dualarının gücü sayesinde ıslak pamuk zararlı lokmayı çekip çıkarıyor. Bu tür sağaltım yöntemine başvuran artık pek kalmamış. Nazara karşı başka önlemler alınıyor. Yararlılığı evrensel olarak kabul gören önlem ise, Kur'an'dan belli surelerin tekrar tekrar okunması.

Yemek evin içinde pişirilip ikram ediliyor. Bütün yeniliklerin, geleneklerin kaynağı burası. İşte bu nedenledir ki ev, mutfağın yerel ya da ulusal kimliğinin gelişmesine ve korunmasına katkıda bulunuyor. Halka açık, yemek yenebilen kahveler dışında Suudi Arabistan'da lokanta geleneği yoktu. Buralarda erkekler yüksek peykelere kurulup açık havada yemek üstüne çay, nargile (*şişe*) içerlerdi. Kadın, hiçbir zaman halka açık bir yerde yemek yiyemezdi. İnceleme konumuz olan kümenin erkekleri için bile *suk*'larda, yani kamusal alanlarda karnını doyurmak ayıp sayılır. Artık Batı'dakilere benzer lokantalar açıldı. Çoğu bir uluslararası otel zincirinin halkası olan bu lokantalar, Japon, Çin, çeşitli Avrupa ve Ortadoğu yemeklerini bir arada sunuyor. Suudi Arabistan'da oturan yabancıların da yemek gereksinimini karşılıyor. Toplumun diğer kesimlerinden Suudi Araplar da bu tür lokantalara gitmeye başladılar.

Evde yemeği yapan her zaman kadın olmuştur. Mekkeli erkekler, pek ender mutfağa girerler. Yemek tarifleri anadan kıza görerek ve sözle aktarılır. Geçmişte, aileden biri gibi yaşayan köle kadınlar yemeklerin yapımına yardımcı olurlardı. Bugün, toplumun seçkin kümelerinde kadınlar yemek yapmıyorlar. Mekke yemeklerini, Filipinli, Lübnanlı, Sudanlı, Mısırlı ya da Faslı yabancı erkek aşçılar pişiriyor. Suudi Arabistan'dan asla erkek aşçı çıkmaz. Mekke yemek tariflerini profesyonel aşçıya ya evin hanımı öğretir ya da ailenin ana ya da baba tarafından bilgili bir hanım üyesi... Her ne kadar evin hanımı yemek pişirmemekle öğünse de (çünkü aşçı tutmak bir statü göstergesidir), geleneksel Mekke mutfağını biliyor olmaktan gurur duyar.

İlk ulusal Suudi yemek kitabı 1984'te Suudi Arabistan'da yayımlandı. Kitap, ülkenin değişik bölgelerindeki (bölge adları kitapta belirtilmemişti) saygın ailelerden gelen altı Suudi hanım tarafından ortaklaşa yazılmıştı (bkz: Bu kitapta Heine'nin makalesi).

Yaşanan bunca iç-dış, siyasi, iktisadi ve toplumsal değişimden sonra, kişinin kendini ifade etmede sığınabileceği (bilinçli ya da bilinçsiz olarak inançlarıyla, kimliğiyle, duyarlıklarıyla ilgili bunca şeyi dışa vurabileceği) son savunma noktası olarak yemek kalıyor. Bir Arap atasözünün dediği gibi, "Canının çektiğinden ye; giymeni uygun gördüklerinden başkasını giyme."

ON ÜÇÜNCÜ BÖLÜM

KUZEY İRAN'DA YEMEK ALIŞKANLIKLARI VE KÜLTÜREL SINIRLAR

CHRISTIAN BROMBERGER

Bir yemeğin adından ve hazırlanış biçiminden nerenin, kimin yemeği olduğunun ip uçlarını çıkarmak olasıdır: Brüksel lahanası, Brezilya fındığı, *salade niçoise,* spagetti bolonez, tartar soslu biftek, *köfte-i tebrizî* (nohut ezmesi ve kıymadan yapılan köfte). Bir yandan da, halklar ve etnik kümeler, başkalarına itici gelen yeme alışkanlıklarıyla anılırlar çoğu zaman: İngilizlere sorarsanız Fransızlar "kurbağa yiyen"dir; Fransızlar da onlara "rosbifler" diye karşılık verir; ikisi birden İtalyanlara "makarnacılar" der. Afganistan'da Özbeklere "şehriye yiyen" derler; İranlılarsa, Kuzistan bölgesinden Araplara "kertenkele yiyiciler' (*susmar-hor*)[1] diye ad takmıştır.

Dar bölgeci tavır hep aynı yöntemlere başvurur. Örneğin Fransa'da, "salyangoz yiyiciler", "sinek yiyiciler", "çer çöp yiyiciler" gibi terimler aynı ülkenin vatandaşları arasında, komşu köyden insanları tanımlamak, küçük düşürmek için sıkça kullanılan sözlerdir. Benzetme ve mecazlar da başka insanların kimliklerini, beslenmeyle ilgili yakıştırmalarla tanımlama eğilimini gösterir. Nedeni, kişi ya da kümeyle o yiyecek arasında bir benzerlik bulunması olabilir. Örneğin şişman birine "dolma" denebileceği gibi, bir kadın da, "gözleme gibi yamyassı" diye nitelenebilir. Karşıdakinin

1 Bu makale, ilkin Fransızca olarak yayımlanmıştı (bkz. Bromberger 1985). Elinizdeki metnin yayıma hazırlanmasında çok önemli yardımlarından dolayı J. L. Alberti ile R. L. Tapper'e gönül borcum büyük.

niteliklerini tadla ilişkilendirerek değerlendirdiğimiz de olur: Ekmeğin çok yendiği Fransa'da, nazik bir erkek için "taze ekmek gibi iyi" denilecektir; pek çok ülkede, bir kız "şeker gibi" ya da "lokum" olabilir; Farsça'da, bir kızdan söz ederken, çekiciyse *bâ-nemek* (tuzu yerinde), çekicilikten yoksunsa *bî-nemek* (tuzsuz) deniyor.

"Öteki"ni böyle yiyecek aracılığıyla algılama Kuzey İran'da nasıl oluyor? Halk arasında görülen bu algılama yöntemi ne tür bir mantık çerçevesine oturuyor? Bunlar, aşağıda yanıtını arayacağımız sorulardan bazıları.

BİR YANDA EKMEK YİYENLER ÖBÜR YANDA PİRİNÇ YİYENLER

Elburz sıradağları, iklim, yeryüzü şekilleri, üretim etkinlikleri ve halklarının yaşam biçimi bakımından birbirine taban tabana zıt iki ayrı dünya arasında doğal ve kültürel sınır oluşturur. Kuzeyde Gîlân, nemli, astropikal bir iklimin yararını görür ve dağların eteklerinde, rengârenk bir halı gibi pirinç tarlaları, narenciye, dut ve çay bahçeleri, ya da Hazar'ın kıyısında mavi-yeşil renkte gölcükler uzanır.[2] Batısına düşen Azerbaycan ve güneyine düşen Tahran illeri kıraçtır; oralarda kırsal üretim arpa ve buğday ekimi üstüne kuruludur; ayrıca koyun beslenir. İran yaylasında yaşayanların (Hazar kıyısında oturan komşuları onlara "Irakî"[3] der) yaşam biçimi ile Gîlân'ın kırsal kesiminde yaşayanların (bölge merkezi Reşt olduğundan Tahranlılar onlara "Reştî" der) yaşam biçimi arasında büyük bir fark vardır. Elburz sıradağları üzerindeki doruklardan geçirilecek bir sınırın iki yanında kalan insan'arın uygulamalarının, davranışlarının, göreneklerinin ve yaşam biçimlerinin dikkatlice bir dökümü yapılsa öylesine büyük karşıtlılar görülecektir ki, bazı yazarlar Gîlân'ı İran'ın tam tersi olarak tanımlama hakkını kendilerinde bulmuşlardır (Bazin ve Bromberger 1982, s. 95-7). Bu yönüyle ele alındığı zaman, beslenme alışkanlıklarından öğrenilecek çok şey var.

İran yaylasında en temel besin hâlâ ekmektir; en azından toplumun yoksul sınıfları bakımından... 1970'lerde günlük yiyecek tüketiminin yüzde 40'ını ekmek oluşturuyordu (Bazin 1973). İnsanlar günün üç öğününde de, süt ürünleri (yoğurt, peynir) koyun eti ve/veya sebzeli güveç, koyun eti suyu (*âb-ı guşt*), sebze çorbası (*âş*) yanında ekmek tüketirler. Bazı ev ku-

2 Gîlân'ın betimlemesi ve Hazar kıyısında yaşam konusu için bkz. Bromberger (1988, 1989).

3 Sözcüğün tam karşılığı Iraklı anlamına geliyor; bu terim Abbasiler öneminden, bölgenin paylaşımını gösteren bir kalıntı. "Araplar elindeki Irak" (aşağı Mezopotamya) o zamanlar "yabancılar elindeki Irak"ın (Azerbaycan'dan Büyük Tuz Çölü'ne değin bölgede uzanan doğudaki topraklar) karşıtıydı: Bkz. Le Strange 1966, s. 24-5 ve 185-6). Gîlânlılar doğudaki topraklar için hâlâ Irak terimini kullanırlar; hatta daha da geniş anlamda Elburz sıra dağlarının ötesindeki bütün İran topraklarını kastederler.

ralları da, bu temel besinin önemini vurguluyor: Sofra hazırlamada izlenen sıranın başında, her tabağın önüne, yemeğin ana bölümü sayılan birkaç parça ince, yumuşak ekmek (*lavaş*) koymak gelir. Ekmeğe hiçbir zaman diğer yemeklere eşlik edermiş gibi bakılmaz; ama tüketilen hiçbir yiyecek de — yoğurt, peynir olsun, börek, yumurta vb. olsun— ekmeksiz gitmez. Yemekten alınan her lokma mideye bir parça ekmekle gönderilir.

Yoksul sınıfların günlük beslenmesi ile İran mutfağının genel görüntüsü arasında ancak çok uzak bir ilişki olduğunu söylemek bile gereksiz. Beyaz pirinçle birlikte sunulan ızgara kuzu eti (*çilav kebab*), önce yağda kavrulmuş sebze, meyve, kuzu, tavuk ve baharat gibi çeşitli malzemenin pişmekte olan pirince katılmasıyla hazırlanan yemek türleri (pilav) bugün bile herkesin harcı yemekler sayılmaz: Bunlar, şölenler, kutlamalar, konuk ağırlama ve lokanta ziyafetleri gibi toplu yemeklere özgü, olayın önemini yansıtan yemeklerdir. Öte yandan, eskiden orta İran'ın varsıl kent çevrelerine özgü olan pirinç tüketiminin geçen otuz yılda daha yoksul toplum katmanlarına yayılmış olduğu doğrudur. Bu durum, günümüz İran'ında yaygın kentsel modelleri taklit ederek toplumsal farklılıkları dengeleme trendinin sonuçlarından biridir.

Bu türdeşleştirme sürecine rağmen, Irakîlerle Reştîlerin yemek yeme alışkanlıkları arasında bir uçurumun varlığı sürüp gidiyor.[4] Pirinç dışında başka tahıl yetiştirilmeyen Gîlân ilinin orta bölgesindeki ovada bir yetişkin, kabuklu ve kabuksuz olmak üzere, günde bir kilo dolayında (pişmemiş) pirinç tüketme alışkanlığındadır. Bu miktar, 1970'lerde günlük beslenmesinin yüzde 45 ila 60'ını oluşturuyordu. Bir zamanlar Hazar'da çok yaygın olan ana öğünlerde pirinç yeme alışkanlığı, Güney Taliş dışında artık eskisi denli köklü değil. Merkez ovanın batısına düşen Taliş, gelenek ve göreneklerin korunduğu bir bölgedir (bkz. Şekil 13.1).

Kahvaltıda ya da sabah ayak üstü birşeyler atıştırılacağında (*kalye-i nehar*), (önceki günün yemeklerinden arta kalan) pirinç ya peynirle, sirkede bekletilmiş sarımsakla ya da balık yumurtasıyla (çoğunlukla beyaz etli balıkların [*mâhî sefid*] yumurtası), taze fasulye ya da suda ıslatılmış bakla, soğan, cevizle çoğaltılarak soğuk yenir; ya da, nilüfer ailesinden (*Diospyros lotus*) bir meyvenin şurubuyla, o yoksa biraz vişne ya da ağaçkavunu (*bedreng*) reçeliyle tatlandırılmış süte yatırılarak sıcak yenir. Buna gö-

---

4 Yine de, Gîlânlıların uyguladığı yemek pişirme süreçleri ve kültürel bakımdan değerli saydıkları ağız tadı ve beğenileri İran yaylasında egemen aynı genel dizgenin özelliklerini taşır: Uzun süreli pişirme, tatların öne çıkmasını kolaylaştırma, karşıt tatların (tatlı ve ekşi gibi) güveçlerde birlikte kullanılması, en güçlü tatlar karşısında tiksinti duyma, tek tip yeme alışkanlıkları: Bütün yemeklerin hep birden bir defada sofraya getirilmesi ve tüketime sunulması...

re pirinç sabah soğuk yenecekse tuzlu-ekşi karışımlar akla gelir, sıcak yenecekse tatlılarla.

Öğle yemeğinde —günün en önemli yemeği— ve akşam yemeğinde güveç bulunur. Güvecin içine mevsimine göre kuru ya da taze sebzeler, kokulu otlar, et ve daha çok da tavuk ve av eti katılır. Öğün, pirinç yemeğinin yanında, duruma göre sebzeli ya da peynirli omlet, yağda yumurta,[5] balık tava, yoğurt, taze meyve ile tamamlanır. Pirincin bu gündelik tüketimi (*kateh*), pilav gibi ne estetik görüntü, ne de tat ve rayiha sahibi olmak savındadır. Pilav Orta İran'da olduğu gibi, burada da ufak tefek değişikliklerle de olsa, özel çağrıların vazgeçilmez yemeğidir. Aslında *kateh* az malzemeyle çabuk hazırlanabilen yalın bir yemektir: genellikle kısa taneli pirinç soğuk suya katılıp, suyunu tamamen çekinceye dek pişirilir. Sonra bir parça eritilmiş tereyağ eklenebilir; bundan sonra pirinç demlenmeye bırakılır. Sonuçta elde edilen karışımda taneler birbirine yapışmıştır. Ters çevrilip tencereden ayrılınca bıçakla kesilen parçalara köfte biçimi verilerek yenir. Pilav ve çilav pişirmede kullanılan yöntemler bambaşkadır: İnce uzun taneli pirinç kullanılmalı ve saatlerce suda bekletilmelidir. Sonra kaynar suya atılmalı ve yarı pişmişken süzgeçten geçirip ayrılmalıdır. Bundan sonra ağır ateşte demlendirilmelidir ki, sonunda pirinç taneleri diri, kuru olsun ve tane tane dökülsün.

İran yaylasında, her güne pişirilenle, özel pişirilen yemekler, ana maddeleri bakımından birbirinden apayrıdır (birinde ekmek, öbüründe pirinç). Oysa Gîlân'da gündelik yemekle özel yemekler arasındaki ayrım, yalnızca pirincin değişik pişirme süreçlerinden geçmesindedir: Gündelik yemekte *kateh*, özel yemeklerde pilav ve çilav. Gîlânlıların sofrasından hiç eksik olmayan pirinç, özel günlerde hazırlanan sayısız hamur işlerinin de ana girdisidir.

Hayvansal protein, kümes hayvanlarından, küçük göllerde yaşayan av kuşlarından, balıktan ve az da olsa koyun ve dana etinden alınır. Dere ağızlarında, lagünlerde, Hazar'ın kıyılarında çok tutulan sazan, yayın, sırtar balığı ve özellikle "beyaz etli balık" (tekirin bir türü olan *mâhî sefîd*) gibi pullu balıkları Gîlânlılar çok sever. Pirinç ile balık etinin bir araya gelmesinden oluşan Gîlân ilinin ünlü yemeği *pilav-mâhî* bölge mutfağına

---

5 Gîlân mutfağında yumurtanın önemli bir yeri vardır. Mutfağın kendine özgü kimliğini oluşturan iki yemekten biri *mirza-kasımi* bir tür patlıcanlı omlettir; ikinci yemek *bâkıla-katıg* yumurta ile hazırlanan taze fasulyeli ya da baklalı güveçtir. *Bâkıla-katık / bî-mürgane / heft te olag / ti mihmane*: Yumurtasız bâkıla-katıg ikram ettin mi, konuklarını yedi eşek yerine koymuş olursun! Simge yemekler söz konusu olunca, pişirme yönteminin doğruluğu ve hangi tarifin *hakiki* olduğu konusunda sıkça tartışma çıkıyor.

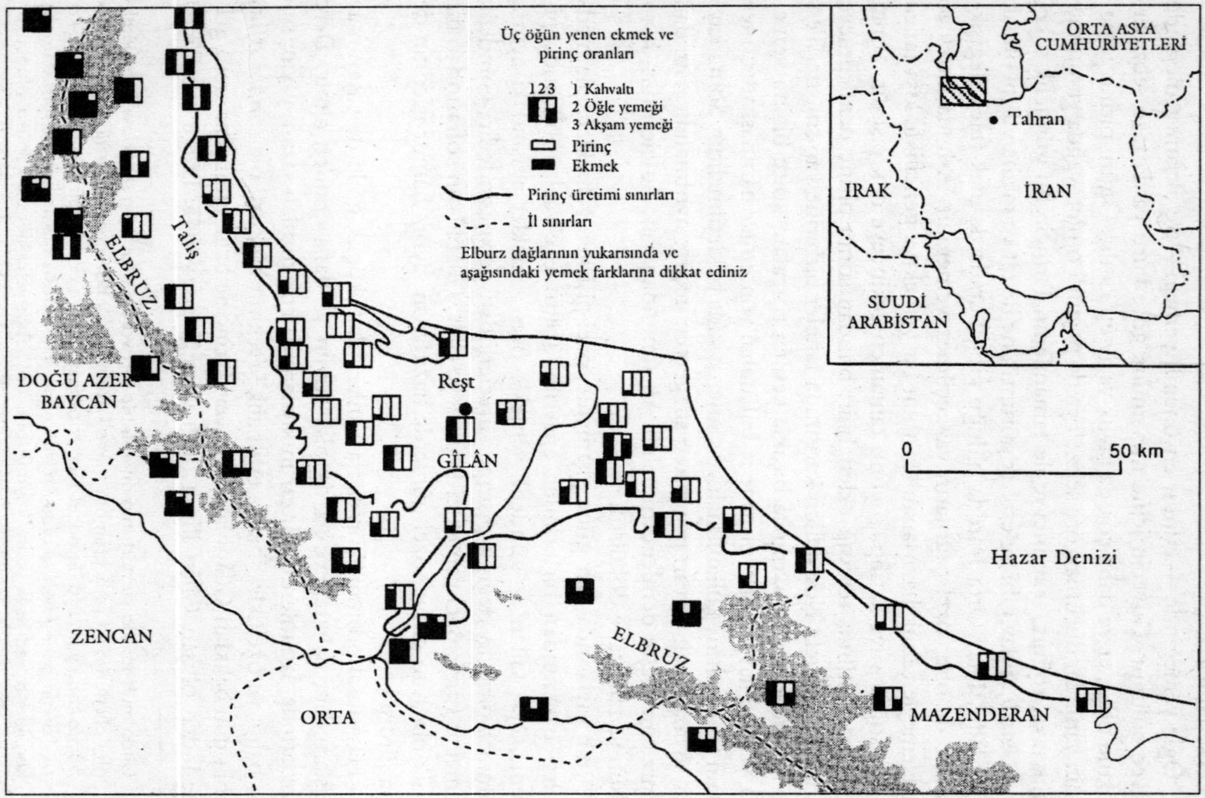
Üç öğün yenen ekmek ve pirinç oranları
123
1 Kahvaltı
2 Öğle yemeği
3 Akşam yemeği
Pirinç
Ekmek
Pirinç üretimi sınırları
İl sınırları
Elburz dağlarının yukarısında ve aşağısındaki yemek farklarına dikkat ediniz
ORTA ASYA CUMHURİYETLERİ
Tahran
IRAK
İRAN
SUUDİ ARABİSTAN
0
50 km
Hazar Denizi
DOĞU AZERBAYCAN
Taliş
ELBRUZ
Reşt
GÎLÂN
ZENCAN
ORTA
ELBRUZ
MAZENDERAN

kimliğini veren yemeklerdendir. Gîlânlıların Hazar'a özgü, ünlü mersin balığını ve yumurtasını geçmişte yememiş olmaları ilginçtir. Mersin balığı da tüm pulsuz balıklar gibi haram sayılıyordu; ta ki, 1983'te Ayetullah Humeyni bir fetva ile yasağı kaldırarak mersin balığı ve yumurtasını helal ilan edene dek...

Bölgede sığır etine verilen önemin altı çizilmelidir: Yılda kişi başına tüketilen 9 kilo etin iki kilosu sığır etidir. Bölgenin bu özelliği, daha 19. yüz yıl ortalarında Chodzko'nun da dikkatini çekmişti. "İran'da sığır eti yenen, hatta pazar yerlerinde sığır eti satılan tek yer Gîlân'dır," dedikten sonra ekliyor: "Hazar dağlarının ötesinde yaşayan İranlılara, Irakîlere gelince, onlar sığır etinden tiksinirler" (1850, s. 203).

Ekmeğe gelince, Hazar bölgesinde yeni yeni tanınmaya başladığı, Taliş ovası sakinlerinin sözlerinden de anlaşılıyor: "Otuz yıl önce bize ekmekten söz etmiş olsaydınız, size 'Nedir o?' derdik" (Bazin 1980, II, s. 57). Nasıl İran yaylasında pirinç oldum olası seyrek bulunduysa, ekmek de Hazar bölgesinde yakın zamana değin, hali vakti yerinde olanların varsıllıklarını, evlerindeki bolluğu göstermek için çıkardığı bir yiyecekti. Ancak böylesi gösteriş merakından dolayı ekmeğe katlanabiliyorlardı. Chodzko şunları belirtiyor: "Gîlânlı toprak ağası, çalıştırdığı yarıcılarla aynı yemekleri yer; aynı biçimde düşünür; ama eğer konuklarına bir parça beyaz ekmek ikram edememişse, dengi kişilerin bunu yanlış anlayarak kendisine görgüsüzlük damgası vurmasından çekinir" (1850, s. 204).

Bu kısa incelemenin gösterdiği gibi, Reştîlerle Irakîlerin beslenme düzenleri, temel yiyecek olarak pirinçle ekmeği eksen alan bir dizi karşıtlıklarla birbirinden ayrılır: Biri pirincin yanında balık yerken, diğeri ekmeğin yanında et yer; Reştîler için pirinç her gün yenen, sıradan bir yiyecekken, Irakîler için şölenlerin saygınlık getiren yemeğidir (ekmek için de bunun tam tersi); beslenmede sığır etinin tuttuğu yer bölgelere göre değişir; ve nihayet, benzer yemeklerin hazırlanışında, iki mutfağı birbirinden ayıran sayıları sonsuz küçük ayrıntılar vardır... Örneğin İran mutfağının en "kral" yemeği sayılan pilava kattıkları malzemelerde görülen değişiklik gibi; ya da, çayın içimindeki ayrım gibi: Gîlânlılar çayı *kâm-reng*, açık içmeyi sever, İran yaylasında ise halk *pür-reng*, koyu ve sert içmeyi yeğler. İşte yemek pişirmede, yiyecekleri hazırlamada ve yemekleri sunuşta görülen bu karşıtlıklar bölgesel ayraç görevi yaparak kişinin başkalığını tanımlamaya yarayan zengin malzeme sağlar.

BİR YANDA *KELLE-İ MÂHÎ HÛR* ÖBÜR YANDA *DEHAN-GÜŞÂ*

Kişinin kültürel kimliğinin bilincine varması için yalnızca kendisi ile başkaları arasındaki ayrımları ortaya koymanın yeterli olmayacağını vurgulamaya bilmem gerek var mı? Kendimize özgü başkalıkları araştırırken karşılaştığımız kimi özellikleri simgemiz olarak benimsiyoruz, kimilerini de görmezden geliyoruz. Bu nedenle, göstergelerin açık paradigmasını (eldeki verilerin özsel ve karşılaştırmalı çözümlenmesiyle açığa çıkan farklılık özelliklerini), kişi, daha sınırlı sayıdaki ayraç paradigmasının (başkalığın simgesi olarak tanımlanan ve korunan özelliklerin) karşısına koyabilir.

Gîlânlılar, komşularının mutfakla ilgili alışkanlıkları arasında özellikle ekmek düşkünlüğü hakkında kimi zaman dalga geçerek, kimi zaman da acıyarak söz ederler. Tahranlılar kocaman dişlerini göstere göstere ekmek çiğnedikleri için onlara *dehan-güşâ* ("koca ağızlı") derler. Geleneksel kalıplara göre, Irakîler "arpa ekmeği yiyen" zavallılardan başka bir şey değildir; Gîlân pirincini yemeye güçleri yetmez. Yaylada yaşayanlarla Gîlânlıların günlük mutfak alışkanlıklarının henüz birbirinden apayrı iki sistem olduğu sıralarda, Hazar'ın kıyı ovalarında yaşayanlar için ekmek tüketmek hem alay konusu, hem de en büyük gözdağıydı: Yüzyılın başında Rabino ile Lafont'un yazdığına göre, "Gîlânlı hiç ekmek yemediği gibi ekmeği bünyesiyle bağdaşmaz bulur; o denli ki, öfkelenen bir koca karısına: 'Git biraz ekmek zıkkımlan da geber,' diyecektir!" Bu iki yazarın
192
alıntıladığı Yüzbaşı A. Conolly, 1830'lara doğru, Gîlânlı anababaların çocuklarını azarladıkları zaman, onları tiksindirici ekmek yeme cezasına uğrayacakları Irak'a göndermekle tehdit ettiklerini yazıyordu (Rabina ve Lafont 1910, s. 139-140). Irakîler arasında yaygın birçok atasözünde ekmekten övgüyle söz edilmesi kimseyi şaşırtmamalı. Üstelik, ekmeğin görüntüsü ve kokusu Irakîleri kaçırmak bir yana, çekiyor ve eve bağlıyor. "*Nân inca, âb inca, küca revem beh ez inca?*" (Ekmek var, su var. Buradan iyi yer mi bulacağım?)

Gîlânlıların en çok sevdiği yiyeceklerden zeytin (nar ekşisi ve döğülmüş cevizle hazırlanan), sığır eti, özellikle de balık eti Irakîlere tiksinti verir; öylesine ki, bu yiyeceklerin adının anılmasıyla bile, mideleri bulanıyormuş gibi yaparlar. Yaylalarda yaşayanlar Gîlânlılara, tiksinti ve alay içeren *kelle-i mâhî hûr* ("balık kafası yiyenler") adını takmışlardır. Hazarlıların ara sıra döğülmüş sarımsaklı, hafif kızartılmış balık kafası yedikleri; ya da fesencûn'ı (nar ekşisi ve döğülmüş cevizle hazırlanmış güveç) balık kafasıyla yaptıkları doğrudur. Mutfaklarının bu yanına komşularının nasıl kıs kıs gülerek burun kıvırdıklarının ayırdındadırlar: Bu nedenle, yabancılarla birlikte olduklarında balık kafasından yaptıkları yemekleri bilmezden gelirler; yabancının görmesini engellemeye çalışırlar; bunlardan hoşlanmazmış gibi değilse bile isteksiz bir suratla ve alçak sesle söz ederler. Bölge mutfağına gelecek herhangi bir övgü, bu geçici utanç bulutlarını hemen dağıtacaktır. Her şey bir yana, diyecektir Gîlânlılar, yaylada yaşayanlar yiyecek taze balığı (gördüğümüz gibi çoğu görüntüsüne bile dayanamaz) bol pirinci (doğruyu söylemek gerekirse, çoğu bayılır) nereden bulsun?

Yakınımızda olsa bile (hatta bu durumda özellikle) bizden olmayanı alaycı terimlerle inşa etmek —bana yasaklanmış, benim yemediğim yiyecekleri yiyor, öyleyse benden farklıdır, bana uzaktır; benim kimliğime karşıt, olumsuz kutuptandır— genel bir mekanizmadır, farklılık inşasının "normal" tarzıdır (Lévi-Strauss 1983, s. 15). "Yabancı yemek" karşısında duyulan "gastrofobi" (krş. Fischer 1979) etnik kimlik ve üstünlüğün dünyaya ayrıcalıklı ilanıdır.

NASIL REŞTÎ OLUNUR?

Kültürel başkalığın mutfaklardaki yansımasıyla bağlantılı olarak bir dizi kalıplaşmış etnik özellik vardır: Geleneksel olarak aktarıla aktarıla gelen bu kalıplar Gîlânîlerle Irakîlerin birbirleri hakkındaki değer yargılarından oluşur. Kültürel başkalığın mutfaktaki yansımaları ile etnik kalıplar ilk bakışta iki bağımsız ve anlam olarak birbiriyle ilişkisiz metin dizisi oluştururlar. Reştî etno-tipinin belli başlı özelliklerini, yaylada yaşayanların ve özellikle de Tahranlıların ağzından, nükteli öyküler aracılığıyla inceleyeceğim.

Irakîler Hazar'ın kıyı bölgesine salaklar ülkesi olarak bakarlar. Reştîler üstüne anlattıkları etnik fıkraların büyük çoğunluğu, o ilden çıkan adamların saflığı, aptallığıyla dalga geçer. Reştî üstüne fıkraların[6] çoğu, ün salmış oldukları cinsel tembellik çevresinde dolaşır. Çoğu, halinden memnun aldatılmış kocayı anlatır: Oğlu bitişik mahallenin kasabına değil de kendi mahallesinin kasabına benzediği için sevinir; ya da karısının aşığıyla karşı karşıya gelmekten kaçınır. Bu alandaki ünü Reştîye, yaylalıların taktığı bir başka ad kazandırmıştır: *kemersüst* (iktidarsız). Erkekliklerinin yetersizliğini nitelemek için bir sürü deyim kullanırlar: *bî-reg* (damarsız, kansız) oldukları söylenir; *bî-buhar* (ısıdan yoksun, soğuk), *bî-gayret* oldukları söylenir. Yalnız eğitim görmemişler arasında değil, bütün toplumda yaygın köklü bir inanca göre ersuyu kanın köpüğünden başka birşey değildir. Derler ki, bir damla ersuyu için kırk damla kan gerekir. O zaman kansızlık çeken kişinin erkekliği nasıl yerinde olabilir?

Bu kalıplar, bizi ister istemez yiyecekler alanından çok uzaklara çekerek, toplumsal davranış biçimleri arasındaki farkları çok abartan bir yerel bilgi birikimine götürürmüş gibi görünüyor. Bu kalıplaşmış yakıştırmalar herkesin bildiği, doğal yaşam çevresindeki davranış özelliklerine gönder-

6 Bu etnik fıkraların anlamları ve işlevlerinin ayrıntılı çözümlemesi için bkz. Bromberger (1986).

me yapıyor. Halk insanların farklılıklarını, onların dış görünüşleri ya da içinde yaşadıkları iklim koşulları üstüne, bir bakıma kuşaktan kuşağa aktarılan kuramlara göre yorumluyor. Bu sorunu daha derinlemesine, özellikle "meta-folklor" alanına girerek incelersek (örneğin yerel kuramlar konusuna), mutfağa ilişkin simgelerle etnik özellik kalıplarının aynı sistemin parçaları, birbirine eşdeğer —ama birbirinden bağımsız olmayan— diziler olduğunu görürüz. Şimdi bu kiplikleri oluşturacağız.

SICAK VE SOĞUK

Sıcak (*germ*) ve soğuk (*serd*) olma niteliği ile bunların tamamlayıcısı durumundaki ikincil nitelikler olan yaş (*mertûb*) ve kuru (*huşk*), en başta yiyecekleri ve hastalıkları sınıflandırmada kullanılan temel ilkelerdir; çünkü, bunlar sistemin en yaygın uygulandığı iki alanı temsil etmektedir.[7] İran toplumunda herkes hastalıklar ile besinlerin sıcak ve soğuk diye sınıflandırıldığını bilir. Aynı sınıflandırma, yaşamın evrelerine, toplumsal ilişkilere, etnik niteliklere de aynı katılıkla uygulanmakla birlikte burada sınırlar biraz belirsizleşiyor ve sınıflandırma daha farkında olmadan yapılıyor. Göreceğimiz gibi, bu sınıflandırmalar bir bütün olarak sistemin çetin, istikrarlı ve dirençli çekirdeğini oluşturan sağlık ve beslenme kuramlarından türetilmiştir.

Buradaki sıcaklık ve soğukluk ısı ölçüsü değil, sakladığı gizil gücün verdiği niteliklerin ölçüsüdür: Sistemin temelini oluşturan salgı hekimliğinin ilkelerine göre sıcak yiyecekler insan vücudunun temel, sıcak sıvısını, kanı yapan yiyeceklerdir. Tersine, soğuk yiyecekler düşük güç değeri taşımakla tanınmış yiyeceklerdir; bu yiyeceklerin vücuttaki kan fazlasıyla çatıştığı ve soğuk bir salgı olan balgam salgılanmasına neden oldukları düşünülür. Bütün yiyecekler (ne sıcak ne de soğuk olan tuz, bazı mantarlar ve bazı su türleri dışında) bu iki kategoriden birine sokulur. Örneğin, Irakîler bütün kuru sebze ve meyveleri, bazı taze meyve ve sebzeleri, buğday, şeker, içyağı, kümes hayvanlarının çoğunu, koyun etini sıcak sınıfa koyarlar. Tersine, taze sebze ve meyvelerin çoğu, pirinç, sığır eti, balık eti ve süt ürünleri soğuk sınıfındandır. (bkz. Çizelge 13.1). Tatlar da bu iki bölümlenmeye göre sınıflandırılır: Tatlı ve mayhoş tatlar sıcak; tuzlular yansız; ekşiler soğuk sınıftandır. Yiyeceklerin sınıflandırılmasında tatlar, yiyeceklerin niteliklerini hafifletici ya da güçlendirici görevi yaparlar ve birbirine yakın olanları ayırmaya yararlar: Buna göre, tatlı limon, ekşi limon denli soğuk değildir; kavun, karpuzdan daha sıcaktır vb.

---

7 Yiyecek ve hastalık sınıflandırmanın geçmişi hak. bkz. Lloyd (1964), Nasr (1976), Ullmann (1978), Anderson (1984), Foucault (1984), Tilsley Benham (1986). Çağdaş araştırmalar arasında, Centlivres'in (1985), Tapper ve Tapper'ın (1986) Afganistan üstüne; Currier'in Orta Amerika üstüne yaptığı çalışmalar var.

ÇİZELGE 13.1. "IRAKÎLER"E GÖRE (TAHRAN VE ISFAHANLILAR) SICAK VE SOĞUK YİYECEKLERİN SINIFLANDIRILMASI

SICAK	SOĞUK
Kuru yemişler: Ceviz, fındık, badem	**Taze yemişler:** Nar, şeftali,
antepfıstığı, hurma, kuru üzüm,	nektarin, erik, kiraz, vişne,
hindistan cevizi,muz, incir,	portakal, limon
ayva armut, elma	
kavun	karpuz
üzüm, karadut, kayısı	üzüm, karadut, kayısı
(Süheyl'den sonra[1]), kestane, zeytin	(Süheyl'den önce), koruk
Sebzeler, otlar, baharat:	**Sebzeler, otlar, baharat:**
sarımsak, soğan	patates
patlıcan, pırasa, turp, maydanoz	kuru fasulye, havuç, marul,
çemenotu, kişnişotu	domates, hıyar,
sarı kabak	sakız kabağı
(baklagiller, kenevir tohumu)	
nohut, bakla	mercimek
biber, safran, zerdeçal	
Tahıllar:	**Tahıllar:**
Arpa, akdarı, buğday, mısır	pirinç
Et:	**Et:**
Deve, koyun[2], kuzu[2], keçi[2]	sığır, dana, piliç[2]
güvercin, horoz,[2] tavuk, hindi, ördek,	
av eti	
	Balık (Mersin balığı ve havyar dışında)
İçyağı ve bitkisel yağlar:	
yumurtanın sarısı	yumurtanın akı
	Süt ürünleri:
	süt, kaymak, yoğurt, yayık ayranı
bal	peynir, peynir özü
şeker	
Horasan suyu, kuyu suyu	Isfahan suyu, kaynak suyu

1. Süheyl sonrası: Canopus sonrası, yani yazın meyvelerin olduğu zaman. Buna göre, kimi meyveler hamken soğuk, olduktan ya da kurutulduktan sonra sıcak sayılır (Örneğin koruk çok soğuk sayılır, çekirdeksiz kuru üzüm ise çok sıcak. Bkz. Çizelge 13.2).

2.Hangi sınıfa girdiği, kişilere göre değişiyor. Yine de, insanlar genellikle bir türün dişisini ve erkeğini ayrı sınıflara (sıcak ya da soğuk) sokuyorlar.

Eğer sıcak ve soğuk iki aralıksız dizi oluşturuyorsa, bu kategorilerin her birinin içinde güçlüden zayıfa doğru bir geçiş vardır: Sıcak yiyeceklere bakan kişi en sıcak olanları (hurma, şeker ve tatlılar, hindistan cevizi, sarımsak, fındık fıstık, kuru üzüm, biber) hemen belirleyecektir: Ateş gibi, yakıyor, derler. Bu bölüm, sıcak sınıf içinde kendine özgü adla anılan tek alt bölümdür. Merdivenin basamaklarından aşağı doğru inildikçe, çok belirleyici ayrımlar olmadığı, benzer yiyeceklerin art arda sıralandığı görülür. Yakından incelendiğinde, karara varamama durumunda üçlü sınamaya[8] başvurulursa, "sıcak" başlığı altında üç başka alt bölümün varlığı açığa çıkacaktır: Bu alt bölümler herhangi bir sözcükle adlandırılmamıştır. Bunlara etno-bilim dilinde "örtülü kategoriler" deniyor; açık kategorilerin tersine üstü kapalı, belirsiz kalıyor.

Soğuk yiyeceklerin sınıflandırılmasında uygulanan ilkeleri saptamaya kalkışınca sorun daha karmaşıklaşıyor. Burada iki ölçüt etkileşim içinde: Soğukluk derecesi ve yaşlık derecesi. Dolayısıyla yiyecekler, soğuk ve kuru (*huşk*) ya da soğuk ve yaş (*mertûb*) olduklarına bakarak iki eksen boyunca sıralanacaklardır. Süt ürünleri, sığır ve dana eti yanında, nişasta içeriği yüksek tahıllar da yaş yiyecekler sınıfına girer. Yiyeceklerin soğuk eksen boyundaki sıralamasına bakınca dört alt bölüm görülüyor. Bu alt bö-

lümlerin hiçbiri belli bir sözcükle adlandırılmamıştır; yalnızca "az" ya da "çok" gibi nicelik belirteçleriyle ayrılmıştır; dahası, aralarındaki sınırlar, sıcağa göre daha da belirsizdir. Bununla birlikte ekşi üzüm ve hıyar kuşkuya yer bırakmayacak biçimde seçilirler: Ekşi üzüm, soğuk ve kuru yiyeceklerin en başında yer alır; hıyar soğuk ve yaşların en başında (bkz. Çizelge 13.2).

Böylesi bir sınıflandırmanın ne anlamı var? İnsan bu tür bir sınıflandırmanın, deneyim ve gözlemlere dayanarak, yiyeceklerin besleyici niteliklerine göre yapıldığı sanısına kapılabilir. En azından, yiyecekle ilgisi olan kişilerin konuyu sunma biçimleri böyledir ve bu konuda ısrarcıdırlar. Bu kişilere göre, yiyeceklerin sıcaktan soğuğa doğru sıralanması en başta, yenen yiyecekten sağlanan enerji miktarını saptamaya yarar. Sıralamaya şöyle çabucak bir göz atılırsa, bu sav doğrulanıyormuş gibi gelebilir: Sıralamanın en tepesinde yer alan yiyecekler (kuru meyve ve şekerlemeler vb.) yüksek değerde yiyeceklerdir. Beslenme meraklıları ile boğazına düşkünlerin sis-

8 Üçlü sınama şöyle yapılır: Bir kişiye A, B, C gibi üç yiyecek ya da yiyecek kümesi bildirilir ve bunlardan hangilerinin birbirine en yakın olduğu sorulur (A ile B mi, A ile C mi, B ile C mi?). Kategorilerin adının belirlenemediği zamanlarda, bu yöntem kullanılarak sıralamadaki yer ve sınıflandırma sürecine ilişkin değerlendirme yapılabilir.

teme ilişkin bu açıklaması iki ana sorunla karşı karşıya gelir: Birincisi, sınıflandırmanın kişiden kişiye, bölgeden bölgeye değişmeleri hesaba katmadığı; ikincisi de, yiyeceklerin sıralamasıyla besleyicilik ölçütü arasında bir ilişki bulunmadığıdır.

Yiyeceklerin, çeşitli ülkelerde soğuk ve sıcak kategorileri altında toplanması üzerine yaptığı bir derlemede Anderson, "sistemde varolan inanılmaz ölçüdeki değişkenliğe" dikkat çekiyor (1984, s. 759). Aynı kişinin, aynı konuşma sırasında, bazı yiyeceklerin nitelikleri üstüne birbiriyle çelişen görüşler ileri sürebildiği gerçektir ve İran'da yaşanan deneyim de bunu doğrulamakta. Sistem, kişiden kişiye olduğu gibi, çokça da bölgeden bölgeye, çeşitli ve karışıklığa neden olan değişik sınıflandırmalar içeriyor. Farklılıkların çoğu sistemin zayıf halkalarında, az sıcak, ya da az soğuk olan yiyeceklerde görülüyor: Buna göre, koç, koyun, kuzu, keçi ve horoz etinin konumu belirsizlik taşıyor. Kimi farklar iyice çarpıcı: Irakîler için sığır, süt ve kuru fasulye soğuk sınıfındandır; oysa Gîlânîler bunları sıcak sınıfına sokarlar.

Sistemin tümünü beslenme değerleriyle açıklamaya kalkışınca yetersizliği hemen göze batar. Şekerlemeler ve kuru meyvenin sıcak yiyecekler sıralamasının en başında yer almasına anlam vermek zor değil; ama, Irakîlerin, patlıcan, pırasa, sarı kabak ve Horasan suyundan daha yüksek besleyici değeri olmasına karşın, mercimek, kuru fasulye, pirinç, yoğurt kaymağı ve sığır etini soğuk sınıfına sokmalarına anlam vermek zordur. Bunun ötesinde, aynı kategori içindeki derece derece geçişler, kalori içeriğine göre sıralamalayla hiç uyuşmuyor: Soğan-patlıcan-turp, badem-antepfıstığı-cevizden daha sıcak; sığır eti ise yavru horoz ya da patatesten daha soğuk sayılıyor. Şurası açık ki, tek bir ölçüt —yiyeceklerin enerji içeriği— sistemin mantığını açıklamaya yetmiyor; iyice incelendiğinde sistemin çok boyutlu olduğu anlaşılıyor.

Gerçekten de, bir yiyeceğin niteliğini saptarken, kimi açık, kimi örtülü, birden çok ölçüt etkili oluyor:

Yaşlık: Bu nitelik, besleyici değeri yüksek yiyecekleri soğuk sınıfa sokuyor (günümüzde, bu sınıflandırma sistemine göre yaşlığın yalnızca soğuklukla bir arada bulunabildiğini unutmamak gerek): Örneğin Irakîlere göre, pirinç, sığır ve dana eti, süt ürünleri, soğuk yiyecekler sınıfına girmektedir. Öte yandan, birbirine benzer nitelikler taşıyan yiyecekleri karşıt kümelere sokuyor (karpuz yaş olduğu için soğuk sayılırken, kavun kuru olduğu için sıcak sınıfına giriyor).

Tat: Tatlı ve mayhoş yiyecekler genelde sıcak sayılmakta; ekşi yiyecekler ise soğuk. Kavunla karpuz arasındaki sıcak-soğuk karşıtlığı, kuru-yaş

ÇİZELGE 13.2 "IRAKÎLER"İN YİYECEK SIRALAMASI

Sıralama en az soğuktan en soğuğa; en az sıcak olandan en sıcağa; en az kuru olandan en kuru olana; en az yaş olandan en yaş olana doğru (kuru ile yaş arasındaki bu son karşıtlık gündelik yaşamda, yalnızca soğuk yiyecekler arasında geçerli) gelişiyor. A, B, C, ve D bölümlerinin kendi içinde azdan çoğa doğru geçiş var: Her satır, sıcak ya da soğuk sıralaması içinde bir basamak oluşturuyor.

Soğuk Yiyecekler

Yaş

A1: tereyağ,[1] peynir özü
domates, patates

B1: süt, kaymak, yayık ayranı,
peynir, yoğurt
pirinç,[2] sığır, dana eti

C1: karpuz C: vişne, ekşi limon

D1: hıyar D: ekşi üzüm (koruk)

Kuru

A: yumurta akı, balık, mercimek, genç horoz
üzüm, karadut (Süheyl öncesi) , Isfahan suyu, şarap

B: nar, havuç, marul
tüysüz şeftali, şeftali, kiraz, tatlı limon
sarı kabak, taze fasulye, portakal, turunç
mandalin

Yansız (Nötr) Yiyecekler

çay, mantar, tuz

Sıcak Yiyecekler

a: koyun, kuzu, tavuk, yumurta sarısı, kestane, zerdeçal, ördek

b: hindi, horoz, av eti, lahana tohumu, fındık, hayvan ya da bitki yağı (manda yağı, sıvı yağ)
buğday, bakla, baklagiller, antepfistığı, kara üzüm, karadut (Süheyl sonrası)
kayısı (iyice olgun)
badem
zeytin, maydanoz, elma
çemenotu
kenevir tohumu
arpa, nohut
darı

c: safran, kişniş otu, sirke
balkabağı, patlıcan
ayva, armut
Horasan suyu
turp, pırasa
ak üzüm, ak dut (süheyle sonrasında)
güvercin
muz, kavun, incir, soğan

d: biber,
ceviz, sultana
hindistan cevizi, sarımsak,

çukulata, tatlı şurubu, tatlı hamur işleri
şeker
hurma

---

1 Hangi hayvandan alındığına bağlı olarak, örneğin koyun tereyağı inek tereyağından daha sıcak sayılır.

2 Türüne bağlı olarak, nişasta oranı yüksek, kısa, tombul taneli pirinç, ince, uzun taneli pirince göre daha soğuk ve yaş sayılır.

karşıtlığı yanında, birinin tatlı ötekinin daha az tatlı olmasıyla güçlendirilmiş oluyor. Buradan, muz, armut ve elma ile nar, portakal, limon ve diğerleri arasındaki statü farkının nedenini de anlamış oluyoruz.

Renk, aynı türün değişik renkleri bulunuyorsa: kırmızı balkabağı sıcak sınıfına sokulurken, sarı balkabağı soğuk sınıfına sokuluyor; aynı biçimde ak dut ve ak üzüm, böğürtlen ve kara üzümden daha sıcak sayılıyor. Bunun tersinin görüldüğü örnekler de var. Bu örnekler sistem içinde tam sınırda bulunan yiyeceklerin sınıflandırılmasında esnek davranıldığının göstergesi: Örneğin, karadut ve kara üzümün ak dut ve ak üzümden daha sıcak sayıldığı da olabiliyor.

Dişilik-erillik: Hayvan etlerinin sınıflandırılmasında ayırıcı öğenin dişillik ya da erillikleri olduğu anlaşılıyor: Buna göre horoz-tavuk, ya da koç-koyun ikilisinden biri soğuksa, öteki sıcak olarak sınıflandırılıyor; ama ikisi hiçbir zaman aynı sınıfa sokulmuyor.

Yaş: Eti tüketilecek olan hayvanların arasındaki ufak yaş farkları bazen sınıflandırmada işe yarıyor: Genç olanlar yetişkinlere göre daha soğuk sayılıyorlar.

Değerlendirmenin içine başka karşıtlıkların da katılması sınıflandırma sürecini daha da karmaşıklaştırıyor. Örneğin, yiyeceğin doğal ya da yapay olma niteliği: Kimyasal maddelerin (boya maddelerinin) katıldığı tatlılar tümüyle doğal olan tatlılardan daha sıcak sayılıyor vb.

Böylece, gördüğümüz gibi, sıcak ve soğuk sistemi, birkaç bilinçli ya da bilinçsiz boyuta dayanıyor. Bu boyutlar karşılıklı etkileşim durumunda oldukları için bu birbirine dayanan sınıflandırma ilkelerini birbirinden ayırmak o denli kolay olmuyor. Her şey öyle bir işleyiş içinde ki, sanki kıvam, tat, renk vb. kimi karşıtlıklar, daha kapsamlı ve bütünleyici bir karşıtlığa bakarak yeniden yorumlanıyormuş gibi. Ölçütlerin hiyerarşiye bakmaksızın bu yeniden dağıtımı —renklerde olduğu gibi kimi zaman büyük esneklik sağlarken— sistemin kolay uyarlanabilir olmasını büyük ölçüde açıklıyor. Anderson'un yerine tam oturan deyimiyle söylersek, herhangi bir yiyecek türü bir "sinyaller karması" iletiyor olabilir (1984, s. 760): azıcık ıslak ama çok tatlı, hem ekşi hem tatlı türünden sınıflandırmalarda bulanıklığa neden olabilecek bütün öğeler bir araya gelmiş oluyor!

Bu sınıflandırma sistemi "yenebilir" şeylerin çözümlemesini yaparken yararlanılan bir şemadan ibaret değil; aynı zamanda kişilerin gündelik yaşamda başa çıkmaları gereken çeşitli sorunlara tutarlı yanıtlar sunan kullanışlı bir model. Sıcak ve soğuk kategorileri en çok hastalık ve sağlık alanlarında işe yarar. Gerçekten de sistemin bütünü, Hipokrates'ten, Galenos'tan günümüze dek gelen ve geçen yüzyıla değin "dünyada en yaygın tıbbi inanç sistemini"nin iskeletini oluşturan vücut salgıları kuramına dayanmaktadır (Anderson 1984, s. 755). Bu inanç dizgesine göre insanın sağlıklı olması, vücuttaki dört ana salgı arasında dengenin varlığına bağlıydı. Her salgı, sıcak ya da soğuk, kuru ya da yaşın bir bileşimi olarak tanımlanıyordu: Kan sıcak ve yaştı; sarı ödsuyu sıcak ve kuru; balgam soğuk ve yaş; kara ödsuyu soğuk ve kuru... Hastalık, bu dört ana salgı arasındaki dengenin bozulmasıyla ortaya çıkıyordu ve bu nedenle, ölçüsü kaçan neyse eklenerek ya da çıkarılarak iyileştirilmeliydi.

İran'da, halk arasındaki yaygın sınıflandırmaya göre, her hastalık "soğuk" ya da "sıcak" niteliktedir (yiyeceklerin sınıflandırmasında da gördüğümüz gibi, hastalıklarda da kuru-yaş karşıtlığı ancak ikincil önemdedir) ve geleneksel tıptaki zıtlarla sağaltım yöntemine göre iyileştirilir. Kızartı, kabartı gibi döküntülerle ortaya çıkan hastalıklar sıcak olarak nitelenir ve soğuk bir beslenme düzeni ile karşı konmalıdır: Örneğin, tifo için karpuz suyu önerilir.[9] Dış belirtilerle ortaya çıkmayan hastalıklar soğuk sayılır; bu nedenle, karşıt bir sağaltım uygulanır (örneğin mide ağrısına şeker ve bal önerilir). Kişi, günlük yaşamında, idrarının rengini ve derisinin durumunu dikkatle izleyerek vücudunda salgı dengesini sağlamaya çalışır: İdrarın renginin koyuluğu sıcaklık, ateş belirtisidir; açık renk ise soğukluğun arttığının belirtisi... Vücutta döküntü, sıcaklığın arttığına dikkat çeker.

İyi yemek pişirme sanatı denince dengesi iyi kurulmuş yemekler hazırlamak anlaşılır: Mevsime, günün hangi saatinde yemek yendiğine ve konuğun niteliklerine uygun olarak sıcak ve soğuk yiyeceklerden doğru oranlarda uyumlu bir yemek hazırlanmalıdır. Soğuk dönemler (kışın, geceleri) sıcak yemekleri gerektirir; sıcak dönemler ise (yazın, gündüzleri) soğuk yemekleri... İnsan yaşamının belirli dönemleri için belirli beslenme düzenleri uygulanmalıdır. Yaşam döngüsü, önce soğuktan (çocukluk) sıcağa (gençlik) doğru yükselen, sonra da sıcaktan (orta yaş) soğuğa (yaşlılık) doğru düşen bir çizgi olarak algılanır. Yaşamın bazı tehlikeli dönem-

---

9 Colliver-Rice (1923, s. 259) ile Masse (1938, s. 337-8) zıtlarla sağaltım yoluna birkaç örnek veriyor.

leri daha çok dikkat ister: Anneler, ergenlik çağına giren oğullarına soğuk yemekler hazırlayacaklardır (sarımsak, soğan, biber ya da diğer kızıştıran yiyeceklerden değil); oysa, gerdek gecesinden önceki akşam damada —geline değil— hurma ve ceviz (kızıştıran yiyecekler) sunacaklardır; gelin edilgen kalmalıdır.

Eğer ideal bir günlük beslenme düzeni ılımlılık üzerine kuruluysa, aşırı sıcağın da, aşırı soğuğun da aynı ölçüde zararlı olduğu söylenebilir mi? Aslına bakılırsa, yaş-kuru, soğuk ve sıcak arasında bir hiyerarşi vardır; bu sıralamada, beslenmeyle ilgili düşünceler ve simgeler etkileşim içindedir; kimi zaman birbirlerine karşıt yönde çalışırlar. İran yaylasının insanı, soğuk yiyecekler içinde serin ve kuru (*huşk*) olanları yeğler, yaş (*mertûb*) olanlardan kaçınır, hatta ödü patlar; çünkü, onların hastalıklara neden olduğuna inanır. Eğer serin yiyecek sağlıklı yiyeceği çağrıştırıyorsa; sıcak, şölen yemeklerini, maddi varsıllığı ve yaşam kolaylığını, varsıl mutfağını akla getirir: Sıcak pilavlar, fesencûn gibi lezzetli, mayhoş ya da tatlı güveçler, değer verilen et, şekerlemeler, aile için ya da dinsel ve özel günler için hazırlanan hamur işleri bunlardandır. Böylelikle, serin ile sıcak arasındaki karşıtlık, günlük beslenme ile yüksek mutfak arasındaki ayrımın simgesidir ve bu ayrımı oluşturandır.

SICAK, SOĞUK, CİNSELLİK VE ÖTESİ

Sağlık ve beslenme sorunlarıyla başa çıkabilmeyi amaçlayan yalın ve açık seçik bir araç olan sıcak-soğuk dizgesi aynı zamanda —ama biraz daha üstü örtülü yoldan— başka sorunların kavranmasına, sınıflandırılmasına, kişiler ve kavimler arası sorunların çözümüne dönük antropolojik bir model oluşturuyor.

Bu dizgeye göre, bireyler ve halklar niteliklerini iklime olduğu kadar yiyip içtiklerine borçludurlar. Hep bilinip söylendiği gibi, sıcak yiyeceklerle beslenme, kendine güvenen, dışa dönük bir kişilik yapısına yol açacak; güçlülüğü, direşkenliği ve erce etkinliği besleyecek; varsıllık ve bolluk anlamı da taşıyacaktır. Sıcak malzeme genelde, soğuk ya da yansız ürünlerden daha pahalıdır ve o en görkemli yemeklerin hazırlanmasında ana malzemeyi oluşturur. Bunun tersine, soğuk ve yaş yiyecekler soğukkanlı bir karakter, içe dönük kişilik yapısı, güçsüzlük ve cinsel iktidarsızlık, yoksul bir mutfak ve genel anlamda yoksulluğa tekabül eder.[10] Sıcak yemekler yiyenle soğuk yemekler yiyene karşı günlük yaşamda farklı tavırlar sergilenecektir. Sıcak yemek yiyenlerin çok konuşmasından ve saldırganlığından

---

10 Ne ilginçtir ki, şişmanlık yalnız İran geleneğinde değil, Akdeniz ve Ortadoğu'da da varsıllık, güç ve başarının açık göstergesidir. Tersi, zayıf olma, düşük toplumsal statü anlamına gelir.

çekinilecektir ve o kişiyi etkisizleştirmek için yoğurt ya da başka bir serinletici yiyecek ikram edilecektir; soğuk yemek yiyeni ise soğukluktan, çekingenlikten kurtarmak için kızıştırıcı yiyecekler, örneğin kuru meyve ikram edilecektir.

Yemeklerin sınıflandırılması konusu içinde yaptığımız bu gezintinin bizi nasıl başladığımız noktaya, etnik önyargı ve yabancılaşma sorunlarının çekirdeğine götürdüğünü görebiliyoruz. Tembellikleri ve güçsüzlükleriyle ünlü Gîlânlılar ünlerini soğuk ve yaş yemek yiyen kişiler olmalarına borçludurlar. Bu dizgeye göre, bunca pirinç, balık, yaş sebze ve meyve tükettikten sonra nasıl erkeklik gücüne sahip olsunlar? Burada gördüğümüz gibi mutfak ayraçları hem etnik ayrılıkların simgesi olarak ortaya çıkarlar hem de insanların kafasında bu etnik ayrılıkların içeriğini belirginleştiren ana öğeler olarak sıcak, soğuk ve kuru, yaş kategorilerinin içinde yer alırlar. Yemekle ilişkili takma isimler ve etnik kişilik kalıpları, asla bağımsız paradigmalar değil, yiyecek çeşitleri ve insan kişiliklerinin birbirleriyle etkileşim içinde bulundukları daha büyük bir temsiller dizgesinin parçasını oluştururlar.[11]

11 Sistemin esnek oluşu her kümeye, yediği yemekler ve yeme alışkanlıkları aracılığıyla kendine olumlu gözle bakma, kendini beğenme olanağı veriyor. Dolayısıyla, sığır etini, inek sütünü, fasulye ve pirinci sıcak ya da azıcık soğuk sayan Gîlânlılar, erlik güçleri ve ateşli mizaçları konusunda hiç kuşkuya düşmezler.

III.
SOFRANIN DİLİ

ONDÖRDÜNCÜ BÖLÜM

ORTAÇAĞ ARAP MUTFAK GELENEĞİNDE RENK VE KOKU

MANUELA MARIN

Muhammed b. Hasan el-Bağdadî, 13. yüzyılda yazdığı yemek kitabının girişinde zevkleri altı sınıfa ayırıyor: "zekâ oyunları, yemek yeme, içki içme, iyi giyim, cinsellik, koku ve ses." El-Bağdadî'ye göre yemek, zevklerin "en soylusu ve önemlisi"ydi. Kitabı derlemeye kendisini iten nedenin, yemekten çok hoşlanması olduğunu açıkça belirtiyor.[1]

Belirttiği bu görüşün olağandışı bir yanı yok. Ortaçağda yazılmış Arap yemek kitapları arasından günümüze kalabilenler de bu görüşü doğruluyor; ne yazık ki bu kitapların çoğu kayıp.[2] Yemek ve yemek pişirmeye duyulan ilgi, kent kökenli, keyif düşkünü bir sınıfın varlığını gösteriyor. Bu sınıf, daha önceki dönemin Fars ve Arap geleneğini benimseyip bu geleneğe değişik coğrafyalarda ve tarih dönemlerinde belirgin ve özgün bir kişilik kazandırmış. Bundan da öte, bu yemek üstüne metinler ortaçağ İslam toplumlarında yeme alışkanlıkları ve öncelikleri konusunda ayrıntılı görüşler ortaya koyarken, bir yandan da, yemeğin tek zevk kaynağı olmadığını anıştırıyor. Bu makaleyi yazmaktaki amacım, klasik Arap yemek kitaplarında betimlenen zevk alma amacını gerçekleştirmek üzere, tat alma yanında diğer duyuların nasıl uyarıldığını araştırmaktır.

1 Arberry'nin çevirisine bkz. (1939, s. 32). Arapça metni yayıma ilk kez D. Çelebi hazırladı (Musul, 1934); bkz bir de el-Bağdadî (1934).

2 El-Verrâk'ın *Kitabü't-Tabh*'ına yayımcısının yazdığı önsöze bkz. O önsözde daha önceki metinlerin adı geçmekte. İslam kültüründe yemek üstüne metinlere genel bir bakış için bkz. Rodinson (1949) ve Waines (1989).

Bu araştırma kapsamında, çok geniş bir coğrafyayı ve kronolojiyi kapsayan üç metin seçtim. Birincisi, 10. yüzyılda Irak'ta İbn Seyyar el-Verrâk'ın yazdığı *Kitabü't-Tabh* (1987). Bu kitap günümüze dek korunarak kalabilmiş en kapsamlı yemek tarifi derlemelerinden biri ve yazarı malzemenin çoğunu kendinden önceki kaynaklardan derlemiş. *Kitabü't-Tabh* Abbasi toplumunun yemek pişirme sanatında ulaştığı düzeyin ilginç bir örneği. Kitapta geçen yemek üstüne şiirler, kitabın kimlere seslendiği sorusunu aydınlatıyor: Özel lezzetli yemeklere, diğer tensel ve tinsel zevklere düşkün, okuryazar, hali vakti yerinde kişilere seslenmiş.

İkinci metin biraz değişik bir kaynaktan doğmuş: İslam dünyasının batısından. *Fazâlâtü'l-hivan fi tayyibâti'l-ta'am ve'l-elvan* adlı kitabı, İspanya'nın Murcia kentinin yerlisi İbn Rezîn et-Tucîbî 14. yüzyılın birinci yarısında yazmış. Kitap bazı "doğu" kökenli tarifler içerse de, yazarın giriş bölümünde anlattığı gibi, *Fazâlât* Endülüs ve Mağrip yemek pişirme geleneğine dayanıyor. Bu yemek pişirme geleneklerinin yer yer çok kendine özgü bir kimliği olduğunu, İbn Rezîn'in kaydettiği balık tariflerini okurken fark ediyoruz.[3]

Bu makaleyi yazmak amacıyla incelediğim üçüncü metin, *Kenzü'l-feva'id fi tenvî'yi'l-feva'id* adlı, yazarı belli olmayan bir derleme. Kökeni Mısır olabilir. *Kenz* bir ansiklopedi niteliğinde; içinde 800 tarif var. Bu tariflerin çoğu, 13. ve 14. yüzyıl dolayında yazılmış olan ve aralarında el-Bağdadî'nin *Kitabü't-Tabh*, *Kitabü'l-Vusla ile'l-Habib* ve *Vasfü'l-et'ime* adlı kitapların da bulunduğu doğu yemek kitapları "büyük aile"siyle yakından ilişkilidir.[4] Yemek kitabı yazma geleneği içinde adı geçenlerin en uzunu olan *Kenz*, el-Verrâk ve er-Rezîn'in kitaplarıyla yararlı bir bütün oluşturuyor. Bu üç kitap, incelediğimiz konunun zaman ve uzamda dayandığı geniş temeldir.

İyi yemekten alınan zevkin bir bölümü bekleyiştedir. Yemeğin görüntüsü masayı paylaşanlara, az sonra tüketimden alınacak zevki anıştırır; ama, bir de yemeğin düzeni, bezenmesi, renklendirilmesinin verdiği estetik zevk vardır. El-Verrâk, bir yemek tarifinin sonuna gelip de yemeğe tamamlayıcı noktayı koyacağında, *zeyn* sözcüğünü ve aynı kökten türetilmiş eylemleri (süslemek, bezemek) sıkça kullanıyor. Yemek hazırlamanın bu son aşaması olağandışı günlerin işiydi; şölen, tören gibi görkemli olaylara özgü bir uygulama olarak kabul edilirdi: *Senbûsec* (kat kat ince yufkayla

---

3 *Fazâlât* Benchekroun tarafından (1981 ve 1984'te) iki kez yayımlandı. İçindeki bazı tariflerin çevirisi, bir giriş bölümüyle birlikte de la Granja'da yer aldı (1960).

4 *Kenzü'l-fevaid'* için Marin ve Waines'ın yazdığı girişe bkz. (baskıda).

yapılan bir tür börek) tarifini verirken yazar şöyle diyor: "İsterseniz, şölenlerde, önemli yemeklerde yapıldığı gibi, yumurtalarla süsleyebilirsiniz," (el-Verrâk 1987, s. 89). Yemek süslemeleri konusunda verilen bilgilerin bolluğu ve sıklığı da bu uygulamanın yaygınlığını gösteriyor.

El-Verrâk'ın kitabında, süsleme için kullanılan malzemeler yemeğin üstüne serpiliyor; her ne kadar bu malzeme tadıyla yemeğe belirgin nitelik katsa da, göz zevkini doyurmak amacı da taşıdığı apaçık. Süsleme amacıyla iki ya da daha çok öğenin kullanılması, yemek tariflerinde görülen ortak bir özellik. Örneğin bir et yemeğinin sedefotu ve dörde bölünmüş katı yumurtalarla süslendiğini (s. 107), ya da soğuk soslu bir tavuk yemeğinin top yumurta sarıları ve nar taneleriyle bezendiğini görüyoruz (s. 70). Bir başka et yemeğine, sucuk, yumurta, peynir, zeytin ve sebzelerden oluşan daha zengin bir süsleme konmuş (s. 108). Bir *nercisiyye* yemeği tarifinde, yemeğin yanına sucuk, puf böreği ve yağda kızartılmış ekmek katılmış (s. 185).[5] Genel olarak bakıldığında, İbn Seyyar'ın tariflerindeki süslemeler daha zarif: Nar taneleri (s. 69), taze kişnişotu (s. 187), hıyar (s. 70), kıyılmış sedefotunu tek başına ya da sap kereviziyle birlike kullanıyor (s. 116, 117, 119, 122, 137). Hem et, hem de sebze yemekleri için kullanılan bu süslemelerde ilginç renk bileşimleri elde edilmekteydi. Tariflerden birinde yemek, sedefotu, nar taneleri, sumak ve bademlerle taçlandırılıyor (s. 112). Nane, süsleme öğesi olarak ceviz ve sap kereviziyle birlikte kullanılıyor (s. 71, 173); ama sedefotu denli yaygın değil.

El-Verrâk'ın kitabındaki bazı tariflerde daha ince ayrıntılı süslemeler var. Fasulyeden yapılıp yağda baharatla kızartılmış bir tür tepsi böreği tarifinde, böreğin üstü yıldız biçiminde dizilmiş safran renkli bademlerle süsleniyor (s. 118). Bir başka güzel örneğe, bambu tepsi üstüne yerleştirilmiş taş tavada sunulan *nercisiyye* tarifinde (s. 182) rastlanıyor: İsten simsiyah olmuş taş tava, yuvarlak bir somun ekmek üzerine "kondurulmuş." Yemeğin üstüne top yumurta sarıları diziliyor; her topun üzerine bir küçük sedefotu filizi daldırılıyor.

Verdiğimiz bu yemek süslemeleri örneklerinin tümünde, sürekli olarak renge duyulan bir ilginin varlığını saptamak olası. *Habîse* [bir çeşit un helvası] türünden tatlıları süslemek için kullanılan bademler kırmızı ya da sarıya boyanmaktaydı (s. 251). *Habîse*'nin kubbe biçimindeki tepesinde bademlerle aralarına konan yeşil antepfistıklarının keyfine diyecek yoktu (s. 246). Gerçekten de, tatlıların yapımında renkler, bilinçle, önemli bir öğe

---

5 Bu tür "ağır" süslemelerin başka örnekleri için bkz. s. 201, 204 ve 205 (*serâid* adlı et yemeği).

olarak kullanılıyordu. El-Verrâk kitabında bu amaçla kullanılacak boyaların kısa bir listesini de veriyor (s.15).[6] El-Verrâk'ın kitabındaki tatlı tariflerinde (s. 242, 246, 248, 253, 262) kullandığı ana renklendirici safrandır; ama daha sonraki yapıtlarda bu kadar çok kullanılmamıştı. *Zirbace* ya da *adesiyye* gibi bazı diğer yemeklerde de (s. 152, 167: sevenler için bir seçenek olsun diye) safran kullanmıştır.

Diğer yemek tarifi derlemelerinde de olduğu gibi, yemeğin adında "beyaz", "yeşil", "siyah" gibi renk varsa, bu tarifleri uygulamada en başat etmen rengi tutturmaktır. İşte bu nedenle, el-Verrâk'ın kitabında hem beyaz, hem de yeşil *zirbace* tarifi buluyoruz; ya da hem beyaz, hem yeşil *isfîdebece* (s. 152, 159, 160)... *Zirbace* yapımında yeşil renk, taze sap kereviz, sedefotu ve antepfıstığından elde edilirken, yeşil *isfîdebece*, kişnişotu ve sap kerevizin suyu yanında bolca taze kişnişotu kullanılarak yapılıyordu. Beyaz renkli yemeklere başka örnek vermek gerekirse, *bakliye, serîde* (bir tür omlet) ve *habîse* (s. 161, 196, 207, 246) sayılabilir. Bu yemeklerde beyaz rengin nasıl elde edildiği üstüne hiçbir bilgi verilmemiş. *Zirbace* ve *isfîdebece* yemeklerinin yeşil ve beyaz renkli tarifleri karşılaştırıldığında, beyaz renkli tariflerde taze sap kereviz ya da kişnişotunun bulunmadığını görüyoruz. Buradan şu sonucu çıkarabiliriz: Yemeğin beyaz olması, hazırlanışında başat bir renk kullanılmamasından kaynaklanıyordu. Öte yandan, siyah, tek bir yemeğin üç değişik tarifi için kullanılmış: *Kalye*'nin rengi sumak ya da *kem'e* suyu katılarak elde ediliyor (s. 212, 213).

Öyleyse, el-Verrâk'ın yemek kitabındaki ana estetik değer, değişik renk ya da değişik renkli öğelerin kullanımı gibi görünüyor. Yemeklerin biçimine ilişkin hemen hiç bilgi yok; varsa da, çoğunlukla tatlı türlerinde: Örneğin kubbe biçimli *habîse*'nin üstüne yarım ay biçiminde ekmek dilimleri konabiliyor; ya da başka tatlılarda üzerine bir desen çiziliyor (s. 272, 277).

Yemeğin tadının görüntüsü kadar önemli olduğunu söylemeye gerek yok. Burada, yemek pişirme sürecinin bir parçası olan ve ortaçağdan bugüne Arap yemeklerinin en aykırı niteliğini oluşturan baharat konusuna girmeyeceğim. Şimdi üzerinde durmak istediğim konu, yemek pişirme sanatına ilişkin metinlerde kokuların işlevi: İster hazırlanışının son aşamasında yemeğe katılmış olsun, ister başka amaçlarla kullanılmış olsun...

El-Verrâk, yemeğe rayiha katmak için kullanılan *tîb* (güzel koku) ile *ebzâr*'ı (kokulu ot, baharat) birbirinden açıkça ayırıyor (s. 48). İbn Mîseveyh'in *el-usul*'de saydığı misk, amber, öd, kâfur ve safran birinci katego-

6 Bkz. bir de 103. bölüm (s. 276-7).

riye giriyor (Sbath 1937).[7] Kendi yaptığı sınıflandırmada el-Verrâk bu listeye, karanfil, sümbülyağı, hoş kokulu küçük hindistan cevizi ağacı tohumu, hint biberi tohumu ve gülsuyunu da eklemiş. Aşağıda görüleceği gibi, daha sonra yazılan yemek kitaplarının ortak özelliği olan, sunmadan önce yemeklere gülsuyu serpilmesi, el-Verrâk'ta o denli açık değil. Kitabının giriş bölümünde sözünü ettiği diğer kokuların kullanıldığının da fazla belirtisi yok.

Bu temel kokular, doğal olarak çok pahalıydı; ama keyfine düşkün sınıfın erişebileceği bir bedeldeydi. El-Verrâk'ın kitabında, şahlar ve ileri gelenlerin yemeklerine konuluyor: Şahların yolculuk sırasında yedikleri bir tatlı türü olan *levzînec*'e (bademli helva) misk, amber ve sakız katılıyordu (s. 265).[8] El-Verrâk bir de kâfur ve misk katılarak sunulan *keşkenenec* adlı tatlı tarifini veriyor (s. 265, 271). *Nebîz* denen içeceğe kışın içilecekse misk, yazın içilecekse kâfur serpilmesini önermesi ilginç. İçinde yiyecek saklanacak kaplara ödağacı ve amber kokusu sindiriliyordu (s. 329). El-Verrâk'ın yemek kitabında koku kullanımına ilişkin en dikkat çekici uygulamalardan biri şöyle: İbrahim b. el-Mehdî'nin cariyelerinden Bid'a, Halife el-Emin için bir tür *sikbec* pişireceğinde, İbnü'l-Mehdî'nin baş aşçısından gerekli malzemeyi getirmesini ister. İstedikleri arasında, bir miskal amber ile iki miskal ödağacı vardır. Bütün bunlar, temizlenmiş, pişmeye hazır et çeşitlerine tencereye girmeden önce koku katmak üzere kullanılıyordu (s. 133).

El-Verrâk'ın kitabında, baştan sona, kokularda arılığa ulaşılmasının gereği üzerinde duruluyor: Birçok yemeğin hazırlanmasında, daha önceki tatların yemeğe geçmesini önlemek amacıyla, yeni kap kullanılmasını şart koşuyor. Eğer yeni kap bulunamıyorsa, eski kap önce çamurla ardından kerevizle dikkatlice temizlenmeli (s. 9). İslam kültürünün diğer birçok yönlerinde bunca açıkça ortaya çıktığı görülen temizlik ve arılık kaygısı yemek üstüne metinlere dek girmiş. El-Verrâk'ın kitabı da bu genel çerçevenin dışında değil; kitabında, değişik sabun, diş kurcalama çöpleri ve kokuların yapımına ayrılmış bölümler var. Bu tarifler, yeme alışkanlıkları ve yararları bağlamında ele alınmış: Aynı sofrayı paylaşacak kişiler sofraya oturmadan önce ağız ve ellerini temizlemeli, üstlerine güzel koku sürünmelidir; ancak temizlenip güzel kokular süründükten sonra güzel kokular sinmiş yemekleri paylaşmaya hazır sayılabilirler.

---

7 Parfümlerin sağaltım amaçlı kullanımının bir başka ilginç örneği için bkz. Sbath (1944).

8 Kâfur ve misk, aynı sayfada *levzînec* adı altında verilen iki tarifte daha geçiyor.

Şimdi gelelim İslam dünyasının batısına. İbn Rezîn et-Tucîbî'nin yazdığı yemek kitabı yemek pişirme geleneğinde ilginç bir gelişmeyi aktarıyor. Şölenler ve özel günler için hazırlanan bazı yemekler, el-Verrâk'ınkiler gibi süsleniyor (İbn Rezîn 1981, s. 109-10, 122). Fakat, İbn Rezîn'de süsleme amacıyla taze hıyar ve sap kereviz kullanıldığına rastlamıyoruz. El-Verrâk'ta çok sık karşılaştığımız sedefotu, Rezîn'de yok. Rezîn bu amaçla yalnızca nane kullanıyor (s. 154, 158, 159, 185). *Fazâlât*'teki yemeklerde süsleme iki türlü oluyor: Birinci tür süslemede, şeker ya da baharat (daha çok tarçın, biber ve zencefil) yemeğin üzerine serpiliyor; ya hepsi bir arada serpiliyor ya da, tarçın/zencefil, tarçın/biber, şeker/tarçın ve zencefil/biber gibi ikili karışımlar halinde serpiliyor. Bu tür ince kaplama et yemeklerine uygulanır; balık, yumurta ve sebze yemeklerinde süsleme yoktur; tatlılarınsa üzeri yalnızca şekerle örtülür.[9]

El-Verrâk'ın *Kitabü't-Tabh*'da sözünü ettiği "ağır" süslemelere karşılık olabilecek, daha sık uygulanan ve karmaşık bir başka süsleme türü var Rezîn'de: Soyulmuş lop yumurta tek başına ya da zeytinle (s. 45), bademle, cevizle ve rendelenmiş peynirle (s. 46) ya da naneyle (s. 96, 159) birlikte sıkça kulanılıyor. Köfte ya da bir diğer et yemeği *isferiyye* yumurtayla süslenirken, biraz daha ileri gidiliyor (s. 152). En ince ayrıntılı süsleme, *serîde* adlı tavuk yemeğinde: Üç aşamalı bir süsleme sürecinden geçiyor yemek. Önce lop yumurtalar iplikle dörder parçaya bölünüyor; ikinci aşamada tavuğun ciğeri ve taşlığından, tuz, baharat ve yumurta akı katılarak bir ezme yapılıyor. Ezmeden çıkarılan lira biçiminde köfteler yağda kızartıldıktan sonra uzunlamasına kesilmelidir. Üçüncü aşamada, dört adet lop yumurtanın sarıları yağda kızartılmalı. bütün bu malzeme, üzerine tarçın ve zencefil serpilmiş *serîde*'yi süslemek üzere bir yanda bekletilmelidir (s. 47).[10]

İbn Rezîn'in kullandığı süsleme işlerinde rengin el-Verrâk'ınkiler kadar önem taşımadığı görülüyor. Bu durum, *Fazâlâtü'l-hivan*'da yemeklerin renklendirilmesine ilişkin özgül açıklamalarla da doğrulanmış oluyor. Endülüslü yazar boyamada yalnız safran kullanılmasını öneriyor. Safranı, doğulu öncülünden çok daha fazla kullanıyor. Tek başına ya da gülsuyunda çözülmüş safran İbn Rezîn'in verdiği tariflerin çoğuna giriyor. Et, balık sebzeler, yumurtalar ya da tatlılarda bolca kullanılması, safranın İslam dünyasının batısında bolca bulunabildiği sonucuna götürüyor kişiyi. İbn Rezîn, bazı durumlarda bazı yemeklere çok safran konmamasını salık veriyor (örneğin s. 47, 129); çünkü, açıkladığına göre, yemeğin tadını kaçı-

9 Bir tarifte (s. 77) tatlı kavrulmuş çam fıstığıyla süsleniyor.

10 Benzer bir tarif s. 50-51'de de var.

rabilir. Oysa, hemen her yemeğe bolca safran katması bu tatlandırıcının genelde sevildiği anlamına geliyor. Burada unutulmaması gereken, safranın renklendirici özelliği yanında, belirgin bir kokusunun da olmasıdır. Renklendirme özelliği, kabak, patlıcan ve yumurta vb. yiyeceklerin boyandığı bazı tariflerde vurgulanıyor.

İbn Rezîn'in kitabında görülen bu tek tür boyama, yeşil ve beyaz *tefaya*'nın varlığıyla bozuluyor (s. 103). *Tefaya*, el-Verrâk'ın kitabında adı geçen *isfîdebece*'nin İslam dünyasının batısındaki karşılığıdır; Endülüs'e, ünlü Iraklı müzisyen Ziryab'ın eliyle 9. yüzyılda getirildiği savlanıyor.[11] İslam dünyasının doğusunda yapıldığı gibi, yemeğe yeşil rengini vermek için, taze kişnişotu ile birlikte pazı suyu kullanılıyor.

İbn Rezîn'in *Fazâlât*'ında en sevilen kokular sümbülyağı ve gülsuyu kokuları. Misk ve kâfur gibi gibi pahalı kokular et ya da tatlılara koku vermek için gülsuyuna çok az miktarlarda karıştırılır (s. 167, 250, 251). Fakat bu tür kokuları İbn Rezîn sakınarak kullanıyor. Örneğin ödağacı, kitabında yalnızca bir kez geçiyor; o da içinde tatlı saklanacak bir kabı tütsülemek amacıyla (s. 63-4); amber ise hiç anılmıyor. Safranın bolca kullanılmış olması, toplumun yüksek kesimleri dışında bilinmeyen diğer, ola ki daha pahalı kokuların yerini doldurmak düşüncesinden kaynaklanmış olabilir. İbn Rezîn, sabun ve diğer temizlik malzemeleri üstüne yazdığı bölüme bu pahalı kokuları almış; ama, verdiği tariflerden birinde, bu tür sabunun yalnızca krallar ve soylularca yemeğin sonunda kulanılabileceğini açıkça belirtiyor (s. 277-9, no. 5). Malzemesi yalnızca nohuttan oluşan sıradan bir sabun tarifi de vermiş (no. 8).[12]

El-Verrâk'ınkiyle karşılaştırılınca, İbn Rezîn'in yemek kitabının yemeğin estetik yanıyla daha az ilgilendiği görünümü var. Güzel kokular da daha önemsiz ve İslam dünyasının doğusunda yazılan yemek kitaplarında olduğu gibi, İbn Rezîn'in güzel kokulara bir bölüm ayırmamış olması dikkat çekici. Öte yandan İbn Rezîn'in yemek tarifleri zengin ve çeşitli; kitabın büyük bölümünü et yemeklerine ayırmış. İslam dünyasının batısındaki ülkelerde pahalı kokuların az kullanılmış olması, coğrafi ve iktisadi nedenlerle açıklanabilir. Ama, İbn Rezîn'in kitabında gördüğümüz, bol ve zengin yemeklere düşkünlük, öyle sanıyorum ki, bu tariflerin işleri yolunda bir kentli orta sınıfça uygulandığını yansıtıyor. Savurganlık hiçbir zaman bu sınıfın benimsediği erdemler arasında değildi.

Damak tadı tarihi kapsamında giriştiğimiz bu denemede incelemeye

---

11 Bkz. Dozy (1957, sv).

12 1 ve 5 no'lu tarifler "orta sınıf"ın yaptığı yemekler olabilir.

aldığımız kitapların sonuncusuna geldik. *Kenzü'l-fevaid*'in yazarının kim olduğu ve hangi bölgede yazıldığı konusuna daha önce değindim. Ama ansiklopedik bir nitelik taşıması, adını bilmediğimiz yazarının amaçlarına yeterince kanıt sağlıyor: Derleyebildiğince çok tarif derlemeye çalışıyordu. Bu durum, kitabın içeriği çözümlenmeye kalkışıldığında, sorun çıkarıyor: Tarifleri çok sayıda değişik kaynaktan almış olmalı; ama hiç kaynak adı belirtmemiş. Bu yanıyla, el-Verrâk'ın izlediği yönteme ters düşüyor. Dolayısıyla, *Kenz*'de toplanmış tariflerin toplumsal bir kümenin yeme içme alışkanlıklarını yansıtıp yansıtmadığını bilemiyoruz. Belki de, elinin altındaki kaynaklardan olabildiğince çok malzeme derlemeye çalışıyordu.

Bu noktayı akılda tutarak, yazarı bilinmeyen bu derlemenin sağladığı verileri incelemeye girişeceğiz. Yemeklerin süslenmesi konusunda, *Kenzü'l-fevaid*'in şifalı otlar, baharat ve şekeri açıkça yeğlediği belli oluyor. Bu kitapta, el-Verrâk ya da İbn Rezîn'de gördüğümüz "ağır" süslemeleri görmüyoruz. *Kenzü'l-fevaid*'de yemekler kıyılmış nane (16, 19, 23, 24 no'lu tarifler), kıyılmış sedefotu (203, 207 no'lu tarifler), yasemin (no. 116), tarçın (no. 28, 35-), sumak (no. 212), antepfıstığı (no. 259) ya da şekerle (no. 115) bezenmiştir. Bazı olası bileşimler şöyledir: Tarçınlı lop yumurta (no. 28, 35), antepfıstığı, ceviz, şeker (no. 34), kavrulmuş ceviz, şeker (no. 115), tarçın, sümbülyağı (no. 172), ve nihayet kuru kişnişotu, Karaman kimyonu, biber, sakız bileşimi (no. 148). Bunların tümü et ve sebze yemeklerinde kullanılmakta; tatlılarsa, ceviz, antepfıstığı ve şekerle süslenmekte (no. 303, 305, 316, 319, 322, 329, 332, 338, 343). Yalnız hurmadan yapılan bir tatlıyı süslemede, safranla renklendirilmiş badem kullanılıyor (no. 344).

Bunlardan öte daha ince ayrıntılı süslemelere rastlanmıyor *Kenzü'l-fevaid*'de. Yalnız iki yerde, yemeklerin görsel yanını da yabana atmayan el-Verrâk'ı andırır bir çaba gördüm: *Kenzü'l-fevaid*'deki bir tavuk tarifinde et, tabağa döşenmiş fesleğen üzerine oturtuluyor. Tavuk eti sosla kaplandıktan sonra hıyar dilimleri, iri kıyılmış lop yumurta, ve tarhun yapraklarıyla süsleniyor (no. 473). İkinci örnek bir nohut yemeği: Üzeri zeytin, kavrulmuş ceviz, baharat karışımı (*etrâfü't-tîb*), sedefotu ve nane ile süsleniyor (s. 616).

Bir süsleme öğesi olarak renk *Kenzü'l-fevaid*'de her türlü yemekte kullanılıyor. Safran yine ana malzeme; gülsuyu, sirke, ya da balda çözülebildiği gibi, una da karıştırılabiliyor. Et yemeklerinden birinin yanında safranla renklendirilmiş pirinç veriliyor (no. 110). Safran ayrıca, tatlıları (no. 333, 338, 345) ya da başka yemekleri (no.497, 564, 593) süslemede kullanılan badem ve cevizi renklendirmede kullanılıyor. Diğer yemek kitaplarından farklı olarak, bir tek yerde (bir yabankuşu yemeğinde, no. 148) *Kenzü'l-fevaid'* turuncu-sarı renk elde etmek için safran yerine zerdeçal (*kurkum*) kullanmayı öneriyor. *Kenzü'l-fevaid*'e özgü boya malzemelerinden yalancı safranı (*'usfur*) kırmızı renk elde etmek için öneriyor (no. 175, 535, 543, 552). Hem zerdeçal, hem de yalancı safran, gerçek safrandan çok daha ucuz. Kokusu olmasa da, boyayıcı özelliği için kullanılabiliyor. Safran alış verişinde çok sahtekârlık yapıldığını, safran fiyatlarının yüksekliğinden açıkça söz eden narh defterlerinden anlıyoruz (İbnü'l-Uhuvve 1938, s. 123). Bu durumda, safran dışında boya malzemesi kullanılması bir seçim sorunu değil iktisadi zorunluluktu.

Kenzü'l-fevaid'de beyaz apayrı bir renk olarak, *faluzeciyye* (no. 317) ya da badem suyu ve badem yağıyla yapılan *hıntiye* (no. 50) gibi bazı tariflerin adında geçiyor. Kitap siyahtan kaçınmak gerektiğini söylüyor. Sumak kullanırken dikkatli olmayı öneriyor; çünkü, ölçü kaçırılırsa yemeğin rengini siyaha dönüştürebilir (no. 259).

El-Verrâk'ta olduğu gibi *Kenzü'l-fevaid*'de de, yemeğe verilecek biçim konusuna yalnızca tatlılar bölümünde değinilmiş. Tatlılar bölümünde *müşebbeke* (no. 276), parmak biçiminde *şa'biye* (no. 279) ya da *maşaş* (no. 284) tatlısının biçimleri (*temessül*) gibi tariflerle karşılaşıyoruz. Ama *Kenzü'l-fevaid*'e girmiş tarifler arasında, yemeği göz zevki yanıyla ele alan en ilginç metin kuş etinden yapılan bir yemek tarifi. Yazarın verdiği çok ilginç bilgilerden, yemeğin Endülüs kökenli olduğunu anlıyoruz. Uzun ve karmaşık olduğunu bir yana bırakırsak, bu tarifin tek önemli yanı, sofrayı paylaşanların pişme sürecini izlerken zevk almalarını sağlamak amacıyla kuşların cam kaplarda pişirilmesidir. *Kenzü'l-fevaid*'de geçen sözlerle, "ak nohut, kara nohut ve rezeneyle birlikte, kuşların başlarının bir aşağı bir yukarı deviniminin olağanüstü görüntüsü seyreylemeye değer" (no. 149). Bu tarifin kış mevsiminde, içkili toplantılar için düşünüldüğü, Endülüs ve Mağrip'te krallar ve soylularca makbul sayıldığı söyleniyor.[13]

Kenzü'l-fevaid'de adı geçen en yaygın koku gülsuyu; buna sık sık kâfur ya da misk gibi daha güçlü güzel kokular eklemek gerekiyor. Kitabı diğerlerinden ayıran en belirgin yan, gül kokusuna düşkünlüğü. Bol bol gülsuyu kullandığı gibi, gül reçeli, taze gül tomurcuğu ya da kurusunu da birçok yemeğin hazırlanışında kullanıyor. Bununla birlikte, kitapta kullanılan tek güzel koku gül kokusu değil; çok çeşitli güzel kokudan da esirgemeksizin yararlanıyor.

Kâfurun tek başına kullanıldığı birçok yemek var (12, 33, 49, 50, 51,

---

13 Av kuşlarıyla içkinin bir arada tüketimine bir başka örnek için bkz. Marin (1991).

52, 66, 67, 68, 108, 111 no'lu tarifler); miskin de öyle (51, 61, 62, 63, 67, 135, 262, 287, 290 no'lu tarifler). Bu güzel kokuların ikisinin de, mevsimlere göre değişen nitelikler taşıdığına inanılıyordu: El-Verrâk sıcak havalarda kâfur, kışın da misk öneriyordu (no. 340: Bal ve hurmadan yapılan bir tatlı çeşidi). *Kenzü'l-fevaid*'in yazarına göre, kâfur kullanılırken sakıngan davranmalıydı; çünkü çok kullanıldı mı, yemeği acılaştırabilirdi (no. 68). Safran, renklendirici niteliği yanında (no. 226, 379), güzel koku katan bir malzeme olarak seviliyordu. Amber ve öd ağacı kullanımı çok sık görülmemekle birlikte, ara sıra rastlandığı oluyor (no. 354).

Kenzü'l-fevaid'deki güzel koku kullanımı, tatlılar, içecekler ve turşulara ayrılan bölümlerde daha da sıklaşıyor. Tatlılara çoğunlukla gülsuyu, misk ve ender olarak da kâfur katılırdı; fakat bir özel tatlı türü var ki, ona birçok şeyi doldurmuş: Küçük hindistan cevizi ağacının hoş kokulu tohumu, hint biberi tohumu, biber, karanfil, safran, ödağacı ve misk (no. 286). İçecekler ve turşular özenle amber ve ödağacı kokusu sindirilmiş kaplara konup saklanıyor (no. 432, 437, 438, 439, 489, 587-8, 599). El-Verrâk'ta olduğu gibi, *Kenzü'l-fevaid*'de de, kitabın sonunda, koku, sabun, güzel kokulu su ve kokulu pastil çeşitlerinin yapımı konusuna ayrılmış özgül bölümler bulunmakta.

Dolayısıyla *Kenzü'l-fevaid*'de güzel kokular, yemeklerin hazırlanışının ve sunuluşunun çok belirgin bir özelliğini oluşturuyor. Estetik yan da önemli, ama belki biraz daha az vurgulanmış. Eğer bu kitabı Arap mutfak geleneğinin gelişmesinde biraz daha geç bir aşama sayarsak, öyle görünüyor ki, en azından İslam dünyasının doğusunda, iyi bir yemeğin en önemli özelliği koku duyusunu doyurup doyurmadığıydı. Göze hitap etmesi tamamen bir yana bırakılmış değil; renkler yemeklerin süslenmesinde önemli rol oynuyor; ama *Kenzü'l-fevaid*'de süsleme, el-Verrâk'ın kitabında var olan özgünlük pırıltısını taşımıyor. Örneğin *Kenzü'l-fevaid*'de nar taneleri yemek pişirmede bol bol kullanılıyor; ama yemekleri bezemek amacıyla değil...

Değişik renk bileşimleri ve süslemelerle yemekleri daha iştah açar hale getirmek yalnızca Arap mutfak geleneğine özgü değil (bkz. Wilson 1991). Yine de bu makalede incelediğimiz yemek kitaplarından, safran ya da diğer renklendiricilerle boyanmış "altın sarısı" yemek merakının ağır bastığını anlamak olası (*age.*). Kimi zaman yemek, doğanın çeşitli ürünlerini ve türlerini güzel ve düzenli biçimde bir araya getiren bir bahçeye benzetiliyor (el-Verrâk 1987, s. 105). Bu estetik yön, Arap yemek kitaplarında koku kullanılarak öne çıkarılıyor.

Tat alma ve koklama duyularıyla alınan zevki bir sofra deneyimi çevresinde birleştirmek, kanımca, Arap mutfak geleneğinin en çarpıcı özelliğidir. Güzel kokular, İslam kültüründe hem erkek, hem de kadının vücut bakımı ve görünümüyle yakından ilişkilidir.[14] Sağlık için de yararlı sayılmıştır: "Havadaki kötü koku"ya engel olmak için odalarda serinletici tütsü ya da parfüm bulundurulmalı.[15] El-Bağdadî'nin, kitabının giriş bölümünde bilgece belirttiği gibi, güzel kokular yeryüzünün iyi nesnelerinden, tat alınıp, sevilecek nesnelerindendir. İşte bu nedenle, yemek yeme ve içme zevklerinin gerekli tümleyicisi olarak, mutfak geleneğinde kokuların yer alması şaşırtıcı gelmiyor.

14 Bkz. Kanafani (1983). Peygamberin güzel kokularla ilgili hadîsleri İbn Muhammed'de (1991) yer alıyor.

15 Bkz. İbn Rıdvan metni; çeviri: Dols (1984, s. 131vd).

ON BEŞİNCİ BÖLÜM

KAN, ŞARAP, SU: ORTADOĞULU MÜSLÜMANLARDA İÇKİNİN TOPLUMSAL VE SİMGESEL YANLARI

RICHARD TAPPER

"Bana ne yediğini söyle, sana kim olduğunu söyleyeyim," der atasözü. Bu sözün en az iki değişik anlamı olduğunu zaman zaman unuturuz. İnsan kimliğinin biyolojik bileşeni yanında bir de kültürel bileşeni var. Buna göre, sınıf, toplumsal cinsiyet, etnik köken ve diğer kategorilerde en önde gelen öznel ayraç insanın yeme içme göreneğidir.[1]

Aynı bağlamda, "Bana ne içtiğini söyle, sana kim olduğunu söyleyeyim," sözü de eşit ölçüde doğru sayılır. Bu sözün, en azından Ortadoğu kültüründe birkaç anlamı vardır: Birincisi, konukseverliğin göstergesi her ne kadar "ekmek ve tuz" paylaşımı ise de ve yiyeceğin paylaşımı, ortak bir kimliğin de paylaşıldığını anıştırıp buna bağlı olarak taraflara yardımlaşma ve karşılıklı birbirini koruma görevi yüklerse de, gündelik yaşamda konukseverlik ve birliktelik içecekler aracılığıyla, özellikle de çay ve kahveyle belirtilir. İkincisi, bazı içecekler etnik köken, toplumsal sınıf ya da hemşeriliğin ayracı olarak görece gayri siyasi farklılaştırıcı anlam üstlenirler. Aşağıda göreceğimiz gibi Ortadoğu'da su, bu tür içeceklerdendir. Üçüncüsü, keskin siyasi ya da ideolojik çatışmalarda, belirli sıvılar başka anlamlarla ağırlaşmış mecazlar haline gelirler.

1 Daha önce bu kitabın birkaç başka bölümünde incelendiği üzere.

Bu makale başta, "içki ve içme" izleği üstüne düzenlenmiş bir seminer dizisinde sunulmak üzere hazırlanmıştı.[2] Antropoloji yazınında genellikle "içki" dendi mi, içeceğin "alkollü" olduğu varsayılıyor.[3] Gerçekten de, dizide sunulan ilk bildiriler, alkollü içkilerin belli bir kültür bağlamında törensel işlevlerinin ayrıntılı çözümlemesini yaparak, bu yolu açtı: Japonya'da *saki*, Fiji'de *kava*, Doğu Afrika'da palmiye şarabı, Fransa'nın kırsal kesiminde şarap vb. "İçki" sözcüğüyle "alkol"ün eşleştirilmesi bazı dillerde olağan olsa gerek; oysa "içecek" dendi mi, özellikle "yiyecek"le yanyanalığı ve "yiyecek"i bütünlemesi anlamında ele alındığında, kapsam çok genişliyor.

İlk iki alan çalışmam tümüyle "kuru" kültürlerde (alkollü içki içilmeyen ortamlarda) geçti: İran'daki göçebe Şahsevanlar ile Afganistan'daki Peştun aşiretleri arasında... Daha yakın zamanlarda, Türkiye'de çalıştığım yer, "kuru" sayılmamakla birlikte alkol tüketimine hiç de önemli kültürel ağırlık tanıdığı söylenemeyecek bir taşra kasabasıydı. Seminerde Ortadoğu'yu "temsil" ederken amacım, bir ölçüde İslamiyette alkol yasağının dolaylı sonuçları üzerinde durmaktı.

İslamiyetin en çok bilinen, hatta basmakalıp yönlerinden biri bu içki yasağıdır: Bu basmakalıp görüşleri şişiren, İran İslam devriminin en hızlı zamanlarındaki viski şişesi parçalama görüntüleri, Suudi Arabistan'da oturan yabancı işçileri kaçak içki yaptıkları için cezalandırma görüntüleri ve benzeri olaylar olmuştur. Bu kesin lanetleyici tavır, doğaldır ki başka bir girift kültür yapısının, başka içeceklerin öne çıktığı bir kültürün parçasıdır: Akla ilk gelen içecek su; hemen ardından çay, kahve diğer içecekler geliyor. Hatta kimi Ortadoğu dillerinde, esrar türü uyuşturucuların da, tütünün de tüketimi "içmek" eylemiyle anlatılır.

---

2 Bu makalenin başlangıç taslakları SOAS seminerlerinde, University of Texas, Austin'de, University of Pennsylvania'da, University of St Andrews'da ve Middle East Studies Association 1988 yılı yıllık toplantısında sunuldu. Bu sunuşlar vesilesiyle yapılan değerlendirmeler kadar SOAS toplantısına katılanların görüşleri için teşekkür borçluyum. Yaptığı öneri, değerlendirmeler ve sağladığı malzemeler için Nancy Lindisfarne-Tapper'a gönül borcum var. Meslektaşlarımla, şimdiki ve önceki dönemlerden öğrencilerimle yaptığım görüşmelerden de yararlandım. M. A. S. Abdel-Haleem, David Brooks, Carol Delaney, Erika Friedl, Ziba Mir-Hosseini, İlsa Schumacher ve Nazif Shahrani özellikle aydınlatıcı görüşlerle katkı yaptılar.

3 Örneğin, yakınlarda yayımlanan bir derlemede yer alan makalelerin biri hariç hepsi (ed. Douglas 1987) alkol konusuna eğiliyor ve "içki içme"yi ("aşırı alkol") bir "sorun" sayan görüşü düzeltmeye girişiyor. Yalnız Hazan bu kervandan ayrılarak, Londra'daki bir gündüz bakımevinde çay içme konusunu ele alıyor. Derlemeye katkıda bulunanlardan Gusfield, Amerikan kültür yapılarında alkolün karşısına kahvenin konduğunu saptıyor.

Açıkçası Ortadoğu dillerinde de bir kategori sorunu var. "İçme" eyleminin karşısına hangi sözcüğü koymamız gerektiği, hangi nesnelerin içilir olduğu, "yeme" eyleminden bağımsız olup olmadığı, ya da başka süreçlerle ilintisi hiç de açık değil. Dolayısıyla, Türkçe'deki *içmek,* Peştu dilindeki *tsakil,* Arapça'daki *şürb* sözcükleri hem bir sıvı içmek, hem de tütün içmek eylemlerini kapsıyor,[4] akışkan bir maddeyi vücuda almak anlamında. Oysa Tahran Farsça'sında sigara ya da pipo dumanını içinize çektiğinizde bu eylemin adı *keşîde*'dir; *hûrde* sözcüğü hem "yemek" hem de "içmek" eylemlerini içine alıyor, bununla da kalmıyor, rüşvet "yemek", ant "içmek" eylemleri yanında başka bir sürü eylem ve düşünce aynı sözcükle aktarılıyor; *nûşende* ise yalnızca keyif amacıyla içmenin karşılığı. Türkçe'deki yemek/içmek, Arapça'daki *ekele/şürb*, Afgan Farsçası'ndaki *hûrde/nûşende* sözcükleri eylemleri birbirinden ayırır. Türkçe'de *içmek* sözcüğü, hem tütün içmek, hem ant içmek, hem de sıvı içmek anlamında kullanılıyor. Arapça ve Farsça'daki *meşrub* sözü, İngilizce'deki *drink* sözcüğü gibi "alkollü" içkiyi anıştırıyor; Türkçe *içki* sözcüğü de öyle...

Kişinin "içtiği" çeşitli maddelerle bu maddeler üstüne kurulmuş anlam yapıları arasında nasıl bir ilişki var? Yine bunlar kadar önemli bir başka soru: Etnik ve dinsel ayraçlar olarak bu "içilenler"in Ortadoğu'nun diğer kültürlerindeki içecek üstüne kurulu anlam yapılarıyla ilişkileri nedir? Üç sıvıya odaklanmak istedim: Kan, şarap ve su. Bu sıvılar yalnız Müslüman Ortadoğu'da değil başka yerlerde de mecazi anlam titreşimleriyle dolup taşmaktadır.

Bu kitaptaki diğer birkaç bölümde ve bunun dışında yazılmış topu topu birkaç yazıda "içecek" ve "sıvılar"ın sözü edilse de, bildiğim kadarıyla bu konuda kapsamlı bir inceleme ya da araştırma yok.. Gelişmeye böylesine açık bir alan üstüne yazılmış bu makale, ne bütünü kapsayıcı olabilir ne de son noktayı koyucu... Olsa olsa bir başlangıç olabilir. Bütünlük bakımından, önce Ortadoğu kültürlerinde en yaygın içecek olan kahve ve çaya değineceğim. Oradan kalkıp, Kuran'da ve genelde Müslüman geleneğinde su, şarap ve kan'a nasıl bakıldığını ele alacağım. Daha sonra da, içmenin Türkiye'de yer aldığı bağlamlar ve taşıdığı anlamlar üzerinde duracağım; bunu yaparken özellikle su karşısında tavırlar üzerine eğileceğim. Son olarak, İran İslam devriminde su, şarap ve kan üstüne kurulmuş mecazi anlam yapıları üstünde kısaca duracağım.

---

4 En azından Mısır'da; Ürdün ve Suriye'de *duhâne* adıyla anılan, tütün içmeye ayrılmış bir yer vardır.

ÇAY VE KAHVE

İslamiyetin başlangıç dönemlerinde kahve ve çay yoktu (Hattox 1985). Ortadoğu'nun çayla tanışması yakın zamanlara rastlar. Ortadoğu'nun çoğu yerinde 19. yüzyıldan geriye gitmez bu tanışıklık. Oysa, çay içmek artık alışılmış, töresi olan, başlıbaşına bir etkinlik durumuna gelmiş, etnografya yazını ve de onun dışındaki yazında, biraz basmakalıp deyimlerle de olsa, oldukça sık betimlenmiştir. Kahvenin geçmişi çok daha eski: Yemen'de, söylendiğine göre 13. yüzyılda keşfedildi, oradan yavaş yavaş Mısır'a, Anadolu'ya ve 16. yüzyılda İran'a yayıldı. İslam bilginleri arasında, kahvenin yasal olup olmadığına ilişkin çok uzun süren tartışmalar yaşandı. Kimileri sarhoşluk vermesi nedeniyle yasal olmadığını savunuyorlardı; başkaları, içenleri uyanık tutmak gibi bir erdemi olduğunu, bu özelliğiyle gece ibadetlerinde müminlere değerli bir yardımcı olduğunu iddia ediyorlardı. Yavaş yavaş, köktendinci Vehhabiler arasında bile yaygınlaşıp benimsendi ve göçebe Bedevilerin yaşamının parçası oldu; o kadar ki, kahvenin, tıpkı Japonların çay töreni gibi bir yöntem ve törensilik içinde yapılış ve sunuluşu üstüne sonsuz sayıda etnoğrafya incelemesi kondu ortaya.

Bazı yazarlar, erken dönemlerdeki şarap düşkünlüğünün yerini alması nedeniyle kahvenin yayılışını memnunlukla karşılıyorlar. İngilizce *coffee* sözcüğünün geldiği *kahve* Arapça'da önceleri şarap demekti. Yararlılık hanesine aynı erdemin yazıldığı bir başka madde de tütündü. Tütünün Ortadoğu'da yayılması, 1600 dolayında, kahvenin hemen ardından oldu. Tütün de bir süre bilginler arasında tartışma konusu oldu: Etkileri nedeniyle acaba yasaklanmalı mıydı? Vehhabiler[5] gibi bağnaz Müslümanlar dışında, genelde kabul gördü.

17. yüzyıla gelindiğinde İran'da artık konuklara, bugünkü gibi tütün (nargile) ve küçük fincanlarda kahve ikram edilip yudumlandığını okuyoruz.[6] 19. yüzyıl başlarında yazan Lane'in *Manners and Customs of the Modern Egyptians* (1860, s. 134vd) adlı olağanüstü yapıtı ve benzeri yapıtlardan edindiğimiz bilgilere göre, tütün ve kahve ikramı standart uygulamaydı. Sonraları, Ortadoğu'nun büyük bölümünde en yaygın içecek olarak çay, kahvenin yerini aldı. Hâlâ bulunabildiği yerlerde kahveyi özel durumlar için saklıyorlar; çaysa, günün her saatinde içiliyor.

Her yerde konuklara çay (ya da kahve) ve tütün ikramının sürdüğü ve bu maddelerin insanların tutumlarında yakından bağlantılı olduğu genel-

---

5 Hafif uyarıcılardan *kat* (Catha edulis) konusunda Weir'in (1986) betimlediği tartışmalarla karşılaştır.

6 Bkz. Chardin (1988); du Mans (1890, s. 100).

lemesinin ötesinde, bu maddelerin ikramıyla ortaya konan konukseverlik gösterileri, doğal olarak pek çok ayrıntıda birbirinden ayrılıyor. Çok ilgi çekici bir karşılaştırmalı araştırmanın konusu olabilecek bu alana burada ancak kısaca değinilecek.

KONUKLARA İKRAM : DEĞİŞİK GÖRENEKLER

İran'ın kuzeybatısındaki göçebe Şahsevanlar[7] en çok siyah çay içerler. Çoğu ailenin kendi semaveri vardır ve semaverin hakiki, eski Rus pirincinden yapılma *nigâle* mi [kömürlü], yoksa günümüzün gaz ocaklarından mı olduğu, aileler arasında yarışma konusu olur. Usul usul kaynayan semaverden, tek demliğin üstü sürekli tamamlanır ve altları tabaklı ya da madeni zarflı (varsıl ailelerinki gümüş olur) Rus biçemi çay bardaklarına çay doldurulur. Çay, ikrama hemen hemen hazır duruma gelince, ortaya yumruk şeker getirilir ve evin oğullarından biri, konukların önünde şeker kırar; nişan törenlerinde olayın önemi bu yolla yansıtılır. En saygın konuktan başlayarak çay baydakları elden ele ulaştırılır. İlk çay sunulan kümedeki kişiler iki ya da üç bardak içtikten sonra artık içmeyeceklerini belirtirler; bunun üzerine çalkalanan bardaklarla ikram sırası bir sonraki kümeye gelir. Kibar aşiretlerde konuklar şeker parçalarını çay bardağına atıp karıştırdıktan sonra çayı bardaktan içerler. Yoksul ailelerde, ya da aile içinde şeker parçası doğrudan ağıza atıldıktan sonra çay, tabağa dökülüp oradan höpürdetilerek ağızdaki şekerin üzerinden geçirilir, bu da —amaç o olmasa da— sanki çayı çabucak soğutmak için yapılıyormuş izlenimini verir.[8] Çay ve şeker aile bütçesinin ana giderlerindendir (aslında, ailelerin çok yoksullarında çay tüketimi 1960'larda henüz başlamıştı; pek öyle sık içilmezdi). Çevredeki köy ve kasabalarda, adına kahve dense de yıllardır kahve yapmamış çayhaneler vardır.

Kuzey Afganistan kırsalında[9] yeşil ve siyah çay ayrımı vardır; mevsime ya da kişinin tercihine göre biri ya da öteki ikram edilir. Her konuğa, bir çay tasıyla birlikte, kendine özel porselen çaydanlık verilir. Konuk, dört beş tas çay alabilen bu çaydanlıktan çayı istediği hızda içer. Çayhanelerde, ya da varsıl evlerinde, genellikle tas konuğa içine bol miktarda toz şeker konarak uzatılır; kimi zaman kesme şeker de sunulduğu olur. Şekerin böy-

---

7 1963-1966 arasında Muganlı Şahsevanları konu alan bir etnoğrafik alan çalışması yaptım; makaladeki anlatılanlar o dönemin verileridir.

8 Yukarıdaki betimleme (aşağıda anlatılan Afganistan kırsalında olduğu gibi) kadın konuklardan ya da ev sahibelerinden açıkça ayrı tutulan erkek konukları kapsar. Aynı usuller, kadınlar ve onların konukları arasında, azalarak da olsa işler.

9 1968-1972 arasında yapılmış alan çalışması.

le sunuluşu, başka bir içme tekniğini gerektirir. Çayhanelerde büyük semaverler bulunması nedeniyle buralara "semaver" adı verilmiştir. Ülkenin büyük bölümündeyse her ailenin, *çaycûş* adı verilen bakırdan çay güğümü bulunur.

İran'da olduğu gibi, Türkiye'nin batısındaki kasabalarda[10] yalnızca siyah çay bilinir. Kahve de çok değerli sayılır ve özel günler için her evde bulundurulur. Çayhaneler erkeklerin, genelde kahve içmek için buluştukları yerlerdir. Gelen erkek olsun, kadın olsun konuğa büyük olasılıkla çay ya da kahve ikram edilecektir; ya da çay bir yandan demlenirken önden çabucak bir fincan kahve gelebilir. Çaydanlık yalnız aile içinde ya da yakın arkadaşlar arasında mutfaktan getirilip konukların önüne çıkarılır. Konuklar genelde yalnızca tepsiyle taşınan çay bardaklarını ve (çoğunlukla kutular içinde, dükkândan satın alındığı gibi) kesme şeker konan şekerliği görür. Şeker, çay bardaklarına atılıp karıştırılır.

Bu üç örnek, Ortadoğu ülkelerinde konuğa içecek sunma lojistiği ve görgü kurallarında ortaya çıkan çeşitliliği bir ölçüde sergiliyor; çay bardağı, çaydanlık ve diğer araçların ne denli ortak olduğunu gösteriyor (Desmet-Gregoire 1991). Bu çeşitlilik, toplum kimliğinin kurulmasıyla ve aralarındaki ayrımlarla açıkça yakından bağlantılıdır; ama, bunların incelenmesi makalenin boyutunu aşar.

KURAN VE ŞERİATTA İÇECEKLER VE SIVILAR

Peki, içecekler ve içme edimi karşısında Kuran'ın tavrı nasıl? Peygamber zamanında bolca şarap içildiği ve içki içmenin kumarla bir arada düşünüldüğü anlaşılıyor. İlk inen ayetlerde şarap Tanrı'dan bir lütuf olarak onaylanmış görünüyor: "Hurma ağaçlarının meyvelerinden ve üzümden sarhoş edici içkiler elde ediyorsunuz; aynı zamanda onlarla besleniyorsunuz."[11] Burada besleyicilik, içkiyle karşıtlığı vurgulamak anlamında da belirtilmiş olabilir. Bunun yanında, cennet şarabı süt ve balla ilişkilidir. Hz. Muhammed'in tutumunu değiştirdiği anlaşılıyor. Sırayla inen bir dizi ayette ilkin şarap içme ve kumar oynamanın günahının sevabından ağır bastığı bildiriliyor; daha sonra şarap içme, puta tapma, kumar oynama ve gaipten haber verme, Şeytan işi sayılarak yasaklanıyor. Özellikle içkiye konan yasağın nedeni, sarhoşken kılınan namazın sakatlandığı düşüncesiydi.[12]

---

10 1979-1984 arasında yapılmış alan çalışması.

11 Kur'an, 16: 67 (Sale t.y., s. 262).

12 Wensinck (1960); ayrıca bkz Heine (1982, s. 44vd); McAuliffe (1984); Hattox (1985, s. 46vd).

Şarap, kan ve sidikle beraber temiz olmayan maddelerden sayılarak zamanla haram kılındı; içmek günahların en büyüklerinden sayıldı. İçki içmede görülecek artışın Kıyamet Günü'nün habercisi olacağı türünden, şarabın haram edilmesini destekleyen birçok hadîs var. Hıristiyanlar ve Musevilerin tersine, şarap ve alkollü içkilerin haram olması, (toplumun büyük bölümünde tüketimi sürse de) Müslüman dünyası için belirleyici bir ayraç oldu.

Bütün bu söylenenler yanında, bir de neyin şarap sayılması gerektiği konusundaki tartışma sürüp gitmiş. Hz. Muhammed'in döneminde yalnızca hurma şarabı bilinmiş olsa gerek; daha sonra üzüm, bal, buğday ya da arpadan yapılan her türlü alkollü içki, *hamr* sayıldı: çünkü hepsi de insanın aklını ve özdenetimini uyuşturup bulanıklaştırıyordu. Sonraları, kahve, çay, tütün, *kat*, ve daha sert uyuşturucular karşısında alınacak tavrın mahiyeti ve hangi tavrın doğru olacağı tartışmalarının temelinde bu görüş yatıyordu. Sulandırılmış meyve sularından yapılan, ekşimeye uğramamış tatlı içecekler —şerbet— ise, helal sayılıyor ve çok seviliyor.[13]

İslamiyette su, arılaştırıcı, temizleyici niteliğiyle öne çıkıyor. Çok ayrıntıya girmeksizin söylemek gerekirse, mezheplerin çoğuna göre, kirliliğe cinsel ilişki, ay hali, doğum edimi ve koşulları yol açıyor. Şarap, domuz, köpek ve köpek bedeninden çıkan maddeler, cesetler ve insan bedeninden çıkan bazı maddeler kirli sayılıyor. Bu arılığı bozan, kirlilik veren şeylerin su ile temizlenebilmesi için kullanılan suyun akar olması gerekir; durgun su birikintisi belli bir boyuttan büyük olmalı; ya da, en azından suyun rengi, tadı, kokusu bozulmamış olmalı. Suyun bulunmadığı durumlarda, toz, kum ve taşlardan yararlanılabilir.[14]

Diğer sıvılar arasında övgüyle sözü edilen süt ve balın her ikisi de içecekten çok yiyecek sayılır. Süt aklar içinde en aktır. Bal, arıların hangi bitkilerden bal yaptığına bağlı olarak ak, sarı, al ya da kara renkte olabilir.[15] Bazı ayetlerde insanın pıhtılaşmış kandan yaratıldığı; bir yerde, erkeğin belinden "fışkıran" tohumdan olduğu, kadının memesinden "aktığı" söylenmekte.[16]

Kuran'da cennet anlatılırken —nitekim sıkça betimleniyor— su ve şa-

---

13 Daha çok ayrıntı için bir önceki notta verilen kaynaklara bkz.

14 Kurak bölgelerin kültüründe, suyun can veren nitelikleri, suyun arıtma yetisi denli önemlidir; yine de kimi çelişkiler göze çarpıyor: Örneğin Afganistan Farsça'sındaki *âb* (su) sözcüğü ile, kirliliğe neden sayılan *âb-ı meni* (ersuyu) arasında olduğu gibi... (Konuya dikkatimi Nazif Sharani çekti).

15 Sale'nin saptadığı üzere (t.y. 263, n. 1).

16 Kur'an, 86. Sure (Sale t.y., s. 577).

rap karşısında alınan tavır açık seçik ortaya çıkıyor: Bol ve bereketli tatlı su kaynakları hemen her sayfadan inananlara el ettiği gibi, şarabın en azından özel bir türü (sarhoş etmeyeni? acı olmayanı?) artık yasaklanmıyor ve inanların ödülü oluyor. Daha kesin söylemek gerekirse: "arı su akan ırmaklar; tadı hiç değişmeyen süt ırmakları; içenlere hoş gelen kevser şarabı ırmakları ve dupduru akan bal ırmakları."[17] Yeryüzündeki sarhoşluk veren, kirliliğe neden olan diğer maddeler cennette yok. Bazı inançlara göre, idrar, dışkı olmayacak; bunun yerine bütün vücut salgıları misk kokulu ter biçiminde atılcak (Lane 1860, s. 67). Bunların yanında, cehennemde kişiyi bekleyen dehşet verici şeylerden biri kaynar sudur: Günahkârlar kaynar sudan başkasını içemeyecek; başlarından aşağı durmadan kaynar su akacaktır.

Kuran'da ve İslamiyette kan, en iğrenç maddelerden biridir; akışkan kanın yenip içilmesi kesinlikle yasaklanmıştır. Ay hali kanamaları ve doğumda gelen kan da çok kirli sayılmıştır. Oysa, değişik bağlamlarda —kurban kesimi ve şehitlikte— kan özellikle kutsallık kazanmaktadır.

İNSAN BEDENİNİN SUYUK SİSTEMİNDE İÇECEK VE SIVILARIN YERİ

İslamiyette kan üzerine kurulu yapıları, kanın su ve şarapla ilişkisini daha açık görebilmek için, yakın zamana değin Ortadoğu'da (ve Avrupa'da) yaygın doğa felsefesinde geçen suyuk (beden salgıları) sistemini ele almalıyız. Bu geleneğin bazı yanları Grek/Hellen kaynaklıdır; fakat, klasik geleneğin kozmolojisi ve sembolizmi, İslamiyetin en erken döneminde yaşamış İslam âlimleri ve filozofları eliyle değişime uğratıldı. Bu geleneğin geçirdiği değişimin ayrıntıları hem karmaşık hem de çok yönlüdür. Bu makalenin amacı bakımından kısa ve yalınlaştırılmış bir özet yeterli sayılmalıdır.

Nesneler dünyasında, biçim ve madde, dört ana öğenin (ateş, hava, su ve toprak) ve bunların (sıcak/soğuk, ıslak/kuru gibi ikililerden oluşan) kendine özgü niteliklerinin birbirleriyle durmadan değişen ilişkileri olarak görülmüştür. Madde dünyasındaki bütün varlıklar ve nesneler bu öğelerin bileşimleridir ve bileşimlerine göre sıralanırlar. Üç tür ruh (tin) vardır; her biri belirli bir yetiyle bağlantılıdır ve vücuttaki belirli organlarda yerleşmiştir: bitkisel ya da doğal ruh karaciğerde; hayvansı ya da can kaynağı ruh yürekte; akılcı ruh beyinde... Canlılar arasında yalnız insan akıl yetisine sahiptir. İnsan kan pıhtısından yaratılmıştır; ama insan bedeni, sindirim süreci sonunda ortaya çıkan ve bedensel işlevler için gerekli olan dört sal-

17 Kur'an, 47. Sure (Sale t.y., s. 490).

gıdan (kan, sarı safra, balgam ve siyah safra) oluşmuştur. Bu dört salgı ana öğelerle ve onların özgül nitelikleriyle birleşir; doğal ve doğaüstü ortamlarla etkileşerek kişinin huyunu suyunu biçimlendirir; kişi bu huyu ve suyuyla evrendeki yerini alır.

Sağlıklı olma, çevre, bedensel yetiler ve salgılar arasındaki uyuma, dengeli işleyişe bağlıdır. Kişideki değişmelerin gerçekleşebilmesini sağlayan mekanizma (kişinin yürek atışlarını, soluk alıp vermesini ve sindirim sitemindeki düz kasları kendiliğinden hızlandıran ya da yavaşlatan özerk sinir sisteminin çalışması) sempatik sistemde çalışır. Bu sistemde kan beslenmenin baş aracı kabul edilmiştir; öte yandan bütün besinler niteliklerine (sıcak/soğuk, ıslak/kuru) ve gücüne göre sınıflandırılmıştır. Pişirmekle, ya da tersine çürümeye bırakmakla meydana getirilen biçim değişiklikleri (dönüşümler) neredeyse bütün fizyolojik süreçleri açıklamada kullanılmaktadır. İslamiyette arılık ve kirlenmeye ilişkin terimler, beslenme ve hastalığa ilişkin açıklamalarda içkindir.[18]

Bu düşünceler sisteminde kan ve su birbirine taban tabana zıttır, çağdaş İslam kültürlerinde bunun farklı yankılarını görürüz. Dört salgıdan biri olan kan yürekle ve dört öğeden ateşle (sıcak/kuru olması nedeniyle) ilişkilidir; kan, yürekte duygu ve tutkuyla (*nefs*), gençlik ve kadınla bağlantılıdır. Buna karşılık dört öğeden su, beden salgılarından ıslak ve soğuk balgamla, beyinle, ve olgunluk ve erkeklik yetisi olan sağduyu ya da özdenetimle (*akıl*) ilişkilidir. Kan doğumun, soyun, kimliğin, akrabalık bağlarının temelidir; su ise kişinin çok daha geniş bir topluluk içinde birey olarak varoluşuyla ilişkilidir. Daha genel anlamda kan, hem bu dünya, hem de cehennemle; geçici ve maddi varlıkla, üzüntü, acı, tutku, cinsel aşk ile ilişkilidir. Su ise cennet ve sonsuzlukla, tanrı ve ruhsal değerlerle, mutlulukla, tatlılıkla, özdenetimle ve kutsal aşkla ilişkilidir.

Bu imgelerde, ya da onların yerel yorumlarında kahve ve çay türünden içecekler yer almaz; ama süt, şarap ve şerbet yer alır. Süte genelde bir içecekten çok yiyecek gözüyle bakılır: Suyun tersine, tüketilmeden önce akması durmuş ve katılaşmış olmalıdır; süt çiğ içilmez; bir biçimde "pişirilmelidir." Süt, kanın da içinde yer aldığı bir sıvılar sıralamasında yer alır: İnsan yavrusunda kan yapmaya yarayan yiyecektir. Aralarında kan bağı bu-

18 Krş. Bromberger'in bu kitaptaki makalesi. Bkz. Good'un anlattıkları (1977, s. 172vd) ile Tapper ve Tapper (1986, s. 70). Kur'an evreninde ve suyuk fizyolojisinde sıvıların işlevi üstüne yukarıda anlatılanlar, doğal olarak hem şematik, hem de genellemeler içermekte. Ortadoğulu topluluklarda, almaşık oluşturan —ama ille de karşıt olması gerekmeyen— birçok kuram var; bkz. örneğin Good (1987) ile Delaney (1986).

lunmayan, ama aynı anadan süt emmiş "süt kardeşler"in birbiriyle evlenmesi yasaklanmıştır; çünkü, kardeşlik bağını kuran ortak maddeye (kan) doğduktan sonra sahip olurlar. "Kan kardeşler"in ise aralarında doğum ya da beslenme nedeniyle kurulmuş bir bağ yoktur; ama, aynı ortak maddeyi taşıyormuşçasına "kan ortaklığına" girmeyi seçmişlerdir.

Şarabın da, şerbetin de bileşiminde meyve suyu, şeker ve su olduğu halde, şarap ekşidir, esriklik verir; şerbetse tatlıdır, esriklik vermez. Dini bilim gibi ele alan din çevrelerinde, iki içecek (Farsça/Türkçe karşılıkları aynı Arapça kökten gelir: ş-r-b) arasındaki karışıklık şarabın yasaklanması, şerbetin övülmesi yoluyla çözülmüştür. Yaşam göreneğinde şarap erkek içkisi, şerbet kadın içkisi sayılır.[19]

Kan, şarap ve suyun İslam geleneğinde çok güçlü simgeler olduğu yukarıdaki incelemeden açıkça görülmekte. Bu üç sıvı birbiriyle yakından ilişkili, değişik sözlerle ifade ediliyor ve son derece muğlak. Bu nitelikler tasavvuftaki imgelere, yerel imge yapılarına ve göreneklere güçlü biçimde yansımıştır. İçki ve içeceklerin rolü, aşağıdaki iki bölümde, iki karşıt toplum bağlamında daha derinlemesine incelenerek sergilenmiştir.

BİR TÜRK KASABASINDA YAŞAYANLARIN GÖZÜNDE SU

Eğirdir'e 1979-1984 arasında (1983'ün büyük bölümü dahil) düzenli aralıklarla gidip geldim. Her yerde olduğu gibi burada da en çok çay içilse de kahve daha değerliydi: Kahve hem daha pahalı ve göreneğe daha uygundu, hem de (özellikle 1979'da hükümetin kahve dışalımını yasaklamasından sonra) bulunması daha zor olandı. Eve, dükkâna, işyerine gelen konuklara kahve ya da çay içip içmeyecekleri soruluyor ya da konuğun gelişinden kısa süre sonra bir fincan Türk kahvesi sunulup ardından tatlılar, meyveler, pastalar ve bardak bardak çay veriliyordu... Neredeyse hep şekerli içilen çaylar... Alkollü içkilere gelince, dindar erkekler dışında herkes rakı içmeyi askerde öğreniyor, terhis olup eve döndükten sonra da içmeyi sürdürüyor: Ulusal içki denebilir. Bira, şarap ve diğer içkilerin de üretimi var Türkiye'de ve her yerde bulunuyor; ama pahalı ve rakı denli yaygın değil, evlere de pek girmemiş. Bütün bu içkiler yemekle, en azından mezelerle birlikte tüketilmelidir. Kadınlar alkollü içki içmezler; tütünüyse kendi başlarınayken içerler. Oysa, Ramazan ve diğer dinsel günler dışında herkesin eline bol bol dökülmesine izin verdiği, adım başı rastlanan kolonya alkol içerir.

Türk halkbiliminde suyun önemli bir yeri vardır (İnan 1968; Gönüllü

---

19 Bkz. aşağıda: Türkiye ve İran'da kullanılan dinsel imgelerde şerbetin yeri. Arapça, Farsça ve Türkçe'deki *şurba* (çorba) ile aynı kökten türetilmiştir. Bkz. yukarıya.

1985). Şaşırtıcı gelse de, Eğirdir'de bu bir saplantı ölçüsündedir. Çölde, ya da en azından bildiğimiz kurak Ortadoğu ortamında, yaşamı sürdürmenin tek kaynağı olan suya ilgi duyulması, bunun sonucu olarak da Kuran'daki cennet betimlemelerinde olduğu gibi suyun yüceltilmesi beklenmedik bir şey değil. Oysa burada söz konusu ortam çölün tam tersi: Eğirdir, Türkiye'nin en büyük göllerinden birinin kıyısında, neredeyse her yanı suyla çevrili bir burun üzerine konmuş. Göldeki suyun niteliği, kasabanın atık sularıyla gitgide bozulsa da, herkes için övünç ve mutluluk kaynağı. Herkes göl suyunda mikrop bulunmadığının bilimsel kanıtları olduğuna inanıyor; uzmanların gölü besleyen 181 sualtı kaynağının yerini bildiği söyleniyor. Gündelik konuşmalarda su konusunun geçmesi, İngiltere'de hava durumunun konuşulması gibi birşey. Bu yalnızca Eğirdirlilere özgü bir durum da değil: Türkiye'nin değişik bölgelerinden insanlar bir araya gelince, herkes kendi memleketinin suyunun özelliklerinden söz eder; sular tadına, serinliğine, iştah açıcılığına göre karşılaştırılır: "Bizim köyün suları buz gibi soğuk, şerbet gibi tatlıdır; ne kadar içersen iç şişkinlik yapmaz. Patlayıncaya kadar yemek yemiş ol, o sudan içtin mi acıkırsın, yediğin kadar daha yersin."

Baharın ve yazın kır gezintilerine çıkılması Türk toplumunun her katmanında yaygın eğlence biçimidir. İnsan Eğirdirli bile olsa, varılacak yer her zaman bir su başıdır. Yaz günlerinde dışardan gezginler göl kıyısına akın ederken onlar yayla yukarı bir pınar başına çıkarlar. Pınar başında, büyük, yapımı karmaşık yemekler pişirip yiyerek, oyunlar oynayarak rahatlığa, dinginliğe kavuşur, gevşerler. Evet, dillerinden düşürmedikleri "cennet" sözcüğüyle tanımladıkları o yerde oyunlar oynayarak... Çevredeki kutsal yerlere de benzer ziyaretler yapılır ve buralarda da, camiler gibi, öyle ya da böyle bir taze su kaynağı bulunur.[20]

Türkiye'de kent ve kasaba halkının (küçük değişikliklerle Ortadoğu'daki diğer Müslümanların) suya ve suyun tadına verdiği önemin bir başka boyutu da Mevlid metninde görülür. Mevlid okutmak, dün olduğu gibi bugün de kasaba yaşamındaki en önemli dinsel törenlerden biridir.

Süleyman Çelebi'nin 1409'da yazdığı Mevlid-i Şerif'in dili çok yalın ve doğrudandır. Mevlid yıl boyunca okunabilir.[21] Mevlid toplantısını kadınlar ayrı, erkekler ayrı yapar: Erkekler, özellikle önemli dinsel bayramlardan birine rastlamışsa, çoğunlukla camide toplanır; kadınlarsa hemen her zaman evlerde toplanır.

---

20 Kır gezileri ve Hac konusunda, bkz. Nancy Tapper (1990).

21 Bkz. Tapper ve Tapper (1987); Edmonds (1969).

Mevlid birkaç bölümden oluşan uzun bir şiirdir: Bu bölümlerde Peygamber'in mucizeleri ve öğretileri anlatılır. Mevlid'de, metin geliştikçe duyguların da yoğunlaşarak tırmandığı iki doruk noktası vardır: Biri Peygamber'in doğumu, diğeri cennete yaptığı mucizevi ziyaret. Birinci doruk Peygamber'in annesi Amine Hatun'un ağzından anlatılır: Tam doğum yapacağı sırada susuzluktan yandığını söyler ve kendisine hemen ağzına kadar dolu bir bardak şerbet sunulur; şerbet kardan daha beyaz, daha soğuk, şekerlerin en tatlısından daha tatlıdır. Şerbeti sunan Huriler Allah tarafından gönderildiğini söyler. İçer içmez varlığının dönüşüme uğradığını duyumsar; artık kendisini nurdan ayırt edemez. Tam o sırada bir beyaz kuş iner; Amine Muhammed'i dünyaya getirir; gökler ve yeryüzü ışıkla yıkanır.

İkinci dorukta, Peygamber Kudüs'e mucizevi bir gece yolculuğu yapar; oradan da cennete... Ona yol gösteren Cebrail, o gece cennet ve dünyanın Zemzem suyu ile dolup taştığını söyler. Şiirin burasına gelindiğinde Mevlid'i okutan, dinleyenlerin üzerine (Muhammed'in kendisi ve teriyle bağlantı kurulan) gülsuyu serptirir; ya da ölen biri için okutulan Mevlid'de (en çok bu nedenle okutulur) toplantıya katılan herkese bir bardak şerbet ikram edilir; ya da daha çok erkekler arasında görüldüğü üzere, içecek yerine reçel verilir. Bilgi aldığımız kişiler şerbet, gülsuyu ve (hacıların Mekke'den dönerken şişelerce getirdiği) Zemzem suyu arasında açık bir bağlantı kuruyor. Ayrıca, hoş, dinsel ve erdemli koku "misk [mis] gibi"dir, bu da gülsuyunu çağrıştırır: Örneğin, ölü gömme hazırlıklarında, ölü yıkandıktan sonra, "kabrinin mis gibi kokması için" üzerine gülsuyu dökülüyor. Son olarak, dinsel bayramlarda eve gelen konuklara ikramda bulunurken, kolonya yerine gülsuyu dökmek daha yerinde bir uygulama sayılır .

Türkiye'nin tutucu kırsal kesimi bağlamında ele alındığında su her şeyden daha önemlidir, çünkü serinliği, tatlılığı ve hafifliği sebebiyle kutsanmış Zemzem ve şerbeti çağrıştırır. Kan ile şarap, süt ile bal, önem sıralamasında gerilerde yer alır; standart yasaklara bağlanmışlardır, ama onlara, törensel değil de faydacı açıdan yaklaşılır.[22]

KAN, ŞARAP VE SUYA İRAN HALKININ BAKIŞI

Özellikle İslam Cumhuriyeti döneminde İran'ın kentsel kesimi bağla-

22 Burada, çok yerde olduğu gibi, şaraba hem içki olarak değer veren ve hem de onu bedeni yıkayan bir sıvı olarak gören Yunanlılarla aralarında karşıtlıklar var; bkz. örneğin Hirschon (1983, s. 123).

mında, suyun yanında şarap ve kan da insan yaşamının ve imgeleminin en önünde yer alır.

Şarap (*mey*) Fars uygarlığının (edebiyatıyla, toplum yaşamıyla ve din yaşamıyla) her yanına işlemiştir. Tasavvuf şiiri ve imgeleri, şarap sarhoşluğunu kişinin kimliğini yitirerek Tanrı ile birleşme sevincinin mecazı olarak kullanır. Kan ise, tam tersine, Tanrı'dan ayrı düşmenin acısını simgeler; ama, kişinin acı çekmesi Tanrı'yla yeniden birleşmeyi başarabilmek için zorunludur; Tanrı'ya ulaşmanın daha dolambaçsız ve kesin yolu şehitlik kanının akmasıdır. Dervişin gözyaşları kandır. Başka bağlamlarda bu kez su öne çıkar: Derviş aşk ateşiyle yanan bağrını serinletsin diye su içmelidir; oysa, bilgiye, gerçeğe ulaşmak için geçtiği bahçelerdeki kaynaklardan akan su saf Işıktır (*nur*). Bu ışığın kaynağı ateş değildir; onun kaynağında ilahi öz vardır. Peygamberliğin yolu bu ışıktan geçer, aracı bu ışıktır. Farsça *çeşme*, Arapça *ayn* ve Türkçe *pınar, göz* sözcüklerinin tümü "kaynak" anlamına geldiği gibi "göz" anlamına da gelir ve gözden akan kan ve su kadar ışıkla da ilişkilidir.

Konuya sevgisizce yaklaşan, 17. yüzyılda yaşamış bir gözlemci, İsfahan'daki Kapuçin misyonunun başı Raphael du Mans, İran'da içilen su ve şaraptan acımasız bir dille söz ediyordu. İsfahan'ın içme suyu insanı tiksindirecek ölçüde kirli, diyordu ve şarabın (Fransız şaraplarıyla karşılaştırdığında) tadını sert, sek, soğuk, ağır, topraksı, acı buluyor, başağrısına yol açtığını söylüyordu. Üstelik, konuk olduğu kişiler şarabı söylenerek, yüzlerini buruşturarak, sanki kerhen içiyorlardı; ona göre, şarabı tadı ya da sindirime yardımcı olduğu için değil de, sarhoş olup dünyanın dertlerini unutmak için içiyorlardı (du Mans 1890, s. 100, 136vd). İran'da bulunmuş başkaları daha anlayışla bakmışlardı; tipik bir ziyafetteki şarap, nargile ve müziğin etkileriyle daha ahenk içinde olmuşlar, bu üçünün birleşimindeki mutluluk ve pes perdeden neşeyi anlatmışlardı.[23]

Şarap içmenin ahlaka uygun ve meşru olup olmadığı İran'da sürekli tartışılagelmiştir. Günümüz İran'ında Şii din adamlarının eğitimini inceleyen Fischer, birbirinden farklılaşan görüşler belirtildiğine tanık olmuştur: Örneğin İbn Sina'ya göre, aklı başında insanların şarap içmesine izin veriliyordu, aptallara yasaktı; öte yandan, geleneğe göre Hz. Ali, eğer bir kuyunun suyuna bir damla şarap karışsa ve sürüden bir koyun o kuyunun suyundan içerek dönüp sürüye katılsa, o sürüdeki koyunların hiç-

---

23 Örneğin Browne (1950, s. 119vd). 20. yüzyıl İran'ında *arak*, votkadan başka, İslam Devrimi'nden hemen önce, bira ve diğer sert içkiler daha yaygınlaştı. Bu içkiler yerel üretiliyor, ama ithal içkilere daha fazla itibar ediliyordu.

birinin etini yemeyeceğini söylemişti. Genelde, Şii ilahiyatçıları şarhoşluk veren, başka deyişle akla egemen olarak tutkuların ve duyguların başıboş kalmasına neden olan her madde ve etkinliği (müzik, dans, şarap, kumar, uyuşturucu ve hatta aşk ve şiir gibi) suç saymaktadır (Fischer 1980, s. 129, 161).

Kan ve su, Fischer'in İslam Devrimi'nin itici gücü saydığı "Kerbela olayının" merkezinde yer alır. Ali'nin oğlu ve üçüncü imam Hüseyin'in şehit edilişi her yıl Aşure gününde, Muharrem ayının onuncu gününde anılır. Anılan, Irak'taki tarihi Kerbela savaşında yaşanan olaylardır: O savaşta, Hz. Hüseyin ile yanındaki birkaç adamı Halife Yezid'in ordusuyla çarpışmıştı. Ailesinin çölde susuzluktan kırılmasına tanık olduktan sonra Hüseyin adamlarıyla birlikte öldürüldü. Hz. Hüseyin'in şehit edilmesi Şiiler için tarihin en yürek paralayıcı, en acıklı, ama bir o kadar da şanlı olayıdır. Yezid'in kıyıcılıkta en ileri gittiği eylemi yalnız savaştığı rakiplerini değil, kadınları, çocukları susuz bırakmasıdır: Su kişinin en temel gereksinimidir; çölde geçerli töreye göre susamış kişinin su isteği asla geri çevrilmez. Şiilerin Kerbela olayını anmak üzere Muharrem ayında düzenledikleri *taziye* adı verilen seyirlik oyunların ve Hz. Hüseyin'in yaşamının duygusallıkla anlatıldığı *rovze*'nin ana izleği bu susuz bırakma olayıdır.[24] Ağladıkça gözlerden yaş akıtmak, dövündükçe bedenden kan akıtmak, törene katılanlara kefaret ödeme umudu getirir.

Her devrimde görüldüğü gibi, İslam Devrimi de birçok anlamı tersyüz etti: Özellikle kan, şarap ve suyun taşıdığı anlamları... Kerbela olayı geçmişten günümüze, Irak'tan Tahran sokaklarına taşındı; devrimin başarıya ulaşmasından sonra, sahne Amerikan elçiliğine taşındı; sonra yeniden 1988'e dek kaldığı Irak cephesine... Toplulukların haykırdığı ya da bezler üzerine yazarak taşıdığı sav sözlerde, Pehlevi rejimiyle arasındaki uzaklığı, karşıtlığı ortaya koymak ve devrimci İslam toplumunun niteliğini belirlemek amacıyla başlıca İslami (Şii) mecazlar olarak kan, şarap (alkol) ve su işleniyordu.[25] Kimi imgeler tasavvuf kaynaklı ve yönelimliydi.

Kerbela'da içtenlikle dua mı ediyor, yoksa Çinlilerin önderiyle şarap mı içiyor?

Şehinşah'ın rejimi: Her kokuşmuşluğun kaynağı (*tebâhi*)

---

24 Bkz. Mekke'de Hac zamanı, Hacer'in suyu arayışını ve Zemzem kuyusunun ortaya çıkışını anmak üzere yapılan *sa'y* töreni.

25 Aşağıdaki paragraflara, bana ilettiği notlar aracılığıyla katkıda bulunan Michael Bland'a borcum büyük. Michael Bland Devrim'in söylemlerinde geçen mecazları inceledi.

Bu zalime sığınıp yaşamak yanlış,
Gerçeğe ulaşan kişinin yaşamı ölümdedir (yok oluş).
Yetsin artık uyku sarhoşluğu! Yetsin, puta tapmalar!
Kahrolsun bu şah! Kahrolsun bu şah!
Sözde Müslümanların önderliğine soyunmuştun,
Öyleyse, neden dinin köküne balta vurdun?

Tasavvuf şiirinin tersine, burada gönderme yapılan, düşmanın gerçek silahları karşısında ölüme yürümektir: Varoluşu tanımlamak için akıl almaz bir eylem biçimi... Canını koruma çabası "uyku sarhoşluğuna" ve puta tapmaya benzetiliyor; ölerek, öldürülerek, yok oluşa boyun eğerek kişi gözlerini Hakikata açıyor ve sahici bir Müslüman oluyor.

Ateş eden silahların üstüne yürümek özdenetimi gerektirir; ama, kişilik çözülmesi yoluyla, bir başka deyişle sarhoşluk ve kendinden vazgeçişle, daha kolay gerçekleştirilebilir: Bu amaçlar tasavvuf düşüncesinde var olan amaçlardır; ama, burada sözü edilen sarhoşluk "şehitlik şerbeti" (*şerbet-i şehadet*) içerek ulaşılan sarhoşluktur. "Kişilik çözülmesi" ve "özdenetim" kavramlarının her ikisi de yoruma açıktır. Buna göre, eğer denetim arılık (saflık) demekse, ve denetimsizlik kirlenmeye yol açıyorsa, Humeyni'nin devrimci güçleri ve "ümmet" abdest aldıkları ve alkolden uzak durdukları için arı olarak nitelendirilmektedir. İçki içme, işeme ile bir tutuluyor: Kendisine sahip olan kişi her ikisini de sıkı sıkıya denetim altında tutar. Müslümanların tanımı alkolden (sarhoşluk ve yolsuzluk) uzak durmayı ve ibadet öncesinde su ile yıkanarak vücudu idrar, kan, ve kir izlerinden arındırmayı içerir. Şah ve yandaşları ayyaşlar, sidikliler, sarhoşlardır; şahın kokuşmuş rejimi de "kokuşmuşluğun kaynağı"... Eski rejimin kokuşmuş ortamından, bedenlerini sıkıca denetleyen ve sıkı denetim altında tutulan (krş. Douglas 1973) Hizbullahiler doğar.

"Şah Müslüman olmuş —Müslüman gençliğin kanıyla abdest alıyor!" sözündeki antitezin doruğu —suyla abdest almanın arılığı karşısına kanın kirliliği— şahın iki yüzlülüğünü açığa vuruyor. Başka sav sözlerde şah yalnız kanla yıkanmakla suçlanmıyor, kan içmekle de suçlanıyor: Kan emen sülüğün, hiç yara açmadan canı çekip bitirmesi benzetmesiyle...

Humeyni- Seni koruyan Tanrıdır; hunhar [kan içici] düşmanını o yok eder.

Adı: Rıza; Soyadı: Pehlevi; Besini: Gençliğin kanı.

Sülük kan emmeyi cellat şahtan öğrendi.

Amerika, Amerika, hileciliğinden utan!
Pençelerinden gençlerimizin kanı damlıyor!

Irak savaşı sırasında, Humeyni üstüne de öyküler dolaşıyordu: Kurşuna dizilen ya da kısa bir süre sonra kurşuna dizilecek olan rejim karşıtı mücahitlerin vücutlarından kan çekerek cephenin kan gereksinimini karşıladığı, hatta Tahran sokaklarında yaralanan Humeyni yandaşlarına kan sağladığı için ona da "kan emici" deniyordu.

Kanla beslenip, kanla yıkanmak hep Şah'ın özdenetimden yoksunluğunun, yolsuzluklarının, şeytanla bir olmasının ya da aklını kaçırmasının göstergeleridir. Öte yandan da Müslüman kanı olumlu bir güç olarak, yaşamla ve bağlılıkla ilişkilendirilmektedir. Sav sözlerden biri şöyle: "Damarlarımızda kan aktığı sürece önderimiz Humeyni'dir"; bir başkası: "Damarlarımızdan akan Hüseyin'in kanıdır." Ayaklanmalar sırasında bir yandan kan akarken, Hizbullahçılar duvarlara, yüzlere kanlı ellerini basıp iz bırakarak şehitlerin kanı üzerine yemin edebiliyorlardı. Bu kan kirli ya da adi değil, kutsal sayılıyordu; hatta safların safiydı: İnsan gücünü kandan alıyordu. Devrimci Şii imgelerinde kana ilişkin bu çift anlamlılık gözyaşında da var: Gözyaşları, cihad uğruna çaba harcamanın ve Hüseyin'e sevginin göstergesidir; kimi zaman Hüseyin'in kanı olduğu söylenir.

Özet olarak, yeni, devrimci toplumu biçimlendirmede sıvılarla ilgili imgeler başta geliyor. "Şarap" sarhoşluğu, ne savaşmayı ne de çalışmayı becerebilen korkaklar yaratır; cinsel tutkulara ve diğer tutkulara gem vurulamaz olur; bu gidişin sonu cehennemdir ya da "cennet"in bu dünyada olduğu yanılsaması... "Şarap" sarhoşluğu, dinsel coşku ve yurt sevgisiyle can vermeye hazır gazi-şehidin "sarhoşluğuna" karşıttır: Din ve yurt uğrunda canından vazgeçme ona gerçek cennetin kapılarını açacaktır. Sarhoşluğun her iki türü —iyi olanı da kötü olanı da— suda ve sağduyuda bulunan serinlik ve ayıklıkla, bu dünyada çalışarak yaşamayla bağdaşmaz.[26] Kendine sahip (*âkil*) bir Müslümanın uygun içeceği ve temizlenmek için yararlandığı sıvı sudur. Bir zamanlar tasavvuf düşüncesinin Tanrı'ya yaklaşımında (bireysel ve "bencil") başta gelen mecaz olarak yararlanılan şarap, artık özdenetimin yok edicisi ve kokuşmuş düzenin günahı olarak sözcük anlamında yapılandırılıyor; kan ise, bir yandan (kin duyulan zalimin hem içeceği ve hem de yıkandığı sıvı olarak) kirliliğin en uç noktası sayılırken, diğer yandan da (en arı İslamiyeti gerçekleştirme uğruna girişilen cihadda canından vazgeçen şehidin özverisinde) erişilmez arılığı simgeliyor.[27]

---

26 Bu karşıtlıkları bana Erika Friedl önerdi.

27 Şehit kanı akıtılmasında (Hüseyin örneğinde olduğu gibi) İsa'nın döktüğü kanla bütün insanlığın günahlarını yıkadığına (kefaretini ödediğine) inanan Hıristiyan düşün

SONUÇ

Ortadoğu'da, bana göre, bir bardak su içmek gibi yalın bir eylem bile simgesel açıdan karmaşık olabiliyor. Peki bunun yansımaları nedir? En azından erkekler bakımından, en önemli yansımanın egemen su-kan-şarap simgelerinin arasındaki kavramsal ilişkiler olduğunu ileri sürmek bu makalenin ana izleği oldu. Bu üçlü ilişkinin kökleri dinsel buyruklara ve metinlere uzanıyor. Belirli özgül biçimlerde, her üç maddenin doğaüstü dünya ve tanrısal güçle doğrudan bağlantısı var. Bu bağlantılar zamanı ve devinimi kapsayan bir dille inşa edilmiştir: Suyun ve kanın arılığı ve gücü, akıcı olmalarından ve gereken hızla akmalarından ileri gelir. Oysa şarap, başı sonu belirli, geçici bir dünyada kirliliğe neden olurken, katışıksızlığını ve gücünü, biraz değişik bir yoldan, değişim ve zaman dışı sonsuzluğu çağrıştırmasından alır.

Her üç madde de, simge ya da mecaz olarak her yana çekilebilir; bu anlamlar karşısındaki tavırlar ve de bu anlamlar üstüne kurulan düşünce yapıları birbirine zıt çift anlamlarla doludur. Birbirleriyle ilişkileri sabit değildir; bu üç maddeyle ilişkili imgelerin biçimleri, daha çok, sistemli bir değişime uğratılabilir. Her toplum bu sıvılara dair kendi biçimlerini oluşturur: Buna göre ahlakın tanımını yapar ve kutsar; karşısındaki başlıca "öteki"nin değerlerini kötüler. Her sıvı, bir egemen simge olarak bireyleri dönüşüme uğratma ve onları eyleme zorlama gücüne sahiptir; bu güç hem her anlama çekilebilirliğinden, hem de bu üç maddenin o kültüre ait biçimlenmesindeki karmaşık ilişkilerden kaynaklanır.

Şunu söylemek istiyorum: Bu imgelerin İslam tarihi boyunca sürekli kullanılmış olması, onları tekrar tekrar bir araya getirerek değişik düzenlemeler elde edebilme olasılığıyla açıklanabilir; üçünün her anlama çekilebilirliği ve güçlü yansımaları, İslam inancının ve İslami yaşamın kaynaklarından birini olmuşturmuştur. Daha az önemli olmamak üzere, yerel bir kültürde biçimlenen belirli bir imge düzenlemesi —Müslüman olsun olmasın—"ötekilerin" aynı maddeleri nasıl biçimlendirdikleri konusunda deneyimlerini belirleyecek ve yansıtacaktır. Bunun en göz önündeki örne-

---

cesinden yankılar var; bunun dışında, devrimin sav sözlerinin izdüşümlerinde, klasik Hristiyan modelindeki dairesel, kapalı devre bağlantılar yok: Suyun şaraba dönüşmesi, şarabın kana dönüşmesi (Son Yemek'te ve Aşai Rabbani'de olduğu gibi), ve kanın suya dönüşmesi (dünyanın günahlarını yıkamak üzere). Üç sıvı ile üç ana besin (et, meyve ve temel tahıllar) arasındaki mecazi bağlantıları ve bunların değişik Avrupa-Ortadoğu geleneklerinde uğradıkları başkalaşmaları incelemeyi sürdürmek ilginç olurdu; ama yeri burası değil.

ği, Müslümanları Musevilerden ve Hıristiyanlardan ayıran (Müslümanları Musevilerden değil, Hıristiyanlardan ayıran domuz eti yasağından daha keskin olarak) ayıran şarap içme yasağıdır; öte yandan, kan üstüne kurulu yapılar, özellikle kurban geleneğinde, üç Sami kökenli din birbirinden ayırdığı gibi diğer Müslüman olmayan komşu kültürlerden ayırır.[28]

28 Kan ve kurban konusunda başka görüşler için bkz. Tapper ve Tapper (1986). Musevilerin, çeşitli Hıristiyan mezheplerinin ve diğer Müslüman olmayan Ortadoğu halklarının kan, şarap ve suya ilişkin inanç ve uygulamaları konusunda Drower (1956) ilginç ayrıntılar veriyor.

ON ALTINCI BÖLÜM

MAYALI YİYECEKLER: FAS'TA RAMAZAN

ABDELHAI DIOURI

Ramazan yemekleri şimdiye dek hiç derinlemesine inceleme konusu yapılmamıştır. Dağınık bilgi kırıntılarına ulaşabilmek için ya Ramazan hakkındaki yapıtları ya da genel olarak İslamiyet hakkındaki yapıtları taramak zorunda kalıyoruz (bkz. Kaynakça). Başvurduğumuz yemek kitapları arasında, en başta İbn Rezîn'in bir klasik olan *Fazâlâtü'l-Hivan* (1981) adlı kitabı geliyor; bunun yanında, yakınlarda yayımlanmış yeni kitapları da saymalı.[1] Başvurulacak kaynak kısıtlı olunca, Fas'ın çeşitli kentsel ve kırsal bölgelerinde (Tanca, Fez, Rabat, Kazablanka, Merakeş; Tafilet, Dukkala ve Zemmur) yapılmış gözlemleri temel almak (30 dolayında örnek olay) daha akla yakın göründü.

Derlenen malzeme ilkten düzensiz gibi görünürken, çözümlendiğinde bir düzene sahip olduğu görüldü. İkili bir çözümleme dizgesi uygulandı: Birincisi, öğünlerin birbirini izleme sırasına bakarak; ikincisi, yalnız Ramazana özgü *sahur* ve *fitr* öğünlerinde yenen yemek çeşitlerini yansıtacak, incelemeyi kolaylaştırıcı, örnek yemekler seçerek. Örnek yemeklerin sistematik incelemesi, yemeklerin hazırlanışı ve işlevlerinin özündeki işleyişi ortaya serdi. Tahıllara (*kutniye*) dayalı yiyeceklerden oluşan altyapının yalın bir

1 Örneğin: Benkirane (1983); Carrier (1987); Dinya (1990); Guinaudeau-Franc (1976 ve 1981); Moryoussef (1983); ve özellikle Bennani'nin klasikleşmiş araştırması(yeni basımı 1987). Wensinck'in konuyla ilgili gibi görünen *Arabic New Year and the Fast of Tabernacles* (1925) ile Blair'in *Sources of Islam* (1925) adlı araştırmalarını bilmiyorum.

şeması var: Öğütülmüş ya da öğütülmemiş tahılların, bir biçimde maya katılarak kullanıldığı bu altyapı çok eski dinsel tarım ritüellerinden izler taşıyor. Bu da, oruç tutma buyruğunun, simgesel ilkelerin biçimlendirdiği bir çerçeve aracılığıyla ifade edildiği varsayımını akla getiriyor.

TERSYÜZ OLAN GECE GÜNDÜZ DÜZENİ

Fas'ta, yılın bütün diğer aylarında olduğu gibi, Ramazan ayında da üç öğün yemek yenir. İlk bakışta, tek ayrım öğünlerin gün içine dağılımındaymış gibi görünür: Ramazan'da bütün yemekler gece yenir: Birincisi günbatımında (*el-mağrib*) yenen *fitr* (yazın Arapçasında: *iftar,* oruç açmak); ikincisi, aile geleneğinin belirlediği daha geç bir saatte yenen *ışâ'* (*el-işa'*, akşam yemeği); üçüncüsü de, gece karanlığında, şafak sökmeden önce yenen *sahur*. Gündoğumundan günbatımına dek insanlar hiçbir şey yemez, oruç tutarlar. Yılın kalan aylarında tam tersi geçerlidir: İnsanlar gece uyur, gün içinde yemek yer: Birincisi, uyanınca yenen *fitr* (kahvaltı); ikincisi öğleyin yenen *gadâ'* (*el-gıda*, öğle yemeği); üçüncüsü akşamları yenen *ışâ'* (*el-işa'*, akşam yemeği).

Ramazan ayı boyunca, geceleri uyumak yerine yemek, gündüzleri yemek yerine oruç tutmak biçiminde ortaya çıkan öğünlerin zamanlamasındaki değişiklik, alışılmış uyku-yemek düzeninin tersyüz edildiğini düşündürüyor. Oysa, göreceğimiz gibi, bazı aykırılıklar bu tersyüz olma kalıbının simetrisini (bakışımını) bozuyor. Oruç-yemek düzeninin getirdiği yeni ritim bireyin ve topluluğun gündelik yaşamında Ramazana özgü bir ritmi zorunlu kılacaktır. Bu yeni ritm de uyumu kolaylaştırıcı —kutsal olanın ifade edilmesinden başka anlamı olmayan— yeni düzenlemeler gerektirecektir.

ÖĞÜNLERİN SIRALAMASI

Eğer kişilere, Ramazana özgü denebilecek özel yemekler yapıp yapmadıkları sorulacak olursa, önce *sahur* için yaptıkları yemekleri (*ragaif* denen gözleme çeşitlerini) sayarlar; ardından da oruç açmak üzere *fitr*'da yediklerini (*herire*, ya da çorba)... Üstelenince, Ramazan geceleri yaptıkları helvayı (çorbaya eşlik eden ballı tatlıyı), *sellu* ya da *zemmite* dedikleri (öğütülmüş tahıl şeker karışımlarını)[2] ve yemekten sonra çerez olarak yenen çörekleri sayarlar. Ramazanın üçüncü ya da dördüncü haftasını bulmadan bu tatlıların stokları erir, yenilenmeleri gerekir. Asıl büyük akşam yemeğinin (*ışâ'*) hemen hiç sözü edilmez: Bu öğünde, olağan zamanlardaki gibi

2 *S'vuf* da deniyor (İngilizceye çevirenin notu).

bir sebzeli et yemeği, bir başka deyişle adına *tegine* dedikleri bir güveç yenir. Akşam yemeğinde yenenlerin Ramazana özgü bir yanı yoktur; oysa, *sahur* ve *fıtr* yemekleri özeldir.

Bu yemeklerden söz edilme sırası —önce *sahur* sonra *fıtr*'ın anılması, tersi değil[3]— önemlidir: *Sahur* bir şeyin (orucun) başlangıcını belirlemektedir; *fıtr* ise sonunu. Bu *sahur—fıtr* düzenlemesi, oruç tutmanın temel koşullarını ve gerekçesini açıklar: Oruç tutmak için "niyet" gereklidir; başka bir deyişle, "ak ipliğin kara iplikten" ayırt edilebildiği şafak vaktinden başlayarak yeme içme ile cinsel ilişkiye konan kesin yasağa uymaya karar verilmelidir (Kuran 2: 187).

Ramazan ayında tutulan orucun boyutları arasında bir de açıkça sofuluk vardır: Yoksulların çektiklerini çekmek, açlığı tatmak, paylaşmak, işlenen günahları affettirmek (cezasını çekmek), başkalarının günahlarını affetmek, yakınları, sevdikleriyle yeniden bir araya gelmek, tutkuları gemlemek, adım başı Şeytan'a karşı koymak... Bu sofuluk, Ramazanı diğer ayların karşısına koymaktan çok —ideal olsa bile— insanoğlunun yaşamı boyunca nasıl davranması gerektiğini örnekler. Bundan da öte, insanın konumunu tanımlama girişimidir: bu konum hayvanla melek arasındadır.[4]

Sözün kısası, Ramazanın özü yemek değildir; tersine, oruca kutsal niteliğini veren, katı bir onay ve yasak sistemi üzerine kurulmuş olmasıdır. Bu sistem içinde neyin yenip neyin yenmeyeceği herhangi bir kurumsal yönergeyle düzenlenmemiştir. İnsanlar Peygamber'in tutumluluk, savurganlıktan kaçınma konusundaki Hadis'ini örnek gösterirler (su ve hurma, Buhârî t.y., III: 37, 47). Mutasavvıflar bu örneği titizlikle izlemişlerdir (Hallac orucunu bir hurma ve bir yudum suyla açardı). Sonuçta her şey, yemek yemeyi oruç tutmanın başını sonunu, sınırlarını tanımlayan bir eyleme indirger görünüyor. Bir Hadis'te belirtildiği üzere, "İftarla oyalanmayın, sahuru geciktirin" (Buhârî t.y., III: 47). Kutsal olan oruç tutmaktır; yemekse simgedir.

Bu anlamda Ramazan, insanın kendi bedenine, üyesi olduğu kümeye ve tinsel değerlere karşı aldığı zihinsel, tinsel ve tensel bir tavır olarak görülebilir; bu tavır dolayısıyladır ki insan, hem içsel hem de toplumsal anlamda değişik bir deneyimden geçmiş olur. Aç bırakılan insan vücudu süslenme, koku sürme, boyanmaya getirilen yasakla, her yıl "doğallığına" döndürülmüş olur. Oruç tutanlar, görüntülerinin karşılıklı aynalarda yansıyarak çoğaldığını görür gibi, birbirlerini derinin renginden, nefesin kok-

3 Rutter'in (1928, I, s. 74-5) de rastlantıyla sözünü ettiği gibi.
4 Ünlü Gazali, kendinden öncekilere uyarak, orucun bu son biçimine üç aşamadan geçerek ulaştığını yazıyor: "genel, özel ve olağanüstü" (1975, III, s. 38-44).

masından tanır. Gündüzleri genelde herkes gergindir; canlılık kazanan gece ziyaretlerinde hem her şeyden söz edilir, hem hiçbir şeyden; bağışlanma girişimlerinin canlandırdığı gece ziyaretleri insan ilişkilerini kurumların güçlü, katı bağlarından kurtarmayı ve oyun âlemine mahsus bir gizem içinde özgürce dolaştırmayı sağlar.

AŞIRIYA KAÇMA

Kişinin Ramazan boyunca Peygamber'in beslenme konusundaki Hadislerine uyup uymadığının kesin kanıtı ay sonundaki vücut ağırlığıdır. Yaşlarından bekleneceği üzere Ramazanı gizemli bir olağanüstülüğe büründüren yeni yetmelerin saflarını doldurduğu inananlar açısından durum gerçekten hâlâ böyledir. Ama, bugün özellikle kentlerde tam tersi olmakta: İnsanların çoğu Ramazanın sonunda şişmanlamaktadır. Geleneksel iki temel öğenin —şeker (hurma) ile unun (ragîf)— tüketiminde aşırıya kaçılıyormuş gibi bir görünüm var. Kırk yıl önce *fıtr*, "bir tatlı meyve, biraz bal ya da yalnızca bir yudum suyun ardından içilen çorbadan oluşurdu: bu kadarcığı insanı güçlendirmeye yeterdi; *sahur*'da da hafif bir yemek yenirdi: Bir dilim kızarmış, tereyağlı ekmek ya da çırpılmış yumurtaya bulanıp tereyağında kızartılmış bir dilim ekmek... Ya da eski bir köylü geleneği uyarınca fırından yeni çıkmış bir somun ekmek..."(Ben Talha 1950, s. 7-8). Bugün, insanlar yemeğe sanki daha düşkünler; geleneksel tatlı meyveye—*fıtr*'da yenen hurmaya— başka tatlı meyveler, kuru incir ve helva eklendi; sahurda yenen bir somun ekmeğe yumurta ya da "Fransız tostu" katık ediliyor. Ayrıca yumurta, tıpkı süt gibi, her iki öğünde de yenebiliyor, oysa eskiler sütün sadece arada bir sahurda bulunduğundan, daha çok da ekşi süt içildiğinden söz ediyorlar. Ayrıca, şimdi iki öğün arasında atıştırılan *sellu* ve/veya *zemmite*'den başka çay ve/veya kahve ya da kremalı kahvenin yanında yenen bisküvi çeşitleri var (Çizelge 16.1).

Ağırlık verilen yiyeceklerde böylesi bir kaymanın nedenleri ve taşıdığı anlam üzerinde durmak gerekir. Şimdiye değin bir yemek yoksunluğu diye kabul edilmiş oruç için hiç beklenmedik bir ödül savının ardında —bu savın sadece görünürde bir değeri olsa da— gizli bile olsa, bu noktaya dek, çözüme ilişkin elimizde bir tek öğe var: Burada öğünlerin adlarından kaynaklanan, özellikle *gadâ*'nın anlamıyla bağlantılı bir işlev sorunuyla karşılaşıyoruz: Aslına bakılırsa, Ramazanda yenen öğünlerin sıralaması, olağan günlerdeki *fıtr→gadâ→ışâ'* sıralamasında yalnızca yer değişikliği ya da tersyüz ederek yapılmış sıradan bir yeniden düzenleme değildir. *Işâ'* sözcüğünün Ramazanda korunmuş olması (hem sözcüğün kendisi, hem de öğün olarak zamanlaması), *gadâ*'nın dışta kalmasına yol açıyor. *Sahur*,

ÇİZELGE 16.1 1950'LERDE VE 1980'LERDE RAMAZAN YEMEKLERİ

	Fıtr	Akşam yemeği	Çerezler	Sahur
1950'ler	hurma + *herire*, veya bal, veya su	yemek		*ragaif* + çay? + *sellu* + ekşi süt ya da kızarmış ekmek
1980'ler	su + süt	yemek	çay, kahve	yumurta + *ragaif*
	yumurta *helva* + *herire*		süt+ *sellu* + *zemmite* + *bisküvi*	çay + *sellu* + ekşi süt

gadâ'nın yerini tam anlamıyla dolduramıyor; çünkü ikisinin hem içeriği ayrı hem de zamanları... Olan şu:

Olağan dönemlerde:	*fıtr*	*gadâ*	*'ışâ*
Ramazanda:	*fıtr*	*'ışâ*	*sahur*

Olağan dönemlerde, asıl öğün olan *gadâ*, burada, sıralamadaki yerini (ikinci) içeriği de aynı kalmak koşuluyla *'ışâ*'ya bırakıyor; değişiklik yalnızca adında oluyor. Böylelikle, ardından uyku geldiği için olağan dönemde ölçülü olmayı gerektiren *ışâ'*, Ramazan'da *gadâ'*ya dönüşmekte. *Gadâ* ne adını koruyabiliyor, ne de kutsal aya özgü (*sahur* modelinde) bir başka ad alıyor; böyle olsa, açıklaması kolay olurdu. Bildiğimiz *ışâ'* adının ardına gizlenmiş koskocaman bir *gadâ* olması karışıklığa yol açıyor. Burada *ışâ'* teriminin kullanılması, bir tabu haline gelen *gadâ* kelimesinden dikkati başka yöne çekmek için olsa gerek ve asıl yeri simgesel sahne olan kategorilerin karışmasına yol açıyor. Göreceğimiz gibi, buradan yararlı bir ipucu elde edeceğiz. Bununla birlikte, Ramazanda ölçüyü kaçırmanın temel nedenlerini araştırmamız gereken alanı belirlese bile, bu karışıklık tek başına bir açıklama sağlamaz.

ÇELİŞKİLER

Benzer bir önemli simetri bozukluğu toplum yaşamını da etkiliyor. Uyuma-yemek yeme düzeni tersyüz edildiğinde simetri olsun istiyorsak, düzenlemenin şöyle olması gerekirdi:

Olağan dönem:	yemek yeme(gündüz)	uyuma(gece)
Ramazan:	uyuma(gündüz)	yemek yeme(gece)

Oysa durum böyle değil; çünkü hesaba katılması gereken bir üçüncü öğe daha var, o da çalışma. Olağan dönemde, gün içinde çalışmaya, yemek yemek için ara verilir ki, göründüğü kadarıyla Ramazanda bu olanak dışı.

Yemeğe ayrılan zaman ve oruç dolayısıyla yapılan yemek zamanı değişikliği, Ramazandaki geçici düzenlemeyi yaşamdaki üç temel insan etkinliğini —yeme, uyuma, çalışma (çoğalmayı bir yana bırakalım)— aksattığı için bir soruna dönüştürüyor. Görünürde yalnızca üç çözüm var: Çözümlerden biri Ramazan ayının tümünü, ücretler devletçe karşılanmak koşuluyla bayram ilan etmek. İkinci çözüm, gece çalışmasına geçmek; üçüncüsü de, gündüz aralık vermeden çalışmak. İlk çözüm, ulus iktisadiyatının bütün kesimlerini felce uğratacağından, daha baştan geçilmelidir. İkinci çözümü geleneksel kesim gevşek bir tempoyla uygulamakta. Üçüncü çözüm, çalışmanın sabah mı, yoksa öğleden sonra mı yapılacağı yönüyle sorun yaratıyor. Sabah yapılacak çalışmanın üstün yanı işçinin hâlâ uyanık, diri olacağıdır; Fas'ta önemi her geçen gün modern kesimin benimsediği çözüm budur. Ama, işçilerin gece boyunca uyuduklarını varsaymaktadır; oysa durum böyle değildir. İnsanlar bütün geceyi ayakta geçirirler. Çalışmanın öğleden sonraya kaydırılması da reddedilmelidir; çünkü bu öneri de insanların o saatta çalışabilecek durumda olduğunu varsaymaktadır.

Oysa günboyu biriken oruç yorgunluğu nedeniyle çalışabilecek durumda olmazlar. Gerçekten de, bu üçüncü öneri dolayısıyla, hem söylem düzeyinde hem toplum yaşamında zor durumda kalıyoruz. Sonuçta ancak, belirleyici olan çalışma olayı çevresinde sergilenen yeni bir oyunla durum bilmezden geliniyor.

Ramazanın özgül niteliği üç karşıtlığı gizliyor: Bir yanda verimlilik ve üretim neredeyse sıfır düzeyine inerken, öbür yanda tüketimin en üst düzeye çıkması; bir yanda oruç tutma ve perhiz, öbür yanda aşırı yeme içme; bir yanda oruç ve kendini tutma, öbür yanda erotik coşku (uykusuzlukta açıkça kendini gösteren bu sonuncu karşıtlık aşağıda yeniden ele alınacak). Bu karşıtlıkların ikinci unsurları üst üste konduğunda, özgül doğası bakımından Ramazan bir tür şölenmiş gibi bir izlenim doğuyor (Rios 1990). Bunun yalnızca bir izlenim olmakla kalmadığını göreceğiz.

PARADİGMALAR

Daha önce sözünü ettiğimiz *ragaif*, *herire*, ve *helva* ortak özellikleri olan terimlerdir; çok çeşitli yemekleri temsil ederek her biri, çok sınırlı bir yiyecek çeşidi yelpazesinin dışına taşmadan, *sahur* ve *fıtr*'da yenen yemeklere zengin bir paradigma derinliği kazandırır (Çizelge 16.2).

Bu çizelge gözden geçirildiğinde iki önemli genelleme akla geliyor. Birincisi, bu yiyeceklerin hiçbiri, öz be öz Fas kökenli sayılan geleneksel mutfağa ait değil. İkincisi, ara sıra erkeklerin de yaptığı nane çayı dışında, her şey yalnızca kadınlar eliyle yapılıyor. Bu yanıyla Ramazan yemekleri, sürüp gelen geleneksel damak tadını ve erkekle kadın arasındaki uzam (ve güç) bölümü geleneğini de doğruluyor. Bundan sonra gelense, tam bir atmosfer ve tam bir kültür. Bu yiyeceklerin tariflerini okuduğumuzda üçüncü bir genelleme önerebiliriz: Nişasta esaslı ve mayalı oldukları.

SAHUR

Sahurda yenen *ragaif* çeşitleri ve onun yerine geçen yiyecekler (bkz. Çizelge 16.3) her zaman ve yalnızca üç bileşenden oluşur: Un, su, tuz (kimi zaman da maya). Aralarındaki ayrım hazırlama biçiminden gelir ki burada "hamuru yoğurmak ona bir anlam katmaktır" (Virolle-Souibes 1989, s. 73). Hamur iki aşamada hazırlanır, yani yoğrulur ve biçim verilir, sonra sıra pişirmededir. Eğer iç konacaksa bu tadı etkileyecektir, ama sınıflandırmayı değiştirmeyecektir (örneğin ciğerli, beyinli, badem ezmeli *ragaif*; ya da pirinçli, *kefta*'lı, badem ezmeli *briouate*). Öte yandan, bu tariflerin (çizelgede gösterilmeyen) ortak yanı, hepsinin sıcak sunulmaları ve (şeker, tarçın, bal ya da tereyağla) tatlandırılmalarıdır.

Bizim ilgilendiğimiz bölüm çizelgenin ilk satırındaki "Fransız tostu"dur. Bir gün önceden kalmış bir somun ekmek önce ikiye bölünür; sonra her bir yarım somun 15 mm kalınlığında dilimlenir. Dilimler, biraz süt ve bir tutam tuz katılarak çırpılmış yumurtaya batırıldıktan sonra tereyağ ya da bitkisel yağda kızartılır. *Sahur* yemeğinin ana özelliklerini hoş ve çelişkili bir biçimde kendinde toplar. Oysa listedeki diğer yemek çeşitlerine bakınca, *sahur* yemeğinin ana özelliklerininin birbirinden ayrıldığı ve çeliştiği görülür. İlk iki ana özellik, Fransız tostunda mevcuttur (un ve su).

Yoğurma. Bütün hamur çeşitleri yoğurulur. İşlem ortalama 30 dakika sürer. Yoğurma eyleminin kendisi hem karmaşık hem de anlam bakımından zengindir. Yoğurma su ile unun karıştırılmasıyla başlar. Suyu emen ince tanecikler şişerek "patlar"; patlayan tanecikler birbirine yapışırken ekşime olayının başlamasıyla yeniden canlanırlar. Karıştırmak tek başına yeterli değildir; karışım yoğurulmalı, bastırılmalı, ezilmeli, tekrar tekrar yoğurulmalıdır. *'Ark* (yoğurmak) kelimesinin anlam çözümlemesi şiddet unsurunu içerir (Virolle-Souibes 1989, s. 78). Hatta *ma'reke* (*savaş*) aynı *'rk* kökünden gelir; yapılmak istenen yoğrulan hamuru yerden yere vurmak, yumuşatmak, yola getirmek, yassıltmaktır. *Briouate* çeşitlerini yapmak için (örneğin Çizelge 16.3'te 12. madde) hazırlığın birinci evresi geçildikten sonra, "hazırlanan hamurdan parmak arasına bir parça alın; parmaklarınızı açarak düşmeye bıraktığınız hamur parçasını havada yaka-

ÇİZELGE 16.2 *SAHUR VE FITR* İÇİN YEMEK LİSTELERİ VE ÇEREZLER

Sahur

nane çayı	Fransız tostu	süt	peynir	*sellu*	ciğer
	mıtlu'	ekşi süt	tuzlu peynir	*zemmite*	beyin
	ragaif muhtemire				
	ragaif dial ferran				
	içli *ragaif*				
	ragaif udnine el-kadi				
	ragaif dial megla				
	mılaui				
	rezet el-kadi				
	tirid				
	briouate				
	begrir				

Fıtr

su	hurma	sütlü kahve	mercimekli *herire*	*helva-ragife*	yumurta
	incir	(krema)	nohutlu *herire*	*helva-muharrga*	
		meyveli,	nohutlu ve	*helva şebbekiye*	
		bademli süt	fasulyeli *herire*	bademli *briouate*	
			herire bideviye		
			herire merrakeşiye		
			buğdaylı *dçiça*		
			belbula		
			sebze çorbası		

Atıştırmalıklar (akşam yemeği sonrası)

nane çayı	çeşitli kuru kekler	*sellu*	badem
kahve (kremalı/sız)	(özellikle *fegga*)	*zemmite*	*briouate*

ÇİZELGE 16.3 RAGAİF TÜRLERİ, MLAUİ VE DİĞERLERİ

	Hazırlanışı - ilk yoğurma (un+su+tuz)			Biçim verme				Pişirme	Bennani'ye gönderme (sayfa no.)
Yiyeceğin adı	Mayalı/sız	Kıvamı	Nemlendirici malzeme	Biçimi	Kalınlığı	İçi	Son biçimi		
1 Fransız tostu	mayalı	katı	kuru, unda	dilimli	15mm	yumurtaya bulanarak	dilimli	fırında	22
2 *mıtlu'*	"	katı	"	oklavayla açılmış	4-5mm	"	yuvarlak	toprak güveçte	189
3 *(ragaif) muhtemire*	"	"	"	kesilmiş	1mm	"	"	gevrek pişmiş	188
4 *Ragaif dial ferrane*	az mayalı/ mayasız	kulak memesi	biraz yağ	yassıltılıp elle kare biçimi	kağıt gibi	yağ ve *khli* soğan, maydanoz ve biber	yassı, kare katlanmış	fırında	15,77-80
5 İçli *ragaif*	"	"	"	"	"	ciğer, beyin, badem ezmesi	"	az yağlanmış tencerede	187
6 *Ragaif udnine l'kadi*	"	"	"	"	"	-	"	"	185
7 *Ragaif dial m'kla*	"	"	"	"	"	-	"	yağda kızarmış	187

Çizelge 16.3'ün devamı

	Hazırlanışı - ilk yoğurma (un+su+tuz)		Biçim verme					Pişirme	Bennani'ye gönderme (sayfa no)
Yiyeceğin adı	Mayalı/sız	Kıvamı	Nemlendirici malzeme	Biçimi	Kalınlığı	İçi	Son biçimi		
8 *Mlaui*	az mayalı ya da mayasız	lastik gibi	yağ	oklavayla açılmış	kâğıt gibi	-	yuvarlak ve yassı	az yağlanmış tencerede	186
9 *Mlaui au khli'*	"	"	"	yassıltılmış	"	*khli'* kurutulmuş et	"	"	187
10 *Rezzet l'kadi*	"	"	"	tel tel	"	-	"	"	-
11 *Tirid*	yok	yumuşak	yağa yatırılmış	yassı	"	tavuk *kadra*	kare	iyice yağlanmış tencerede	75
12 *Briouate*	yok	çok yumuşak su	pütürlü yüzey	ince kabuklu		kefta, pirinç, badem	katlanmış üçgen	yağda kızartılmış	14, 73-75
13 *Begrir*	bol maya	cıvık	-	-	kepçeyle akıtılır	-	yuvarlak	yağlı tencere	16, 190

layın... Bu hamura yeniden girişin; her iki elle tutarak havaya kaldırdığınız hamuru birkaç kez sertçe masaya çarpın" (Bennani 1987, s. 15). Başka bir bakış açısına göre, öğrenme aşamasındaki genç kızlar hamura uygulanan şiddeti zaten benimsemiştirler. Onlar, "... şiddetle bu tanışmayı, öğretmenin (ki o da geleceğin hamurkârlarını yoğurmaktadır) acımasız yetkesini sergilediği bir tür işkence olarak" yaşarlar. Özetle, temel ilke, "yoğurma sonunda, kuruluk ile yaşlık arasındaki ince dengenin tutturulmasından" geçer (Virolle-Souibes 1989, s. 81, 95) ve malzememizde gösterilmiştir: Bu ilke hamurun kıvamında ifade edilir, yani yarı-sıvı *begrir*'den katı ekmek hamuruna dek kıvamın koyulaşması; daha sonra ekmek hamurunun (*mıtlu'* ve *muhtemire* gibi), üzerine un serpilmiş bir tahta üzerinde oklavayla açılması; oysa, bütün *ragaif, mlaui* ve *tirid* türleri yağlanmış bir yüzey üzerinde, yağlı ellerle üstten bastırarak yaya yaya açılır.

Hamîre (maya). Kabarmayan ekmek mayasız ekmektir; ya da mayanın tutmadığı ekmektir; buna *ftere* ekmek denir; olumsuzluk içerir, ev sahibesinin ününe gölge düşürür. Hamuruna sahip olamayan, (onu gerektiği gibi dövmeyen), mayayı bir günden ötekine aktaramayan kadın kötü bir ev hanımıdır. İyi pişmiş ekmek, kabarmış ve hafif olandır. Bennani Çizelge 16.3'te, "mayalı/mayasız" sütununda, 4-10. satırlar arasında geçen *ragaif* kümesinin "az maya ile" hazırlandığını söylüyor. Çeşitli bölgelerden kadınlar bu soruya hemen hep olumsuz yanıt verdiler; *mlaui* (8-10. satırlar) söz konusu edildiğinde "evet" yanıtı daha kolay geliyordu. Sadece *tirid*'e hiçbir zaman maya katılmıyordu. "Maya katma" ile biçimlendirme aşamasındaki "yağ katarak nemlendirme" arasındaki bağlantı, mayanın yağla bağdaşmadığı varsayımını akla getiriyor.

mayalı→kuru biçimlendirme→kuru pişirme (fırında)
mayasız→yağla biçim verme→ızgarada/yağda kızartma

Pişirme. Burada Fransız tostu, mayalı ve mayasız hamur yöntemlerini birleştiriyor: Önce, *mıtlu'* ve *muhtemire* gibi kuru biçimlendirilip fırında kuru pişiriliyor; sonra dilimleniyor ve tıpkı *ragaif* ya da *briouate* çeşitleri gibi yağda (ya da tereyağında) kızartılıyor. İçi hafif yağlanmış kaplarda pişirirken de kızartma simgesel anlamda mevcuttur.

Kaplama. Fransız tostunun süt katılarak çırpılmış yumurtaya batırıldığını ve şeker ya da bal sürülerek çayla ikram edildiğini unutmamak gerek. Son üç öğe (yumurta, süt ve şeker) ile önden gelen üç bileşen (yoğurulmuş hamur, maya ve yağ) *sahur* yemeği için tam bir model oluşturuyor. Gerçekten de, çoğunlukla yanında ekşi süt dışında başka hiçbir şey bulunmaz. Ramazanın yemek yapısında tek fazlalık bu ekşi süttür.

Herire'nin birçok çeşidi vardır; bazıları özel törenlerle ilişkilidir. Örneğin, anason kokulu irmikli *herire*, Îd-i sagîr [Ramazan Bayramı] sabahı ikram edilir; Kurban Bayramı'nda,[5] buğulama koyun kellesi yanında Karaman kimyonlu *herire* verilir; mevlid sabahı *herire*'ye çok benzeyen *aside* verilir; *haguza*'da (Ennayer şenliğinde, aşağıda anlatılıyor) *herrbel* yenir. Doğumun hemen ardından anneye, yarpuz (*fliu*) ve kekikle tatlandırılmış *herire*, ya da *dadffi* yedirilir (kış geceleri *dadffi* gibi, bamyalı *herire* de yenir). Meme veren annelere *illan herire* verilir.

Fas mutfağı üstüne hangi kitabını açsanız, içinde en az üç dört *herire* tarifi bulunur. Ramazan akşamları orucun hep *herire* ile açıldığından söz edilir. Her ne kadar, her tarifin başlangıç noktası birse de, hiçbir *herire* diğerine benzemez. Alan çalışması sırasında derlediğimiz tarifler de çok farklıdır. Gerçekten de, Fas yemekleri içinde, tarifinde değil iki bölgenin, iki ailenin, iki kişinin bile anlaşamadığı bir yemek varsa, o da *herire*'dir. *Herire*'yi görür görmez tanırsınız; ama, bildiğiniz *herire* tadını hiçbir zaman bulamazsınız. Şu bir gerçek ki, *herire* anadan kıza aktarıla aktarıla bugünlere ulaşmış bir bildiri, bir söylemdir (Barthes 1964, s. 96). Ayrım incir çekirdeğini doldurmayan ayrıntılardadır; zaman zaman kullanılan malzemede değişiklik olur; zaman zaman da daha önemli öğeler işe katılır.

Herire iki aşamalı olarak iki ayrı tencerede pişirilir: *Taktaa*, zar büyüklüğünde kesilmiş etleri haşlayarak et suyu hazırlanmasıdır. *Tedvîre* ise (sözcük anlamı çevirme demek) kepçeyle çorbaya serpilen unu, topaklanmasını önlemek için yavaş yavaş karıştırmaktır.

Taktaa, takti'a'nın çoğuludur, kıyılmış (*kat'a*) et parçaları anlamına gelir: Genellikle yağlı koyun eti, (tavuk eti parçaları, tavuk kanadı, *kefte* de olabilir), ya da sadece iç yağı (kimi bölgelerde tuza yatırılmış olarak saklanır); *idam* ya da *khli'* (pastırma gibi dayanıklı hale getirilmiş et) yağı; bazen de *semn* (tereyağ) ya da yalnızca bir kaşık sıvı yağ kullanılır, çünkü herkes et bulamaz. *Taktaa*, yani küçük parçalar halinde kesilmiş et, *kıdre* ilkesine uyarak, biber, safran, soğan ve maydanozdan oluşan açık sarı renkli bir sosla pişirilir, nohut eklenir. Bu tarifin nohutla pişirilen *tagine kıdre* tarifinden (ya da pirinçli ya da pirinçsiz bademle pişirilenden) farkı yoktur (Bennani 1987, s. 147).

Tedvîre, tam adına yansıdığı gibi, ikinci tencereye giren tüm malzemenin, daha çok da mercimek, fasulye gibi baklagillerin karışımıdır; ama asıl bileşeni, üzerine serpildikten sonra "çevrilerek" çorbaya yedirilen undur.

---

5 İd-i Kebir (İngilizceye çevirenin notu).

Unun *herire*'deki işlevi "bağlayıcı"lıktır. Çorbaya yedirilen una taze domates ezmesi ya da salça katılarak sarı renk koyulaştırılır, bronzlaşır; tuza yatırılmış kişnişotu katılarak hem çorbanın tadı artırılır, hem de çorbadaki koyu tonlar yok edilir. *Ta'like* (koyuluk) diye bilinen bu karışım bir taşım kaynatıldıktan sonra içine, önceden hazırlanıp bir kıyıda bekletilen *taktaa* suyu ve çorbaya (kadifemsi bir doku yerine) pütürlü bir doku kazandıran bir miktar pirinç (ya da tel şehriye) katılır.

Herire, tedvîre'nin temeli olsa gerek; çünkü, herkesin düşünce birliği ettiği gibi, "*herire*'nin tadı *tedvîre*'ye bağlıdır; *tedvîre* olmadı mı *herire* de olmaz." *Taktaa*'sız *herire* yapılabilir; başlangıçta *taktaa*'sız yapılmış olmalı (İbn Manzur 1910: *harara* maddesi). Gerçekten günümüzde *hasuva* ile *belbua* hâlâ böyle pişiriliyor. Öyleyse, iki ayrı tarifin birleşmesinden oluşmuş bir tarifle mi karşı karşıyayız? Yoksa *taktaa*, kendini kır yaşamının zevklerine kaptırmış Endülüs'te, yitmekte olan incelmiş bir damak tadının düş gücünden çıkmış bir katkısından başka bir şey değil mi? Ya da, oruç dolayısıyla yemekleri güçlendirmek gereksiniminden doğmuş bir katkı olmasın? Uygulamada çorba iki ayrı tencerede pişiriliyor; Ramazan dışında bu iki tencerenin içindekiler birbiriyle karıştırılmaz.

Herire'nin başlıca çeşitleri, bu iki bileşenin birbirine karıştırılma yöntemlerinden doğar. Baklagiller *taktaa*'nın suyunda pişirilebileceği gibi, sade suda da pişirilebilir. *Tedvîre*'nin malzemesi *ta'like*'ye ya topluca katılabilir, ya da teker teker. En büyük ayrım, çorbanın birinci ve ikinci bileşenlerine giren malzemelerde yapılan değişikliklerdedir; örneğin, etin baştan soğan ve domatesle pişirilmesi... (Moryoussef ve Moryoussef 1983, s. 46). Malzemenin tencereye hangi sırayla katıldığı, sonuçta elde edilecek tad üzerinde kesin belirleyicidir, zira zamanlama ilkesine göre önce katılan malzemeler tadı bozabilir. Eğer tuz ve biber en sonda katılacak olursa (*age.*), et ve nohut gibi malzemenin tadı geride kalarak silikleşirken, tuzlu ve baharatlı bir tat öne çıkacaktır; ya da bunun tersi ...

ATIŞTIRMALIKLAR

Helva. Ramazanın yaklaştığının Medine'nin ticaret damarlarında mekik dokuyan belirtilerinden biri de, çörek yapan dükkânların helvacı dükkânlarına dönüşmesidir. Bununla birlikte, helva hâlâ, daha çok evlerde yapılır.

Helva, *herire*'yle birlikte sunulur. Akşam yemeğinden önce, çerez olarak çay, süt ya da kahve (kremalı/kremasız) eşliğinde *zemmite*'yle sunulduğu da olur. Akşam yemeğinden sonra, *sahur* beklenirken, çörekle birlikte de sunulabilir. Çörekler daima kuru, fırında pişmiş hamur işi türündedir; kimi zaman içine badem ya da yerfıstığı ezmesi karıştırıldığı olur.

Günün bu saatleri, ailelerin uyumayıp geç saatlere dek oturduğu, dostların bir araya geldiği saatlerdir.

Helvanın malzemesi buğday unu, yumurta, öğütülmüş susam, safran, zeytinyağı, tereyağ, portakal çiçeği suyu, sirke, maya ve tuzdan oluşur. Bu malzeme karıştırılıp iyice yoğurulur, kabarması beklenir, biçim verildikten sonra yağda kızartılır ve ılık balda birkaç dakika yatırıldıktan sonra süzülüp üzerine susam serpilir.

Tarifte un, maya ve bal tıpkı *ragaif*'te olduğu gibi bir araya gelmektedir; ama yapımı epey değişiktir. Hazırlama aşamasının kendine özgü gerekleri vardır: Hamur yoğurmak için ısıtılmış bir boş alan, hamur teknesini koymak için bir özel yer gerekir ve tam bir gün bu işe ayırılır. Helva yapımı için en az iki kişi gerekir ve bu etkinlik, genç kızların bir araya gelip söyleşmeleri için bir olanaktır. Birileri hamuru sürekli yoğururken, diğerleri hamurdan kopardıkları topakları oklavayla açtıktan sonra kendilerini gerçekten ustalık isteyen bir işe verirler: "Açılmış hamuru on santimetre karelik parçalara kesin; her kareden beş tane iki santim genişliğinde şerit çıkarıp uzatın. Sol elin işaret parmağını tek sayılı şeritlerin üzerinden geçirirken öteki el ile karenin her iki sağ köşesini alarak birbirine yapışıncaya dek bastırın. Sonra şeritleri saç örer gibi birbiri üzerinden atlatarak örgü oluşturun" (Bennani 1987, s. 195). Hamur yoğurulmaya başlandığı an bütün evi bir koku sarar; pişirme başladığında birbirine karışan bal ve yağ kokuları birkaç gün havada asılı kalır.

Sellu-zemmite. Tencerede kahverengi olana dek kavrulmuş buğday unu, kavrulduktan sonra döğülmüş susam, badem, tarçın, anason ve biraz bal, tuzlu tereyağ ve bitkisel yağla yapılır. Bu malzemenin tümü harmanlandıktan sonra bir tepecik biçiminde yığılır; üstüne pudra şekeri serpildikten sonra üstüne ızgarada pişirilmiş kabuksuz bademler dikey dizilerek süslenir.

Çoğu kişi açısından *sellu* ile *zemmite* arasındaki ayrım yalnızca kıvamından ileri gelir. İçine bol toz şeker konduğu ve hemen hiç bal konmadığı için *sellu*'nun dokusu daha pütürlüdür. Gerçekte, yukarıdaki malzemeden fazla olarak *zemmite*'ye nohut, kavun çekirdeği, keten tohumu girer; bunlar da diğerleri gibi kavrulup döğülmüştür. Kişinin kendinden geçtiği ayinlerde yenilenin tersine (Diouri 1991) Ramazanda yenen *zemmite*'ye tereyağ, tuzlu tereyağ ve bal katılır.

Burada maya kullanılmamış bile olsa, helva ve diğer kuru çöreklerin tersine, genelde "tahıl" sınıfına sokulabilecek çok besleyici yiyeceklerden ve son çözümlemede bütün Ramazan yemeklerinde kullanılmakta olan ana girdiler ve türevlerinden oluşmaktadır.

Listede, kutsal oruç ayının yemeklerinden beklenmeyecek ölçüde ağır ve sindirimi zor yiyecekler bulunduğunu belirtmek yerinde olur. Orucun açılmasından sabahın ilk saatlerine dek geçen sürede insanlar durmadan bir şeyler yer ve/veya içer. *Herire* içmek için kurulan sofraya sabah namazına dek yemeklerin biri gider biri gelir. Kimi topluluklarda, bütün öğünleri akşam karanlığı ile gece yarısı arasına sıkıştırmak eğilimi vardır; o zaman, bir de bakarlar ki, ertesi gün alacakaranlığa dek yapacak hiçbir şey kalmamış. Mide yakınmalarıyla doktorlara başvurmalar bu dönemde en yüksek sayıya ulaşır; ülserli hastalarda bazan ölümle sonuçlanan sıkıntılar görülür. Ramazanda ölenler şehit olmuş sayılır ve anılarıyla bu kutsal ay boyunca akıldan çıkmazlar. Mide yakınmalarının böylesine kötü sonuçlandığı ender görülse bile, ardından gelen rahatsızlıklarla ve istatistiklerdeki olumsuz tırmanışla yakınmaların doğrudan bağlantısı bulunmaktadır (yukarıya bkz).

Simgeciliğin genel kabul görmüş kuramına göre, bir görüngünün dış görünüşü, onun en yüzeysel görüntüsüdür; özü, tıpkı bir buzdağı gibi başka bir yerde gizlidir. Ramazana özgü yiyeceklerin beslenmeye yaradığını anlamak zor değil; ama bu yiyecekler, gizli bir düzgünün [*code*] ipuçlarını saklayamayacak denli sıkça yinelenen kalıplar içermekte. Bu düzgü, kendisine anlam veren bir söylenceyle bağlı olsa gerek.

Herire. Sözcük anlamı, kahverengi, koyu bir karışım olan yemeğin altında yitmiştir. Yemek sözcüğü boğduğu için, sözcük yemeğin anlamını yansıtamıyor; yansıtsa da, çok uzak çağrışımlarla... Bu çağrışımlar da karışımdan temizlenemiyor, kendisini sımsıkı, sevimsiz bir yumak gibi sarmalayan ve mantığın duruluğundan uzaklaşmış başka öğelerle onulmaz biçimde kirlenmiş. Birine, "*Hrirtk hırire*" dediniz mi, bu, "Çirkefe batmışsın" ya da "Ne berbat durum!" demektir.

Sözcüğün köküne inmeli ve kadîm metinlerin getireceği kanıtlara başvurmalıyız.

Etimoloji (kök bilgisi; İbn Manzur 1910). *Herire*: kökü *h.r.r* - ısı, ısıtmak, sıcak. Anlam çatallanmaları geçirerek "susamışlık"; "keskin tad" (boğazı tahriş edip yakan biber); "kavrulmuş"(siyah kayalarla kaplı alan); "düzlemek" (toprağı); "ince" ya da "temiz" (taş parçaları vb şeyler içermeyen kum); "özgür"(adam); "ipek"(yumuşak ve sıcak); bunlardan başka bir de "*herire*: yağlı madde (*desem*) ile undan yapılan *hesuvve*".

Herire sözcüğünün sözlüklerdeki karşılıklarının çözümlemesi (İbn Manzur 1910: *herire, hazıre, nahara* ve *hasa*) özelliklerinin daha kesin biçimde tanımlanmasına olarak sağlıyor. Birinci özellik, çok temel bir ayrım: *herire* undan yapılıyor; *hazıre* kepekten. İkinci ayrım, dizilimde görülüyor: 'önden *aside*, sonra *nahîre*, sonra *herire* ve en son da *hesuvve* geliyor).

Bu dizilim, çorbanın koyuluğunun gerektirdiği içme adabıyla bağıntılı olsa gerek. *Aside*, etsiz pişirilmiş bir *hazıre*'ye verilen addır; *nahîre, n.h.r* kökünden gelir —içerken burundan sesler çıkarmak (*minhar*) demektir; *hesuvve, h.s.v. (hasve)* kökünden gelir, anlamı: "gagasının ucuyla damla damla içen kuş gibi su içmek"tir. Üçüncü ayrım *hazıre* sözcüğünün tanımında ve *herire*'den ne yönüyle ayrıldığındadır: *Hazıre*: Bir önceki günden artan etin küçük küçük doğranarak tencerede su ve tuzla yumuşayıncaya dek pişirilmesidir; et piştikten sonra suyu koyulaşmaya başlayıncaya dek un katılır(*'uside bihi*) ; en sonunda herhangi bir yağ katılır: Etsiz *hazıre* olmaz; içinde et yoksa, bunun adı *aside*'dir.

Bütün bu tanımlamalardan sonra *herire* sözcüğüne kalan anlam nedir? Arapça Larousse şu tanımı veriyor: "Sütte pişmiş unla yapılmış *hasa*' —et ya da başka hiçbir tatlandırıcı yok; ama, *semn, desem* ve benzerleri kümesine giren süt var ve her şeyden önemlisi undan yapılmış koyu, boğazdan kayan bir çorbadır sözü edilen.

Sasani ve Abbasi saraylarında beyzadelerin eğitiminde önemli bir yer tutan mutfak bilgileri içinde geleneksel olarak "yedi malzeme"yle yapılan bir "çorba" vardı (Rodinson 1949, s. 100). İslamiyet öncesinin yemekleri incelediği bir başka yerde Rodinson (1960) etsuyuna çorbadan, "tarımla uğraşan halkların tiryakisi olduğu bir yiyecek" diye söz ediyor. El-Buhârî ve İbn Hanbel'e dayanarak "unu sütte pişirerek yapılan *herire*" ile "küçük küçük doğranarak suda pişirilmiş et ve kepekle yapılan *hazır* (ya da *hazıre*)" örneğini veriyor. Buhârî, kendi tanımlamasında, *hazıre*'nin esasının kepek, *herire*'nin esasının süt olduğunu söylüyor (III, s. 93); "*hatife* ise döğülmüş arpa, süt ve *semn* ile yapılıyor" (III, s. 105).

Ortaçağın mutfak sanatı yazınında tarifler daha ayrıntılı verilmekte. Müslüman dünyasının doğusuna baktığımızda, Bağdadî'nin *Kitabü't-Tabh* adlı kitabını görüyoruz: Etli ve unlu yemek tarifleri veriyor (4. Bölüm). *Rista* başlığı altında verdiği tarifte, küçük doğranmış et, kabuğu çıkarılmış nohut ve mercimek birlikte pişirildikten sonra *rista*[6] katılıyor (Arberry 1939, s. 45). Müslüman dünyasının batısından İbn Rezîn dokuz "çorba" tarifi (1981, s. 24, 29), sekiz de *hasv* tarifi veriyor. *Hasv* tariflerinde, iyice ufalanmış ekmek, sulandırılmış un ya da maya kullanıyor(3 ve 4 no.lu tarifler); bunları yavaş yavaş sade suya eklerken bir yandan da "çevirerek" çorba kıvamına getiriyor. Çorbaya, tuzdan başka, yağ, yumurta ya da tavuk eti yanında isteğe göre, kişnişotu, zencefil, tarçın, soğan ya da sarımsak gibi tatlandırıcılar katıyor. Üç türlü

---

6 Burada kastedilen Farsçadaki *rişte*, "erişte" olsa gerek (Editörlerin notu).

de *ceşişe* tarifi veriyor: Döğülmüş buğday, arpa ya da darıyı tuz ve suyla (ve/veya sütle) pişiriyor. Merakeş mutfağı üstüne yazılmış, yazarı belli olmayan bir yazmada(*Et-Tabhü'l-Mağribi*, s. 182-3) üç *ceşişe* tarifi bulunmakta: Bunlardan birincisi, iki aşamalı pişirmesiyle, günümüz *herire*'sine çok benziyor; tek fark etle değil tavukla pişirilmesinde...

Bu bir yığın malzemeden çok yalın bir bilgi çıkıyor ortaya: *Herire* tariflerinin hiçbiri günümüz *herire* tariflerine uymuyor. Ana malzemesi un, süt ve yağ. Benzeşen tarifler ise *hazıre* ya da *hasv* gibi değişik isimler taşıyor. Kısacası, günümüzde kullandığımız sözcük, anlamını yitirmiş bir sözcük. Eskinin izlerini, sulandırılmış undan "çorba" (*tedvîre*) yapımında ve "*tedvîre*'siz *herire* olmaz" savında bulabiliyoruz. *Herire* adı daha geniş ve farklı eski anlamları ifade eden bir kavram olmuş. Aksine kesin kanıt olmadığı sürece, bu kanıtlar, günümüzdeki tarifin iki yemeğin birleşmesinden oluştuğu varsayımına daha fazla inanmamızı sağlıyor. Bunu Merakeş mutfağı üstüne yazılmış, yazarı belli olmayan yazmada verilen tarifte kolayca görebiliyoruz.

Bufertune. Ez azından Fez ve Rabat'ta hep söylenenlere bakılırsa, gerçek *herire*, *bufertune*'dir. *Bufertune* tarifini inceledim, aralarında hiçbir fark yok ve *bufertune*'ye benzersiz lezzetini veren asıl özelliğinin ve gizinin, son kaynatma evresinde tencereye karıştırılan un çorbasının hazırlanışı olduğu konusunda bana güvence verdiler. Günümüz yemek kitaplarında hiç rastlamadığımız (Guinaudeau 1976, s. 29), bize ninelerimiz eliyle aktarılan bu gizin özü şu: Çorba, bir gün önce yapılmış ekmeğin hamurundan alınan mayayla yapılıyor.

Ramazan yemeklerini incelediğimiz sürece hep karşımıza çıkan maya, hem *sahur* hem de *fıtr*'da yenen yemeklerin en temel özelliğidir. Bu yiyeceklerdeki temel ritüel öğeyi belki de saptamış bulunuyoruz.

Mayalama neyi simgeliyor? Mayalamanın simgesel boyutunu hemen "Araplar için çok önemli olan başkalaşma süreci"ne indirgemeye kalkışmayalım (Chelhod 1955, s. 129). Çok yaygın ve iyice kökleşmiş bir inanca göre, maya bolluk ve varsıllığı temsil ediyor. Maya, dile zenginlikle ilgili mecazlar kazandırıyor: "mayalı ekmeğin kırıntıları", "iyi, üstelik mayalı" (*el'hir ve'l hamr*), "Tanrı mayanı artırsın" gibi... Doğurganlıkla ilgili mecazlar kazandırıyor: Evlenme çağına gelmiş genç kız "kabarmış" (*hamret*) ekmek gibi pişkinleşmiştir ve düğününde ona şöyle denir: "Evine maya (*hamire*) olasın." Büyümeyle ilgili mecazlar var: Çocuk tıpkı "bir somun ekmek gibi" gelişir derler. Kutsal değerler yerine kullanılan mecazlar vardır: Birine ekmek, somun (*el-hubza*) miras kalması; kişinin ekmeğini elde etmesi (*behbiztu*) gibi... Bu mecazlarda maya aracılığıyla belirtilen olumlu değerlerin anlaşılmayacak bir yanı yok: Maya, değişime uğratıyor, kabartıyor, hacmi artırıyor ve görünmeyen, gizemli bir iç güçten kaynaklanan büyüme imgesi yaratıyor: Bu saklı iç güç, doğaüstünü akla getirmeye yetecek denli gizemlidir.

Bundan dolayı, maya uğur belirtisidir. *Bufertune* "İspanyolca'da *buena fortuna*" (Dinya 1990, s. 80, n.1) "uğur getirmesi" için yapılan bir ritüelden başka birşey değildir. Ramazandan başka, düğün gecesinden sonraki günde, doğumda, sünnet düğününde ve ölümde ikram edildiğini unutmayalım: Yaşamın önemli dönemeçlerini, daha çok ölüm ve yeni bir yaşama dinç bir çabayla geçişi belirleyen her geçiş töreninde *bufertune* vardır. Fas'ta —Cezayir'de de olduğu gibi (Virolle-Souibes 1989, s. 96)— düğünden sonraki üçüncü gün, gelin "elini hamura sürer"; doğurduktan sonraki üçüncü günde de... Bu ritüel açıkça doğurganlıkla ilişkilidir ve bize sağladığı temel modelde, bolluk ve doğurma gücünün tazelenmesi anlamları iç içe geçmektedir. Toplum kısır kadınları dışlamak için binbir yol buluyor.

Öyleyse, Ramazanda *bufertune* yemenin doğurganlık ve bereketle ilişkisi nereden geliyor? Kişi konuyu ne denli incelerse incelesin, bu kutlama göreneğinin, tahıllar ya da "tohumlar"la ilgili olduğundan başka bir şey düşünemiyor. Kutlama, anımsayacağımız gibi, orucun ardından geliyor. Tıpkı, daha ilkel toplumlarda (avlanma, balık tutma, savaş, toplama, hasat gibi) önemli olaylardan önce gelen oruç ve oruca benzer yasakların ardından, eylemi başlatmak amacıyla olayın geçeceği kutsal alana adım atma gibi...

Belbula. Kesin olan şu ki, *belbula* tahıl esaslı çorbanın daha yalın bir biçimidir: Döğülmüş arpa ya da darı su ve sütle pişirilir; tuz ve zeytinyağı katılır. Konuyu bize aktaranların söylediğine göre, yerini yavaş yavaş *herire*'ye bırakıyorsa da, kırsal kesimde, özellikle fazla bakım istemeyen arpanın yetiştirildiği dağlarda (Sous'da ve güneyde), oruç açma yemeği olarak *belbula*'nın yerini hâlâ hiçbir şey tutamaz. Burada önemli olan, insanların çorbayı bu biçimiyle topraklarından kendi kaldırdıkları arpayla pişirmeleridir. Bu geleneği, Jülyen yılının girişi dolayısıyla yapılan Ennayer şenliğinde de (ya da bölgeye göre Haguza adını alan kutlamalarda) görüyoruz; Aşure'de de yinelendiğini göreceğiz...

Gerçekten de insanlar Yeni Yıl'da *belbula*'ya benzeyen *herr-berr* yerler: *Herr-berr* (döğülmüş arpa yerine) kepeği ayrılmış sert buğdayla yapılır. Sert buğday su ve sütle pişirilir; içine tuz ve yağ yerine şeker katılır. Pişirme olayının sonunda "aklaştırmak için" biraz un bulamacı eklenir! Bu işleme *yudiru'l-hamîrê del-'am*, "yeni yıla yeni maya ile başlangıç yapmak" denir. Ennayer ve *hamayer* (*hamîre* [maya] sözcüğünün çoğulu) sözcüklerini uyaklayıp *'l-hamîre*'yi o ayın etkinliklerine referans yapan birçok atasözü vardır. Buna göre, Ennayer'in birinci günü Yeni Yıl'ın başlangıcıdır ve kış gündönümü ile Ocak ayı sonu arasında, yılın *leyâli* adı verilen en soğuk kırk gecesinden yirmincisine rastlar. Ev hanımları şu atasözünü hiç akıldan çıkarmazlar: *Ennayer kıttal l-hamayer* (Ennayer mayayı öldürür). İşte bu yüzden, mayalarını sağlama almak için iki kat uyanık bulunurlar: "Ennayer'de mayalı ye" (*Fi'n-nayer kulu'l-hamayer*).[7]

Bu dönem, hangi bölgede bulunulduğuna göre, üç, beş ya da yedi gün sürer. *Herr-berr*, törensel yemekler dizisinin ilk yemeğidir; her gün için bir özel *kutniye* (kuru fasulye, nohut, mercimek vb) yemeği ve bir mayalı *ragaif* türü pişirilir. Ritüel, yedi çeşit taze sebze ve et katkılı bir kuskusla yedinci günde sona erer ve Yeni Yıl'ın ürünlerine geçildiğini belirler. Ritüel boyunca et yenmez (Douette 1909, s. 551). Ana ilke, *Haguza* akşam geliverip de mideyi saman ve taş vb (bölgeye göre değişir; Douette 1909, s. 530, 532) ile doldurmasın diye güzel yiyeceklerden bol bol yemektir. "Yıla maya çalmak" bütün yıla yetecek kadar mideyi doldurarak bayram ettirmek anlamına gelir; ama, dolaylı olarak toprağa güç katan mayaya atıf yapıldığını herkes bilir. Kişi midesini patlayıncaya dek tahılla doldurmalıdır ki, gelen yılda ekmeye ve iyi ürün almaya yetecek denli ambarlamış olsun.

İnsan ve toprak arasında böyle bağlantı kuruluşuna rastladığımız bir başka yer, "tarladaki ilk ekin çizisinin sonuna bir topak maya gömme geleneği"dir (Benhadji-Serradj 1950, s. 247, n.3). İnsanın doğurganlığını anlatmak için tarım terimlerinden yararlanılan mecazlarda da görürüz: Kadına, "Tanrı seni evine maya yapsın" (*hamîre fi'd-dar*) denirken; erkeğe, "Tanrı seni tohumluk buğday eylesin" denir (*zera' ve'z-zerri'a*). Erkek tarlaya atılmış tohum; tohumun atıldığı kadınsa, mayadır... Bir başka deyişle, kadın bereketli toprak, tohum için besleyici bir çimlenme ortamıdır.

Bir başka düzlemde, tarlaya tohum ekmek imgesinde birleşme anlamı da vardır; tersine, tarlaya tohum saçma bir tür dölleme örneğidir. Mayalanma, madde bozuşmadığı sürece gerçekleşmez ki bu da yalnızca ölümü ve cesedi çağrıştırır. İşte tam bu noktada —zaten karanlık, sorunlu olduğu bilinen ve zor betimlenebilen, zor anlaşılabilen—bu "bölüt"ün (*segment*) betimlenmesine geldiğimiz noktada ritüelin kendisine başvurmak gerekiyor: Betimlemeye çalıştığımız bölüt kutsallığın sislerine bürünmüş durumda ve (doğum, üreme, ölüm gibi) yaşam işlevlerinin düzene koyan

---

7 Bu tür atasözlari için bkz. Benhadji-Serraj (1950, s. 247, n.3).

bir noktayla doğrudan simgesel biçimde bağlantılı. Bu bölütle çok uğraşmaya gelmez; ondan elde edilebilecekleri, yani bu örnekte tahılları ve tüketimi sağlama bağlamak için birçok önlem (ritüeller) alınır.

Öyleyse ölümü düşünelim; ya da önce ölümü ve ölümden sonraki yaşamı temsil etmeye çalışalım: Çifte ölüm, yani tahıl tanesinin toprak altında filizlenirken çürümesi, bir de toprağın üstünde olgun başağın biçilmesi... Bir de çifte yaşam, kabuğunu çatlatıp büyümeye geçen filizin yaşamı ve o sap üstünde çoğalarak insanı besleyen başka tanelerin yaşamı. *Haguza* ve *Aşure* ritüel ikilisi Byanno'da, Bubennani (*bonus annus*?), hatta Yeni Yıl akşamında ve karşılığı *şeb-i Aşure*'de sanki bunları canlandırıyor (Frazer 1983, s. 25, 145-57; Douetté 1909, s. 515, 545 vd; Destaing 1905, s. 64, n.7): Ölümü öldürmek, yok etmek; yeniden diriliş, yaşama dönüş, çiftleşmek —ki henüz bu işlev üzerinde durulmadı.

27. GECE

İlk tutulan oruç kızlar için ayrı, oğlanlar için yine ayrı bir ritüelle belirlenmiştir. Oruç açıldığında oğlanların dilinin altına para konur, ardından içmesi için süt, yemesi için bir hurma verilir. Kızlarda, dilinin altına bir gümüş yüzük konur; kimi bölgelerde bir merdivene çıkması istenir; annesinin elinden süt kabını ve hurmayı alabilmesi için bedenine belli bir durum aldırması gerekir; ya da, elinde iğne ve yüksükle bir kuyunun kenarında oturur (Chemoul 1936, s. 415). Bu nesnelerin simgelediği şeyler açıktır: Erkek için para ve paranın sağladığı güç; kız için nişanlının yüzüğü, delik; evliliğe geçiş; iğne yüksüğü açıklamaya gerek yok; süt dolu kap ve hurmayla anlatılan, yeni evli çiftin ilk törensel birleşmesinin ta kendisidir.

Bütün bu ritüeller, kendilerine göre, çocukluktan evliliğin çekici yanları aracılığıyla yetişkinliğe geçme töreninin düzgülerini [*code*= simgeler dizgesi] oluşturur; Ramazanın 27. gecesi bu geleneği gösterir. Anababalar, ilk kez o yıl oruç tutmaya başlamış çocuklarını —yedi yaş dolayındakiler, hatta çok daha küçükleri— kasabanın merkezindeki Ermiş'in tekkesini ziyarete götürürler. Oğlanlar, baştan ayağa yepyeni, geleneksel damat giysileri giyerler: Beyaz cellebe, kırmızı tarbuş ve sarı *belga* (babuş); kızlar çok süslüdür, saçlar yapılır, geleneksel gelinliğe uygun takılarla donanır (*neggafa* ve berber de işe karışır). Çocuklar armağana, şekere boğulur.

Çok şey olur o gece, heyecan dolu özel bir atmosfer vardır. Gnava'nın gece ritüellerinde, yarı söylence inanışa göre cennetin kapıları açıldığında (Belyazid 1987) melekler insanların arasına karışır; Ramazanın ilk gününden beri tutsak edilmiş cinler lağımlar ve diğer deliklerden yeryüzüne çıkar. İnsanlarla Tanrı arasında göze görünmeyen, yoğun bir alış-veriş (Tanrı'dan dilenenler, gelecek yılın kısmeti) olur. Kasabayı saran tütsü ve güzel kokuların gel-giti de neredeyse dokunulacak yoğunluktadır. Bu "kader gecesi"nde bütün duyular ayaktadır; ay boyunca için için kabaran ibadet, ziyafet ve gönül avı, sanki bittiğine esef edildiği için, fırtına gibi son kez eser.

Rastgele cinsel ilişkiye izin veriyormuş gibi göründüğü için çok sayıda araştırmacının düş gücünü kamçılamış olan bu gece "yanlış yapma gecesi" değildir.[8] Çocukların —geleceğin gençlerinin— bu simgesel evliliği, o düşünceden ışık yıllarınca uzaktadır ve metinlerde belirtilmese de de çok canlı bir olaydır. Başka öğeleri unutmamak koşuluyla, bereket, bolluk ayini olarak görülen ritüelin toplamı içinde simgesel olarak çiftleşmeyi temsil ettiği söylenebilir. Bu özel "gece", "cinsel ilişkilerin bitkiler üzerindeki verimi artırıcı etkisi" ilkesini sergilemektedir (Douetté 1909, s. 559; Frazer'e göre 1983, s. 122).

Oruç açmak için hazırlanan masada hiç eksik olmayan yumurtayı düşünün; tohumun gelişme ilkesini, yaşamı, doğumu ve yeniden doğumu sağlayan özü... Yumurta cenaze yemeklerinde, ad koyma (*'akika*) törenlerinde de eksik edilmiyor. Hurmayı düşünün: Tohum taşıyan bezi, bereketi. Sütü düşünün: Anadan alınan besinin arılığını... *Zekâtü'l-fıtr* ya da *fitre*'yi düşünün: Ailenin her bireyi için, yoksullara sadaka olarak dağıtılması zorunlu dörder *mutt* buğday —ilk meyve ürününün adandığı eski dönemlerden kalma bir kansız kurban kalıntısı olmalı, ama 27. gün ile Îd-i Fıtr sabahı arasındaki sürede sağ kalmayi güvenceye almak için bir ritüel görüntüsüne bürünmüş.

RAMAZANIN KÖKENİ

Ramazanın daha eski bir dinde karşılığı olabilir mi? Ramazanı Musevilikte arayanlar olmuştur. Bana göre Ramazanın kökeni üstüne herhangi bir varsayım ileri sürmek hayli soru kaldırır görünüyor.

Çıkış 24:18 [Tevrat'ta] ile 7. Sure (Suretü'l-A'raf) karşılaştırıldığında, iki kutsal kitapta da, Musa ve Muhammed'in biri 30 öteki 40 gece oruç tutmayı kurumsallaştırdığını görmek çarpıcı gelse bile; Muhammed'in (Musevilikteki Yom Kippur'a karşılık gelen) Aşure orucunu ilkten getirip, ardından Hicret'in ikinci yılında Medine'deki hahamlarla anlaşmazlığa düşerek (Wensinck 1925) yerine Ramazanı koymuş olduğu bilinse bile (Teberî 1980, s. 136-6); ve orucun nereden alındığı üstüne bütün varsayımları, İslam öncesinde Saba ülkesi halkının ay takvimine göre tuttuğu bir

---

8 Doutté'de (1909, s. 557) adı geçen Leo Africanus; Moulieras (1899, I, s. 100-102 ile II, s. 14, 18, 20, 30); Salmon (1905, s. 362); Doutté (1909, s. 558 ve n.1); Trenga (1915, s. 40); Laoust (1920, s. 412 ile 1921, s. 196); Lakhsassi (1992).

aylık oruçtan aktarma olduğu, ya da Kureyş geleneğindeki Ramazan ayında Hira dağına tinsel çekilişin[9] benimsendiği gibi bütün varsayımlar incelendikten sonra bile; bilimsel sav olmaktan çok metafizik kokan bu varsayımlardan ve onları güdüleyen araştırmalardan bütünüyle bağımsız olarak, geriye hiç değişmeyen üzerinde yorum yapılabilecek iki öğe kalıyor:

(1) Mağrip'te Ramazan'daki yeme içme sisteminin çözümlenmesi, tarım takvimiyle bağlantılı çok eski bir bereket töreni modeli sağlıyor. Bereket töreninden kalma üç eylemin, oruç, çiftleşme ve ilk ürünün kurban edilmesi eylemlerinin Ramazanda İslam öğretisine göre temsil edildiğini, düzenlendiğini ve özümsendiğini görüyoruz.

Burada, Ramazanın Müslüman takviminde yılın dokuzuncu ayı olduğunu ve oruç tutma ayı olarak ilk belirlendiği yılda yaz mevsimine denk geldiğini akıldan çıkarmamak gerek. Ramazan sözcüğünün *ramada*'dan bozma olduğunu, *r.m.d* [re-mim-dat; dat harfi z gibi de okunur] kökünden geldiğini ve bayıltıcı yaz sıcağı anlamına (Arabistan çöllerinde böyleydi) geldiğini anımsarsak konu daha kolay anlaşılır (İbn-Manzur 1910, sv *ramada*). Sözü edilen zaman, özellikle hurmaların toplandığı hasat zamanı olsa gerek. Buradan bakınca, orucu *temr* diye bilenen bir hurma tanesiyle açmayı öğütleyen Hadisi, başka bir deyişle, orucu *rutab* denilen henüz sarı hurmalar yerine *temr*, "olgun" (*temr='amr=hamr*) ile açmayı öğütleyen Hadisi anımsamak yerinde olur.[10]

(2) İslamiyet'in 12 aylı ay takvimini benimsemesinin nedeni ne olursa olsun (İslamiyet öncesinde, iki ya da üç yılda bir, yıl 12 yerine 13 ay çekiyordu) Peygamber'in ölümünden kısa bir süre önce konan bu takvim belli bir mantığı, ya da belki bir niyeti açığa vuruyor. Ne denli bilinçsizce gibi görünse de amaç eski güneş ya da en azından tarım takvimiyle bağlantılı törenleri unutturmaktı. Muhammed Arabistanlı müşriklerle mücadele ediyordu, diğer tek tanrılı dinlerin savları karşısında tavrını koymak zorunda kalsa bile... Sorun, çok tanrılı dinlerin inançlarından beslenen bu ritüellerin anılarını ortadan kaldırma ve her türlü izi silme sorunuydu. Bu yaklaşım İslamın temel mantığıyla tutarlıdır: İmgelemi imgeden kurtarmak ve her zamankinden çok daha soyut bir bakış açısına ve bu yanıyla her zamankinden daha eksiksiz, saltık bir Varlık kavramına yöneltmek.

Mağrip'te Ramazan ayına özgü beslenme dizgesinde tarımsal ayinlerin

9 Bu varsayımların hepsini, özellikle Wensinck ve Blair'in araştırmalarından sonra, Chemoul (1936, s. 421-5) ele aldı.

10 Güney Fas'ta, Tafilalet'teki hurma koruluklarında, çift sürme mevsimini başlatan âdete göre içine bir hurma saklanmış kuskus yenir: Hurmayı kim bulursa bereketli bir yıl geçirecektir.

yaşatıldığı ve bunun mayalanma öğesinde billurlaştığı varsayımında eğer gerçek payı varsa, bu, 14 yüzyıl boyunca kutsal buyruklara rağmen bu ayinlerin direnme ve simge gücüne bir örnektir (Diouri 1987, s. 297). Kutsallık, karmaşık ve kimi zaman çok sıkı bir yasak ve cezalandırma sistemiyle sağlanır. Simgeler, (hoşgörünün sınırları anlamında) daha alttan alta, çok sert olmayan içsel kısıtlamalarla tanımlanmışlardır. Bunların çiğnenmesi, sınırsız bir dünyanın kapılarını açar; kişide suçluluk duygusuna yol açacak sınır taşları yoktur orada; ölüm ve çoğalma simgesel anlamlar taşıyor olsa gerektir.

ON YEDİNCİ BÖLÜM

ARAP YAZININDA YEMEK VE GÖSTERGEBİLİM

SABRİ HAFEZ

Bu incelemede, Arap yazınındaki yeme içmeyle ilişkili göstergebilim düzgülerinden [*codes*] bir özet sunuluyor. Çağdaş yazındaki yeme içme düzgülerinin daha ayrıntılı kullanım örneklerine geçmeden önce, atasözlerindeki ve halk yazınındaki yeme içme mecazlarının basit düzgüleri inceleniyor. Daha sonra romanların ve öykü derlemelerinin adlarında yeme içmeden ne türlü yararlanıldığı anlatılıyor. Bu bölümün en büyük dilimi, romancıların ve öykücülerin yeme içme düzgülerinden anlamlama araçları olarak yararlanma biçimlerini inceliyor; konuya aşağıdaki açılardan yaklaşıyor: Toplumsal ve kültürel düzgülerin dolaylı olarak anlatmak istedikleri; düzgülerle anlatının geçtiği ortam arasındaki etkileşim; düzgüleri olağan bağlamından sıyırarak anlamlarının tersyüz edilmesi; yeme içme ile erotiklik arasındaki ilişki ve bu ilişkinin belirli yeme içme öğelerini nasıl helal alandan haram alana taşıdığı. Yeme içme ile dinsel yaşam arasındaki ve yeme içme göreneği ile değişen toplum değerleri arasındaki etkileşimi de inceliyor, bunu, göstergebilimdeki deyimiyle "ikincil sistemleri modelleyerek" yapıyor.

Bu incelemenin amacı, mutfağa uygulanan göstergebilimin tat ve koku almaya ilişkin göstergelerini antropolojik, hatta saf bir göstergebilim çabasıyla değil, metinde anlam çeşitliliği yaratmayı başarabilen ve metnin yorum olanaklarını çoğaltan derinlemesine bir yazın stratejisi gibi ele almak ve metnin diğer toplum bilimleriyle ilişkisini geliştirmektir. Arapça yazın metinlerinde yeme içme üstüne göstergebilim düzgülerinin ağırlıklı bir yeri var. Bunu, İslam öncesinin şiirinden başlayarak, halk öyküleri ve atasözlerini de kapsamak üzere modern Arap yazınının çeşitli dallarında görüyoruz. Bir yazın metninde mutfakla ilişkili gösterge dizgelerinin olup olmaması eşdeğer önemdedir. Sanatsal sunum karmaşık bir ayıklama sürecidir. Burada tercih edilen öğeler, ayıklananlardan yana ve onlar adına konuşur, atılanların sözcülüğünü üstlenir; çünkü, "okuma, yazarın kullandığı dilin kapsamı içinde egemen olabildiği ile egemen olamadığı arasında öngörmediği belirli bir ilişkiyi amaçlamalıdır. Bu ilişki, aydınlık ve gölgenin; zayıflık ve güçlülüğün belirli niceliksel yayılımı türünden değildir; fakat, eleştirmeyi bilen okuyucunun üreteceği bir anlamlayıcı yapılanmadır" (Derrida 1976, s. 227).

Yaptığımız çalışmada bu açıklamalar gerekli; çünkü, incelememizin konusu olan yeme içmeye ilişkin düzgüler ve yazın, bir yanıyla anlamlama çalışmalarıdır; ama aynı zamanda gösterge dizgeleridir. Yazın dilinde olduğu gibi, Arap yazınında yeme içme düzgülerinin anlam ve önemini kavrayabilmek, yazın metninde neyi gösterdikleri ile, belirli bir amaç gözetmeden metinler dünyasına kattıkları, toplumsal yönleri arasındaki ilişkinin derinlerine inmeyi gerektirir. Yeme içme düzgülerinin içinde yer aldığı gösterge dizgesinin özerk niteliği hesaba katılmadan yazın dilinin önemli bir parçası olan düzgülerin yeni işlevi tümüyle anlaşılamaz. Mutfağa ilişkin iletişim dağarcığından metne girmiş olanların dinamiği de (dilde olduğu gibi) metne girmemiş olanlarla aralarındaki sürekli dialektik yüzünden ortaya çıkar; başka bir deyişle, bütün bir gösterge dizgesinin parçası olmaları nedeniyle ortaya çıkar. Yazın gibi daha karmaşık bir dizgenin dinamiği içinde göstergelerin geçirdiği dönüşümünü algılayabilmek için yeme içme düzgülerinin bu özellikleriyle kavranması bir ön koşuldur.

Bu iki sistem arasındaki etkileşimi incelemeye başlamadan önce şunu vurgulamalıyız: Burada kullandığımız "göstergebilim" terimi, Saussure'ün göstergeyi tanımlayan ikili gösterge modelinden çok, Peirce ve daha sonrakilerin üçlü tanımlama modeline yakındır. Yapısalcılık sonrası kuram, yazınsal metinleri ve diğer sözlü anlatımları ele alırken, Derrida'nın *différence, trace* ve *supplément* kavramlarını yapısalcı göstergebilim içine yerleştirmeyi zorunlu saymıştır. Saussure'ün ikili modelinde Derrida'nın yaptığı değişikliği, Peirce'in Gösterge, Nesne, "*Interpretant*" (göstergenin anlamı) üçlüsü zaten çoktan haber vermişti. Peirce'in göstergenin, gösteren ve gösterilenden oluşan yapısına *Interpretant*'ı katması, göstergede varolan keyfiliği aşmaya dönüktü; anlam üretimini, iletinin gönderildiği ya da alındığı ortam ya da koşullarla birlikte ele almayı ve Saussure'cü sistemdeki birbirine bitiştirilemez aralığı kapatmayı amaçlıyordu. Anlamlama (göstergelerin ve dolayısıyla anlamların üretim süreci) sürecinin karmaşıklığını anlamak, düzgülerin çözümü ve yorumlanması bakımından vazgeçilmezdir; özellikle de yazınsal metinlerde olduğu gibi ayrıntılı ve zengin bir düzgü sistemi içinde dolaşıyorsak...

Yazınsal metnin kendisi bir göstergebilim düzgüsüdür; ama, metnin ince ayrıntılı ilişkiler ağının ve yazınsal stratejilerinin içinde başkaca toplumsal ve kültürel düzgüler de işler. Bu düzgülerin işlevi ve ne denli ustaca işlendiği bir yazınsal metinden ötekine değişir. Yazın yapıtlarında kullanılan, örneğin yeme içmeye ilişkin düzgülerin çoğu zaten daha önceden insan etkileşiminin diğer alanlarında biçimlendirilmiştir ve bundan dolayı kendi ayrı göstergebilimsel yapıları vardır. Fakat, bu düzgülerin kendi özgün bağlamlarından alınarak yazınsal metnin özerk dünyasına sokulmaları çoğu kez gösterge ve *Interpretant*'ının ikisinin birden belirli dönüşümlere uğramasına yol açar. Gerçeği yeniden üretebilmek için taklitçi temsil (*mimesis*) çabalarında, yazınsal metinler kendi sözlü bölgelerinde çeşitli toplumsal düzgüleri yeniden inşa ederken, kimi metinler de, bu düzgülerin ana başlıklarına, ya doğrudan ya da karmaşık metin içi modeller aracılığıyla gönderme yaparlar. Bu nedenle, belirli toplumsal göstergebilim düzgülerinin *Interpretant*'ları ve anlamlamalarını yazınsal metinler topluluğu içindeki biçimlenmeleriyle incelemek ve yazındaki kullanımlarının ait oldukları yapının kimi yanlarını nasıl aydınlattığını incelemek olasıdır.

KUTSANMIŞ YAKLAŞIMLARDAN GERÇEKÇİ YAKLAŞIMLARA

Yeme içmenin önemli ve anlatım gücü yüksek bir düzgü olarak modern Arap yazınında belirmesi, gerçekçi duyarlığın doğması ve yükselmesiyle birlikte olmuştur. Gerçekçi anlatımın beklenen ortaya çıkışı, köklü bir değişim anı olarak kabul edilmiştir. Bu değişim anı, dünyanın değişmezliği verisinden cayıp, dünyanın sorgulanması ve akıl yoluyla düzenlenmesi sürecine geçişin dönüm noktasını belirler. Jameson, "Romanda gerçekçiliğin başladığı anın, Deleuze ve Guattari'nin (*Anti-Oedipus*'ta) şifreyi çözme diye adlandırdığının yazındaki dengi" olduğunu düşünür, "bu denklik hem söylem düzeyinde hem de gerçekçi öyküleme biçeminde ortaya çıkar." *Şifreyi çözme*: Eski kutsanmış düzgülerin din dışı alana çıkarılması, yaşam ve uygulamadaki hiyerarşik yapılardan arta kalanların sistematik olarak eritilmesi, ki bu hiyerarşik yapılar ve uygulamalar haksızca ve yüzyıllar boyu *ancien régime* altında, hatta daha da geçmişte kalan derebeylik döneminde, yaşamın ve uygulamaların örgütlenmesine damgasını vurmuşlardır" (Jameson 1985, s. 373).

Toplumsal yaşamın belirli yanlarını, gerçeği aydınlatabilen ve onu yeniden inşa edebilen düzgüler halinde algılama ve sunmanın başlıca ön koşulu (bırakın yazında böylesi düzgülerin yerine başkalarını koymayı ya da sanatsal anlatım amacıyla düzgülerin işlevlerinde değişiklik yapmayı), bu eski dünya görüşünün din dışına kaydırılmasıdır. Gerçeği aktarma sürecinin karmaşıklığı ve gerçeğin ana sistemlerini yazınsal metnin kumaşına şifreli biçimde işlemek, insanoğlunun yazını ve gerçeği algılamada ve bunları denetleme ve yönlendirme yeteneğinde köklü değişiklik gerektirir. Bu köklü değişim, yeme içmeye ilişkin düzgülerden yararlanma ve onları sunuşta geçmişle ve günümüz gerçekçi yazını arasındaki köklü ayrım incelenerek sergilenebilir.

Klasik Arap yazını gerçeğin çeşitli yanlarını yansıtmada yeme içmeye ilişkin düzgülerden yararlandı. İslam öncesi ve klasik dönem şiiri yeme içmeye ilişkin dolaylı anlatımlar ve terimlerle silme doludur; Kuran da öyle... Dünya yaşamını ve ahireti anlatırken yiyecek ve içecekten Kuran da bolca yararlanır. İlk günaha yol açarak Adem ve Havva'nın cennetten kovulmasına neden olan elma; Zekeriya'nın Meryem'in sığınağında bol yiyecek bulması (Kuran 3: 37) ya da genellikle yiyecekler aracılığıyla yapılan Cennet betimlemeleri hep bunun değişik örnekleridir. Fakat yiyeceklerden, genellikle belli bir iletiyi iletmek amacıyla durağan bir bağlamdaki sabit öğeler olarak yararlanılmıştır. Bu durum, her öğe için bir alın yazısının takdir edildiği kutsal dünya görüşüyle uyum içindeydi. Böylelikle, öğeler için biçilebilecek çoklu işlevler ve öğelerden çıkarılabilecek dinamik anlamlamaların önü alınmıştı. Gerçekçi anlatımın ortaya çıkışıyla, yazınsal metinlerde yer alan yeme içme öğeleri hem biçim hem de işlev bakımından değişti. Daha doğrudan ve dinamik biçimde ortaya çıktılar ve tek boyutlu bir görevle yetinmediler. Bu olgu, bölümün daha sonraki sayfalarında sergilenecektir; ama ilkin, erken döneme ait özellikleri ele alalım.

ATASÖZLERİNDE ŞİFRELEME

Boş inanlara dayalı geleneksel dünya görüşünün içinde mutfak göstergebilimi işliyordu; ama, en ilkel ve en kaba biçimiyle... Umberto Eco bunu *gereksiz şifreleme* diye adlandırıyor. "Gereksiz şifreleme, sık kullanılan, kullanıma hazır (en az sayıda birimden -sözcükten- oluşan anlamlı) bir sözdizimi birimini kaydeder; örneğin: Nasılsın? Affedersin; Pazarları kapalıyız. Bunlar "atomik" anlamla yüklü tek "göstergeler", asgari birimlerdir (Eco 1979, s. 133).

Arap dilinin klasik ve halka özgü çeşitlemeleri yeme içmeyle ve yemek pişirmeyle ilgili terimler, atasözleri ve mecazlarla dolup taşar. Ünlü Arap konukseverliği de hep yiyecek ve *kira'z-zayf*, konukların iyi ağırlanması yoluyla ortaya konmuştur; eli açıklık ve diğer tavırların ifadesinde de yiyecek ve içecekten yararlanılmıştır. Hüseyin Musa ile Abdülfettah es-Sa'idi'nin hazırladığı, modern kısaltılmış iki cilt Arapça kavramlar sözlüğü, *el-İfsah fi fıkhi'l-luga* (İbn Sida'nın [1898-1903] hazırladığı, 17 cilt tutan standart Arapça kavramlar sözlüğü *el-Muhassas*'ın çok kısaltılmışı), günümüz yazınında kullanılmakta olan, yeme içmeyle ilgili terimlere 80 sayfa ayırıyor (s. 397-479). Üç ana öğünün standart isimlerini bir yana bırakırsak; ayaküstü yenen yemekler ile öğün arasında atıştırmalar için kullanılan sözcüklerle birlikte, çağrılıya, ziyaretçiye, Tanrı misafirine çıkarılan yemek adları, düğün, sünnet, doğum, yolculuk, yas, cenaze, hac yemeklerinin her biri için ayrı ayrı olmak üzere toplam 20 sözcük var.[1] Bu özgül terimlerin varlığı bile, toplum yaşamının başlıca ritüelleri arasında mutfakla ilgili ayrıntılı bir düzgüleme (*codification*) sisteminin göstergesidir.

Bu durum, klasik atasözleri için de geçerlidir: Bilgelik ve toplum yaşamı üstüne görüşler içeren sözler olma yanında, değerli yazın örnekleri olma yanıyla da Arap yazını toplamı içinde değerlendirilirler. İbrahim en-Nezzam atasözlerine, bilgeliğin, dolaylı anlatımın, sözcük tutumunun ve güzel söz söyleme sanatının öne çıktığı değerli süs taşları olarak bakıyor (el-Meydani t.y., s. 7). İster sözlükler, ansiklopedi maddeleri, ister yazın yapıtları olsun Arap yazın klasiklerinin çoğunda bu atasözlerinden birçoğu vardır. Atasözlerinin çoğu bilgece sözler ya da derin görüşlerin açıklanması olarak algılanmaz; kökü gerçeklikte ya da tarihte yatan değerli deneyimlerin imbikten geçirilmesinin ürünleri olarak algılanır.

El-Meydani'nin (ö. H. 518/1124) 6000 dolayında atasözü ve deyim içeren ünlü yapıtı *Mecmaü'l-Emsal* (Atasözleri Derlemesi) her atasözünü belli bir bağlam içinde veriyor; tarihteki bir olaya atasözünü doğrulatıyor ve/veya bir öyküye bağlıyor. Derleme, yeme içme, koku üstüne terimlerle dolu. Bu terimler, atasözlerinin anlatım gücünü artırmaya ve onlara bir gerçeklik, birinci elden yaşanmışlık havası vermeye yarıyor. Yeme içmeye ilişkin öğeler aracılığıyla, yiyecekten hem yaşamı sürdürmede, hem de hastalıkların sağaltımında yararlanan toplum deneyiminin çeşitli yanları ortaya konmuş oluyor. Böylelikle bir tek göstergeden söz ederek hem sağaltım, hem de güçlendirmeyle ilgili imgeler, atasözünde yer almış oluyor.

---

1 Konuğa çıkarılan yemek *kira,* ziyarete gelmiş kişiye çıkarılan yemek *ma'duba* ya da *mad'a;* beklenmedik ziyaretçiye çıkarılan yemek *tuhfe;* düğün yemeği *velîme;* damada düğünden önce yedirilen yemek *şundehi;* doğum yapan anneye yedirilen yemek *hurs;* doğumu izleyen birkaç gün boyunca kadınlara çıkarılan yemek *hursa;* yeni doğmuş bebek ilk traş olduğunda çıkarılan yemek *akika;* sünnet düğünü yemeği *adhira* ve *a'dhar;* uzun bir yolculuktan dönen kişi için çıkarılan yemek *naki'a;* yeni evi kutlamak için çıkarılan yemek *vakira;* öğün arasında atıştırılan *luhna* ya da *sulfa;* ayaküstü yemek *acele;* birinin onuruna verilen yemek *kafiya, kafiy* ya da *zalla;* cenaze ya da yas yemeği *vadima;* Hac'dan dönene çıkarılan yemek *şundah* vb.

Derleme okunduğunda, yeme içmeyle ilgili terimlerden yararlanan atasözlerinin kendi kendini anlattığı açıkça görülüyor; öte yandan, öyle atasözleri var ki, açıklamaları birkaç sayfa sürüyor. Bu durumda, birinci tip atasözlerinin yitmeden bugünlere ulaşmış olması ve hâlâ kullanılıyor olması doğaldır.

Bu gelenek günümüz Arap dünyasında konuşulan çeşitli dillerde de sürüyor. Ahmed Teymur'un *el-Emsalü'l-Emmiye* (Mısır Atasözleri, 1949) adlı derlemesi 2696 atasözü içeriyor; bunlardan 428'inde (yüzde 16'sı) çok çeşitli deneyimleri ve toplumun bilgeliğini anlatabilmek için yeme içme, yiyecekler ve beslenme üstüne mecazlardan yararlanılıyor. Bu atasözlerinden bazıları doğrudan yeme içme adabıyla ilişkili; fakat, çoğu da toplu yaşam ve ahlak ilkelerini damıtabilmek için yeme içmeye ilişkin mecazlar kullanmış. Kırsal kesimden atasözleri ele alındığında, yüzde çarpıcı biçimde yükseliyor. Cezayir kırsalından atasözlerini inceleyen Murtad, değerler sıralamasında ev iktisadının üst basamaklarda yer aldığını gözlüyor (1982, s. 45-58). Derlediği atasözlerinin neredeyse yarısında yiyecek, içecek, yemek pişirme ve beslenmeyle ilgili terimler kullanılmış. Diğer Arap ülkelerinde de durum aynı. Bağdat'ın geçen yüzyıldaki toplumsal yaşamını inceleyen ansiklopedik çalışmasında el-Haciyye yüzlerce benzer atasözü saptıyor: bunlar arasında ekmek ve *tennûr* diye bilinen Irak'a özgü küçük fırın mecazlarını kullanan atasözleri en çok dikkati çekiyor (el-Haciyye 1985, V, s. 146-55). Bu atasözlerinin çoğunda ekmek, en yalınından en görkemlisine değin yaşamı simgeleyen zengin bir mecaz olarak kullanılıyor.

Ekmek simgesinin ve mecazlarının hem gündelik yaşamda ve hem de yazında ve özlü deyimlerde kullanılmış olması başlı başına bir araştırmayı gerektiriyor. Çünkü, herhangi bir Arap ülkesinde yola ekmek atılmış olsa, çok geçmeden birisi ekmeği yerden kaldıracak, Tanrı'nın adını andıktan sonra onu, yoldan geçenlerin çiğneyemeyeceği bir yere kaldıracaktır. Hangi sofrada olursa olsun, sofradaki yiyeceklerin en ucuzu olmasına karşın ekmek burada Tanrı'nın verdiği bütün nimetlerin simgesidir. Bütün besin türlerinin yerine geçen ve onları temsil eden ve koskoca bir göstergeler bütününü yaklaşık da olsa özetleyen kaba bir göstergedir. Bu bile, ekmeği yerden kaldırma eylemininin bütününe gösterge niteliği kazandırmaya yeterdi; ama, bununla kalmıyor, birçok dolaylı toplumsal göndermeler içeriyor, dinsel çağrışımlar uyandırıyor.

YİYECEKLERİN KİTAP ADLARINDA KULLANILMASI

Tuz-ekmek gibi, ekmeğin de bir dostluk gösterisi ve birlikte yemek yemenin simgesi olarak kullanılması, günümüz Arap yazınının gerçekçi yapıtlarında çok üzerinde durulmuş bir düzgüdür. Bir dizi modern roman ve öykü derlemesi ekmeğin anlamlama gücünden (*signification*) yararlanmıştır. Birçok yapıt, yığınla imge ve çağrışımlar uyandıran bir başlık olarak ekmeği seçmiştir. *'Ayş ve Milh* (Ekmek ve Tuz) bir küme yetenekli yazara[2] 1960 yılında ün kazandıran öyküler derlemesinin adıdır. Önsözü, akımın öncüsü Mısırlı Yahya Hakkı yazmış. Kitabın adı, yalnızca o sırada Güzel Sanatlar Fakültesi'nde öğrenci olan yazarlar arasında geliştirilmiş güçlü dostluk bağını ifade etmekle kalmıyor, aynı zamanda bu yazma ve yaratma çabalarıyla yaşamlarını kazanma kararlılığını ifade ediyor. Yine aynı zamanda hepsinin köy kökenli ya da orta sınıfın alt kesiminden olduklarını akla getiriyor; çünkü, ellerinde avuçlarındakinin ancak kurdu kapıdan savmaya yetecek kadar olduğunu gösteriyor. Böylesi bir kitap adının seçilmiş olması, ideolojik ve toplumsal-gerçekçi eğilimlerini, toplumun talihi yaver gitmemiş katmanlarının sorunlarına duydukları ilgiyi açığa vuruyor.

Bir başka benzer kitap adı da *Ekl-i 'Ayş* (1955); yazarı Mısırlı Mustafa Mahmud. Sözcük sözcük çevirildiğinde, "ekmek yemek" anlamına gelen kitabın adı ekmeğin yaşam demek olduğunu ve yaşamın kesintisiz akışını anlatıyor. Daha doğrusu burada gereksiz şifreleme (*overcoding*) söz konusu. "Ekmek yemek" zaten yaşamını kazanmak ya da sürdürmek amacıyla özel birşey yapmak anlamında sık kullanılan bir deyim; yoksa, bir saplantı ya da istek sonucu yapılan bir iş değil. Benzer bir dolaylı anlatım Libyalı yazar Abdullah el-Kuveyri'nin *Kese min el-Hubz* (Ekmek Kesesi; 1965) adlı öykü kitabının adında da var; onun bir başka öyküler derlemesine verdiği *ez-Zeyt ve't Temr* (Yağ ve Hurma, 1971) adı, çöl halkının geçim kaynağı petrol ve hurmayı simgelemektedir. *Ekl-i 'Ayş*'ın yalnızca sözcük düzenlemesi bile Mısır kökenli olduğunu nasıl ele veriyorsa, *Kese min el-Hubz* kaynağının Libya olduğunu; *ez-Zeyt ve't Temr* adı da çöldeki köklerini açığa vuruyor.

Ekmeği alışılmış bağlamının dışına çıkarır ve onu, Suudi yazar Muhammed Ulvan'ın *el-Hubz ve's-Samt* (Ekmek ve Sükût, 1977) adlı öykü derlemesinde yaptığı gibi başka bir düzgüye bağlı bir değerle ilişkilendirirsek, ekmek kulluğun simgesi olur; çünkü bolluğun bedelini, sıradan Suudiler özgürlüklerinden vazgeçip susarak, sessizliğin egemenliğine boyun eğerek ödemişlerdir. Bu durum, ekmeğin yaşam veren niteliklerini baş aşağı ediyor ve ekmek göstergesini bilinen anlam alanından kopararak kendi kendisine karşıt yapıyor. Yaşamın simgesi ekmek, baskı altında sessiz kalmayla ilişkilendirildiğinde, ölümün simgesi oluyor. Iraklı yazar Ed-

---

2 Yazanlar: İzzeddin Necib, el-Dasuki Fehmi, Mahmud Bakşiş, Muhammed Cad ve Seyyid Hamis.

mun Sabri'nin derlemesine verdiği *Hubzü'l-Hükûme* (Hükümet Ekmeği, 1961) adı, ekmekle hükümet gibi bir kurum arasında kurulan yakınlığı alaya alıyor, hatta gülünçleştiriyor. Ekmek düşük ücretin simgesi oluyor ve az gelir getiren bir işe bağlılık duygusu ile durmadan artan yaşam pahalılığı arasında kalan insanın yaşadığı ikilemi yansıtıyor.

Suriyeli yazar Salah Duhni'nin yazdığı *Milhü'l-Arz* (Toprağın Tuzu, 1972) tuz eğretilemesini olağan dinsel kullanımının ötesine taşıyor ve ona güçlü bir toplumcu çağrışım kazandırıyor. Mustafa Mahmud, öykülerini topladığı üçüncü kitabı *Kıt'at-ı Sukker*'de (Bir Parça Şeker, 1959) şekeri yaşamın kısa, geçici, tatlı anlarına mecaz olarak kullanıyor. Aynı eğretileme, bir başka Mısırlı yazar Mahmud 'Aved 'Abdü'l-'Al'ın *Sukker-i Mur* (Acı Şeker, 1970) adlı romanında bu kez tam tersi bir etki yaratmak amacıyla kullanılıyor: Yazar, bolca iç monologdan yararlanarak birbiriyle bağdaşmayan tatları yanyana getiriyor ve tadından tamamen arındırmadan şekerin tatlılığını unutturmayı başarıyor. Şekerin tadı, bardaktaki şekeri karıştırmanın uyandırdığı acı anılara karışıyor: Anlattığı olayların uyandırdığı çelişkili duyguları sergileyebilmek için bu yola başvuruyor. Geçmiş ile yaşanan anı, acı ile tatlının bağdaşmazlığına benzeştirerek iletmek istiyor.

Benzer ama çarpıcı bir yan yana getirmeyi, Muhammed Afifi'nin *et-Tuffehe ve'l-Cumcume* (Elma ve Kafatası, 1965) adlı romanında da görüyoruz: Elmanın kösnül ve duyuları uyandıran çağrışımlarıyla kafatasının daha iç karartan çağrışımlarını yan yana getiriyor. Sanki bir ölü-doğanın adıymışçasına, bu üstüste bindirme, roman boyunca sürdürülen, zenginleştirilen ve geliştirilen canlı bir imge yaratıyor. Olanaksız ve yanlış olanla ilgili bir diğer eğretilemeyi de Faslı romancı Muhammed Zifzaf'ın *Beyzetü'd-Dîk* (Horoz Yumurtası, 1984) adlı romanının adında görüyoruz. Romanın kahramanı kadın, düşlediği iki amacın (biri barın sahibi ile evlenmek; öteki, adamın tez elden ölmesini beklemek ki, bar kendisinin olabilsin) gerçekleşmesinin horozun yumurtlaması denli olanaksız olduğunun ayırdındadır. Horozun yumurtası olamayacağına göre, yaşamda düşlerin gerçekleşmesi de bir yanılgı olmalıdır. Fakat, iki düşü de birden gerçekleşince, çifte düşü ile horoz yumurtası arasındaki ilk benzetmeyi unutmuş gibi görünür. Bu da, saçmalığına ve iki yüzlülüğüne bakmadan kadının yeni yaşamını sürdürmesini sağlar. Fakat kitabın adı, böylesi bir durumun akıl almazlığını ve sürüp gidemeyeceğini sürekli anımsatır.

Benzer bir eğretilemeyle Suriyeli romancı Selma el-Haffar el-Kuzbari'nin *el-Burtukalü'l-Mur* (Acı Portakal, 1975) adlı romanında karşılaşırız. Fakat bolca düşler üreten, çağrışımlar doğuran bir simge olarak portakaldan en etkili biçimde yaralananlar Filistinli yazarlar olmuştur. Gassan Kanafani ikinci öykü kitabına *Arzü'l-Burtukali'l-Hazin* (Hazin Portakal

Ülkesi, 1963) adını vermiş. Burada anayurdunu yitirmiş olmaktan duyduğu keder ile, acımasız saldırıyla parçalanıp ayaklar altına alınan kutsal yurdun portakal bahçelerinin tazeliğini bir arada veriyor. Bu öyküler derlemesi, çiğnenip geçilen portakal bahçeleri ve bahçelerin asıl sahipleriyle birleşme isteği izleği üzerine çeşitlemeler içeriyor. Portakallar, öykü kişilerinin çoğunun anavatan Filistin'de bir arada yaşadığı, henüz göçmen kamplarındaki aşağılanmayı bilmedikleri çocukluk döneminin ve arınmışlığın simgesi. Zorbalıkla el konmuş portakalın ele geçirenler elinde yabancılaşması ile portakalın Filistinli sahiplerinin yaban ve çoğu kez düşman ellerindeki durumu birbirine benziyor. Bu izlek üzerine başka çeşitlemelerle, bir başka Filistinli yazar Ahmed İnani'nin *Habbâtü'l-Burtukal* (Portakal Dilimleri, 1962) adlı öykü derlemesinde de karşılaşıyoruz. Portakal aracılığıyla anlatılan çocukluk dönemi ve saflık, Lübnanlı yazar Raif Huri'nin *Habbâtü'r-Rümman* (Nar Taneleri, 1935) adlı öykü kitabında nar aracığıyla anlatılıyor.

Yiyeceklere yapılan göndermeler yalnızca ekmek ve meyveden oluşmuyor. Suriyeli yazar İskender Luka, öykülerini topladığı kitaplarından birine *Re's Semeke* (Balık Kafası, 1961); diğerine *el-Velîme* (Şölen, 1971) adını vermiş. İçecekler de çok etkileyici başlıklar olarak kullanılmış: Suriyeli yazar Nayruz Malik'in *Kub mine'ş-şayi'l-bârid* (Bir Fincan Soğuk Çay, 1981) adlı öyküleri ya da Mahmud Teymur'un *Temr Hinne 'Aceb* (1958) adlı öykü kitabı bunlardan. Kahvehanelerin adlarının da roman, ya da öykü kitaplarına verildiği oluyor: Said Mekkevi'nin *Fi Kahvetü'l-Mecazib* (1955); Muhammed Celal'ın *Kahvetü'l-Meverdi* (1960); Necib Mahfuz'un *Kuştumur* (1988) adlı kitapları da bu türden.

RİTÜELLER VE TOPLUMSAL DÜZGÜLER

Yeme içmeye ilişkin göstergebilim düzgülerinin en ustaca kullanımı, yiyecek ya da içeceğin yalnızca bir mecaz ya da simge olarak geçtiği yazın yapıtlarının adlarında değil, anlatı yapısının hiç durmayan bir şifreleme ve şifre çözme süreci geçiren ayrıntılı dokusunda görülür. Gerçekçi anlatının zamanı ile yaşanan zaman arasındaki aralık uzadıkça, toplumsal ve kültürel ortamı yeniden kurmak ve onu aslı gibi yaşama kavuşturmak için ayrıntılı toplumsal düzgülere başvurma gereksinimi daha da büyür. Necib Mahfuz'un *Kahire Üçlemesi*'nde (*Beyne'l-Kasreyn*, 1956 [Saraylar Arasında], *Kasrü'ş-Şevk*, 1957 [Arzu Sarayı] ve *es-Sükkeriye*, 1957 [Şekerci])[3] yaşam, yeme içme ritüelleriyle ve diğer toplumsal ritüellerle canlandırılıyor. Üçlemenin Birinci Dünya Savaşı'nda geçen başlangıç dönemi, şimdi-

3 Üçlemeden yapılan alıntılar İngilizce çevirisindendir.

ki zamandan en uzakta olduğu için toplumsal düzgüler bakımından en zengin olandır. Roman gelişip şimdiki zamana yaklaştıkça düzgülerin kullanımı azalıyor ya da daha başka işlevler üstleniyorlar.

Roman boyunca, bütün günler şafakta, giriş katındaki ekmek yapma odasında hamur yoğurulmasıyla başlıyor. Her ne kadar zaman sıralamasına göre hamur yoğurma, annenin sabah namazını kılmasından sonra gelse de, *Beyne'l-Kasreyn*'in başlangıcında bu sıra değişir ve günün başlangıcını belirleyen hamur yoğurma olur. Günün başlangıcının belirleyicisi olarak yoğurma ve ardından gelen ekmek pişirme betimlenirken, sabah namazından öyküde yalnızca başkasının ağzından söz edilir. Öykülemedeki öncelikler bakımından yoğurmaya verilen önemin bir başka göstergesi de şu: Her ne kadar evin iç alanı hiyerarşik olarak paylaşılmış olup ailenin başı en üst katta, çocuklar orta katta, kadınlar zemin katta oturuyorsa ve ekmek odası avluya kaymaya zorlanmışsa da, öyküdeki sıralama ekmek odasını öne çıkarıyor. Gerçek yaşamdaki sıralamanın öyküde değiştirilmesi, gerçeği ters yüz ediyor ve öykülemede erkek egemen dünyaya göre kadınlara öncelik vererek kadınların konumunu alta koyan toplum hiyerarşisini dengeliyor.

Yaşamın ve yaşamın verdiği tadına doyulmaz zevklerin kaynağı olan kadınların çalıştığı ekmek pişirme odasının ayrıntılı betimlemesi, bu odaya günün önemli satırbaşlarını belirtmede önemli bir görev yüklüyor. Ramazandan ve her yıl yinelenen iki bayramdan tutun da, çeşitli önemli günlere değin, her mevsimlik olaya bu oda aracılığıyla değiniliyor. Ekmek pişirme odasının aynı zamanda mutfak, başka bir deyişle ev içi yaşamında son sözü söyleyen annenin tartışma götürmez egemenlik alanı olmasına şaşmamak gerek. Oda yalnızca evin zaman belirleyen saati ve beslenmenin kaynağı (kilere ve ambara ekmek odasından geçiliyor) olarak sunulmakla kalmıyor, aynı zamanda kadınlar için bir sınama ve yetişme alanıdır. Kuşları ve hayvanları kesilip yenmek için, kadınları da geleceğin damat adayları için besiye çekmenin özel yöntemleri saklıdır burada. Sıcaklığı, senli benli havası, dışarı taşıp duran lezzetli yiyecek ve içecekleriyle burası evin diğer bölümlerinden çok başkadır.

Kahvaltı hazır olur olmaz, anne pirinç bir tepsiye koyup yemek odasına götürür ve dağıtılıp tüketilmesine göz kulak olur. Burada Mahfuz yine bir yığın önemli ileti vermek için yeme içmeye ilişkin düzgülerden yararlanıyor. Kahvaltının apayrı bir yeri var; çünkü, oğulların babalarıyla yemek yedikleri, ailenin bir araya toplandığı tek öğün. Kahvaltıda yenenler ailenin toplumsal geçmişiyle, hatta ulusal kimliğiyle ilgili ipuçları verir. Kahvaltıda yenen yumurta, *fûl-i mudemes* (barbunya fasulyesi), peynir, misket limonu ve biber turşusu, sıcak pideyle aile orta sınıfın üst dilimine oturtulmuş olur.

Manda yağında kızartılmış barbunya fasulye ve pidenin varlığı sofrayı, yanılgıya meydan vermeyecek biçimde Mısırlı sofrası yapar. Yumurtalı jambon ne denli İngiliz işi ise, *fûl-i mudemes* de o denli Mısır işidir. Yemeğin, minderlere oturularak alçak bir yer sofrasında yenmesi toplumsal koşulları belirleyicidir: Yer sofrasında yemek, orta sınıfın üst dilimine yükselindiğinin göstergesidir; daha üst bir sınıftan orta sınıfın üst dilimine düşüldüğünün değil... Üst sınıf yemek masası ve sandalyeyi bırakmayacaktır. Baba ile oğullar (ailenin, baba ile yemek yemesine izin verilen tek üyeleri) arasındaki karşılıklı ilişkilerden babanın kişiliği, eğitimi, kültür düzeyi ve çocuklarıyla ilişkileri üstüne daha başka bilgiler ediniyoruz.

Her ne kadar anne onlarla birlikte yemek yiyemese de, görevi kahvaltı tepsisini getirip bırakmakla sona ermez. Odada, su testisinin yanında, her türlü buyruğu yerine getirmek üzere bekler. Alt katın tek egemeni olan anne, üst katta ağzı var dili yok, önemsiz bir varlık düzeyine indirgenmiştir. Yine de, bu ritüel sırasındaki sessiz varlığı, ailenin diğer kadın üyelerine nasip olmayan bir tür saygınlık katar ona. Açlıktan ölseler de, üç oğul kendilerini tutar, babalarının yemeğe başlamasını bekler; sonra yaş sırasına göre başlarlar yemeye: Yasin, Fehmi ve ardından Kemal. Bu, babalarının önünde ne denli resmi davrandıklarını ve aile içinde hiyerarşik ilişkilerin düzeyini gösterir. Yazar bir ara öykü anlatıcıyı değiştirip, yemeğin sonraki bölümünü en küçükleri Kemal'ın gözünden anlatır. İçlerinde babalarından en çok korkan Kemal'dir; yemeğini dikkatlice ve gergin yer. Önündeki yemeği cıva gibi ağabeylerine kaptırıp kaptırmayacağını bilmediği için rahatsızdır; hele baba sofradan kalktıktan sonra... Önce babanın, ardından annenin ayrılmasıyla, yemek düzeni bozulur ve resmi hiyerarşik ortam demokratik bir ortama dönüşür. Bu kez üç oğlan bambaşka koşullarda, yemek kavgasına girişirler. Bu dönüşüm bile, ailenin iç dinamiğinin bir başka göstergesidir.

Sofradan erken ayrılan baba odasına geçerken, anne içinde süt, bal ve üç çiğ yumurta karışımı bulunan bir fincanı ardından koşturur. Böylece okuyucu, babanın kahvaltısını tamamladığı bölüme hazırlanmış olur. Bu noktada öykü, çeşitli macunlar ve güçlendiriciler dünyasının perdesini aralar: Bunlar, babanın bol yemek yemesini sağlamak ya da cinsel iştahını açmak amacıyla hazırlanır; damat adayları evin kızlarını tombul ve çekici bulsun diye kızlar için pişirilen kimi özel karışımlar da vardır. Okuyucu, kadın ve erkeğin bu alanda ilgilendikleri birbirine zıt iki konuyla da tanışmış olur: Güçlendiriciler, iştah açıcılar alanında bilgili, hünerli olan annedir; babanın kafasından geçen düşünceler aracılığıyla ise, uyuşturunun diriltici, uyarıcı etkileri üzerine çeşitlemelerle tanışırız.

Bir başka önemli karşıtlık da, aile toplantıları arasında babanın ağırlığını duyurduğu kahvaltı ile, annenin başında bulunduğu, güneş batmadan hemen önceki kahve saati arasındaki karşıtlıktır. Kahve saatinde, baskıcı babaerkil düzenin yerini demokratik anaerkil düzen alır. Üst katta yapılan ve yalnızca evin erkeklerini kapsayan kahvaltının tersine, kahve birinci katta içilir ve evde olmayan baba dışında, herkese açıktır. Baba, işten çıktıktan sonra her geceki alışılmış uğraşlarına yönelir. Kahve saatinin belirleyici ilkesi kapsayıcı olmasıdır, dışlayıcı değil... Ailenin her üyesine kahve içme izni çıkmamış bile olsa, aile üyelerini bir araya getiren ve değişik gereksinimlerini karşılayan bu önemli toplumsal ritüelde herkes önemli bir rol üstlenir. Kahvaltı ortamının katı hiyerarşik düzeni, kahvaltı olayının tek ve bütüncül bir bakış açısından sunulmasını gerektirir. Yazarın, bakış açısını değiştirmek üzere kahvaltının kalan bölümünü Kemal'in gözünden anlatmayı seçmesinin başlıca nedeni hiyerarşik sıkı denetimin gücünü sergilemek içindir. Kahve ortamı çok sesliliğe izin verirken bir yandan da öyküye çok boyutluluk kazandırır. Olaylara bakış açısı değiştirilecekse, kahvaltıda olduğu gibi birinin ağırlığını duyurmak için başkasına söz vermekle yapılmaz; tersine, kahve saatinin çeşitlilikten doğan zenginliğini sergileyen ve rahatlatıcı havasını artıran bir yaklaşımla yapılır.

YEME İÇME DÜZGÜLERİ VE UZAM DEĞİŞİMLERİ

Yazınsal metinler birçok göstergebilim düzgülerinden yararlanır ve bu çeşitli düzgüler arasındaki ilişkiler metnin anlatım gücünü artırır, ufkunu genişletir. *Kahire Üçlemesi*'nde, aile içi güç dengesinin günlük yemek ve kahve içme ritüellerine nasıl yansıdığını, her etkinlik için ayrılan alanlarda nasıl simgeleştiğini gördük. Kahvaltı, sadece babanın alanı olan üst katta yapılıyordu. Herkes babanın ayağına geliyor ve onun koyduğu kurallara göre davranıyordu. Aynı şeyi alt kat, annenin tartışma götürmez egemeni olduğu ülkesi için, hatta kahve saatinin geçtiği birinci kat için de söyleyebiliriz. Fakat, üçlemenin göze görünmeyen iki kahramanı zaman ve değişim olduğu için, bunların tümü değişime uğruyor; böylece o mekânlarda yenen yemeğin ve içilen kahvenin önemi de değişime uğruyor. *Kasrü'ş-Şevk*'te Fehmi'nin ölümü ve iki kızın evlenmelerinin ardından birinci katta yapılan kahve saatinin zemin kata indirilmesi, yediği bu iki büyük vurgunla annenin yaşama sevincinin ana kaynağının nasıl hemen hemen kuruma noktasına geldiğini gösteriyor.

Es-Sükkeriye'de kahve içilen mekânın yeniden birinci kata taşınması ilişkilerde büyük bir değişimin göstergesi olarak kullanılıyor. İki kızın daha genç ve güzel olanı Ayşe'nin başından geçen bir dizi felaket, çektikleri nedeniyle ona daha başına buyruk davranma özgürlüğü verir: Açık açık ve özellikle kahve saatinde evin erkekleri gibi sigara içer. Zemin katın kadınları artık kahve saatinde birinci kata çıkarlar; böylelikle, ailenin bütün üyeleri arasında hiç olmazsa bir tür yarı eşitlik sağlanmıştır. Buna olanak bulunmasının nedeni babanın sağlığının bozulması, üst kattan birinci kata inmek zorunda kalmasıdır. Bu zorunluğun sonuçlarını yeme içme düzeninde ve günlük yaşamında da görüyoruz. Artık yoğurt ve bir portakaldan oluşan akşam yemeğini evde yemektedir; içkili, yemekli eğlence akşamlarının zevkinden yoksundur. Bu anlatım tekniğinin bir parçasıdır: Değişimin etkilerini vurucu biçimde verebilmek için anlatma yerine gösterme seçilmiştir. Daha sonraları, kahve saatinin kalkması, varlığı denli anlamlıdır. Varlık/yokluk karşıtlığı, öykülemede geçerli düzgünün önemli boyutlarından biridir.

Yeme içme üstüne düzgülerle bağlantılı önemli uzamsal belirtilerden biri de evde yenenlerle evin dışında yenenler arasındaki ayrımdır. Üçlemenin ilk iki bölümünde, babanın evde akşam yemeği yediği ender görülür. Akşamlar, mezeler eşliğinde içki içilen eğlencelere ayrılmıştır. İçki içme ritüelinin bir parçası olan meze, bir nesnenin başka nesnelerle ilişkilendirildiği anda nasıl değişik bir anlama büründüğüne örnektir. Mezelerden her biri evde tek başına yenebilir ve alkollü içkileri çağrıştırmaz; ama, birçok meze bir arada sunulduğunda sıradan bir yemek olmaktan çıkıp yasaklanmışlar sırasına katılır. Sonuçta, evde yemek bir yana, mezenin evde sözü bile edilmez. *Es-Sükkeriye*'de, artık yaşayamadığı kaçamak gece yaşamına duyduğu gizli açlığın bir parçası olarak meze sözcüğü babanın kafasında dolanır durur. Meze sözcüğü içkili eğlenceleri aklına getirmesi gerekirken, acı verir. Sözcük, babanın kafasından geçirdiği gizli düşüncelerde bile artık eski bağlamından kopmuş, içeriği ters yüz olmuştur; artık neşeyi çağrıştırmamakta, acı vermektedir.

BAĞLAMINA TERS DÜŞEN YİYECEKLER

Yeme içmeye ilişkin göstergenin bağlamından koparılması bazen öyle bir biçimde kullanılabilir ki, gösterge ile gösteren arasında kapatılamaz bir kopukluğa neden olur ve göstergenin yemekle ilgili içeriğine karşı tepki doğurur. Üçlemede bunun birçok örneği var. Küçüklüğünde Yasin'i annesi gizli ilişki yaşadığı manava göndermektedir. Manav da çocuğu torbalar dolusu meyveyle geri gönderir. Meyve, bir yiyecek olarak yeme içmeye ilişkin bağlamından çıkarılınca, erotik iletilerin taşıyıcısı, günah ve ihanetin simgesi oluyor. Meyve dolu torbaların anısı, lezzetli besinleri anlamlamanın ötesinde, bir azap kaynağı oluyor ve Yasin'i yetişkin adam olduğu yıllarda bile rahatsız ediyor. Çektiği eziyet ancak yıllar sonra manavın ölümüyle sona erer.

Bu konu yalnız üçlemenin dünyasına ya da Mahfuz'un romanlarına özgü değil. Bir başka yazarın, Yusuf İdris'in yapıtlarında benzer örnekler bulunabilir. *El-Garib* (Yabancı, 1960)[4] adlı küçük romanında, yabancının güzel karısının, baştan çıkarmaya çalıştıktan sonra başaramayınca, öyküyü anlatana ikram ettiği pasta da benzer çağrışımlar yapmaktadır. Genç anlatıcı pastaya bayılır ve kadının cilvelerine karşı koymuş olmasına karşın pastaya dayanamaz. Fakat pastanın ihanet simgesi olarak üstlendiği yeni anlamı sindiremeyerek, yediği dilimleri kusar ve pastanın kalanını atar. Çocuğun dünyasında pasta istek duyulan bir yiyecekti; fakat, baştan çıkarma ile ilişkilendirilmesi, onu olağan bağlamından ayırıyor ve kendi bilinen bağıntılarını ters yüz ediyor; onu tiksinti ve nefret duyulacak bir nesne durumuna getiriyor.

YEMEK, TOPLUMSAL SINIFLAR VE ZAMAN

İnsanın yiyip içtikleri, geldiği sınıfın, kültür tabanının, hatta zamanla değişen davranış biçimleri ve beğenilerinin açık göstergesi olabilir. Mahfuz'un *Kahire Üçlemesi*'nin birinci bölümünde, Yasin üst sınıftan evlenir; karısı Zeyneb, Abdülcevad'ın büyük evine taşınır. Birgün Zeyneb babasının en sevdiği yemek olan *şerkesiye* (Çerkeziye)[5] pişirmeyi önerir. Kocasının tarafında bu yemeği bilen yoktur. Yemek, adıyla bile toplumun üst sınıflarının yaşamını çağrıştırmaktadır; dişil hali, Osmanlı hareminde güzellikleri ve mutfaktaki hünerleriyle ünlü Çerkez cariyeleri akla getirmektedir. Zeyneb'in kızlık soyadı İffet kulağa açıkça Türkçe gibi gelmektedir. Zeyneb'in pişirdiği yemek Abdülcevad'ın evini karıştırır: "Herkeste hayranlık uyandırdı; özellikle Yasin'de... Anneleri ani bir kıskançlık duygusuyla kıvrandı. Hadice öfkeden deliye döndü ve yemeği alaya aldı" (*Beyne'l-Kasreyn*). Fakat, Yasin'in kızkardeşi Hadice, saldırgan tepkisinin gerisinde, yemeğe duyduğu hayranlığı gizleyemez: Her zamanki becerikliliğiyle en iyi biçimde pişirmeyi öğrenerek ustalığını sergilemeye heveslidir. Böylelikle toplumdaki konumu yükselmiş olacaktır kuşkusuz.

Yemek toplumsal bir ayraçtır ve Hadice, *şerkesiye* ve diğer üst sınıf yemeklerini kusursuz pişirmeyi öğrenmek istemesinin yararını, kendisi de üst sınıftan biriyle evlendiğinde görecektir: Şevket'lerin (bir başka Türkçe ad) mutfağını aksatmadan çekip çevirecektir. *Melhametü'l-Herafiş* (1977) adlı başka bir romanında Mahfuz kişilerden birinin talihinin döndüğünü

---

4 İdris'in *Ahirü'd-Dünya* (1960) adı altında topladığı öyküleri arasında yer alan "el-Garib" ("The Stranger"), Kathrine Cobham'ın çevirisiyle *Rings of Burnished Brass* adlı seçkide yer aldı (Londra, Heinemann, 1984), s. 92-157.

5 Şerkesiye, kırmızı et ya da tavuk etiyle yapılan bir yemektir: Soğan, sap kerevizi, domates ve bol ceviz ezmesiyle birlikte pişirilir; yanında pirinçle ikram edilir.

belirtmek için yemekten yararlanır. Pişmekte olan içeriği zengin et yemeğinin kokusu, *rayihatü't-takliyye*, evden yükselir; yemek kokusu roman kişisinin toplumsal konumundaki düzelmenin, tuttuğu işi başardığının göstergesidir. Yazın, koku göstergelerinden kesin referans değerleri oluşturan bir söz dağarcığı ve bir göstergebilim sistemi olarak yararlanagelmiştir. *Rayihatü't-takliyye* kokudan öte birşey değil; ama, Mahfuz onu çok daha karmaşık bir ileti taşıyan bir göstergeye dönüştürüyor.

Yeme içme romanda kişilik betimlemesinde de kullanılıyor. Üçlemenin ilk bölümlerinde babanın kişiliği, yemek yeyişi aracılığıyla anlatılıyor:

> Baba, sanki çeneleri tam hızla, duraksız çalışan bir kıyma makinesiymiş gibi, yemeği büyük miktarlarda ve çabuk çabuk öğütüyordu. Fasulye, yumurta, peynir, biber ve limon turşusu, sofrada kaç türlü yiyecek varsa, hepsinden birer parça yığarak yaptığı dev lokmayı aceleyle öğütürken, parmakları bir sonraki lokmayı hazırlıyordu. Oğulları, ne pahasına olursa olsun ve ateşli doğalarıyla ne denli bağdaşmaz olursa olsun, çekinerek, dikkat ederek yiyorlardı. (*Beyne'l-Kasreyn*).

Babanın yemek yiyişiyle, oğullarınınki arasındaki karşıtlık, betimlemenin etkisini artırıyor. Babanın yemek yiyişinden, okuyucu, onun yoğun yaşayan, güçlü kişiliği ve yaşam karşısındaki tuttuğunu koparan tavrı hakkında ayrıntılara ulaşıyor.

Yeme içme, Iraklı yazar Fu'ad et-Tekarli'nin *er-Rec'ü'l-Ba'îd* (Uzak Yankı, 1980) adlı romanının izleğinde ve kişilik betimlemelerinde de önemli yer tutar. Ümm Hasan ve Naciye adlı iki yaşlı kadın üst katta bir başlarına kalmışlardır; açtırlar, ilgilenenleri yoktur. Yemek isterler ve yeterince yemek gelmediğinden yakınırlar; olup bitenden haberli olduklarını söyleyerek durmadan birilerini uyarırlar. Özellikle bir dilim karpuz özlemi çekmektedirler; çünkü, Bağdat'ın olağanüstü sıcaklarında karpuzun yatıştırıcı etkisi her derde devadır. Karpuz istemekteki amaçları, bir yandan da hâlâ hesaba katıldıklarından ve böylesine çok isteklisi olan bir nesneden paylarının verileceğinden emin olmaktır. Ardı arkası kesilmeyen aç bırakıldıkları yakınmasının altında, ailenin önemli işlerinde bir kıyıya itilmekten, yok sayılmaktan duydukları acı vardır. İlgi açlığı çekmektedirler; fakat, ne gülünesi durumdur ki, sonu gelmeyen istek ve yakınmaları nedeniyle kendilerini bir baş belası durumuna düşürürler; kendilerini ciddiye alacak her girişimi engellemiş olurlar. Roman boyunca hiç silinmeden bir izlek olarak süren yiyecek isteği, romanın ana izleklerinden birini belirlemekte: Başkalarının duyguları ve gereksinimleri karşısında duyarsızlık, körlük...

Kişilik betimlemeleri ve izlek dışında yeme içme, olayın gelişimini ve zamanın akışını göstermek amacıyla da kullanılmakta. Yusuf İdris'in *Beyt min Lahm* (Et Evi, 1971, s. 5-14) adlı yapıtında, öyküde adı geçen beş kişinin birlikte yedikleri tek yemek *ʿışâ*, akşam yemeğidir. Yazar bu her gün bir araya gelişleri, aralarındaki uyumda herhangi bir değişikliği saptamak ve konunun gelişimini göstermek için, tıpkı bir ısıölçer gibi kullanmaktadır. Başlangıçta yemek sıkıcıdır; yas tutan dört kadın suskun ve üzüntülü, yemek yemektedirler. Annenin bir kör adamla evlenmesinden sonra, kederin gönül daraltan sessizliği dağılır ve yerini neşe, kahkaha alır. Yemek aile için neşeli bir toplantı olur ve kör adamın başlangıçtakı dingin, denetimli kişiliğinin altından gülmeyi, eğlenmeyi seven bir kişilik çıkar. Fakat kadının kızlarından biri, adamın öğle uykusuna daldığı sırada yatağına usulca girdikten sonra yemekte suskunlaşır. Kör adam neşesini, şakacılığını diğer iki kızla sürdürür. Fakat onlar da, sırayla, birer birer bu günah oyununa bulaşır; kör adamın yatağına giren suskunlaşır. Sonunda sofraya yeniden sessizlik egemen olur. Bu sessizlik, akşam yemeği ritüelini bir karabasana ve öyküyü de düşündürücü bir mecaza dönüştüren başka türde, gebe bir sessizliktir.

Anlatı, bir zaman kurgusunu ele alabileceği gibi, gerçekteki zaman akışını da ele alabilir. *Beyt min Lahm*'da yemek, kurmaca zamanı ve eylem sırasını belirlemek için kulanılmıştır; fakat, doğal zamanın akışını aktarmak için kullanıldığı başka metinler de vardır: Doğal zamanın geçişiyle beğeniler ve değerler de değişime uğrar. Fethi Ganim'in yazdığı *Sittü'l-Hüsn ve'l-Cemal* (Güzel ve İyi Kadın, 1991) adlı romanın kadın kahramanı olan film yıldızı adayı Dünya'nın perhiz yemeği, onu sağlıklı, ama ince tutacak biçimde dikkatle ölçülüp biçilmektedir: Protein ve lif bakımından zengin, ama yağ ve nişasta bakımından yoksuldur. Geçmiş yılların şişmanlatıcı düzenlemelerine karşılık, buradaki zayıf tutan yemekler yeni sınıfın göstergesidir. Buradaki ince olmakla Mahfuz'un üçlemesinde çok makbul sayılan tombulluk arasında dağlar vardır ve incelik sağlıyan yemekler beğenide ve kadın güzelliğindeki değişimi belirlemektedir. Ganim'in romanı 1950'lerde, yani üçlemenin birinci kitabından yirmi otuz yıl sonra geçer. Beslenmeye ilişkin değerlerin değişimi zamanın akıp gittiği anlamına gelir. Üçlemede bile kadın güzelliğinin ölçütü zamanla değişirken beslenmeye ilişkin değerler de değişir. Ganim'in romanında, beslenme düzenindeki değişme, bir sınıftan öteki sınıfa atlayışın olduğu gibi, bir dönemden öteki döneme geçişin de göstergesidir. Baş kahramanlar Dünya ve Ömer'in her ikisi de İskenderiyeli yoksul ailelerden gelmektedir ve daha yüksek bir toplum katmanına atladıkları, yemeklerde bol bol et yiyebilmelerinden bellidir. Talihlerindeki dönüşün miktarını yemeğe vurarak ölçmektedirler ve yeni yemek yeme ölçütlerine alışırlarsa, yokluk çektikleri eski günlere dönemeyeceklerinin endişesini taşımaktadırlar. Yeni beslenme düzenini, toplum basamaklarında yükseldiklerinin somut kanıtı olarak algılamakta, eski düzeni de geçmişte kalmış olarak görmektedirler.

YEME İÇME VE CİNSELLİK

Yaşamın başlıca zevklerinden biri sayılan yeme içme, çoğu zaman diğer keyif veren eylemlerle, özellikle cinsel edimlerle birlikte akla gelir. Mahfuz'un üçlemesinde, aşk evinde geçen zevk akşamlarında ikram olunan yemekler, dingin ve düzgün aile ortamında sunulanlardan büsbütün başkadır. Bir cümlenin girişinin, tanıdık çağrışım kalıpları aracılığıyla gerisini ele vermesi gibi, gelen ilk meze tabakları gelecek içkileri muştuladığı gibi, onu izleyen şarkı ve dans da, ardından gelecek cinsel etkinlikleri anıştırır. Üçlemede, sarhoşluk verici içkilerle cinsellik arasında güçlü bir bağlantı kurulmaktadır; yalnız babanın yaşamında değil, oğulları Yasin ve Kemal'ın yaşamlarında da... Romanın ilk bölümlerinde Yasin, "yaşamında şarap ve kadını birbirinden ayrı düşünemediğini, bunların birbirini bütünlediğini; şarabın tadına ilk kez bir kadınla birlikteyken baktığını; alışkanlığa dönüşerek şarabın yaşamına zevk katan değerli maddelerden biri durumuna geldiğini" itiraf eder (*Beyne'l-Kasreyn*).

Üçlemede, şarap ve cinselliğin birbirinden ayrılmazlığının kökeninde, ikisine erişmek için de dinsel ve toplumsal yasakları çiğnemek gerektiği yatar. Yasin yaşamında şarap ve kadının birbirinden ayrılmaz olduğunu teslim ederken, bu açıklamada geçen "kadın" sözcüğü üstü kapalı olarak erdemden yoksun kadınlara gönderme yapmaktadır. Kadına bir kez yasal olarak ulaşıldı mı, hemen çekiciliğini, erişilmezliğini ve cinsel büyüleyiciliğini büyük ölçüde yitirir. Yasin'in karıları, birbiri ardından, birkaç haftalık evlilik dönemi sonunda baştan çıkarma gücünü yitirir; istek uyandırmaz olur. Evde içki içemediği için, şaraptan ayrı tutmak zorunda kaldığı yasal, hak edilmiş cinsellik kısa sürede su denli tatsız gelmeye başlar. Yasakları çiğnemenin heyecanı cinsel dürtülerini uyarır; bu da yasak içki şarabı, büyük bir uyarıcı ve herhangi bir cinsel serüvenin ayrılmaz parçası durumuna getirir. Toplumsal ve dinsel yasaklar davranış sistemleri oluşturdukları için, yasakların çiğnenmesi de kendi değerler sistemini inşa eder. Bu karşıt sistem, yiyecek, içki ve kadın üstüne çeşitli sözcükler içeren bir dağarcık aracılığıyla özetlenir; sistemin bir başka yanı da yiğitliğe ve arkadaşlar arası dayanışmaya dayalı katı ahlak ilkeleridir.

Bu çatışan iki sistemin üçlemenin her üç erkek kahramanında da bir arada varolması, görünürdeki karşıtlığına rağmen iki sistemin birçok ortak yanı olduğu gerçeğini vurguluyor. Baba ile yakın arkadaşı Muhammed İffet arasında, İffet'in kızı Zeyneb'in, Yasin'den boşanması konusunda geçen konuşmada bunu açıkça görüyoruz. Yasin, karısının kara derili hizmetçisini baştan çıkarırken yakalanmıştır. Muhammed İffet'i çileden çıkaran damadının evlilik dışı ilişkisi değildir; çünkü bunu kendisi de her zaman yapmaktadır. Kabul edemediği, Yasin'in bu tür yasadışı kaçamaklarda uyulması gereken karşıt sistemi çiğnemiş olmasıdır. İffet şöyle der: "İçkiyi kaçırdığım, maraza çıkardığım, koynuma kadın aldığım doğrudur; ama, çamura batmaktan kaçınmışımdır; hepimiz kaçınırız" (*Beyne'l-Kasreyn*). Burada, İffet dahil, babasının arkadaşlarıyla Yasin arasındaki ayrım açıkça belli oluyor: Baba ile arkadaşları oyunu kurallarına göre oynuyorlar; Yasin'se, karşıt sistemin değerleriyle uyumlu, ince bir sanat olan aldatmayı canavarca, hayvanca bir eylem düzeyine düşürüyor. Yasin'in başına kakılan kuralları çiğnemiş olmasıdır; yoksa yasa dışı cinsel ilişkinin kendisi değil... Yasa dışı cinsel ilişkiyi, ait olduğu sistemde birlikte yürüdüğü diğer öğelerden —yemek, içki, şarkı, dans— ayırınca sistem eyleme karşı çıkıyor, ve Yasin'i hem babasının ve hem de İffet'in sert eleştirileri karşısında savunmasız bırakıyor.

Yeme içmenin, cinsellik dünyasında yasakları çiğnemek ya da birleşik bir sistem oluşturmaktan öte üstlendiği işlevler de vardır. Yemekten, cinsel isteği kamçılayıcı olarak yararlanıldığını, üçlemenin başlangıcında ve Mahfuz'un başka yapıtlarında, özellikle *Zukakü'l-Middak* (Middak Sokağı, 1947) adlı yapıtında görüyoruz: Selim Ulvan için her gün hazırlanan özel öğle yemeğinin ünü sokakta herkesin kulağına gider; hele de fırıncının karısı Hüsniye merakını yenemeyip yemeğin birazını çalarak kocası Ci'dah'a yedirdikten sonra... Büyülü etkisiyle iki saat süren yoğun erkeklik gücü ve zevk sarhoşluğu sağlaması, yemeği herkesin coşkuyla onaylamasına yeter. Yemeğin kamçılayıcı etkisinin önemini büyütmek için roman, Ulvan'ın zayıflamakta olan erkeklik gücünü, Ci'dah'ın gücünün artmasıyla karşılaştırır. Fırınına pişmek üzere gönderilen bir tepsi dolusu kavrulmuş gök buğday, güvercin eti, muskad ve diğer baharattan oluşan yemeğin büyük bölümünü Hüsniye'nin devamlı çalarak zengin karışımın yerine sıradan kabuklu buğday doldurması sonucu, Ulvan günden güne eril gücünü yitirmiş, Ci'dah güçlenmiştir.

Yemek ve cinsellik arasındaki derin etkileşimin bir başka kullanıldığı yer İdris'in "Leyletü's-Seyf" (Yaz Gecesi, 1957, s. 105-33) adlı öyküsüdür. Burada yemek yeme, hem ilişkiye ön hazırlık olarak sunulmakta, hem de ardından gelecek doyum arasında benzerlik kurulmakta. Bu güçlü kısa öyküde İdris, ayrıntılı bir "içsel aracılık"[6] (*mediation*=göstergenin işlevi)

---

6 "İçsel aracılık" kavramının ayrıntılı açıklaması için bkz: Girard (1965, s. 1-52).

yapısı geliştirmek amacıyla öykü içinde öykü tekniğinden yararlanıyor. Geliştirdiği yapıda öykü boyunca çok sayıda ilginç koşutluklar kurulur. Bu koşutluklar dış çerçeveyi oluşturan öykü ile içindeki öyküler arasındaki bağlantıyla sınırlı kalmıyor; ya da, kahraman ile köy delikanlıları arasında geçen konuşmalarla... Aynı zamanda yemek konusuna da etkin biçimde giriyor, çifte karşıtlık biçiminde bağlantı kuruluyor: Birincisi, kenteki güzel kadının sunduğu yemekler ile köyde tüketilenler arasındaki karşıtlık; ikincisi yemek ile cinsel ilişki arasındaki karşıtlık.

Öykünün konusu, birbirinin yerini tutabilen iki arzu üstüne: Yeme içme ve cinsellik. Öyküde yemek, cinselliğe aracılık ediyor; sonra da cinselliğin yerine geçiyor. Birinci çoğul kişinin anlattığı çerçeve öykü, Mısır'ın yoksul bir köyünde bir küme delikanlının yaşadığı zorlukları, delikanlıların yoksulluk ve kadınsızlıkla başa çıkma çabalarını anlatır. Tarlada çalışmakla geçen zorlu bir gün ve yarı aç yarı tok kalkılan sofranın ardından eğlenme çabasıyla Muhammed'den kentte başından geçmiş serüvenleri anlatmasını isterler. Öykü içindeki bu öykü, köy delikanlıları ile öykü arasına uzaklık koymak için üçüncü tekil kişinin başından geçmiş gibi anlatılır; oysa olayın kahramanı, olayı doğrudan anlatmakta olan Muhammed'dir.

Muhammed diğerlerinden biraz daha yaşlıca olduğu ve kentte çalıştığı için daha deneyimlidir. Bu konumu onu, bir "arzu üçgeni"nde aracı olma konumuna getirir: Burada Mohammed hem aracı, hem de delikanlılara rakip ve arzu ettikleri nesnelerle aralarında engeldir. Bu da içsel aracılığın özelliklerinden biridir.[7] Güzel bir kadının kendisini evine çağırıp yatmadan önce yemek ve içki ikram ettiğini anlatmaya başlamıştır ki, delikanlılar da anlattığı öyküye karışmaya başlarlar. Hatta çoğu kez sözü ağzından kaparlar; çünkü anlattıkları zaten en çok özlemini çektikleri şeyin ta kendisidir. Yemek, içki ve kadın, delikanlıların düşlerinin malzemesidir; Muhammed bu isteklerin yalnızca aracısıdır. Arkadaşları, arzu ettikleri nesnelere (yemek, içki ve cinselliğe) kendi adlarına ulaşabilmesi için, onu anlattığı öyküde belirli bir biçimde davranmaya ikna ederler. Hatta duraksadığı ya da çekingenlik gösterdiğinde onu eleştirirler. Korku ve duraksama engellerini aşmak amacıyla, Muhammed kararlılığını pekiştirmek üzere içkiden yararlanır ve kadın içki ikram edince, içki konusundaki deneyimsizliklerine karşın kabul etmesi için delikanlılar onu kışkırtırlar. Mahfuz'un üçlemesinde ortamın kösnül havasını artırmak yiyeceklerden yarar-

---

7 "Arzu üçgeni" kavramını Girard geliştiriyor (1965): Üçgenin köşelerinde isteyen (özne) - aracı - istenen (nesne) bulunmakta.

lanılır. İdris öyküsündeki durum buna benzemez: Cinsellik, yeme içmeye çarpıcılık katmak amacıyla kullanılır ve de tersi...

Köy delikanlılarının besleyici zengin yiyeceklere açlığı öykünün başlangıcında belirtilmiştir. Öykünün kahramanına lezzetli yemeklerle dolu sofra sunulduğunda cinsellik çağrışımlarıyla yüklüdür ve yemeğin her öğesi çağrışım dolu bir anlam kazanır. Yemeğin betimlemesi —güvercin, patates ve etle doldurulmuş koca bir hindi dolması— hep isteyip de hiçbir zaman yiyemediklerini yemiş olan Muhammed'e karşı kıskançlık ve nefret duyguları uyandırır. Bütün bu yiyip içtiklerinden sonra bir de kadınla yatıp da olanları tek tek anlatmaktan kaçınınca, duydukları kıskançlık kine dönüşür. İçteki öykünün anlatımı sona erdiğinde delikanlılar, gönderdiği iletilerle yemek ve cinsellik isteklerini ateşleyen Muhammed'e düşman olmuştur. Kendilerini o kadına götürmesini isterler. Kadın ve sunduğu yemekler üstüne daha ayrıntılı bilgiler istenmesi kente yolculuğu kaçınılmaz yapar. Gelişen çatışma, yolculuğu bir karabasana dönüştürür; hep birlikte köye dönerler. Burada yeme içme düzgüleri yaygın bir mecaz ve ona bağlı uyumlu öğelerle anlamlı bir bütün oluştururlar. Bu bütünlük içinde yeme içme ve cinsellik, yoksulluğun ve yoksunluğun acımasız sertliğini duyurmak için birlikte kullanılmaktadır.

DİN KAYNAKLI YEME İÇME RİTÜELLERİ

İçinde yeme içmenin az ya da çok yer almadığı hiçbir dinsel şenlik yoktur. Nasıl yılbaşı hindisiz, Paskalya yumurtasız olmazsa, Müslüman Arap dünyasının belli başlı dinsel günleri de belirli yemekler olmadan düşünülemez. Kuran yemeğe ve içeceğe göndermelerle doludur ve Ramazan, her akşam orucun açılmasını kutlamak üzere yenen yemeklerle, zaman içinde bir kutlamalar ayına dönmüştür. Ne gariptir ki, Müslüman ülkelerin çoğunda, Ramazan ayında yiyecek tüketimi yüzde 50 artar. Şafaktan günbatımına, ortalığın aydınlık olduğu saatlar boyu oruç tutmanın zorluğundan dolayı, katı disipline dayanabilecek denli büyüyünceye dek çocuklar ne oruç tutarlar, ne de onların Ramazan ritüellerine katılmalarına izin verilir. "Ramazan" adlı öyküsünde (1956, s. 34-47) Yusuf İdris, ritüellerle dolu Ramazan yaşamını, gece yaşamına katılabilmeyi büyüdüğünün göstergesi sayan bir çocuğun gözünden anlatıyor. Ona göre, sahura kaldırılmakla yemek hakkının ayrılması aynı şey değildir. Onu da sahura kaldırmaları için döğünür, ağlar: Yiyecek yüzünden değil; sahur törenine kabul edilmesinin taşıdığı değer nedeniyle... Çocuk sahuru toplumsal bir tören olarak anlamaktadır; doğrusu da budur; törene katılamadıktan sonra yenecek yemeğin ne önemi kalır.

İki Müslüman bayramı yeme içmeyle çok yakından ilişkilidir: Îd-i fıtr'da orucun sona erişi kutlanır; Îd-i adhâ, her şeyden önce, kurban bayramıdır. Bunlar dışındaki, Müslüman yeni yılı, Mevlid, şeb-i isrâ', Şaban ayının ortası, Aşure (Muharrem ayının 10. günü) gibi bütün dinsel günler belirli bir yiyecek ya da içecekle ilişkilidir. Yazınsal metinlerde bu günleri hep yeme içmeye dönük yanlarıyla buluyoruz.

Her yerin kendi yerel ermişini anmak için yılın belirli günlerinde yapılan daha az önemli dinsel şenlikler (*mevlid*), Arap yazınına dinsel olayları yansıtmada yeme içme üstüne en belirgin göstergeleri kullanma fırsatı vermiştir. Abdülhakim Kasım'ın yazdığı *Eyyamü'l-İnsani'l-Seb'a* (İnsanın Yedi Günü, 1969) adlı yapıt bütünüyle, el-Sayyid el-Bedevi adlı ermişin yılın belirli bir zamanında anılmasını anlatmaktadır. Romanın usta işi kurgusu, kutlamaların geçtiği yedi günlük süreyi, olayın kahramanı/anlatıcısının yaşamına yayarak, ritüelin yedi gününden her birini yaşamının belli bir dönemine denk getirerek anlatır. Birinci gün, "el-Hazıra" (Toplantı) çocuk anlatıcının gözüyle anlatılır; ikinci gün yıllar sonra delikanlılığında geçmektedir; böylece sürüp gider ve yedinci günü anlattığında artık olgun, alaycı, yaşlı bir adamdır. Bu anlatım süreci içinde, anlatanın ailesi, aldığı eğitim, bu yıllık dinsel şölenin dokusuna sindirilmiştir. Roman, bir yaşam döngüsünü ele aldığı için, şenliğin her günü ile (o günün geçtiği yaşam evresinde) bir yeme içme olayı arasında ilişki kurulmaktadır : İçecekler, ekmek yapma, azık hazırlama, yerleşme, yemek pişirme, yemek yeme vb.

Bu bakımdan en ilginç gün/bölüm, ikinci gündür. "El-Hıbaze" (Pişirme) adlı bu bölümde, ekmek yapma süreci aracılığıyla orta sınıftan Mısırlı bir ailenin özel yaşamına ışık tutulmaktadır. Bu bölümde pişirme günü, (hamuru yoğurma, çörek haline getirme, fırını yakma, pişirme, tadına bakma gibi evreleriyle) eksiksiz bir toplumsal tören olarak en az *mevlid* denli ilginçtir. El-Hazıra (Toplantı) adlı birinci bölüm erkeklerin dünyasında geçer: Çay içme ritüeli, günlük iş güç ve dinsel özlemleri... İkinci bölüm, el-Hıbaze'de roman kadınların dünyasına girer: Ev işleri, duygu dünyaları, çoluk çocuk... Ekmek yapımı, bu toplumsal ve evcil çalışma dolayısıyla kadınları bir araya getiren gerçek bir toplu ayindir. Ama yılda bir kez gelen *mevlid* dolayısıyla ekmek yapımı daha da büyük imeceyi gerektirir; çünkü, katılmanın isteğe bağlı olduğu sıradan fırın yakma günlerinin tersine, *mevlid*'de katılım zorunludur. Kasabadaki *mevlid*'e götürülecek bu ekmek ve çöreklerin yapımına ellerinden geldiğince katkıda bulunmak her aile için toplumsal ve dinsel bir zorunluluktur.

Bal, yayık tereyağı, ekşi süt, un, tahıl, fasulye, yumurta, kaymak, şeker, maya vb'nin sırayla ortaya getirilmesi, antik Mısır tapınaklarına alaylarla götürülen adakları hatırlatır. Her yiyeceğin, onu gönderen aileyle ilgili bir iletisi vardır. Bal, görgülü bir varsıllığın göstergesidir; arı yetiştirmek öyle her çiftçinin harcı değildir. Yayık tereyağı, çok sayıda büyük baş hayvanın göstergesidir; oysa kesilmiş süt yoksulluğun göstergesidir: Tek bir mandanın yolunu gözleyen aile yayık tereyağını satıp kalan kesilmiş sütle yetinmektedir. Yumurta, daha büyük yoksulluğun göstergesidir: Birkaç tavuktan başka besleyecek hayvanı olmadığının... Un ve tahıl verenler büyük toprak sahipleridir. Kaymak ya da manda yağı daha örgütlü bir aile yaşamı iletisi gönderirken, şeker köyde çiftçilikle uğraşmayan tek tük aileden gelir.

Burada ekmek pişirme ile adakların sunulması töreni iç içe geçerek olayı şenliğe dönüştürür. Roman, olayın doğasındaki imeceyi sergilemek amacıyla bu olanaktan yararlanır. Pişirme işleminin kendisi köyün kadınlarının hünerlerini gösterdikleri canlı bir yarışmaya dönüşür. Gün boyu süren bu süreçte, kadınlar bildiklerini ortaya dökerler, ve erkekleriyle ilgili sırlar verirler. Fırının insanı bitiren alevleri kadınların cinsellikle ilgili düşlerini tutuşturur ve onları baştan çıkararak açık saçık konuşmalar yaptırır. Böylelikle okur köy yaşamının özel dünyasını tanıma olanağı bulur.

Kasabaya yerleşimin anlatıldığı dördüncü gün/bölümde, pişirilen ekmekler ve çöreklerin iki işlevi vardır: Birincisi, bir hafta sürecek yerel ermişin *mevlid* kutlamaları için kasabaya giden köyün erkeklerinin hafta boyunca karınlarını doyuracaktır. İkincisi, ekmek pişirme günü alayını tersine döndürecektir. Erkekler kasabaya yerleştikten sonra, *dukka* denen ekmek (çeşitli otlar, tuz ve baharattan yapılma yerel bir karışım) ve çörekler çıkarılıp yardımcı olmalarını sağlamak üzere mahalledeki evlere götürülecektir. Kasabalılar bu ekmek ve çöreklere bayılırlar ve her yıl beklerler, hatta haklarını isterler. Karşılığında, köylülerin kaldığı yere gaz ocağı, bıçak, çanak, tabak gibi mutfak araç gereci, hatta soğan, yağ, şeker ve çay gibi başka yiyecekler gönderirler. Gerçekten de, ekmek pişirme gününün ürünleri kasabaya giden erkeklerin cankurtaranıdır: Karınlarını doyurmalarını sağlar, toplumsal yaşamlarını kolaylaştırır ve başka koşullarda kendilerine düşmanca davranacak kasabalılarla sürtüşmeyi önler.

İKİNCİL SİSTEMLER İÇİN MODELLER GELİŞTİRMEK

Göstergebilim araştırmaları gösterge sistemleri olarak adlandıramayacağımız bir görüngüye de yöneliyor; bunlar daha ziyade davranış sistemleri ya da değer sistemleri ... görgü/görenek sistemleri, hiyerarşiler ve "ikincil sistemler için modeller"; Sovyetler'in bu başlık altında topladığı söylen (*myth*), söylence (*legend*) ve ilkel dinler, belirli bir toplumun dünyaya bakışını ve nihayet, belirli bir kültür modelini tanımlayan kurallar/ilkeleri araştıran kültürler tipolojisini, örneğin, ortaçağ şövalyelerinin düşünce biçimlerine ilişkin düzgüleri örgün bir biçimde ortaya koyuyor (Eco 1979, s. 12).

Arap cömertliği, doğum, evlilik ve ölüm törenlerindeki davranış kuralları/ilkeleri, bir ikramı kabul etmek için ısrar beklenmesi, ve yine aynı biçimde ciddiye alınıp kabul edileceğinden korkmadan bol keseden ikramda bulunma gereksinimi, hep Arap kültürünün belirli ilkelere/kurallara bağlanmış davranış biçimleridir. Fakat diğer bütün davranış ilkeleri gibi, durmadan değişirler ve değişime uğradıklarını ortaya koymanın bir yolu da yazında geçen yeme içme düzgülerinden yararlanmaktır.

İdris'in "Thvidü'l-Aruse" (Gelin Sapağı, 1958, s. 73-83) adlı öyküsü, yeme içmeye ilişkin davranış kuralları/ilkelerindeki çarpıcı değişmeyi ele alır. Öykü zengin bir toplumsal gelenek seçmiştir; bu gelenekte çok sayıda kural, karmaşık bir ritüelle içiçedir ve bu kurallardan birinin çiğnenmesinin, nasıl diğerlerinde yozlaşmaya yol açtığını sergiler. Kırsal kesimdeki ritüellerin en savurganını, düğünü ele alır. Her duyarlı gözlemci gibi İdris de insan ilişkilerini düzenleyen yerleşik kuralların en zayıf noktadan kopacağını bilir. Mısır'ın bazı kırsal bölgelerinde, damatla gelin iki ayrı köyden oldukları zaman, gelin köyünden alınıp gelin alayı eşliğinde damadın köyüne götürülür. Yol boyunda başka köylerden geçerek giderler. İnsan ilişkilerini düzenleyen kurallara göre, geçtikleri köyün kişileri onları karşılayıp, konuk olmaya çağırmalı ve gerekirse zorla, gece kalmaya ve kutlamaları o köyde sürdürmeye, yola sabah çıkmaya ikna etmelidir. Kurallar ayrıca, gelin alayının gelini damada en kısa sürede ulaştırmasını buyurur; bu nedenle çağrıya şiddetle karşı konmalı ve yol gerekirse bilek zoruyla açılmalıdırlar. Sonuç bakımından kuralların bu iki bölümü, birbirini yok saymaktadır.

Bu iki bölümü arasındaki gerilim her iki kuralın da ayakta kalması için vazgeçilmezdir; yalnızca bunlar değil, cömertlik, yüce gönüllülük, yiğitlik, ağırbaşlılık gibi daha bir sürü kültürel öğretinin de varlığını sürdürmesi için gerilim vazgeçilmezdir. Bütün bu kurallar arasındaki üstü örtük bağımlılığın dinamiğini sergilemek için İdris öykünün birinci yarısında *thvidü'l-aruse* adı verilen toplumsal törenin çok eskilere uzanan renkli tarihi üzerinde durur. Sonra, bu eski göreneği yalnızca sözde kalan bir nezaket gösterisi durumuna düşüren köklü değişimleri aydınlatmak üzere, seçtiği örnek üzerinde yaptığı özel incelemeyi sunar. Gelini yoksul, küçük bir köyden seçer ve gelin alayına katılmak isteyenlerin asıl amacının düğün yemeğinden nasiplenmek olduğunu gösterir; gelin alayının abartılı kalabalığı bundandır. Kuralın çöküşünü acılı değil de gülünç bir olay olarak gösteren öyküde abartma, metin stratejilerinin belli başlılarından biridir. Kuralların paldır küldür çöküşünü göstermek üzere öykücü, gelin alayını önce konuksever bir köyden geçirir. Karşılamaya çıkmış bir küme güçlü adamın başını dev gibi birisi çekmektedir. Eski bir çiftlikte çalışan bu iri yarı adam yeni iktisadi gerçekleri görmeye yanaşmamaktadır. Gelin alayı iri adamı görür görmez, içlerinden en akıllısı olan Receb'i dev adamla pazarlık etmeye gönderir.

Karşılaşmada her iki yan da art niyetlerle görüşmektedir: Receb'i güdüleyen açlıktır; bir de yolculuktan en fazla ganimeti elde etme düşüncesi. Öte yandan dev adam yiğitliğini sergilemek ve eskilerde kalmış olan cömertlik ve zenginlik görüntüsünü sürdürmek istemektedir. Bu iki ayrı, hatta birbirine karşıt iki kültürel modeli tanımlayan ilkeler/kurallar uyumsuzluk içinde olduğundan karşılaşma bir komediye döner. Gelin alayına katılanları güdüleyen sert iktisadi gerçeklerdir; karşılamaya gelenleri güdüleyen ise çökmekte olan görenek. Doğallıkla eski göreneklerin iktisadın yasalarına yenik düşmesi hem kolay olur ve hem de acıklı/gülünesi bir durumdur. Gelin alayı hem aç gözlülükle kabul ettikleri çağrının sunduklarından sebeplenir; hem de çağrının yol açtığı kargaşadan nasibini alır. Bunca çok sayıda beklenmedik konuğa yatacak yer ve yiyecek bulmanın zorluğu yüzünden yeni iktisadi gerçekler kafalara dank eder ve çiftliğin sahibi adamlarını işten atar; daha da önemlisi eski *tlıvidü'l-aruse* geleneği ortadan kalkar.

"Tabliyye min es-Sema'" (Gökten Gelen Yemek, 1958 basımı, s. 44-57) adlı öyküsünde İdris bir başka kültür ilkesinin dinamiğini ortaya sermek üzere yemekten yararlanır: Mısırlı köylüler arasında yaygın inanca göre, birinin işlediği günah bütün topluluğa uğursuzluk getirir. Öykünün önde gelen kişisi Şeyh Ali halkta yer etmiş bir cuma günü korkusundan yararlanır; herkesin ortasında Tanrı'ya kafa tutup ondan yemek ve sigara istemek için cuma gününü seçer; çünkü, iki gündür ağzına lokma koymamış, bir haftadır da sigara içmemiştir. Köy meydanında yüksek sesle yapılan bu meydan okuma, köylülerin içine korku salar ve istediği yiyecekleri vermelerine yol açar. Şeyh Ali'nin onuru ve kendine saygısı, köylülerinden yiyecek içecek istemesine engeldir. Tanrı'dan istekte bulunmaksa doğaldır; fakat, öyle bir tavırla ister ki, köylüler, "Tek sus da, ne istiyorsan bizden iste..." dercesine davranırlar; o da böylece canının istediklerini tek tek sayıp dökme olanağını bulur.

Bu bölümdeki anlatılanlar açıkça ortaya koyuyor ki, göstergebilimsel yeme içme düzgüleri yazınsal ifadenin her yanına sinmiştir. Yeme içme özerk bir düzgü gibi görev yapmaktadır ve düzgüyü oluşturan göstergeler bağlamından sıyrıldı mı, önemi de değişmektedir. İzlek düzleminde ise, yeme içme toplumsal ortamı tanımlıyor, kültür tabanını belirliyor, toplumsal sınıfa ve zamana gönderme yapıyor, halk inançlarını ve dinsel inançları aydınlatıyor. Yeme içme, anlatının uzamsal boyutuyla da etkileşim içinde oluyor ve dinden cinselliğe dek çok sayıda insan etkinliğinde yaşamsal bir rol oynuyor; kültürel düzgülerin, beğenilerin ve güzellik ölçütlerinin geçirdiği değişimleri sergiliyor. Metin düzleminde ise, yeme içme üstüne düzgüler metin adlarında çok etkili biçimde kullanılıyor; ortamı tanımlıyor, öykünün geçtiği zamanı belirliyor ve kişilik betimlemelerine önemli katkısı oluyor.

KAYNAKÇA

'Abid, H. ve K., t.y., *Sevânî Haliciyye*, Bahrain.

Abu'l-Fazl 'Allami (16. yüzyıl), 1927, *The A'in-i Akbari*, çev. H. Blochman, ed. D. C. Phillot, Asiatic Society of Bengal adına, Kalküta.

Adjarian, H., 1979, *Hayeren Armatakan Bararan*, 2.basım, 4. cilt, Erivan, Academy Press.

Afnan, Hourani, F., 1984, "Laban, laban: an essay on cooking with yogurt", *Petits Propos Culinaires* 18, s. 54-60.

Afşar, İraj (ed.), 1981/1360, *Aşpezi-i Devre-i Safevi: Metn-i dü risale ez an Devri*, Tahran.

Ahmadov, Ahmad-Jabir, 1986, *Azarbayjan Kulinariyası*, Bakü.

el-'Alevi, Hasan, 1990, *eş-Şi'a ve'd-Devle'l-Kavmiyye fi'l-'Irak*, Londra, Dârü'z-Zevra.

Ali, Su'ad Osman, 1989, *Mevzu'atü't-Tabhi's-Su'udi ve'ş-Şarki*, Cidde.

Alkhazov, N. K., A. D. Dzhabarov, N. M. Maleev, B. A. Sadykhov, N. M. Khalilov ve A. A. Shikhamirov, 1963, *Azerbaydzhanskaya kulinariya*, Bakü.

Allan, J. A., 1981, *Libya: the Experience of Oil*, Londra, Croom Helm.

—— 1985, "Irrigated agriculture in the Middle East: the future", Peter Beaumont ve Keith McLachlan (ed.), *Agricultural Development in the Middle East*, Londra, John Wiley & Sons.

—— 1988, "The Great Man-Made River: progress and prospects of Libya's water carrier", *Libyan Studies* 19, s. 141-6.

—— 1989a, "The effects of the demand for livestock products on natural resources", J. A. Allan, K. S. McLachlan ve M. M. Buru (ed.), *Libya: State and Region*, Londra: SOAS CNMES.

—— 1989b, "Water resource evaluation and development in Libya-1969-1989", *Libyan Studies* 20, s. 235-42.

—— 1991, "Water in the Middle East", *Proceedings of the 1991 BRISMES Conference*, Londra: SOAS CNMES.

—— 1992, "Evolving water demands and development options", P. P. Howell ve J. A. Allan (ed.), *The Nile*, Cambridge University Press.
Aminov, S. A., 1959, *Taomhoi tojiki,* Stalinabad.
Aminov, S., S. A. Vanukevich, ve S. S. Aminov, 1988, *Tadzhikskie Natsional'nye Bliuda,* Duşanbe.
Anderson, Eugene N., 1984, "'Heating' and 'cooling' foods re-examined", *Social Science Information* 23 (4-5), s. 755-73.
Anonim (13. yüzyıl), *Kitabü'l-Vusla ile'l-Habib* (Yazma), Manuela Marin ve David Waines tarafından yayıma hazırlanmakta.
Anonim, 1937(1503), *Kitabü't-Tebâha,* ed. Zeyyat, Beyrut, el-Maşrık.
Anonim, 1980, *Kamusü't-Tabhi's-Sahih,* Beyrut.
Anonim, 1981, *Tatarskaia Kulinariia,* Kazan, Tatarskoe Knizhnoe Izdatelstvo.
Anonim, 1989, *La Cuisine Azerbaidjanaise,* Moskova, Vneshtorgizdat.
Anonim, *et-Tabhü'l-Magribi fi 'Asri'l-Muvahhidin,* Mikrofim no. 810, Rabat, Archives de la Bibliotheque Generale, 110v.
Anonim, *Kenzü'l-Feva'id fi Tenvi'il-Feva'id,* ed. Manuela Marin ve David Waines, Beyrut (hazırlanıyor).
Anonim, t.y., *La Cuisine Armenienne,* Paris, Union Armenienne de Bienfaisance.
el-Antâkî, Davud (16. yüzyıl), 1979, *Tezkiretü'l-Elbâb,* Beyrut, el-Mektebetü'ş-Şu'bîye.

Arberry, A. J., 1939, "A Baghdad cookery-book", *Islamic Culture* 13, s. 21-47, 189-214.
Aslanov, M. G. 1966, *Afgansko-Russkiy Slovar* (Peştu-Rusça Sözlük), 2 cilt, Moskova.
Bagdasarov, A., A. Vanukevich, ve T. Khudayshukurov, 1981, *Turkmenskaya Kulinariya,* Aşkabad.
el-Bağdadî (Muhammad b. Hasan) (ö 1239), 1934, *Kitabü't-Tabh,* ed. D. Çelebi, Musul (ayrıca bkz. Arberry, 1939).
—— 1964, *Kitabü't-Tabh,* ed. Fahri el-Baruri, Beyrut.
Balland, D., 1985, "Fromages traditionels et fromages industriels d'Afghanistan", *Production Pastorale et Société* 17, s. 13-26.
Bar Behlul (10. yüzyıl), 1891-1901, *Lexicon Syriacum,* ed. Rubens Duval, 3 cilt, Paris, Imprimerie Nationale.
Barbier de Meynard, A. C., 1881, *Dictionaire Turc-Français,* 2 cilt, Paris.
Barthes, Roland, 1961, "Pour une psycho-sociologie de l'alimentation contamporaine", *Annales: Economies, Sociétés, Civilisations,* s. 977-86.
—— 1964, "Elements de semiologie", *Communications* 4, s. 91-135.
Baskakova, N. A., ile M. P. Khamzaeva, 1956, *Turkmeni-Russka Slovar,* Moskova.
Batmanglij, Necmiye, 1986, *Food of Life, a Book of Ancient Persian and Modern Iranian Cooking and Ceremonies,* Washington DC, Mage.
—— 1993, *New Food of Life: Ancient Persian and Modern Iranian Cooking and Ceremonies,* New York: Mage.

Bâ'urşi-Bağdadî (Hacı Muhammed 'Ali) (16. yüzyıl başları), t.y., *Kârnâmedar-ı Bâb-ı Tabbâhi ve San'at-ı ân*; bkz. Afşar (1981), s. 34-184.

Bazin, Marcel, 1973, "Quelques données sur l'alimentation dans la région de Qom", *Studia Iranica* 2 (2), s. 243-53.

—— 1980, *Le Tâlech, une Région Ethnique au Nord de l'Iran,* 2 cilt, Tahran, Institut Français d'Iranologie; Paris, ADPF.

Bazin, Marcel, ve Bromberger, Christian, 1979, *Documents pour l'Etude de la Repartition de quelques Traits Culturels dans le Guilan et l'Azerbayjan Oriental,* Paris, CNRS.

—— 1982, *Gilân et Azarbâyjan Oriental. Cartes et Documents Ethnographiques,* Tahran, Istitut Français d'Iranologie; Paris, ADPF.

Beaussier, H., 1958 (1887), *Dictionnaire Pratique Arabe-Français,* Cezayir, La Maison des Livres.

Belyazid, F., 1987, *Une porte sur le Ciel,* 90 dakikalık fim, Paris ve Rabat.

Benghiat, S., 1985, "Kishk", *Petits Propos Culinaires* 19, s. 61-2.

Benhadji-Serradj, M., 1950, "Fêtes d'Ennayer au Beni Snus", *IBLA* 51, s. 247-57.

Benkirane, Fatouma, 1983, *Les Meileures Recettes de la Cuisine Marocaine*, Kasablanka, Sochepress; Paris: J. P. Taillandier.

—— 1984, *et-Tabhü'l-Magribiti'l-Mu'asır,* Kasablanka/Paris.

Bennani, L., 1987, *La Cuisine Marocaine,* yeni basım, Kasablanka, Almadaris.

Ben Talha, A., 1950, "Coutûmes locales des Musulmans de la ville de Moulay Idriss et de sa région a l'occasion du mois de Ramadan et du mois de Chaâbane", *Bulletin de l'Enseignement Public au Maroc* (Rabat) 211, 2. üç aylık, s. 6-21.

Bergrenn, J., 1844, *Guide Français-Arabe Vulgaire,* Uppsala.

Bianchi, T. X., ile J. Kieffer, 1871, *Dictionnaire Turc-Français,* 2 cilt, İstanbul.

Blair, J. C., 1925, *Sources of Islam: an Enquiry into the Sources of the Faith and Practice of the Mohammadan Religion,* Madras, Christian Literature Society for India.

Bonine, Michael, Peter Beaumont, ve Keith McLachlan (ed.), 1989, *Qanat, Kariz and Khattara,* Outwell, Menas Press.

Borubaev, T., 1985, *Kirgizskaya Kukniya,* Frunze.

Bouayed, Fatima Zohra, 1983, *La Cuisine Algerienne,* Cezayir, Entreprise Nationale du Livre.

Bourdieu, Pierre, 1984 (1979), *Distinction,* Cambridge, Mass., Harvard University Press.

—— 1977 (1973), *Outline of a Theory of Practice,* Cambridge, Cambridge University Press.

Braudel, Fernand, 1981 (1975), *The Structures of Everyday Life,* c. I, *Civilization and Capitalism 15th-18th Centuries*, Londra, Harper-Collins.

Bromberger, Christian, 1985, "Identité alimentaire et altérité culturelle dans le nord de l'Iran: le froid, le chaud, le sexe et le reste", Pierre Centlivres (ed.)

Identité Alimentaire et Altérité Culturelle içinde (Recherches et Travaux de l'Institut d'Ethnologie de Neuchâtel 6), Universite de Neuchâtel, Faculte de Lettres, s. 2-34.

—— 1986, "Les blagues ethniques dans le nord de l'Iran. Sens et fonctions d'un corpus de récits facétieux", *Cahiers de Littérature Orale* 20, s. 73-101.

—— 1988, "Comment put-on être Rashti? Contenus, perceptions et implications du fait ethnique dans le nord de l'Iran', Le Fait Ethnique en Iranet en Afghanistan, ed. Jean-Pierre Digard, Paris, CNRS, s. 89-108.

—— 1989, *Habitat, Architecture and Rural Society in the Gilan Plain (Northern Iran)* Bonner Geographische Abhandlungen, Heft 80, Bonn, Ferd Dümmlers Verlag.

Browne, Edward G., 1950 (1893), *A Year among the Persians,* Londra: A. and C. Black Ltd.

el-Buhârî, t.y., *Sahîhü'l-Buhârî,* 3 ciltte 9 bölüm (Kahire, H. 1313, Sultanian basımı kopyası), Beyrut, Darü'l-Câ'il.

Burckhardt, J. L., 1822, *Travels in Syria and the Holy Land,* Londra.

el-Câhiz (Ebu Osman) (9. yüzyıl), 1960, *Kitâbü'l-Bühelâ,* Beyrut: Dâr Sâdir.

Carrier, Robert, 1987, *A Taste of Morocco,* Londra; çeviri 1988, *Le Gout du Maroc,* Paris, Flammarion.

Centlivres, Pierre, 1972, *Un bazar d'Asie Central: Forme et Organisation du Bazar de Tashqurghan,* Wiesbaden, Reichert.

—— 1985, "Hippocrate dans le cuisine: le chaud et le froid en Afghanistan du nord", Pierre centlivres (ed.), *Identité Alimentaire et Altérité Culturelle* (Recherches et Travaux de l'Institut d'Ethnologie de Neuchâtel 6), Université de Neuchâtel, Faculté de Lettres, s. 35-58.

Centlivres-Demont, Micheline, 1985, "Le pain des champs et le pain des villes: changements et identité alimentaires en Turquie", Pierre Centlivres (ed.), *Identité Alimentaire et Altérité Culturelle* (Recherches et Travaux de l'Institut d'Ethnologie 6), Université de Neuchâtel, Faculté de Lettres, s. 121-31.

Chardin, Sir John, 1988, *Travels in Persia 1673-1677,* New York, Dover.

Chelhod, Joseph, 1955, *Le Sacrifice chez les Arabes,* Paris, PUF.

Chemoul, M., 1936, "Les institutions musulmanes: le jeûne du Ramadan", *Bulletin de l'Enseignment Public au Maroc* (Rabat) 149, s. 403-25.

Chodzko, Alexandre, 1850, "Le Ghilan ou les marais caspiens", *Nouvelles Annales de Voyage* 1, s. 193-215.

Colliver-Rice, C., 1923, *Persian Women and Their Ways,* Londra, Seeley.

Conran, Lady C., 1983, "Tracta and trahanas", *Petits Propos Culinaires* 14, s. 76-7.

Currier, Richard L., 1966, "The hot-cold syndrome and symbolic balance in Mexican and Spanish-American folk-medicine", *Ethnology* 5(3), s. 252-63.

Dalman, G., 1928-39, *Arbeit und Sitte in Palastina,* 7 cilt, Gütersloh.

Dankoff, Robert, 1990, *Evliya Çelebi in Bitlis,* Leiden, Brill.

Delaney, Carol, 1986, "The meaning of paternity and the virgin birth debate", *Man (N S)* 21, s. 494-513.

Denizeau, C., 1960, *Dictionnaire des parlers Arabes de Syrie, Liban et Palestine,* Paris, Maisonneuve.

Derrida, Jacques, 1976, *Of Grammatology,* çeviri: Gayatri Chakravorty Spivak, Baltimore, Johns Hopkins University Press.

Desmet-Grégoire, Helene (ed.), 1991, *Contributions au Thème du et des Cafés dans les Sociétés du Proche-Orient,* Cahiers du l'IREMAM, Aix-en-Provence, CNRS.

Destaing, E., 1905, "L'Ennayer chez les Beni Snus", *Revue Africaine* 49, s. 51-70.

Digard, Jean-Pierre, 1981, *Techniques des Nomades Baxtyari d'Iran,* Paris, Maison des Sciences de l'Homme; Cambridge, Cambridge University Press.

Dinya, 1990, *La Cuisine Marocaine de Rabat, un Art et une Tradition,* Rabat, Publication Ribat-El Bath.

Diouri, Abdelhai, 1987, "'Alâ darbü'l-cedba", *el-Bahsü'l-'İlmî* (Rabat) 38, 23. yıl, s. 285-99.

—— 1991, "Lahlou, nourriture sacrificielle des Gnaoua du Maroc", *Proceedings of the International Symposium on Food and Society in Islamic Culture,* Xativa'da yayımlanacak.

Doane, C. F., ve diğ., 1969, *Cheese Varieties and Descriptions,* Washington DC, US Department of Agriculture, Dairy Products Laboratory.

Dols, Michael W., 1984, *Medieval Islamic Medicine,* Berkeley, University of California Press.

Dorr, Marcia Stegath, t.y. (1990?), *A Taste of Oman. Traditional Omani Food. Authentic Recipes and how to Prepare them,* yayımcısı belli değil, (Muscat: Mazoon Printing Press ?).

Douglas, Mary, 1966, *Purity and Danger: an Analysis of Concepts of Pollution and Taboo,* London, Routledge.

—— 1973, *Natural Symbols.* Harmondsworth, Penguin.

—— 1975 (1972), "Deciphering a meal", M. Douglas, *Implicit Meanings* içinde, Londra, Routledge.

—— (ed.) 1987, *Constructive Drinking: Perspectives on Drink from Anthropology,* Cambridge, Cambridge University Press; Paris, Maison des Sciences de l'Homme.

Doutté, E., 1909, *Magie et Religion dans l'Afrique du Nord,* Cezayir, A. Jourdain.

Dozy, E., 1957 (1881), *Supplement aux Dictionnaires Arabes,* Beyrut.

Drower, E. S., 1956, *Water into Wine: a Study of Ritual Idiom in the Middle-East,* Londra, Oxus.

du Mans, Pére Raphael, 1890, *Estat de la Perse en 1660,* Paris.

Eco, Umberto, 1979, *A Theory of Semiotics,* Bloomington: Indiana University Press.

Edip, Nezihe ve Firdevs el-Muhtar, 1990, *Delilü't-Tabh ve'l-Ahdiye,* 7. basım, Beyrut.

Edmonds, Anne, 1969, "The Mevlidi Sherif", *Current Turkish Thought* 600.

el-Glaoui, Mina, t.y., *Ma Cuisine Marocaine,* yayımcısı belli değil.

Elişe (5.-6, yüzyıl), 1957, *Elishei vasn Vardanans' ew Hayots' Paterazmin,* ed. E. Ter Minasean, Erivan.

Emmerick, R. E., ve P. O. Skjaervo, 1982, *Studies in the Vocabulary of the Khotanese,* c. 1., Viyana, Verlag der Österreichischen Akademie der Wissenschaften.

Evliya Çelebi, 1976, *Evliya Çelebi: Seyahatname,* sadeleştiren: Tevfik Temelkuran, Necati Aktaş; ed. Mümin Çevik, 3 ciltte 6 cilt, İstanbul, Üçdal Neşriyatı.

Fahriye, Ayşe, 1882-3/1300, *Ev Kadını,* İstanbul.

FAO (Food and Agricultural Organization of the UN), 1965, *The Economic Relationships between Grains and Rice,* Commodity Bulletin Series no. 39.

Faroqhi, Suraiya, 1984, *Towns and Townsmen of Ottoman Anatolia: Trades, Crafts and Food Production in an Urban Setting, 1520- 1650,* Cambridge, Cambridge University Press.

Fiddes, Nick, 1992, *Meat: a Natural Symbol,* Londra, Routledge.

Ferdowsi (10. yüzyıl), 1866-78, *Shahnameh,* ed. ve çeviren: J. Mohl, 7 cilt, Paris.

Fischer, Michael M. J., 1980, *Iran: from Religious Dispute to a Revolution,* Cambridge, Mass., Harvard University Press.

Fischler, Claude, 1979, "Gastro-nomie et gastro-anomie", *Communications* 31, s. 189-210.

Flandrin, Jean-Louis, 1992, *Chronique de Platine: pour un Gastronomie Historique,* Paris, Odile Jacob.

Foucault, Michel, 1984, *Histoire de la Sexualite,* 2. cilt: *l'usage des Plaisirs,* Paris, Gallimard.

Fragner, Bert G., 1984, "Zur Erforschung der kulinarischen Kultur Irans", *Die Welt des Islams* 23-4, s. 320-60.

Frazer, James, 1983 (1890), *Le Rameau d'Or. Esprit des Blés des Bois,* Paris, Robert Lafont.

Freytag, G. W., 1975 (1830), *Lexicon Arabico-Latinum,* 4 cilt, Beyrut, Librairie du Liban.

Ganim, Fethi, 1991, *Sittü'l-Hüsn ve'l-Cemal,* Kahire, Darü'l-Hilal.

el-Gazali (11.-12. yüzyıl), 1959, *Eyyuhe'l-velefd. Lettre au Disciple,* ed. ve çeviren: T. Sabbagh, Beyrut, Unesco.

—— 1975, *İhya'-i 'Ulumü'd-din,* 6 ciltte 16 bölüm, Beyrut, Darü'l- Fikir.

Gerholm, Tomas, 1980, "Knives and sheaths: notes on a sexual idiom of social inequality in North Yemen", *Ethnos* 1(3), s. 82-91.

Ghanoonparvar, Mohammad Reza, 1984. *Persian Cuisine,* Birinci kitap: *Traditional Foods,* Lexington, Mazda.

Girard, René, 1965, *Deceit, Desire and the Novel: Self and Other in Literary Structure,* çev. Yvonne Freccero, Baltimore, Johns Hopkins University Press.

Good, Byron, 1977, "The heart of what's the matter: the structure of medical discourse in a provincial Iranian town", yayımlanmamış doktora tezi, University of Chicago.

Goody, Jack, 1982, *Cooking, Cuisine and Class: a Study in Comparative Sociology,* Cambridge: Cambridge University Press.

Gouin, P., 1990, "Rapes, jarres, faiselles. La production et l'exportation des produits laitiers dans l'Indus du 3e millénaire", *Paléorient* 16 (2), s. 37-54.

Gönüllü, Ali Rıza, 1985, "Türk inançlarında 'su'", *Türk Folkloru* 73, s. 17-18.

Granja F. de la, 1960, *La Cocina Arabigoandaluza segun un Manuscrito Inedito,* yayımlanmamış doktora tezi, Madrid, Faculdad de Filosofia y Letras.

Guigues, P., 1927, "L'alimentation au Liban. Le bourgoul. Le kichk", *Bulletin des Sciences Pharmacologiques* (Mayıs), s. 278-81.

Guinaudeau-Franc, Zette, 1957, *Fes vu par sa Cuisine,* Rabat, Gastronomie Marocaine.

—— 1976, *Traditional Moroccan Cooking,* Paris-Saint Cloud, Editions Guinaudeau.

—— 1981, *Les Secrets des Cuisines en Terre Marocaine,* Paris, J. P. Taillendier; Casablanca, Sochepress (Guinaudeau-Franc yeni basımı 1957).

Gurdon, Charles, 1985, "Livestock in the Middle East", Peter Beaumont ve Keith McLachlan (ed.), *Agricultural Development in the Middle East,* Londra, John Wiley & Sons.

Gusfield, Joseph, 1987, "Passage to play: rituals of drinking time in American society", Douglas (ed.) içinde, 1987, s. 73-90.

Gürün, O. A., t.y.,*Türkçe-Fransızca Sözlük,* İstanbul.

el-Haciyye, 'Aziz Casim, 1985, *Bağdâdiyât,* cilt 5, Bağdat, Darü'l-Hürriyye.

Hafiz, Rabiha Ahmed, 1411/1990, *Usûlü't-Tabhi's-Sa'ûdi ve'ş-Şarkî,* Riyad.

Halıcı, Nevin, 1989, *Turkish Cookbook,* Londra, Dorling Kindersley.

Harfouch, J., 1894, *Dragoman Arabe,* Beyrut.

Hattox, Ralph, 1985, *Coffee and Coffeehouses,* Seattle, University of Washington Press.

Hazan, Haim, 1987, "Holding time still with cups of tea", Douglas (ed.) içinde, 1987, s. 205-19.

Heine, Peter, 1982, *Weinstudien: Untersuchungen zu Anbau, Produktion und Konsum des Weins im Arabisch-islamischen Mittelalter,* Wiesbaden, Harrassowitz.

—— 1988, *Kulinarische Studien. Untersuchungen zur Kochkunst im arabisch-islamischen Mittelalter,* Wiesbaden, Harrassowitz.

Hirschon, Renée, 1983, "Women, the aged and religious activity", A. Lily Macrakis ve Peter S. Allen (ed.), *Women and Men in Greece: A Society in Transition* içinde, Baltimore, Johns Hopkins University Press, s. 113-29 (ayrıca *Journal of Modern Greek Studies'* in özel sayısı 1(1)).

Hübschmann, H., 1883, *Armenische Studien,* Leipzig.

—— 1895, *Persische Studien,* Strassburg.

Hüseyin b. Halef Tebrizî, 1800/1214, *Burhan-ı Katı*, Türkçe çevirisi Ahmed Asım, İstanbul.

Hüseyin b. Halef Tebrizî, 1965/1334, *Burhan-ı Katı*, ed. Mohammed 'Abbas, Tahran.

Hüseyn, Fatima, 1985, *el-Akalâtü'l-Kuveytiyye*, Kuveyt.

İbn Baytar (Ebu Muhammed), 1874, *Kitabü'l-Cami'l-Müfredât*, 2 cilt, Kahire.

—— 1877-83, *Traite des Simples*, çev. L. Leclerc, 3 cilt, Paris.

İbn Habib (ö. 853), 1992, *Muhtasar fi't-tıbb. Compendio de Medicina*, ed. ve çev. C. Alvarez de Morales ve F. Giron Irueste, Madrid, Consejo de Superior de Investigaciones Cientificas.

İbn Manzur, 1910, *Lisanü'l-'Arab*, Beyrut.

İbn Muhammed, I., 1990, *Tervihü'l-Erîb fi'l-Adâb ve Ahkâmü't-Tıb*, Tanta.

İbn Rezîn et-Tucîbî, 1981, *Fazâlâtü'l-Hivân fi Teyyibâti't-Ta'am ve'l-Elvân*, ed. M. Benchekroun, önsöz ve notlarla, Rabat, Imprimerie Alrisala; ayrıca Beyrut, 1984.

İbn Sida (11. yüzyıl), 1893-1903, *el-Muhassas*, 17 cilt, Kahire, el-Matba'ül-Emiriyye bi-Bûlâk.

İbn Sina, t.y., *el-Kanun fi't-Tıbb*, 3 cilt, Bağdat.

İbn Zuhr (Abdülmelik) (ö.1162), 1992, *Kitabü'l-Agdiye*, ed. ve çev. E. Garcia Sanchez, Madrid, Consejo Superior de Investigaciones Cientificas.

İbnü'l- 'Adîm (13. yüzyıl), 1976, *el-Vusla ile'l Habîb fi Vasfi't-Tayyibât ve't-Tıb*, 2 cilt, Halep, Daryetü'l-Hatib.

İbnü'l-Heşâ (13. yüzyıl), 1941, *Glossaire sur le Mansûrî de Râzi*, ed. G.S. Colin ve H.P. Renaud, Rabat.

İbnü'l-Uhuvve, 1938, *Me'âlimü'l-Kurbe fi Ahkâmi'l-Hisbe*, ed. R. Levy, Londra.

İdris, Yusuf, 1956, *Cumhûriyyetu Ferehât*, Kahire, Dâr Rûz el-Yusuf.

—— 1957, *A leyse Kezalik*, Kahire, Merkez Kutubü'ş-Şarki'l-Evsat.

—— 1958, *Hâdisâtu Şerefe*, Beyrut: Dar al-Adab.

—— 1960, *Ahirü'd-Dünya*, Kahire, Dâr Rûz el-Yusuf.

—— 1971, *Beytu min Lahm*, Kahire, 'Alemü'l-Kutub.

İnan, Abdülkadir, 1968, *Türklerde Su Kültü ile ilgili Gelenekler*, Ankara.

Jaba, A., 1879, *Dictionnaire Kurde-Français*, ed. F. Justi, St Peterburg, Imperial Academy of Sciences.

Jameson, Fredric, 1985, "The realist floor-plan", Marshall Blonsky (der.), *On Signs* içinde, Baltimore, Johns Hopkins University Press.

Janvry, A. de, 1986, "Food security and the integration of agriculture: options and dilemmas", *Ceres* 109 (Ocak/Şubat), s. 33-7.

Jaubert, R., 1983, *Sedentary Agriculture in the Drier Areas of Syria*, Halep, ICARDA.

Kaburi, Muna, 1990, *Atâyib-i Münevve'a*, el-Cubeyl.

Kanafani, Aida S., 1983, *Aesthetics and Ritual in the United Arab emirates. The*

Anthropology of Food and Personal Adornment among Arab Women, Beyrut, American University of Beirut.
Kanafani-Zahar, Aida, 1994, *Mûne: La Conservation Alimentaire Traditionelle au Liban*, Paris, Maison des Sciences de l'Homme.
Kasım, 'Abdülhakîm, 1969, *Eyyamü'l-Insani's-Seb'a,* Kahire, Dârü'l-Kâtibi'l-'Arabi; çev. J. N. Bell, *The Seven Days of Man,* Kahire, General Egyptian Book Organization, 1989.
Kaşgarlı Mahmud (11. yüzyıl), 1915-17, *Kitâb-ı Divân-ı Lügâtü't-Türk*, İstanbul, Ahmet Rıfat.
—— 1985, *Classical Turkish Dictionary,* çev. B. Atalay, Ankara.
Kazimirski, A. de B., 1860, *Dictionnaire Arabe-Français,* 2 c., Paris, Maisonneuve.
Kelekian, D., 1911/1329, *Dictionnaire Turc-Français*, Constantinople.
Kemal, Sadûf ve Sima Osman, 1980, *Elifbâ'ü't-Tabh*, Beyrut.
Khaldi, N., 1984, *Evolving Food Gaps in the Middle East/North Africa: Prospects and Policy Implications,* Washington DC., International Food Policy Research Institute, s. 1-74.
Khawam, R., 1970, *La Cuisine Arabe,* Paris, Phebus.
Khodzhiev, Vahob, 1988, *Firmennye Bliuda i Napitki Tadzhikistana*, Duşanbe.
—— 1989, *Lepeshki Tadzhikskaya Kukhniya,* Duşanbe.
—— 1990, *Plovy Tadzhikskaya Kukhniya,* Duşanbe.
—— 1990, *Traditionnaya Sovremennaya Tadzhikskaya Kukhniya,* Duşanbe.
—— 1991, *O Kulinarkh i Novykh Retseptakh Bliud i Napitkov*, Duşanbe.
Khosrokhavar, Farhad, 1989, "La pratique alimentaire", Yann Richard (ed.), *Entre l'Iran et l'Occident: Adaptation et Assimilation des Idées et Techniques Occidentales en Iran* içinde, Paris, Maison des Sciences de l'Homme, s. 143-54.
Koukoules, Phedon, 1952, *Vyzantinon Vios kai Politismos (Vie et Civilisation Byzantines)* Atina, Institut Français d'Athens.
Kristeva, Julia, 1985, "The Speaking Subject", Marshall Blonsky (der.) *On Signs,* Baltimore, Johns Hopkins University Press.
Krotkoff, G., 1982, *A Neo-Aramaic Dialect of Kurdistan,* New Haven, American Oriental Society.
The Koran, t.y., çev. George Sale, Londra.
el-Küheyli, S., 1990, *et-Tabhü'l-Arabîyi'l-Asîl,* Beyrut.
Lagarde, P. de, 1879, *Praetermissorum Libri Duo,* Göttingen.
Laird, Mary Louise, 1987, *Lebanese Mountain Cookery,* Boston, D.R Godine.
Lakhsassi, A., 1992, *Monographie sur l'ashura*, (basılacak).
Lane, Edward, 1978 (1860), *An Account of the Manners and Customs of the Modern Egyptians Written in Egypt During the Years 1833-1835,* Londra, East-West Publications.
Laoust, E., 1920, *Mots et Choses Berberes. Notes de Linguistique et d'Ethnographie. Dialects du Maroc,* Paris, Challamel.

Le Roy Ladurie, Emanuel, 1976 (1966), *The Peasants of the Languedoc*, Urbana, University of Illinois Press.
Le Strange, Guy, 1966 (1905), *The Lands of the Eastern Caliphate*, Londra, Cass.
Lévi-Strauss, Claude, 1964 (1962), *Totemism*, Londra, Merlin.
—— 1966 (1963), *The Savage Mind*, Londra, Weidenfield & Nicholson.
—— 1970 (1964), *The Raw and the Cooked*, Londra, Cape.
—— 1973 (1968), *From Honey to Ashes*, Londra, Cape.
—— 1978 (1968), *The Origin of Table Manners*, Londra, Cape.
—— 1983, *Le Regard Eloigné*, Paris, Plon.
Lloyd, G.E.R., 1964, "The hot and the cold, the dry and the wet in Greek philosophy", *Journal of Hellenic Studies* 84, s. 92-106.
McAuliffe, Jane D., 1984, "The wines of earth and paradise: Qur'anic proscriptions and promises", Roger M. Savory ve Dionisius A. Agius (ed.), *Logos Islamikos: Studia Islamica in Honorem Georgii Michaelis Wickens* içinde (Papers in Mediaeval Studies 6) Toronto, Pontifical Institute of Mediaeval Studies, s. 159-74.
MacLean, A.J., 1901, *A Dictionary of the Dialects of Vernacular Syriac*. Oxford.
Mahfuz, Necib, 1947, *Zukakü'l-Middak*, Kahire, Mektebet-i Mısr; İng. Çev. *Midaq Alley*, Londra, Heinemann, 1975.
—— 1956, *Beyne'l-Kasreyn*, Kahire, Mektebet-i Mısr; İng. Çev. *Palace Walk*, Londra, Doubleday, 1990.

—— 1957, *es-Sükkeriye*, Kahire, Mektebet-i Mısr; İng. Çev. *Sugar Street*, Londra, Doubleday, 1992.
—— 1957, *Kasrü'ş-Şevk*, Kahire, Mektebet-i Mısr; İng. Çev. *Palace of Desire*, Londra, Doubleday, 1991.
—— 1977, *Melhametü'l-Herâfîş*, Kahire, Mektebet-i Mısr; İng. Çev. *The Harafish*, Londra, Doubleday, 1994.
Maimonides (İbn Meymûn) (12. yüzyıl), 1964, "The Treatise on Accidents", *Moses Maimonides' Two Treatises on the Regimen of Health* içinde, çev. A. Bar-Sela ve diğ., Philadelphia, American Philosophical Society.
Mahmudov, Kerim, 1962, *Uzbekskie Bliuda*, Taşkent, Uzbekskoi SSR Gosudarstvennoe Izdatel'stvo.
——1986, *Uzbek tansık taamları*, Taşkent.
Mahmudov, K., ve Kh. A. Ismailova, 1986, *Muchnye bliuda uzbekskoi domashnei kukhni*, Taşkent, Izd. TsK Kompartii Uzbekistana.
Mallos, Tess, 1987, *Mevzuatü't-Tabhi'l-Müyessere. Ma'kûlâtü'ş-Şarki'l-Evsât* (yazarın *The Complete Middle East Cookbook* kitabının çevirisi), Beyrut.
Marcus, Abraham, 1989, *The Middle East on the Eve of Modernity: Aleppo in the Eighteenth Century*, New York, Columbia University Press.
Marin, Manuela, 1991, "Feast and Food in Muslim Spain," *Proceedings of the Third International Food Congress,* Ankara, s. 127-35.
Martin, Mary, 1980, "Pastoral Production, Milk and Firewood in the ecology of Turan", *Expedition*, 22-4.

Massé, Henri, 1938, *Croyances et Coutumes Persanes*, Paris, Maisonneuve.

Maurizio, A., 1932, *Histoire de l'Alimentation*, Paris, Payot.

Mecmu'a min et-Tabbahîni'l-Arab, 1990, *Esnaffü't-Tabhi'l-Halîcî*, Bahreyn, Dârü'l-Hilâl.

Mevsili, Zübeyde, Safiye es-Süleyman ve Samiye el-Harekân, 1990, *Min Fenni't-Tabhi's-Suudi*, Riyad.

el-Meydânî (Ebu Fazıl Ahmed), t.y., *Mecmaü'l-Emsal*, ed. Naim Hasan Zerzûr, Beyrut, Dârü'l-Kutubi'l-İlmiyye.

Mehren, A.F., 1872, *Bedommelse af den nyere Folkelitteratur i Aegypten*, Kopenhag.

Mennell, Stephen, 1985, *All Manners of Food*, Londra/Oksford, Blackwell.

Mirza 'Ali Ekber Han (Aşpez-Başı), 1974/1353 (1883-4), *Sofra-i Et'ime* (Popular Culture no 7), Tahran: Cultural Foundation of Iran.

Mü'eddeb el-Mülk (Yusuf Rişar Han), 1903/1321, *Risale-i Tabbahî*, Tahran.

Moallem, Morteza, 1926/1345, *Nouevau Dictionnaire Persan-Français*, 2 cilt, Tahran.

Mojtahedi, A., 1980, *Rice Growing in Northern Iran*, University of Durham.

Monier-Williams, S. M., 1981 (1899), *Sanskrit-English Dictionary*, Yeni Delhi, Munshiram Manoharlal.

Morier, James, 1895, *The Adventures of Hadji Baba of Ispahan*, Londra, Macmillan.

Moryoussef, Viviane ve Nina, 1983, *La Cuisine Juive Marocaine*, Kasablanka, Sochepress; Paris, J. P. Taillander.

Moulieras, A., 1892, *Le Maroc Inconnu, Etude Geographique et* Sociologique, 2 cilt, Paris, Challamel.

—— 1905, *Une Tribu Zenete Aniti-Musulmane du Maroc (les Zkara)*, Paris, Challamel.

Murray, G., 1990, "Livestock in the Middle East", yayımlanmamış doktora tezi, Londra: SOAS, CNMES.

Musa, Hüseyin Yusuf, 1964, *el-Ifsah fi Fıkhi'l-Lugâ*, 2 cilt, Kahire, Dârü'l-Fikri'l-'Arabi.

Mustafaev, Nazım, 1971, *Azarbaycan Şirniyyatı*, Baku: Azarbaycan Dövlat Neşriyyatı.

Mürted, 'Abdülmelik, 1982, *el-Emsâlü'ş-Şa'biyyetü'l-Ceza'iriyye: Dirâse fi'l-Emsâlü'z-Zirâ'iyye ve'l-Iktisâdiyye bi'l-Garbi'l-Ceza'iri*, Cezayir, Divanü'l-Matbu'ati'l-Cem'iyye.

Neşatü'd-Devle (Josephine Richard), t.y., *Tabbahi-i Neşat*, Tahran.

Nasr, Seyyed Hossein, 1976, *Islamic Science: an Illustrated Study*, Londra, World of Islam Festival Publications.

Nikola, Nezire ve Behiye Osman, 1988, *Usulü't-Tehi*, Kahire.

Orbeliani, S. S., 1928 (1685-1716), *Kartuli Lecsiconi* (Gürcü sözlüğü) ed. Kipshidze ve A. Shanidze, Tiflis.

Peirce, Charles Sanders, 1931-58, *The Collected Papers* (1931-5), ed. Charles Hartshorne ve Paul Weiss, 8 cilt, Cambridge, Mass., Harvard University Press.

Perry, Charles, 1988, "Medieval Near Eastern rotten condiment", *Proceedings of the Oxford Symposium on Food and Cookery 1987,* Londra, Prospect Books.
Pitt-Rivers, Julian, 1977, "The law of hospitality", *The Fate of Shechem or the Politics of Sex* adlı yapıtı içinde, Cambridge, Cambridge University Press.
Planhol, Xavier de, 1985, "Un vide culturel: le frommage en Turquie", *Production Pastorale et Societe* 17, s. 9-12.
Platts, J. T., 1982 (1884), *A Dictionary of Urdu, Classical Hindi, and English,* OxfordUniversity Press.
Pokhlebkin, V. V., 1978, *Natsionalnye Kukhni Nashikh Narodov,* Moskova.
Post, G. E., 1932, *Flora of Syria, Palestine and Sinai,* 2 cilt, Beyrut, American University of Beirut.
Rabino, H. L., ve D. F. Lafont, 1910, "La culture du riz au Guilan (Perse) et dans les autres provinces du sud de la Caspienne", *Annales de L'Ecole Nationale d'Agriculture de Montpellier* 10, s. 130-63.
Ramazani, N., 1974 (1932), *Persian Cooking,* New York, Quadrangle.
Rayes, George, N., 1957, *L' Art Culinaire Libanais,* Beyrut.
—— 1981 (1951), *Fennü't-Tabh,* Beyrut.
er-Razi (Ebu Bekr) (10. yüzyıl), t.y., *Menâfiü'l-Agdiye ve Def'a Medârihâ,* Beyrut, Dâr Sâdir.
Rhea, Rev. Samuel Audley, 1880 (1869), "Brief grammar and vocabulary of the Kurdish language of the Hakari district", *American Oriental Society* 10, s. 118-55.

Richards, Audrey I., 1932, *Hunger and Work in a Savage Tribe: a Functional Study of Nutrition among the Southern Bantu,* Londra, Routledge and Kegan Paul.
—— 1939, *Land, Labour and Diet in Northern Rhodesia: an Economic Study of the Bemba Tribe,* Oxford, Oxford University Press.
Rios, A., 1990, "The first communion banquet", *Oxford Symposium on Food and Cookery,* Londra, Prospect Books, s. 175-82.
Roden, Claudia, 1968, *A Book of Meddla Eastern Food,* Londra, Thomas Nelson.
——1986, *A New Book of Middle Eastern Food,* Harmondsworth, Penguin.
Rodinson, M., 1949, "Recherches sur les documents arabes relatifs a la cuisine", *Revue des Etudes Islamiques* 17, s, 95-165.
—— 1960, "Ghida", *Encyclopedie de l'Islam,* 2. basım, Paris, Maisonneuve; Leiden, Brill, s. 1081-97.
Rutter, E. 1928, *The Holy Cities of Arabia,* 2 cilt, Londra ve New York, G. P. Putnam's Sons.
Saberi, Helen, 1986, *Noshe Djan-Afghan Food and Cookery,* Londra.
al-Saffar, A., A. Charnes ve M. Duffua, 1988, *Food and Self-sufficiency Investments in the Middle East* (Araştırma Raporu CCS 493), Center of Cybernetics College of Business Administration, University of Texas, Austin, s. 1-20.
Sahlins, Marshall D., 1976, *Culture and Practical Reason,* Chicago, University of Chicago Press.

Salmon, G., 1905, "Les Bdadoua," *Archives Marocaines* 2, s. 358-63.
Sami' (es-Seyyid Mahmud), 1928-9/1337, *Tabh-ı Ta'am bera-yi Mekteb-i Fünun-ı Harbiye*, Kabil.
Al Sasi, Omar, 1972, *Sprichwörter und andere volkskundliche Texte aus Mekka*, Münster.
Sbath, P., 1937, "Kitab Jawahir al-Tib al-Mufrada. Traite sur les Substances Simples Aromatiques par Yohanna ben Massawaih", *Bulletin de l'Institut d'Egypte* 19, s. 5-27.
—— 1944, "Mukhtasar fi 'l-Tib. Abrege sur les Aromes par Sahlan ibn Kaissan", *Bulletin de l'Institut d'Egypt* 26, s. 183-213.
es-Semerkandi (13. yüzyıl başları), t.y., *Akrâbâdîn*; çev. M. Levey ile Noury al-Khaledy, *The Medical Formulary of al-Samarqandi*, Philadelphia, University of Pennsylvania Press, 1967.
Sen, A. K., 1981, *Poverty and Famines: an Essay on Entitlements and Deprivation*, Oxford, Clarendon Press.
—— 1985, "Food, economics and entitlements", *Hunger and Poverty: the Poorest Billion* (Seminer çalışması 1), Helsinki 10, World Institute for Development Economics Research, Annankatu 42, s. 1-30.
Shaida, Margaret, 1992, *The Legendary Cuisine of Persia*, Henley-on-Thames, Lieuse Publications.
Şeraeddin, Betul, t.y., *Fennü't-Tabh*, Beyrut.
Sheriff, John K., 1989, *The Fate of Meaning: Charles Peirce, Structuralism and Literature*, Princeton, NJ, Princeton University Press.
Sıdıkov, D., 1981, *Lazzatli taomlar*, Taşkent.
Simmons, Shirin, 1988, *Entertaining the Persian Way*, Londra, Lennard.
Soane, E. B., 1913, *Grammar of the Kurmanji or Kurdish Language*, Londra: Luzac.
Spiegel, F., 1887, *Die Arische Periode*, Leipzig.
Spuler, Bertold, 1952, *Iran in frühislamischer Zeit*, Wiebaden, Steiner.
Steingass, F., 1975 (1892), *A Comprehensive Persian-English Dictionary*, Beyrut, Librarie du Liban.
Stokes, Martin, 1992, *The Arabesk Debate: Music and Musicians in Modern Turkey*, Oxford, Clarendon Press.
Stouff, Louis, 1970, *Revitaillement et Alimentation en Provence aux XVIe et XVe Siècles*, Paris/La Haye, Mouton.
et-Teberi, 1980, *Mohammed, Seau des Prophetes*, Paris: Sindbad.
et-Tekarli, Fu'ad, 1980, *er-Reç'ü'l-Be'id*, Beyrut, Dâr İbn Rüşd; çev. Martine Faideau ve Rachida Turki, *Les Voix de l'Aule* adıyla, Paris: Edition J. C. Lattes, 1985.
Tanıklarıyle Tarama Sözlüğü, 1943-1957, 4 cilt, İstanbul.
Tapper, Nancy, 1990, "*Ziyaret*: gender, movement and exchange in a Turkish

community", Dale Eickman ve James Piscatori (ed.), *Muslim Travellers:: Pilgrimage, Migration and the Religious Imagination,* Londra: Routledge.

—— 1991, *Bartered Brides: Politics, Gender and Marriage in an Afghan Tribal Society,* Cambridge: Cambridge University Press.

Tapper, Nancy ve Richard, 1987, "The birth of the Prophet: gender and ritual in Turkish Islam", *Man (NS)* 22, s. 69-92.

Tapper, Richard ve Nancy, 1986, "'Eat this, it'll do you a power of good'; food and commensality among Durrani Pashtuns", *American Ethnologist* 13 (1), s. 62-79.

Tchoubinoff, D., 1840, *Dictionnaire Georgien-Russe-Français,* Moskova.

Teymur, Ahmed, 1949, *el-Emsâlü'l-'Ammiyye,* Kahire: Matba'atü'l-İstikame.

Thalen, D. C. P., 1979, *Ecology and Utilization of Desert Shrub Rangelands in Iraq,* Dordrecht, Dr. W. Junk B V Publishers.

Thompson, Stuart (ed.), 1993, *Anthropology in Action,* yiyecek özel sayısı.

Tilsley Benham, Jill, 1986, " 'Is that Hippocrates in the Kitchen?' A look at sardi/garmi in Iran", *Proceedings of Oxford Symposium on Food and Cookery* 1984 and 1985, ed. T. Jaine, Londra, Prospect Books, s. 102-14.

Trenga, V., 1915-16, "Les Branes", *Archives Berberes* I (3), s. 200-18 ile (4), s. 293-330.

Turabi Efendi, 1987, *Turkish Cookery Book: a Collection of Recipes, Compiled by Turabi Efendi 'from the best Turkish Authorities',* özel basım, Rottingdean: Cooks Books.

Türk Mutfağı Sempozyumu Bildirileri, 1982, Ankara, Ankara Üniversitesi Basımevi.

Türkçe Sözlük, 1983, 7. basım, Ankara, Türk Dil Kurumu.

Türkiye'de Halk Ağzından Söz Derleme Dergisi, 1939-1957, 4 cilt, Ankara, Türk Dil Kurumu.

Tursunov, Arif ve Kerim Mahmudov, 1982, *Uzbekskie Bliuda,* Taşkent.

Ullman, Manfred, 1978, *Islamic Medicine,* Edinburgh, Edinburgh University Press.

Üstad Nurullah, 1981 (1594/1003), *Maddetü'l-hayyât,* Afşar içinde, s. 185-256.

el-Verrâk (İbn Seyyar), 1987, *Kitabü't-Tabh,* ed. K. Ohrnberg ile S. Mrouch, Helsinki, Finnish Oriental Studies.

Virollo-Souibes, M., 1989, "Petrir la pate malaxer du sens exemples kabyles", *Techniques et Cultures* 13, s. 73-101.

Vryonis, Speros, 1971, *The Decline of Medieval Hellenism in Asia Minor and the Process of Islamization from the Eleventh through the Fifteenth Centuries,* Berkeley, University of California Press.

Vullers, I. A., 1855, *Lexicon Persico-Latinum,* 2 cilt, Bonn.

Waines, David, 1989, *In a Caliph's Kitchen,* Londra, Riad El-Rayyes.

Waterbury, John, 1979, *The Hydropolitics of the Nile,* Syracuse University Press.

Weber, Eugene, 1977, *Peasants into Frenchmen*, Londra, Chatto.

Weinbaum, Marvin G., 1982, *Food, Development and Politics in the Middle East,* Boulder, Westview Press; Londra, Croom Helm.

Weir, Shelagh, 1986, *Qat in Yemen,* Londra, British Museum Publications.

Wensinck, A. J., "Khamr", *Encyclopedia of Islam.*

—— 1925, *Arabic New Year and the Fast of Tabernacles,* Amsterdam.

—— 1960, "Ashura", *Encylopedie de l'Islam,* 2. basım, I, s. 72-76.

Wilson, C. A., 1991, "Ritual, form and colour in the medieval food tradition", C. A. Wilson (ed.), *The Appetite and the Eye* içinde, Edinburgh, Edinburgh University Press, s. 5-27.

Yotopoulos, M., 1983, "Middle-income classes and food crises: the "new" food-feed competition", *EDC* 33, s. 463-83.

ez-Zahiri (Halil) (14.-15. yüzyıl), 1984, *Zübdetu Keşfü'l-Memalik,* yayıma haz. P. Ravaisse, Paris.

ez-Zemahşerî (Ebu'l-Kasım Mahmud b. Ömer) (12. yüzyıl), 1963, *Peşrev ve Adâb,* ed M. Kazem Emam, Tahran.

Zenker, J. T., 1866, *Dictionnaire Turc-Arabe-Persan,* Leipzig.

Zifzaf, Muhammed, 1984, *Beyzetü'd-Dîk,* Kasablanka, Menşûrâtü'l-Cami'a.

Zubaida, Sami, 1989, "Korma and Kavurma", *Proceedings of the Second International Food Congress* içinde, Konya, s. 470-73.

DİZİN